C언어 프로그래밍

차영준 지음

KYOWOO

C Language Programming

머리말

C언어는 프로그래밍 언어 중에서 가장 기본이 되는 언어이며, 다양한 장점 때문에 세계적으로 가장 많이 사용되고 있는 언어 중 하나이다.

이 책은 C언어를 처음 배우는 초보자뿐 아니라 C언어를 배운 적은 있지만 많이 사용해보지 않아서 부족함을 느끼는 사람들에게 많은 도움이 될 수 있다. 지나치게 어렵거나 불필요한 부분은 과감히 덜어내고 프로그래밍에 있어 꼭 필요한 부분만을 중심으로 쉽고 상세하게 설명하려고 노력하였다. 특히 이전에 출판되었던 책인 'C언어 입문'에서 부족했던 부분을 상당 부분 보강하고, 다양한 예제 및 연습문제를 추가하여 더욱 쉽게 이해할 수 있도록 힘썼다.

이 책의 특징을 간략히 나열하면 다음과 같다.

- ✓ 10년 이상의 강의 경험을 바탕으로 완성
- ✓ 기초부터 심화까지 수준에 맞추어 단계별로 설명
- ✓ 다양한 예제와 연습문제를 제시하고 모든 연습문제의 풀이를 수록
- ✓ 찾아보기를 강화하여 필요한 내용을 쉽게 찾아볼 수 있도록 함
- ✓ 예제, 연습문제, 답안에 대한 모든 소스 파일을 온라인으로 무상 제공
- ✓ 강의 자료(PPT)를 온라인으로 무상 제공

이 책은 지은이의 많은 강의 경험을 바탕으로 학생들이 어려워하는 부분에 대하여는 상세한 설명을 통해 쉽게 이해할 수 있도록 노력하였다. 특히 포인터 등의 중요한 부분에 대해서는 이해를 돕기 위한 다양한 삽화를 제시하고 있다.

연습문제의 경우 기본 문법을 익히기 위한 매우 기초적인 문제부터 체계적인 알고리즘을 세워야 완성할 수 있는 심화 문제까지 다양한 문제들로 구성되어 있으며 혼자서 공부하는 사람들을 위해 모든 연습문제에 대한 풀이를 작성하여 부록에 추가하였다.

시중에 나와 있는 대부분의 C언어 관련 서적들은 기본 문법 설명에 치중하고 있으며 많은 사고가 필요한 알고리즘과 관련된 내용은 거의 다루고 있지 않다. 이 책은 초보자들이 쉽게 다가갈 수 있도록 기본적이면서도 중요한 부분에 대하여는 상세한 설명을 하고 있을 뿐 아니라 좀 더 논리적이고 수학적인 생각을 해야만 해결할 수 있는 의미 있는 문제들도 다양하게 다루고 있다.

이 책을 가지고 강의하는 경우 한 학기 강의용으로 사용될 수 있다. 또한 꼭 강의를 통해서가 아니더라도 C언어에 관심이 있고 컴퓨터 프로그래밍이 필요한 사람이라면 혼자서 공부하는 데 어려움이 없도록 기본 개념의 설명에 많은 부분을 할애하였다.

이 책은 Microsoft Windows용으로 나와 있는 상용 프로그램인 Microsoft Visual C/ C++를 기본으로 하여 설명하고 있지만 Linux/Unix 등의 다른 운영체제에서도 사용할 수 있다.

이 책이 C언어를 제대로 배워서 필요한 곳에 활용하고 싶어 하는 사람들에게 많은 도움이 되길 바란다.

2017년 12월
지은이

차 례

제 1 장

C언어란 무엇인가?

1.1 프로그래밍 언어

프로그램(program)이란 특정한 업무를 위해 계산이나 알고리즘 등을 컴퓨터가 수행할 수 있도록 만든 명령어 집합을 말한다. 또한 프로그래밍 언어(programming language)란 프로그램을 만들 수 있도록 고안된 컴퓨터 언어를 말하며, C언어(C language)는 대표적인 프로그래밍 언어 중 하나이다.

1.2 간단한 예제

간단한 예제를 통해서 C언어가 어떤 일을 하는지 살펴보자.

예제 1.1 (첫 C프로그램)

```
#include<stdio.h>
main()
{
  printf("나의 첫 C프로그램\n");
}
```

이 프로그램에서 왼쪽에 나타나 있는 숫자들은 줄 번호인데 실제 프로그램을 편집할 때는 편집기의 종류에 따라 자동으로 나타나기도 하고 나타나지 않는 경우도 있다. (줄 번호는 프로그램의 설명을 좀 더 쉽게 하기 위해 도입된 것이며 사용자가 입력하는 것은 아니다. 앞으로 이 책에서 나타나는 다른 모든 예제에서도 줄 번호는 같은 방식으로 나타나게 된다.)

이 프로그램을 실행시켜보면 다음과 같은 결과를 얻는다. (프로그램의 실행방법은 부록 A를 참조하기 바란다.)

```
나의 첫 C프로그램
```

이 결과에서 알 수 있듯이 이 프로그램은 "나의 첫 C프로그램"이라는 문자열을 출력하게 된다. (문자열이란 한 개 이상의 문자가 따옴표 안에 들어 있는 형태를 말한다.) 이 프로그램을 각 줄(line)별로 다시 살펴보면 다음과 같다.

Line 1: `#include<stdio.h>`

이것은 `stdio.h`라는 헤더 파일(header file)을 불러들이라는(include) 의미로써, 아래 나오는 출력문 `printf`를 사용하기 위해 이 헤더 파일이 필요하다. `stdio.h`에서 stdio는 standard input output의 줄임말이며, 확장자 h는 header의 의미이다. 이에 대해서는 나중에 추가적으로 설명할 것이며, 우선은 '`printf`를 사용하기 위해 필요한 것' 정도로 알아두면 되겠다.

Line 2: `main()`

C프로그램은 보통 한 개의 주함수와 여러 개의 부함수로 구성되어 있는데 `main`은 주함수의 의미이다. 함수이기 때문에 `main` 뒤에 괄호가 필요하다. 대개의 함수는 괄호 안에 인수(argument)라는 것이 필요한데 주함수인 경우는 인수가 없는 경우가 대부분이다.[1] 지금 이 예제에서도 괄호 안에는 아무것도 없다. 함수에 대한 자세한 내용은 7장에서 다루게 된다.

Line 3: `{`

하나의 블록을 나타내는 단위로 중괄호 `{ }`를 사용한다. 보통 한 개의 함수는 여러 개의 블록으로 구성될 수 있으며, 이 프로그램에서는 한 개의 블록만 사용되었다. 즉 이 프로그램의 경우에는 중괄호 '`{`'가 `main` 함수의 시작을 나타낸다.

Line 4: `printf("나의 첫 C프로그램\n");`

이 부분은 문자열 `"나의 첫 C프로그램"`을 출력하기 위한 문장이며 `printf`라는 출력문을 사용하여 원하는 결과를 얻을 수 있다. `printf`

[1]특별한 경우 주함수도 인자를 갖게 되는데 이에 대하여는 13.6절을 참고하기 바란다.

는 print formatted의 약자로, 출력을 우리가 원하는 형태(format)로 지정할 수 있다.

'\n'은 **개행문자**[2]라 불리는 것으로써, "나의 첫 C프로그램"을 출력한 뒤에 커서를 다음 줄로 내리는 역할을 한다. 문자열은 따옴표 " "를 사용하여 원하는 문자를 모두 둘러싸게 되므로 개행문자 '\n'도 (하나의 문자이므로) 따옴표 " " 안에 들어가 있어야 한다.

또한 이 문장 마지막에 세미콜론(;)이 있음에 유의해야 한다. C언어에서는 세미콜론을 사용하여 각 문장을 구분한다. 4번째 줄에서 약간 들여쓰기를 사용하였는데 이는 사용자가 알아보기 편하게 하기 위해 한 것이며 들여쓰기를 얼마나 했는지가 프로그램의 실행 결과에는 전혀 영향을 주지 않는다.

Line 5: `}`

main함수의 끝을 나타낸다.

다음은 또 다른 쉬운 예로 덧셈 계산을 하는 간단한 프로그램이다.

예제 1.2 (간단한 덧셈 계산)

```
1 #include<stdio.h>
2 main()
3 {
4   int a,b,c;
5   a=1;
6   b=2;
7   c=a+b;
8   printf("%d + %d = %d\n",a,b,c);
9 }
```

이 프로그램의 출력은 다음과 같다.

```
1 + 2 = 3
```

이 프로그램을 각 줄별로 분석해보자.

Line 4: `int a,b,c;`

[2] 개행문자는 표시되는 글꼴에 따라 '₩n'으로 나타나기도 하는데, 이에 대하여는 부록 A의 '글꼴의 변경'을 참고하면 된다.

이 부분은 정수형 변수 a, b, c를 선언하는 선언문이다. 숫자 계산을 하기 위해서는 숫자를 직접 사용하는 것보다는 변수를 사용하는 것이 편리하다. 프로그램 내에서 변수를 사용하기 위해서는 반드시 그 변수가 해당 블록의 첫머리 부분에 미리 선언되어야 한다.[3] 이 선언문은 다음과 같이 변수 하나하나를 각각 선언해도 된다.

```
int a;
int b;
int c;
```

숫자를 저장하는 변수의 형은 크게 실수형과 정수형이 있는데 이에 대하여는 다음 장에서 자세히 설명하기로 한다. int는 integer(정수)의 의미이다. 즉 이 프로그램에서 정수 계산을 하고 있는 것이다.

Line 5: `a=1;`

변수 a에 정숫값 1을 저장하는 치환문이다. 여기서 등호 '='는 수학에서의 등호가 아니라 값을 치환한다는 의미이다. 즉 좌변의 변수 a에 우변의 값 1을 치환하여 저장하고 있다.

Line 6: `b=2;`

마찬가지로, 변수 b에 정숫값 2를 저장한다는 의미이다.

Line 7: `c=a+b;`

a와 b의 값을 더한 뒤에 변수 c에 저장한다는 의미이다.

Line 8: `printf("%d + %d = %d\n",a,b,c);`

변수 a, b, c의 값을 출력형식에 맞게 출력하는 출력문이다. %d는 **변환문자(conversion character)**라 불리는 것으로써, 이 경우에 %d는 해당되는 정숫값을 10진 정수(decimal integer)로 변환함을 의미한다.[4] a, b, c 각각의 값이 하나하나의 %d에 순서대로 대응되고 있음에 주의해야 한다. 따옴표 안의 형식 %d + %d = %d 때문에

```
1 + 2 = 3
```

이라는 출력을 얻는다.

---

[3]이는 지역 변수에 해당되는 설명이며 전역 변수의 경우에는 블록 밖에서 선언될 수도 있다. 이와 관련한 내용은 변수의 영역(8.4절)을 참조하면 된다.

[4]컴퓨터 내부적으로는 2진수가 사용된다. 변환문자 %o를 이용하면 8진수, %x를 이용하면 16진수로 변환하여 출력된다.

위 예제의 경우 4번째 줄부터 8번째 줄까지 약간 씩 들여쓰기를 사용하여 주함수의 내용을 구성하고 있으며 한 줄에 한 문장씩 적어주고 있다. 그렇지만 각 문장이 세미콜론으로 구별되는 C언어의 특성상 들여쓰기를 바꾼다든지, 아니면 한 줄에 여러 문장을 적는다든지 해도 프로그램의 실행 결과는 동일하다. 예를 들어 위 예제의 소스 코드를 다음과 같이 바꿔도 동일한 결과를 출력으로 얻는다.

```
#include<stdio.h>
main()
{  int a,b,c;
  a=1; b=2;
c=a+b;
    printf("%d + %d = %d\n",a,b,c);}
```

그렇지만 이렇게 소스 코드를 작성하게 되면 소스 코드를 알아보기가 매우 어렵게 되기 때문에 권할 만한 것은 아니다. 즉, 소스 코드 작성에 있어 줄을 잘 맞추고 적절한 들여쓰기를 사용하여 소스 코드를 이해하기 쉽게 하는 것은 매우 중요하다.

선언문의 위치

C언어에서 선언문이 아닌 다른 문을 실행문이라 부른다. 따라서 예제 1.2에서 치환문이나 출력문 등은 모두 실행문이다. C언어에서 선언문은 같은 블록에 속하는 다른 실행문보다 앞에 위치해야 한다. 그러므로 예를 들어 예제 1.2를 다음과 같이 변형하는 것은 불가능하다.

예제 1.3 (선언문 위치가 올바르지 않은 예)

```
1  #include<stdio.h>
2  main()
3  {
4    printf("덧셈 계산\n");
5    int a,b,c;
6    a=1;
7    b=2;
8    c=a+b;
9    printf("%d + %d = %d\n",a,b,c);
10 }
```

이 예에서 4번째 줄의 실행문이 5번째 줄의 선언문보다 앞에 나오게 되므로 오류가 된다. 물론 4번째 줄과 5번째 줄을 맞교환하면 이러한 문제가 해결된다.

1.3 주석 및 긴 줄의 분리

이제 다음 예를 통하여 기본적이면서도 매우 중요한 몇 가지 사항을 좀 더 알아보기로 하자.

예제 1.4 (긴 줄의 분리)

```
1  /*
2     문장이나 식이 길어 질 때의 해결방법:
3         역사선 사용
4  */
5  #include<stdio.h>
6  main()
7  {
8    int a;
9    // 아래 부분의 식에서 a의 계산식이 매우 길다.
10   a=1234567+7890123+4567890-123456-789012+133278-875262\
11        +1192000+20000600-345678-901234-567890+282743339;
12   printf("계산 결과는 %d입니다.\n",a);
13 }
```

이 프로그램의 출력은 다음과 같다.

```
계산 결과는 314159265입니다.
```

이제 이 프로그램을 분석해보자.

Line 1 ~ Line 4:

이 부분은 프로그램에 대한 **주석(comment)** 혹은 설명 부분으로써 프로그램의 이해를 돕기 위하여 적어주게 된다. 즉, 주석은 /*로 시작하여 */로 끝나게 되며, 이 예에서처럼 여러 줄에 걸쳐 사용될 수 있으며, 두 부호 사이에 있는 모든 내용은 컴파일할 때 무시되므로 프로그램의 실행에는 아무런 영향을 미치지 않는다.[5]

Line 9:

이 부분 역시 주석의 한 종류인데, 이 경우는 //에서부터 그 줄의 끝까지만 무시된다. 따라서 이것은 그 줄에서만 유효하므로 이것을 여러 줄에 걸쳐 사용하려 한다면 각 줄마다 //를 계속 적어주어야 한다. 또한 //이

[5] 컴파일에 대하여는 부록 A를 참조하기 바란다.

사용된 줄이라 하더라도 //보다 앞에 위치하는 부분까지는 무시되지 않는다.

Line 10 ~ Line 11:
: 이 부분은 우변의 식을 계산하여 변수 a에 저장하려는 것이다. 그런데 식이 너무 길어서 두 줄에 나누어 쓰게 된 것이다. 이 경우 첫 번째 줄의 끝에 역사선을 사용하면 한 줄에 쓴 것과 같은 것이 된다.

1.4 C언어의 특징

이 절에서는 C언어의 특징을 간단히 살펴보기로 한다. 프로그래밍 언어는 저급 프로그래밍 언어와 고급 프로그래밍 언어로 나뉜다.

저급 프로그래밍 언어(low-level programming language)란 사람보다는 컴퓨터가 이해하기 쉽게 작성된 프로그래밍 언어로 일반적으로 기계어와 어셈블리어를 말하며, 하드웨어에 직접 접근하도록 설계되었기 때문에 실행속도가 빠르지만 하드웨어의 구조를 잘 알고 있어야 하므로 배우기가 어려우며 유지보수가 힘든 것이 단점이다.

반면에 고급 프로그래밍 언어(high-level programming language)란 사람이 사용하는 자연어에 가깝게 만들어져서 사람이 이해하기 쉽도록 만들어진 프로그래밍 언어이다. 따라서 저급 프로그래밍 언어에 비하여 컴퓨터 하드웨어의 구조를 잘 모르더라도 쉽게 프로그램을 작성할 수 있다. 보통 고급 프로그래밍 언어는 컴파일러나 인터프리터에 의해 저급 프로그래밍 언어로 일단 번역되어 실행된다. C언어를 비롯하여 자바(Java), 베이직(BASIC), 코볼(COBOL), 포트란(FORTRAN) 등 대부분의 프로그래밍 언어들은 고급 프로그래밍 언어에 속한다. 그렇지만 C언어는 비트 연산자 등을 이용하여 하드웨어인 기억장소에 직접 접근하여 작업하는 것이 가능하기 때문에 저급 언어의 특징을 일부 가지고 있다.[6]

C언어는 여러 가지 목적에 다양하게 쓰이는 범용 언어이며, 용량이 작고 단순한 구조로 되어 있어서 배우기 쉬울 뿐 아니라 그 활용이나 응용 면에서 많은 장점이 있다.[7]

C언어는 절차지향 언어로 분류되며, 최근에 널리 사용되고 있는 프로그래밍 언어인 C++는 C언어를 객체지향 언어로 발전시킨 것이다. 또한 현재 사용되고

[6] 비트 연산자에 대하여는 13.2절을 참조하기 바란다.

[7] 특히 C언어는 한 운영체제에서 작성한 코드를 다른 운영체제에서 사용하고자 할 때에도 코드 수정을 거의 하지 않아도 되는 장점이 있다.

있는 프로그래밍 언어 중에는 C언어를 기반으로 하여 개발된 것이 많다.

1.5 C언어의 역사

이 절에서는 C언어가 만들어지고 발전되어 온 역사를 간단히 살펴보기로 한다.

C언어는 1969년부터 1973년 사이에 미국의 벨연구소(Bell Labs)에서 데니스 리치(Dennis Ritchie)에 의해 개발된 이래 최근까지 가장 널리 쓰이고 있는 컴퓨터 언어이다.[8]

켄 톰슨(Ken Thompson)은 벨연구소에서 유닉스 운영 체제에서 사용하기 위해 당시 사용되던 BCPL언어를 단순화하여 B언어(B language)라 이름 붙였는데 이는 벨연구소의 B를 따서 붙여진 이름이다. 그 이후 데니스 리치가 B언어의 부족한 부분을 개선하여 1972년에 C언어가 탄생하였다.[9]

유닉스 시스템의 주요 프로그램은 모두 C언어로 작성되었고, 현재 많이 사용되는 최신 프로그래밍 언어들 중에는 C언어를 바탕으로 만들어진 것이 많다. 예를 들어 C++는 C에서 객체지향 언어로 발전된 것이다.

C는 1989년 이래로 ANSI(American National Standards Institute, 미국 규격협회)에 의하여 표준화되었고 최근에는 ISO(International Organization for Standardization, 국제 표준화기구)를 통하여 표준화되고 있다.

C언어가 발전되어온 과정을 좀 더 살펴보면 다음과 같다.

K&R C : 1978년에 브라이언 커니핸(Brian Kernighan)과 데니스 리치가 'The C Programming Language'라는 책의 초판을 출간하였다. 커니핸과 리치의 앞 글자만 따서 C 프로그래머들에게는 'K&R'로 불리는 이 책은, 비공식적이지만 오랫동안 C언어의 표준과 같은 역할을 하였다. 그리하여, 이 책에서 서술하는 C의 판이 'K&R C'란 명칭으로 불리게 되었고, 이 책의 2판에서는 그 이후에 나타나는 ANSI C 표준을 다루게 되었다.

ANSI C : 1970년대부터 1980년대 초까지 C언어가 광범위하게 쓰이게 되었고 1983년에 ANSI는 위원회 X3J11을 구성하여 표준화 작업을 진행하게 된다. 그 이후에 1989년에 이르러 ANSI X3.159-1989 'Programming Language C'라 불리는 C언어의 표준화가 마무리 되는데 이를 ANSI C, 표준 C(standard C), C89 등으로 부르게 된다.

[8] C언어는 처음에 유닉스 운영체제를 구동하기 위한 시스템 소프트웨어로 개발되었다.
[9] C라는 이름을 선택한 이유는 B 다음에 오는 영문 알파벳이 C이기 때문이다.

C90 : 1990년에 ANSI C 표준을 ISO에서 ISO/IEC 9899:1990이란 이름으로 채택하게 되었고 이를 C90이라 부른다. 그러므로 C89와 C90은 같은 언어이며, 오늘날 쓰이는 대부분의 C언어는 C89에 기반을 두고 있다.

C95 : 1995년에 1990년의 C 표준에 대한 규약 수정안 1이 출판되었는데, 이는 약간의 세부 사항을 교정하고 국제적 문자 세트에 대한 보다 확장된 지원을 위한 것이었다. 이를 C95라고 부른다.

C99 : C 표준은 1990년대 후반에 더 개정되어, 1999년 ISO/IEC 9899:1999가 출간되었고, 여기서 명시한 규범을 흔히 C99라 부른다. 이는 기술적 교정에 의하여 현재까지 3번의 수정이 있었다. 국제 C 표준은 실무 그룹 ISO/IEC JTC1/SC22/WG14에 의해 관리되고 있다.[10]

C11 : 2011년에는 C99를 수정하여 C언어의 최신 표준인 ISO/IEC 9899:2011이 발표되었고, 이를 C11이라고 부른다.

1.6 C언어 관련 인터넷 사이트

C언어 관련 자료를 찾아볼 수 있는 인터넷 사이트가 매우 많은데 그 중 몇 가지를 소개하면 다음과 같다.

프로젝트 오일러

프로젝트 오일러는 수학적인 문제들을 컴퓨터 프로그래밍으로 하나씩 해결해 가는 퀴즈 풀이 사이트이며 꼭 C언어가 아니더라도 다양한 프로그래밍 언어를 사용하여 자신의 프로그래밍 실력을 체크해 보고 이를 통해 실력을 향상 시킬 수 있는 사이트이다. 매우 다양한 수학적인 문제들이 준비되어 있어서 프로그래밍을 이용하여 이에 대한 답안을 제출하고 답이 맞았는지 무료로 확인해볼 수 있다. 프로젝트 오일러의 인터넷 주소는 다음과 같다.

`https://projecteuler.net` (영문 사이트)
`http://euler.synap.co.kr` (한글 사이트)

[10]마이크로소프트 Visual C/C++ 2015와 그 이후 버전의 경우 C99 표준을 대부분 수용하고 있다.

MSDN

MSDN(Microsoft Developer Network)은 마이크로소프트 개발자 네트워크이다. 이 사이트에 접속하면 Microsoft Visual C와 관련된 다양한 정보를 무료로 얻을 수 있다. 예를 들어 C언어에서 사용되는 특정한 함수에 대한 상세한 내용을 알고 싶을 때 돋보기 표시가 있는 찾아보기를 클릭하여 함수 이름을 입력하면 그 함수에 대한 상세한 설명과 샘플 C코드를 볼 수 있다. MSDN의 인터넷 주소는 다음과 같다.

`https://msdn.microsoft.com`

제 1 장 연습문제

1.1 문자열 "`Hello, world!`"를 출력하는 프로그램을 작성하라.[11] (단, 따옴표는 제외하고 출력하여야 한다.)

1.2 간단한 덧셈인 $12 + 34 = 46$을 계산하는 C프로그램을 작성하라.

1.3 예제 1.1에서 개행문자를 생략하면 어떤 결과가 나오는지 확인하라.

즉, 아래 프로그램을 작성하고 그 출력을 확인하라. 예제 1.1의 결과와 어떤 차이가 있는가?

```
#include<stdio.h>
main()
{
  printf("나의 첫 C프로그램");
}
```

1.4 다음 프로그램의 출력을 확인하고 무슨 계산을 하는 것인지 말하라.

```
#include<stdio.h>
main()
{
  printf("%d\n",10+20+30+40);
}
```

1.5 다음 프로그램의 출력을 확인하라.

```
#include<stdio.h>
main()
{
  printf("안녕하세요?\n");
  printf("반갑습니다.\n");
  printf("C언어는 정말 재미있습니다.\n");
}
```

1.6 위 문제에서 개행문자를 모두 생략하면 어떤 결과를 얻는가?

즉, 다음 프로그램의 출력을 확인하라.

```
#include<stdio.h>
main()
{
  printf("안녕하세요?");
  printf("반갑습니다.");
```

[11] 1978년에 브라이언 커니핸(Brian Kernighan)과 데니스 리치(Dennis Ritchie)가 쓴 "The C Programming Language"의 첫 번째 예제가 화면에 "Hello, world!"를 출력하는 것이었으며 그 후로 거의 모든 프로그래밍 언어의 첫 번째 예제로 "Hello, world!"를 출력하는 것이 관행처럼 되었다.

```
  printf("C언어는 정말 재미있습니다.");
}
```

1.7 다음 프로그램의 문제가 무엇인지 말하고 이를 수정하여 정상적으로 실행되도록 하라.

```
#include<stdio.h>
main()
{
  int a;
  a=10;
  int b;
  b=20;
  printf("%d+%d=%d\n",a,b,a+b);
}
```

1.8 **(특수 문자의 출력)** 다음 프로그램의 출력이 무엇인지 말하라.[12]

```
#include<stdio.h>
main()
{
  printf("몇 줄을 뛰어 쓰게 되는지 살펴보자.\n\n");
  printf("특수문자를 출력해 보자.\n");
  printf(" ! @ # $ % ^ & * ( ) - + _ = \n");//원하는 출력이 나오는가?
}
```

1.9 **(printf 안에서 주석문의 사용)** 다음 프로그램의 출력이 무엇인지 말하라.

```
/* printf 안에서 주석문의 사용 */
#include<stdio.h>
main()
{
  int a,b,c;
  a=10;
  b=20;
  c=a+b; // 합의 계산
  printf("/* a=%d, b=%d */\n",a,b);
  printf("// a+b=%d \n",c);
}
```

[12]백분율 기호(%)를 출력하기 위해서는 %%를 대신사용하며, 역사선(\)을 출력하기 위해서는 \\를 대신사용한다.

제 2 장

상수와 변수의 사용 및 기본 입출력

C언어에서 자료(data)를 사용하기 위해서는 먼저 **자료형(data type)**이 정해져야 한다. 자료형은 크게 숫자형과 문자형으로 나뉘고 이를 더욱 세분하면 다음과 같다.

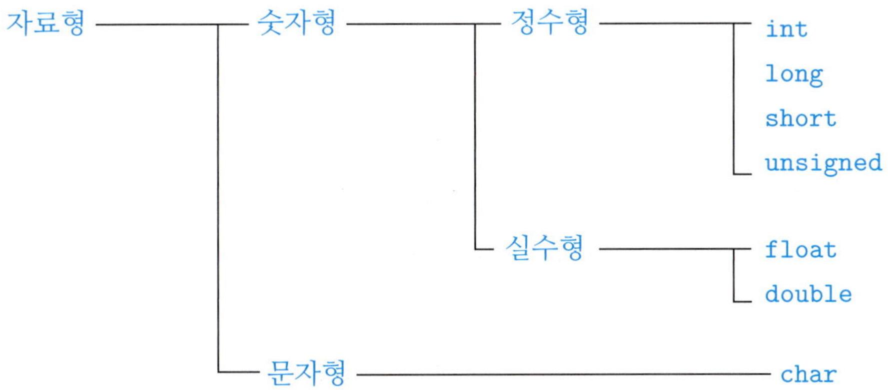

따라서 C언어를 사용하여 프로그램 하는 경우 각 상황에 맞는 자료형을 선택하여 이를 미리 선언하고 사용하여야 한다. 잘못된 자료형의 사용은 프로그램이 제대로 작동하지 않는 결과를 초래하거나, 프로그램이 작동한다 하더라도 전혀 원하지 않은 결과를 얻게 될 수 있으므로 주의해야 한다.

2.1 숫자형

C언어에서 사용되는 수는 크게 나누어 **실수형**과 **정수형**이 있다.
소수점이나 지수부가 있는 수는 실수형이며 그렇지 않은 수는 정수형이다. 실수형은 **부동소수형**이라고도 부른다.

따라서 다음은 모두 정수형 상수의 예이다.

`1,   25,   0,   -256,   30000, -917`

또한 다음은 모두 실수형 상수의 예이다.

`-1.0,   25.,   0.,   1.25,   -.25,   4e3,   -2.1E-5,   7.e-4,   -0.350`

여기서 e와 E는 같은 것으로써 모두 지수 부분을 표현하기 위해 도입된 것이다.

즉, 4e3은 4×10^3, -2.1E-53은 -2.1×10^{-53}, 7.e-4는 7×10^{-4}의 의미를 갖는다. -.25는 -0.25를 나타낸다.

또한 실생활에서 사용되는 쉼표(comma: ,)는 C언어에서 수를 나타내는데 사용할 수 없음에 주의해야 한다. 즉 1,000,000과 같은 표현은 허용되지 않는다. 단순히 1000000으로 바꾸어 사용해야만 한다.

변수

숫자나 문자 등의 값을 저장하기 위해 사용되는 것을 **변수**라 부른다. 변수를 사용하기 위해서는 다음 사항에 유의해야 한다.

- 변수를 사용하기 위해서는 미리 변수가 선언되어야 한다.
- 사용하고자 하는 변수의 선언은 해당 블록의 첫머리에서 진행되어야 하며 다른 실행문 뒤에 변수 선언이 나타날 수 없다.
- 변수 이름으로는 영문자, 숫자, _(underscore)등을 사용할 수 있으며, 처음 시작하는 글자는 영문자나 _이어야 한다.[1] 기타의 특수문자나 한글은 변수 이름으로 사용될 수 없다.
- 대문자와 소문자는 구별된다.
- 변수 이름으로 사용할 수 있는 최대 길이는 255자이다.

그러므로 다음 예는 모두 올바른 변수 이름이다.

[1] 그렇지만 C언어 내부에서 사용하도록 이미 지정된 변수들이 _로 시작하는 경우가 많으므로 사용자가 만드는 변수는 되도록 영문 알파벳으로 시작하는 이름으로 정하는 것이 바람직하다.

a, abc, a2, My_car, Hello, hello, CO2, DEF007, Happy_new_year

여기서 주의할 것은 변수이름 Hello와 hello는 다르다는 것이다.

다음의 예는 모두 올바르지 <u>않은</u> 변수이름이다.

2a, my-car, not#me, www.com, $10, 안녕, int

int는 C언어에서 정수형 변수를 선언하기 위해 사용되는 것으로써 변수 이름으로 사용할 수는 없다.[2]

다음 예를 보면 실수형 변수와 정수형 변수의 사용법을 알 수 있다.

예제 2.1 (정수형 및 간단한 실수형 변수의 사용)

```
#include<stdio.h>
main()
{
  int a,b,c;
  float d,e,f;
  a=10;
  b=20;
  c=a+b;
  d=1.;
  e=2.;
  f=d/e;
  printf("%d+%d=%d, %f/%f=%f\n",a,b,c,d,e,f);
}
```

이 프로그램의 실행 결과를 보면 다음과 같다.

```
10+20=30, 1.000000/2.000000=0.500000
```

즉, 이 프로그램에서는 $10 + 20 = 30$, $1/2 = 0.5$의 산술 연산을 하고 있는 것이다. $10 + 20 = 30$의 계산에서는 정수형 변수를, $1/2 = 0.5$의 계산에서는

[2] 이와 같이 C언어에서 다른 용도로 사용하기 위해 미리 정해져 있어서, 변수 이름으로 사용할 수 없는 것을 예약어(reserved word)라 부른다. 다음은 모두 예약어의 예이다: asm, auto, break, case, char, const, continue, default, do, double, else, enum, extern, float, for, goto, if, int, long, register, return, short, signed, sizeof, static, struct, switch, typedef, union, unsigned, void, volatile

실수형 변수를 각각 사용하고 있음을 알 수 있다. 또한 정수형 변수를 선언하기 위해 `int`를, 실수형 변수를 선언하기 위해 `float`를 사용하고 있음을 알 수 있다.[3]

또한 `float`형 변수 `d`에 실수 1.을 저장하기 위하여 9번째 줄에 다음과 같은 문장을 사용하였다.

```
d=1.;
```

이 식의 우변에 나와 있는 `1.`과 같이 특별한 형을 명시하지 않은 모든 실수형 상수는 C에서 `double`형으로 취급된다. 그렇지만 이 예에서는 변수 `d`가 `float`형이므로 결국 `float`형으로 자동 변환되어 저장된다. `float`형 상수인 것을 처음부터 명시하여 사용하려면 다음과 같이 하면 된다.

```
d=1.f;
```

즉, 숫자 마지막에 `f`를 붙여 이 상수가 `float`임을 명시적으로 나타낼 수 있다.[4]

이 예의 출력문을 보면 정수의 출력을 위해 `%d`를, 실수의 출력을 위해 `%f`를 사용하고 있다. 또한 나눗셈 계산을 위해 사선(slash: `/`)이 사용됨을 알 수 있다. 즉, 나눗셈 계산은 분수 형태로 표현하여야만 한다.[5]

비트, 바이트

비트(bit)란 컴퓨터에서 사용되는 가장 작은 기억단위를 말한다. 두 개의 구분되는 값인 0 아니면 1을 저장하게 된다. 또한 **바이트(byte)**란 8개의 비트로 구성되는 기억단위를 말한다. 모두 256($=2^8$)개의 구분되는 값을 가질 수 있다.

컴퓨터 내부에서는 이진수가 사용된다. 따라서 기억단위를 말할 때 비트와 바이트가 모두 2의 지수 형태로 표현되는 것을 알 수 있다.

참고로 2바이트는 $2^{16} = 65,536$개, 4바이트는 $2^{32} = 4,294,967,296$개, 8바이트는 $2^{64} = 18,446,744,073,709,551,616$개의 구분되는 값을 가질 수 있음을 알 수 있다.

---

[3] 실수형 변수는 `float`와 `double`의 두 가지 종류가 있으며, `double`형의 경우 두 배정도의 기억장소가 필요하고 계산 시간도 더 걸리지만 이를 사용하면 좀 더 정밀한 계산을 할 수 있다.

[4] Microsoft Visual C의 경우 `float`형 변수에 소수점 아래의 숫자가 나타나는 상수(예: 3.14)를 저장할 경우 숫자 마지막에 `f`를 붙이지 않으면 컴파일 시에 경고(warning) 메시지가 나온다.

[5] 당연한 얘기지만, 컴퓨터 자판(key board)에 나누기 기호(÷)는 없다.

숫자형과 값의 범위

숫자 자료형에는 정수형에 int, unsigned, short, unsigned short, long, unsigned long 등이 있으며, 실수형에는 float와 double이 있다.

각각의 숫자들은 아무런 범위 제한 없이 사용할 수 있는 것이 아니고 각각의 숫자형마다 일정한 범위에 속하는 수를 사용하여야만 한다. 숫자의 범위를 벗어나는 경우 프로그램이 멈추거나, 아니면 프로그램이 멈추지 않았다 하더라도 전혀 원하지 않은 결과를 얻게 되므로 주의해야 한다. 따라서 각 숫자형에 따른 값의 범위를 미리 알고 있어야 하며, 각 자료형에 대한 값의 범위는 다음 표와 같다.

자료형	바이트	다른 이름	값의 범위
int	4	signed, signed int	$-2,147,483,648 \sim 2{,}147{,}483{,}647$
unsigned	4	unsigned int	$0 \sim 4{,}294{,}967{,}295$
short	2	short int, signed short int	$-32,768 \sim 32,767$
unsigned short	2	unsigned short int	$0 \sim 65{,}535$
long	4	long int, signed long int	$-2,147,483,648 \sim 2{,}147{,}483{,}647$
unsigned long	4	unsigned long int	$0 \sim 4{,}294{,}967{,}295$
float	4		$\pm 3.4 \times 10^{\pm 38}$ (유효숫자 7자리)
double	8		$\pm 1.7 \times 10^{\pm 308}$ (유효숫자 16자리)

위의 표에 나타나 있는 것처럼 unsigned인 경우는 글자 그대로 '부호가 없는' 즉 0보다 크거나 같은 수를 값으로 가지며, signed는 '부호가 있는' 즉 양수, 0, 음수 모두를 값으로 가질 수 있다. 또한 unsigned라는 말이 붙지 않은 경우는 모두 signed로 보면 된다.

또한 short는 크기가 2바이트이므로 일반 int형에 비해 값의 범위가 매우 작음을 알 수 있다. 이에 비해 long형은 int와 같은 4바이트이며 결국 수의 범위도 일반 int와 일치함을 알 수 있다.

실수의 경우 float형인 경우 유효숫자 7자리, double형인 경우 유효숫자 16자리까지 정확한 계산을 한다. double형인 경우 유효숫자의 범위가 float형에 비해 크므로 정확한 결과를 요하는 과학계산 등에 사용하면 좋을 것이다. 단 기억장소의 크기가 float형에 비해 두 배이므로 그만큼 많은 기억장소를 사용하는 것은 어쩔 수 없으며 계산 시간도 더 걸린다.

프로그램을 작성하는 사람은 각 형에 따른 수의 범위를 잘 알고 있어야만 오류 없는 효율적인 작업을 할 수 있다.

실수형의 오버플로

지정된 수 값의 범위를 벗어나는 절댓값이 큰 수를 사용하는 경우 문제가 발생할 수 있는데 이를 **오버플로(overflow)**라고 한다. 실수형의 경우 오버플로가 발생하면

```
INF
```

와 유사한 형태의 값을 출력하게 되는데 이는 infinity, 즉 무한대를 나타낸다.

다음 예는 출력으로 INF를 얻게 되는 프로그램이다.[6]

예제 2.2 (실수형의 오버플로)

```
1 #include<stdio.h>
2 main()
3 {
4   double a=1.e200, b=1.e300, c;
5   c=a*b;
6   printf("%f\n",c);
7 }
```

위 예제의 네 번째 줄을 보면 실수형 변수 a, b, c를 선언하고 있으며, 특히 a, b의 경우 선언과 동시에 초깃값을 지정해 주고 있다. 다섯 번째 줄을 보면 a와 b사이에 *가 사용되는데 이것은 곱셈을 나타낸다. 즉 C언어에서는 곱셈을 나타내는 문자로 *를 사용한다. 결국 이 프로그램에서는 큰 수 a와 b의 곱을 변수 c에 저장하여 출력하고 있으며 그 결과로 오버플로가 발생하였다.

정수형의 오버플로

정수형의 경우는 큰 수를 사용할 때 특히 주의를 요한다. 실수형과는 달리 정수형의 경우에는 오버플로가 발생하는 경우 INF 형태를 출력하는 대신 **순환적**으로 계산된 값을 출력한다.

이는 우리가 일상생활에서 사용하는 시계의 경우 12시가 지나면 다시 1시가 되는 것과 유사하다. 즉 시계 시침의 경우 12+1은 13이 아니라 다시 1인 것이다. 이 경우 시계에서 나타낼 수 있는 최대의 숫자가 12이며 이를 넘어가면 최소 숫자인 1

[6] 컴파일러에 따라 Inf를 출력하기도 하며, Microsoft Visual C의 경우 이 예에서는 양의 무한대라는 의미로 1.#INF00이라는 메시지를 출력한다. 음의 무한대인 경우는 -1.#INF00이라는 메시지를 출력한다.

에서부터 다시 계산하게 되는 것이며, 이와 유사한 결과가 C에서도 나타난다. 다음 프로그램은 이를 잘 설명하고 있다.

예제 2.3 (정수형의 오버플로)

```
1  #include<stdio.h>
2  main()
3  {
4    int a=2147483647;
5    int b,c,d;
6    b=a+1;
7    c=a+2;
8    d=-a-2;
9    printf("%d %d %d\n",b,c,d);
10 }
```

이 프로그램의 출력은 다음과 같다.

```
-2147483648 -2147483647 2147483647
```

이 프로그램을 살펴보면, 4번째 줄에서 a값으로 2147483647이 저장되었으며, 이 값은 `int`형으로 저장할 수 있는 최대 숫자임에 유의해야 한다. 6번째 줄의 `b=a+1`에서 오버플로 형태가 되지만 `INF`가 아니라 `int`형의 최소 숫자인 -2147483648이 b에 저장됨을 알 수 있다.

즉, 다음과 같이 `int`형 상수가 크기순으로 배열되어 있다고 할 때 **제일 윗줄보다 1만큼 큰 수는 제일 아랫줄의 숫자**가 되는 것이다.

$$\begin{array}{c} 2147483647 \\ 2147483646 \\ 2147483645 \\ \cdots\cdots\cdots \\ 1 \\ 0 \\ -1 \\ \cdots\cdots\cdots \\ -2147483646 \\ -2147483647 \\ -2147483648 \end{array}$$

마찬가지로 7번째 줄의 c=a+2에서 c에는 −2147483647이 저장되고 있으며, 이는 2147483647보다 2만큼 큰 수로 볼 수 있는 것이다.

마지막으로 8번째 줄의 d=-a-2에서는 -a, 즉 −2147483647보다 2만큼 작은 수를 계산하고 있다. 이 경우에도 −2147483648 밑으로 더 이상 내려갈 수 없으므로 제일 윗줄의 숫자인 2147483647이 d에 저장되고 있음을 알 수 있다.

따라서 수의 범위를 잘 알지 못하면 전혀 원하지 않은 결과를 출력하게 되므로 주의해야 한다.

변환문자

정수나 실수를 출력하기 위해서 변환문자(conversion character) %d 혹은 %f를 사용하는 것을 앞에서 보았는데 변환문자에는 이외에도 많은 것이 있으며, 각각 다양한 용법이 있다. 예제를 통해서 이를 알아보자.

다음 예제는 변환문자 %d와 %u의 용법을 설명하고 있다.

예제 2.4 (변환문자 %d와 %u의 사용)

```
#include<stdio.h>
main()
{
  int a=123;
  unsigned b=1234567;
  printf("%d\n%4d\n%5d\n",a,a,a);
  printf("%u\n%10u\n",b,b);
}
```

이 프로그램의 출력은 다음과 같다.

```
123
 123
  123
1234567
   1234567
```

이 경우 %d의 사용은 앞에서와 같다. 즉 이것은 10진 정수를 출력하기 위해 사용되며 해당되는 숫자 길이만큼에 걸쳐 출력된다. 그런데 %4d에서의 경우와 같이 출력할 때 숫자의 길이를 정해줄 수 있다. 이 경우 숫자의 길이를 4자리로 출력하라는 의미이며, 출력하려는 숫자의 길이는 세 자리이므로 4자리 중 처음 한 자리는 공백문자(blank)를 출력하게 된다. `%5d`의 경우는 앞의 두 자리를 공백문자로 채워서 모두 5자리 형태로 출력하게 됨을 알 수 있다.

`unsigned`형의 경우는 변환문자로 `%u`를 사용한다. 길이를 정해주는 용법은 `%d`에서의 경우와 같다. 즉 `%10u`하면 모두 10자리에 걸쳐 값을 출력하게 된다. 위의 예제에서는 `b`가 7자리이므로 앞의 세 자리를 공백문자로 채운 뒤 출력되는 것을 볼 수 있다.

다음 예제는 실수형의 경우이다.

예제 2.5 (변환문자 %f, %e, %E의 사용)

```
#include<stdio.h>
main()
{
  float c=123.45f;
  printf("%f\n%5.1f\n%8.3f\n",c,c,c);
  printf("%e\n%12.2e\n%12.4E\n",c,c,c);
}
```

이 프로그램의 출력은 다음과 같다.

```
123.449997
123.4
 123.450
1.234500e+002
   1.23e+002
 1.2345E+002
```

출력을 살펴보면 첫 번째 줄의 값이 123.45가 아니라 123.449997임을 알 수 있다. 이것은 컴퓨터 내부적으로 이진수가 사용되기 때문이다. 즉 10진수로 123.45는 유한소수이지만 이진수로는 무한소수이고, 따라서 적당한 자리에서 반올림하여 나타날 수밖에는 없는 것이다. `%f`에서처럼 특별히 출력할 때의 자리 수를 지정하지 않으면 소수점 아래 여섯 자리를 출력하게 된다.

그 다음 줄에는 `%5.1f`에 대응되는 출력이 나와 있다. 이것의 의미는 전체 길이가 5자리이며 소수점 아래 1자리 형태로 출력하라는 것이다. 이때 주의할 것은 전체 길이를 따질 때 소수점이나 부호 등 출력 시 나타나는 모든 것을 다 포함시킨다는 것이다. 따라서 123.4의 경우 전체 길이는 5자리가 된다. 또한, 소수점 아래 한 자리 형태로 출력할 경우 소수점 이하 두 번째 자리에서 반올림한 결과가 출력된다.

%8.3f의 경우를 보면 전체가 8자리이므로 앞의 한 자리는 공백으로 채웠다. 이는 정수형의 출력에서와 마찬가지 원리이다. 또한 소수점 이하 3자리까지를 출력하고 있으며, 소수 네째 자리에서 반올림한 결과가 출력되는 것이다.

%e나 %E는 과학적 표기법을 사용하여 지수 형태로 출력할 때 사용되는 것으로, 출력에 나타난 것처럼 지수부분이 각각 e 와 E로 나타난다. 사용법은 %f에서와 같이 전체 길이 및 소수점 이하 자리 수를 지정하여 출력하도록 할 수 있다. 예를 들어 6번째 줄의

%12.2e

를 이용하여 변수 c의 값을 출력하면

 1.23e+002

가 되는데 이는 1.23×10^2의 의미이며 전체 12칸을 확보하고 과학적 표기법을 사용하여 소수점 아래 2자리까지 출력하고 있다. 왼쪽 두 자리는 공백문자로 채워지고 있다.

실수형과 정수형의 혼합연산

정수형과 정수형의 연산 결과는 항상 정수형으로 나타나며, 실수형과 실수형과의 연산 결과도 항상 실수형으로 나타난다. 따라서 계산을 할 때 같은 형태끼리 연산이 이루어지는 것이 바람직하며 계산 결과도 그 형에 맞는 변수에 저장되는 것이 좋다.

이를 설명하는 다음 예제는 매우 중요한 것이다.

예제 2.6 (정수형의 분수 계산)

```
#include<stdio.h>
main()
{
  float a=5.,b=3.,c,e;
  int i=5,j=3,k;
  c=a/b;
  k=i/j;
  e=5/3;
  printf("%10.5f\n",c);
  printf("%10d\n",k);
  printf("%10.5f\n",e);
}
```

이 예제의 출력은 다음과 같다.

```
1.66667
      1
1.00000
```

출력의 첫 줄을 보면 정상적인 $\frac{5}{3}$의 값이 출력된 것을 알 수 있다. (물론 이것은 소수점 아래 6번째에서 반올림된 결과이다.) a, b, c는 모두 실수형 변수이며 실숫값들이 저장되고 연산되었음을 알 수 있다.

출력의 두 번째 줄을 보면 1이 나와 있다. 이것은 k=i/j를 계산할 때 i나 j가 모두 정수형이므로 계산 결과도 정수형이기 때문이다. 즉 이 경우에는 $\frac{5}{3}$의 값을 소수점 이하 첫째 자리에서 버림하여 1이라는 결과가 나온 것이다. 즉 **분수 계산에서 분자, 분모가 모두 정수형인 경우, 계산 결과는 그 몫이 된다.**

출력의 세 번째 줄을 보면 1.000000이 나오는데 이 또한 마찬가지 이유이다. 이 경우 e가 실수형이기는 하지만 이미 5/3가 계산될 때 그 값이 1이므로 실수형 변수 e에 저장된다 하더라도 1.000000으로 바뀌게 될 뿐 결코 $1.6666\cdots$의 값이 될 수는 없는 것이다.

정수형과 실수형이 혼합된 연산에서는 일단 정수형이 실수형으로 변환된 뒤에 계산이 된다. 다음 예를 보자.

예제 2.7 (정수형과 실수형의 혼합 연산)

```
#include<stdio.h>
main()
{
  double a,b,c,d,e,f;
  int i;
  a=3/4;
  b=3/4.;
  c=3./4;
  d=3./4.;
  e=-3.5-6;
  i=-3.5-6;
  f=1.0+3/4;
  printf("%7.2f %7.2f %7.2f %7.2f\n",a,b,c,d);
  printf("%7.2f %7d\n",e,i);
  printf("%7.2f\n",f);
}
```

이 예제의 출력은 다음과 같다.

```
 0.00     0.75     0.75     0.75
-9.50       -9
 1.00
```

출력의 첫 줄에 나타난 것처럼 정수형과 실수형이 혼합된 연산인 경우에는 정수형의 값이 일시적으로 실수형으로 변환된 뒤 계산된다는 것을 알 수 있다. 즉 **분수 계산의 경우 분자, 분모 중 하나라도 실수형이면 나머지도 일시적으로 실수형으로 변환된 뒤 계산됨**을 알 수 있다. 따라서 6번째 줄에서 9번째 줄까지의 계산을 보면 6번째 줄의 `a=3/4`의 경우를 제외하고는 모두 0.75가 출력되었다.

10번째 줄의 `e=-3.5-6`의 경우는 우선 6이 실수형으로 변형된 뒤 계산되어 −9.50이 출력으로 나왔으며, 11번째 줄의 `i=-3.5-6`의 경우는 `i`가 정수형이기 때문에 소수 첫째자리에서 버림한 결과인 −9가 `i`에 저장되고 출력되었다.

12번째 줄에 있는 `f=1.0+3/4`의 경우는 덧셈보다 나눗셈이 연산 우선순위가 높으므로 `3/4`이 먼저 계산되어 0이 되고, 이것이 실수로 변환된 뒤 1.0에 더해지게 된다. 따라서 1.00의 출력을 얻는다. 다양한 연산에 대한 연산의 우선순위는 부록 C를 참조하기 바란다.

2.2 문자형

사칙 연산 등의 계산을 위해 숫자형이 사용된 것처럼, 사람의 이름이나 사물의 명칭 등의 문자로 된 것을 나타내기 위해 문자형이 사용된다.

문자형 상수는 작은따옴표 안에 하나의 문자로 나타나게 된다. 따라서 다음은 모두 문자형 상수의 예이다.

`'a',   'A',   '7',   '*',   '('`

문자형 상수는 부록 B에 있는 ASCII 문자표처럼 정수와 대응 관계가 있고 따라서 정수와 호환될 수 있다. 예를 들어 문자형 상수 `'a'`는 ASCII 문자표에서 보면 정수 97과 같은 것이다.

또한 문자형 상수를 `'\141'`과 같은 형태로 나타낼 수도 있는데 \다음에 나타나는 숫자는 ASCII 문자표의 8진 정수에 해당한다. 10진수 97은 8진수로 141이므로 `'\141'`과 `'a'`는 같은 것이다.

또한 문자형 상수 `'7'`은 ASCII 문자표에서 보면 정수 55와 같은 것이므로 정수형 상수 7과는 다른 것이다. (정수형 상수에는 작은따옴표가 없음에 유의하라.)

이외에도 \로 시작하는 특수문자들이 있는데 대표적인 것이 개행문자 '\n'이다. 이 밖에도 '\\', '\'', '\"' 등이 있으며, 이들은 각각 역사선 (backslash: \), 작은따옴표('), 큰따옴표(")를 나타낸다.

문자형 변수를 선언하기 위해서는 char를 사용하며, 출력을 위한 변환문자로는 %c를 사용한다. 문자형 변수의 크기는 1바이트이며 결국 0에서 255 사이의 정수와 같다.

영문 알파벳과는 달리 한글의 경우 한 글자가 2바이트로 표현되므로 한글은 문자형 상수로 사용될 수 없다. 따라서 다음은 모두 올바른 문자형 상수가 아니다.

'가', 'AB', 'ㄹ', '123', '金'

문자형 상수와 관련하여 **문자열**을 생각할 수 있는데, 문자열이란 하나 이상의 문자형 상수가 합쳐진 것으로써 큰따옴표로 둘러싸여 있다. 이때 큰따옴표 안에 있는 각각의 문자들은 작은따옴표 없이 나타난다. 예를 들면 "ABC\n"은 문자열이다.

다음 예제는 지금까지의 설명을 모두 포함하고 있다.

예제 2.8 (문자형 변수의 출력 및 변환문자 %c의 사용)

```
#include<stdio.h>
main()
{
  char a1,a2,a3;
  int b;
  a1=97;
  a2=98;
  a3='c';
  b='A';
  printf("%d %d %d\n",a1,a2,a3);
  printf("%c %c %c\n",a1,a2,a3);
  printf("%c %c\n",'a','\141');
  printf("\"안녕하세요?\"\n");
  printf("\'이 과목에서 %c를 받을 수 있으면 좋을 텐데...\'\n",b);
}
```

이때의 출력은 다음과 같다.

```
97 98 99
a b c
a a
```

```
"안녕하세요?"
'이 과목에서 A를 받을 수 있으면 좋을 텐데...'
```

프로그램을 보면 변수 a1, a2에 각각 십진수 97, 98이 저장되었고, a3에는 문자형 상수 'c'가 저장 되었는데, 이 값은 10번째 줄의 다음 출력문에 의하여 모두 정수로 출력된다.

```
printf("%d %d %d\n",a1,a2,a3);
```

특히 변환문자 %d에 의하여 문자형 변수 a3에 저장된 값인 'c'는 해당 10진수인 99로 변환되어 출력된다. 그렇지만 그 다음에 나타나는 11번째 줄의 출력문

```
printf("%c %c %c\n",a1,a2,a3);
```

에서는 변환문자 %c를 사용하였기 때문에, 해당 ASCII 문자들인 a, b, c가 출력됨을 알 수 있다.

그리고 프로그램의 다섯 번째 줄을 보면 변수 b가 int형으로 선언되어 있지만 문자형으로 사용되고 있음을 알 수 있다. 정수와 문자형 상수는 호환될 수 있기 때문이다.

변환문자 %g

변환문자 %g는 실수형에 대하여 사용할 수 있으며, 출력에서 나타나는 소수점 이하 마지막 부분의 불필요한 0을 제거한 뒤 출력하게 되므로 길이를 줄여 출력할 수 있다. 또한 이 경우 %f와 %e 중에서 좀 더 길이를 짧게 하여 출력할 수 있는 것을 자동으로 선택하여 출력하게 된다. 또한 변환문자 %G는 %g와 같은 기능을 하되 지수형 출력에 있어 대문자 E를 사용한다.

다음은 그 예이다.

예제 2.9 (변환문자 %g의 사용)

```
#include<stdio.h>
main()
{
  double a=1.200, b=2140000000, c=3.10e12;
  double d=3.000, e=0.012, f=-0.00000000700;
  f=1./3.;
  printf("%g %g %g %g %g %g\n",a,b,c,d,e,f);
  printf("%G %G %G %G %G %G\n",a,b,c,d,e,f);
}
```

출력은 다음과 같다.

```
1.2 2.14e+009 3.1e+012 3 0.012 0.333333
1.2 2.14E+009 3.1E+012 3 0.012 0.333333
```

이 결과를 보면 최대한 전체 길이를 짧게 하여 출력함을 알 수 있다. 예를 들어 3.000의 경우 뒤에 나오는 불필요한 0이 모두 제거되고 3으로 출력됨을 알 수 있다.

탭문자 '\t'

출력 시 세로줄을 맞춰 출력하려면 '\t'를 사용하는 것이 편리하다. 이 문자는 탭(Tab) 간격에 해당하는 8글자[7] 간격으로 문자나 숫자를 출력하게 되며, 두 출력 사이에 빈 공간이 없으면 오른쪽으로 8글자 길이만큼 계속 이동하여 출력하게 된다. 다음은 '\t'를 사용한 예이다.

예제 2.10 (탭문자의 사용)

```c
#include<stdio.h>
main()
{
  char c1='a',c2='b',c3='c',c4='d',c5='e';
  int i=12345678, j=20, k=3000, n=123456789;
  double a=1.23, b=1.23456789e10, c=-3.14;
  printf("%c\t%c\t%c\t%c\t%c\n",c1,c2,c3,c4,c5);
  printf("%d\t%d\t%d\t%d\n",i,j,k,n);
  printf("%4.2f\t%e\t%f\n",a,b,c);
}
```

이 프로그램의 출력은 다음과 같다.

```
a       b       c       d       e
12345678        20      3000    123456789
1.23    1.234568e+010   -3.140000
```

2.3 입력문

지금까지는 주로 printf를 사용하여 출력하는 것에 대해서 살펴 보았는데, 그 반대 개념인 입력문에 대하여 알아보기로 하자.

[7] 이것은 영문자 기준으로 8자에 해당되는 길이이므로 한글이라면 4글자에 해당되는 길이이다.

입력문의 사용

printf를 사용하여 컴퓨터 모니터로 출력을 했던 것처럼, scanf를 사용하면 컴퓨터 자판을 이용하여 모니터를 통해 자료의 **입력**을 받을 수 있다. scanf는 scan formatted의 약자로 보면 된다. 즉, 자료의 형태(format)를 지정하여 입력을 받는다는 뜻이다. scanf를 사용하기 위해서는 stdio.h가 필요하다.

다음 프로그램은 두 정수를 입력받아 그 합을 계산하는 프로그램이다.

예제 2.11 (정수의 합 계산)

```
/* 두 정수를 입력받아 합을 출력하는 프로그램
   입력되는 변수: a, b
   계산되는 내용: c = a + b
   출력되는 내용: a + b = c                    */
#include<stdio.h>
main()
{
  int a,b,c;
  printf("두 정수를 입력하십시오.\n");
  scanf("%d%d",&a,&b);
  c=a+b;
  printf("%d + %d = %d 입니다.\n",a,b,c);
}
```

이 프로그램을 실행시키면 우선 다음의 출력이 나온다.[8]

두 정수를 입력하십시오.

이때, 두 수를 입력하고 엔터키를 치면 된다. 예를 들어

3 5 (엔터)

하면 다음 출력을 얻게 된다.

3 + 5 = 8 입니다.

[8]이 프로그램의 경우 Microsoft Visual C에서 컴파일을 하면 다음과 같은 경고 메시지가 나온다.
```
warning C4996: 'scanf': This function or variable may be unsafe. Consider
using scanf_s instead. To disable deprecation, use _CRT_SECURE_NO_WARNINGS.
See online help for details.
```
이에 대한 해결책으로는 부록 L을 참고하기 바란다.

예제 프로그램의 scanf 부분을 살펴보면 10번째 줄에서

```
scanf("%d%d",&a,&b);
```

와 같이 하여 입력을 받고 있다. 출력에서와 마찬가지로, 정수형인 경우 변환문자 %d를 사용한다. 그러나 숫자를 입력하는 경우 두 변환문자 사이의 간격은 무의미하다. 즉

```
scanf("%d%d",&a,&b);
```

와

```
scanf("%d %d",&a,&b);
```

는 같은 것이다. (출력에서 printf("%d %d\n",a,b)와 printf("%d%d\n",a,b)는 다르다.) 또 한 가지 출력과의 차이점으로 입력의 경우에는 개행문자 '\n'을 사용하지 않는다.

프로그램의 scanf부분을 다시 보면, 입력받는 변수 앞에 &(ampersand)를 붙인 것을 알 수 있다. 이것은 나중에 포인터에 관한 내용을 설명할 때 자세히 다룰 것인데, 변수의 주소를 나타내는 것이다. 지금은 단지 scanf를 사용하는 경우에는 입력받는 변수 앞에 &를 붙여야 한다는 정도로 알고 있으면 되겠다.

또한 두 개의 정수를 입력할 경우 위의 예에서처럼 공백문자를 이용하여 두 숫자를 구분해도 되고, 아니면 엔터키를 이용하여 구분해도 된다.

다음은 엔터키를 이용한 입출력의 예이다.

```
두 정수를 입력하십시오.
3 (엔터)
5 (엔터)
3 + 5 = 8 입니다.
```

즉, scanf를 사용한 입력시에는 공백문자나 엔터키를 이용하여 자료를 구분한다.

위 예제에서 한 가지 주의할 점은 10번째 줄과 11번째 줄의 순서가 중요하며, 이 두 줄의 위치가 반대로 되어 있다면 문제가 된다는 것이다. 즉

```
c=a+b;
scanf("%d%d",&a,&b);
```

과 같이 되어 있다면 컴파일을 할 때는 아무런 문제가 발생하지 않지만 프로그램을 실행시키게 되면 오류가 발생한다. 그 이유는 변수 a와 b의 값이 입력되어

초기화되기도 전에 두 수의 합을 먼저 계산하고 있기 때문이다. 이는 초보자들이 많이 범하는 실수이며 C언어는 기본적으로 소스 코드에 적어준 문장 순서대로 실행된다는 점이 중요하다.

다음 예제는 두 실수를 입력받아 나눗셈을 하는 것을 보여준다. 이 경우 실수가 float형이므로 변환문자로 %f를 사용한다.

예제 2.12 (scanf를 이용한 입력: float의 경우)

```
/* scanf를 이용한 나눗셈 계산(float의 경우) */
#include<stdio.h>
main()
{
  float a,b,c;
  printf("0이 아닌 두 실수를 입력하십시오.\n");
  scanf("%f%f",&a,&b);
  c=a/b;
  printf("%f / %f = %f 입니다.\n",a,b,c);
}
```

이때의 입출력 예를 보면 다음과 같다.

```
0이 아닌 두 실수를 입력하십시오.
2.5
2.0
2.500000 / 2.000000 = 1.250000 입니다.
```

다음 예제는 double형인 경우 나눗셈을 하는 것을 보여주며, 이 경우 scanf의 변환문자로써 %lf가 사용되고 있음에 주의해야 한다.

예제 2.13 (scanf를 이용한 입력: double의 경우)

```
/* scanf를 이용한 나눗셈 계산(double의 경우) */
#include<stdio.h>
main()
{
  double a,b,c;
  printf("0이 아닌 두 실수를 입력하십시오.\n");
  scanf("%lf%lf",&a,&b);
  c=a/b;
  printf("%f / %f = %f 입니다.\n",a,b,c);
}
```

이 프로그램의 입출력 예는 다음과 같다.

```
0이 아닌 두 실수를 입력하십시오.
10.
3.
10.000000 / 3.000000 = 3.333333 입니다.
```

변수가 `double`형인 경우 `scanf`의 변환문자로는 반드시 `%lf`가 사용되어야 하며 `%f`를 사용하면 전혀 다른 엉뚱한 결과를 초래하게 된다. 그러나 `printf`를 사용하는 경우 `%lf`와 `%f`는 같은 결과를 출력한다.

2.4 8진수와 16진수

C언어에서는 10진수 이외의 정수로 8진수와 16진수를 사용할 수 있다.

C언어에서 `0`으로 시작하는 정수는 8진수이며, `0x` 혹은 `0X`로 시작하는 정수는 16진수이다. 16진수의 경우 숫자로써 `0, 1, 2, ..., 9` 이외에 `a, b, c, d, e, f`가 추가적으로 사용된다. 따라서 다음의 숫자는 모두 10진수 31과 같은 것이다.

`31, 037, 0x1f`

입출력 시 `printf`와 `scanf`를 위한 변환문자로써 `%o`(8진수)와 `%x`(16진수)가 각각 사용된다.[9] 다음 예는 8진수, 10진수, 16진수의 용법을 보여주고 있다.

예제 2.14 (8진수, 10진수, 16진수의 사용)

```c
#include<stdio.h>
main()
{
  int a=31,b=037,c=0x1f;
  printf("%d %d %d\n",a,b,c);
  printf("%d %o %x\n",a,b,c);
  printf("%d %o %x\n",a,a,a);
}
```

이 프로그램의 출력을 보면 다음과 같다.

```
31 31 31
31 37 1f
31 37 1f
```

[9] 영어로 8진수와 16진수는 각각 octal number, hexadecimal number이며 변환문자 `%o`와 `%x`는 이들 단어의 알파벳에서 선택되었다.

출력에서 보듯이 같은 정수라도 변환문자에 따라 다른 형태로 출력됨을 알 수 있다. 즉, 첫 번째 출력문 `printf("%d %d %d\n",a,b,c)`의 결과로써 `a`, `b`, `c` 모두 10진수로 출력이 되었으며, 두 번째 출력문 `printf("%d %o %x\n",a,b,c)`의 경우는 10진수, 8진수, 16진수가 각각 출력되었다.

마지막 경우는 `printf("%d %o %x\n",a,a,a)`와 같이 십진수 31인 정수 `a`를 세 가지 형태로 다양하게 출력하고 있다.

2.5 0으로 시작하는 숫자의 입출력

학번이나 휴대 전화 번호 등은 0으로 시작하는 경우가 있다. 아래 예와 같이 정수형 변수를 사용하여 단순히 입출력하는 경우 처음의 숫자 0이 출력되지 않는다.

예제 2.15 (0으로 시작하는 숫자가 제대로 출력되지 않는 예)

```
#include<stdio.h>
main()
{
  int a;
  printf("학번을 입력하십시오.\n");
  scanf("%d",&a);
  printf("입력된 학번은 %d입니다.\n",a);
}
```

이 프로그램의 입출력 예를 보면 다음과 같다.

```
학번을 입력하십시오.
081234
입력된 학번은 81234입니다.
```

이 경우 아래 예와 같이 변환문자를 `%.6d`로 하여주면 숫자가 6자리보다 작을 때 앞부분을 0으로 채워서 출력하게 된다.

예제 2.16 (0으로 시작하는 int형 숫자의 출력)

```
#include<stdio.h>
main()
{
  int a;
  printf("학번을 입력하십시오.\n");
```

```
  scanf("%d",&a);
  printf("입력된 학번은 %.6d입니다.\n",a);
}
```

이에 대한 입출력 예는 다음과 같다.

```
학번을 입력하십시오.
081234
입력된 학번은 081234입니다.
```

아래 예는 0으로 시작하는 정수에 대한 다양한 형태의 입출력을 보여주고 있다.

예제 2.17 (0으로 시작하는 정수의 다양한 출력 예)

```
#include<stdio.h>
main()
{
  int a=123;
  printf("a=%.3d\n",a);
  printf("a=%.4d\n",a);
  printf("a=%.5d\n",a);
  printf("a=%.6d\n",a);
  printf("a=%7.3d\n",a);
  printf("a=%7.4d\n",a);
  printf("a=%7.5d\n",a);
}
```

이 프로그램의 출력은 다음과 같다.

```
a=123
a=0123
a=00123
a=000123
a=    123
a=   0123
a=  00123
```

또한 다음 예와 같이 변환문자 사용 시 %와 d 사이에 −를 넣으면 숫자가 왼쪽으로 붙어서 출력되며 +를 넣으면 양수인 경우 +부호를 출력한다. 또한 0을 넣으면 앞부분을 공백문자 대신 0으로 모두 채우게 된다.

예제 2.18 (변환문자 %d에 +, −, 0의 사용)

```
#include<stdio.h>
main()
{
  int a=10,b=20,c=30,d=40;
  printf("%-5d %-5d\n",a,b); // 길이 5인 공간을 각각 확보하고
                             // 왼쪽에 붙여 출력
  printf("%+5d %05d\n",c,d); // %05d는 %.5d와 같다.
}
```

이 프로그램의 출력은 다음과 같다.

```
10    20
  +30 00040
```

위에서 설명한 다양한 방법을 이용하면 0으로 시작하는 숫자를 어느 정도 원하는 형태로 출력할 수 있다. 그렇지만 이러한 작업이 번거롭다면 뒤에 배우게 될 char 형을 사용하는 방법이 오히려 편리할 수 있다.

숫자의 입출력에서 한 가지 주의할 점은 숫자의 입력에서는 0으로 시작하는 숫자가 10진수로 받아들여지지만, 프로그램 내에서 사용되는 0으로 시작하는 수는 8진수로 간주된다는 것이다.

아래 예는 초기화된 숫자 013이 8진수이기 때문에 10진수 출력 시 이에 해당되는 10진수인 11이 011 형태로 출력된다.

예제 2.19 (8진수의 10진수 출력 예)

```
#include<stdio.h>
main()
{
  int a=013; // 013은 0으로 시작하므로 8진수이다.
  printf("a=%.3d\n",a);
}
```

이 프로그램의 출력은 다음과 같고 출력에서의 011은 10진수이다.

```
a=011
```

또한 아래 예에서처럼 실제로 8진수로 출력하여 보면 초기화된 값과 같은 값이 출력됨을 알 수 있다.

예제 2.20 (8진수 출력 예)

```
#include<stdio.h>
main()
{
  int a=013; // 8진수
  printf("a=%.3o\n",a); // 변환문자 %o는 8진수로 출력한다.
}
```

이 프로그램의 출력은 아래와 같고, 이 출력에서의 013은 8진수이다.

```
a=013
```

아래 예는 위의 설명을 종합한 것이다.

예제 2.21 (8진수와 10진수의 입출력)

```
#include<stdio.h>
main()
{
  int a=013,b,c,d,e;
  scanf("%d",&b);
  scanf("%d",&c);
  scanf("%o",&d);
  scanf("%o",&e);
  printf("a=%d b=%d c=%d d=%d e=%d\n",a,b,c,d,e);
}
```

이 프로그램의 입출력 예를 보면 다음과 같다.

```
13
013
13
013
a=11 b=13 c=13 d=11 e=11
```

여기서 처음 네 줄은 입력이며, 마지막 줄은 출력이다. 이 경우 두 번째 입력은 변환문자가 %d이기 때문에 0으로 시작하더라도 10진수 13이며, 세 번째 입력은 변환문자가 %o이기 때문에 0으로 시작하지 않더라도 8진수 13임을 알 수 있다.

2.6 자료형의 크기

sizeof를 사용하면 자료형의 크기를 바이트 단위로 알 수 있다. 다음 예제는 이것을 잘 보여주고 있다.

예제 2.22 (자료형의 크기)

```
#include<stdio.h>
main()
{
  char alpha;
  short beta;
  int gamma;
  long delta;
  float epsilon;
  double zeta;
  int a1,a2,a3,a4;
  printf("%d %d %d %d %d %d \n",sizeof(alpha),sizeof(beta),\
  sizeof(gamma),sizeof(delta),sizeof(epsilon),sizeof(zeta));
  a1=sizeof('1');
  a2=sizeof(1);
  a3=sizeof(1.);
  a4=sizeof(1.f);
  printf("%d %d %d %d\n",a1,a2,a3,a4);
}
```

이 예제의 출력을 보면 다음과 같다.

```
1 2 4 4 4 8
4 4 8 4
```

출력의 첫 번째 줄을 보면 각 자료형의 크기대로 출력된 것을 알 수 있다.

또한 두 번째 줄에서 실수형 상수 1.의 경우 double형이므로 sizeof(1.)의 결과로 8이 출력되었다. 그렇지만 상수 1.f의 경우는 float형이므로 sizeof(1.f)의 값으로 4가 출력되고 있음을 알 수 있다.

2.7 가변 길이 출력

변환문자 %*d를 사용하면 다음 예와 같이 프로그램 내에서 출력되는 변숫값의 전체 길이를 변화시킬 수 있다.

다음은 정수에 대한 가변 길이 출력의 예이다.

예제 2.23 (정수에 대한 가변 길이 출력)

```
#include<stdio.h>
main()
{
  int a=10,b=20,i,j;
  i=2;
  j=3;
  printf("%*d%*d\n",i,a,j,b);
  i=3;
  j=4;
  printf("%*d%*d\n",i,a,j,b);
}
```

이 경우의 출력을 보면 아래와 같이 처음 두 수는 길이가 각각 2, 3인 공간을 확보하고 다음 두 수는 길이가 각각 3, 4인 공간을 확보한 뒤, 확보된 공간의 오른쪽에 붙어 출력됨을 알 수 있다.

```
10 20
 10  20
```

실수의 출력에 대하여도 아래 예와 같이 프로그램 내에서 출력되는 전체 길이를 조절할 수 있다.

예제 2.24 (실수에 대한 가변 길이 출력)

```
#include<stdio.h>
main()
{
  double a=3.14,b=2.79;
  int i,j;
  i=5;
  j=1;
  printf("%*.*f %*.*f\n",i,j,a,i,j,b);
  i=11;
  j=3;
  printf("%*.*e %*.*e\n",i,j,a,i,j,b);
}
```

이 프로그램의 출력은 다음과 같다.

```
 3.1    2.8
3.140e+000  2.790e+000
```

제 2 장 연습문제

2.1 다음 중 정수형 상수인 것을 모두 골라라.

`10, 2002, 0.1, -016, 20.01, 4e3, -1.1e0, 0x1a, 1.f`

2.2 다음 중 실수형 상수인 것을 모두 골라라.

`1.1, -0.01, 10, -125, -.35, 4e5, 3.14E-3, 7.e-4, 2.1f`

2.3 다음 중 올바른 변수 이름을 모두 골라라.

`Hi, a-b, world, http:, 가나다, 2u, mp3, double, Korea, scanf, HOT`

2.4 다음 중 올바른 문자형 상수를 모두 골라라.

`'Hi', 'A', 'a', "A", '바', 'ABC', 3, '3', '3.', '(', ':', '%'`

2.5 두 개의 정수를 입력받아 그 곱을 계산하여 출력하는 프로그램을 작성하라.

2.6 두 개의 double형 실수를 입력받아 그 곱을 계산하여 출력하는 프로그램을 작성하라.

2.7 다음 프로그램의 출력을 예상하고 실제 실행 결과와 비교하라.

```
#include<stdio.h>
main()
{
 int a,b;
 a=4;
 b=-3;
 printf("%d\n",a/b);
}
```

2.8 다음 프로그램은 두 양수의 곱을 계산하는 것이다. 음수로 답이 나오는 이유를 설명하고 해결책을 제시하라.

```
#include<stdio.h>
main()
{
 int a=2000000000;
 int b=2;
 printf("%d\n",a*b);
}
```

2.9 단 한 개의 printf문을 사용하여 정확히 다음 문자열을 출력하는 프로그램을 작성하라.

`@ # $ % ^ & ; " // /* */`

2.10 임의의 양의 정수를 입력하면 10으로 나눈 몫을 출력하는 프로그램을 작성하라.

2.11 **(8진수와 16진수의 출력)** 임의의 양의 정수(10진수)를 입력받아 이를 8진수와 16진수로 고쳐서 출력하는 프로그램을 작성하라.

2.12 다음 프로그램의 출력을 예상하고 실제 실행 결과와 비교하라.

```
#include<stdio.h>
main()
{
 int a='A';
 char b='3';
 printf("%3c\n%3c\n%3d\n%3d\n",a,b,a,b);
}
```

2.13 short형 변수 a에 123을 저장하고 이를 이용하여 다음과 같은 출력을 얻는 프로그램을 작성하라.

```
123
 123
  123
   123
```

2.14 **(0을 포함한 정수의 출력)** int형 변수 a에 4567을 저장하고 이를 이용하여 다음과 같은 출력을 얻는 프로그램을 작성하라.

```
04567
004567
 04567
 004567
```

2.15 다음 프로그램의 출력을 예상하고 실제 실행결과와 비교하라.

```
#include<stdio.h>
main()
{
  float a=3.14159f;
  printf("%7.5f\n",a);
  printf("%8.5f\n",a);
  printf("%7.4f\n",a);
  printf("%7.0f\n",a);
}
```

2.16 다음 프로그램의 오류를 수정하여 실행 가능하도록 바꿔라.

```
#include<stdio.h>
main()
{
  double a;
  printf("실수를 입력하십시오.\n");
  scanf("%f",a);
```

```
  printf("입력된 값은 %g입니다.\n",a);
}
```

2.17 다음 프로그램의 오류를 수정하여 실행 가능하도록 바꿔라.

```
#include<stdio.h>
main()
{
  int a,b;
  printf("정수 a의 값 입력: ");
  b=a+a;
  scanf("%d",&a);
  printf("a+a=%d\n",b);
}
```

2.18 다음 프로그램의 실행시켜보고 $\frac{1}{4}$은 0.25로 출력되지만 $\frac{1}{10}$은 0.1이 아닌 다른 값으로 출력되는 이유를 말하라.

```
#include<stdio.h>
main()
{
  double a=1.f/4.f;
  double b=1.f/10.f;
  printf("a=%13.11f\n",a);
  printf("b=%13.11f\n",b);
}
```

2.19 다음 프로그램을 실행시켜 출력이 무엇인지 말하고 그렇게 출력이 나오는 그 이유를 설명하라.

```
#include<stdio.h>
main()
{
  unsigned int i;
  i=-1;
  printf("%u\n",i);
}
```

제 3 장

수식과 연산

이 장에서는 수식과 그에 따른 여러 가지 연산에 대해 알아본다.

3.1 치환연산자와 사칙연산

우리는 앞에서 등호(=)가 수학에서의 의미와 다르다는 걸 알았다. 수학에서는 좌변과 우변이 같다는 의미로 등호를 사용하지만 C언어에서는 우변에 있는 내용을 좌변의 변수에 저장할 때 사용한다. 그런 의미에서 등호를 치환연산자라 부른다.

예를 들어 다음 두 문장을 수행하고 나면 a와 b모두에 1이 저장된다.

```
a=1;
b=a;
```

사칙연산을 위한 연산자로는 +, -, *, / 등이 있으며 각각 더하기, 빼기, 곱하기, 나누기의 의미이다.

사칙연산을 하는 경우에는 수학에서 사용하는 우선순위를 따라 그대로 계산하게 된다. 괄호도 수학에서와 같이 그대로 쓸 수 있다.

예들 들어

```
a=3+4;
b=1+(2+3)*2;
c=1.+(2.-(3.+3.)/2.)*2.;
```

라면 a, b, c 각각에 7, 11, −1.이 저장된다. 연산의 우선순위는 부록 C를 참고하기 바란다.

캐스트연산자

사칙연산에서 주의해야 할 점을 든다면, 정수끼리의 나눗셈을 하는 경우 원하지 않은 답이 나올 수 있다는 것이다. 굳이 몫을 구하려는 경우가 아니라면 이런 경우 실수끼리의 연산으로 바꿔주는 것이 바람직하다.

상수인 경우는 정수에 소수점을 찍어 주거나 지수를 포함한 형태로 표현하여 실수형으로 바꿔주면 되지만 정수형으로 선언된 변수의 경우는 다른 방법을 사용해야 하는데 이때 사용되는 것이 **캐스트연산자(cast operator)**이다.

캐스트연산자를 사용하기 위해서는 괄호 안에 원하는 형을 써주면 되고, 그러면 바로 뒤에 나오는 변수의 값이 일시적으로 원하는 형으로 변화된다. 예를 들면

```
int a=1, b=2;
double c;
c=(double)a/(double)b;
```

하면 변수 c에는 1.0/2.0의 값인 0.5가 저장된다. 변수 a와 b는 모두 정수형이지만 분수 계산을 하는 순간 캐스트 연산자 (double) 때문에 일시적으로 double형의 값으로 바뀌어 계산된다. 물론 이 계산이 끝나고 난 뒤에 변수 a와 b는 여전히 정수형으로 남게 되며 저장된 값도 그대로 1과 2이다.

다음의 예는 이를 더 다양하게 설명해 주고 있다.

예제 3.1 (캐스트연산자의 사용)

```
#include<stdio.h>
main()
{
  int a=1,b=4,c;
  float d;
  double e,f;
  c=a/b;
  d=(float)a/(float)b;
  e=(double)a/(double)b;
  f=(int)1./(int)4.;
  printf("%d  %4.2f  %4.2f  %4.2f \n",c,d,e,f);
}
```

이 프로그램의 출력은 다음과 같다.

```
0  0.25  0.25  0.00
```

이 중 처음 세 개의 출력은 쉽게 이해될 수 있으며, 마지막 출력은 f=(int)1./(int)4.에서 분자, 분모가 모두 정수형으로 바뀌므로 계산 결과로써 정수 0이 나오고 이것이 double형 변수 f에 저장되면서 실수형 상수 0.으로 바뀌게 된 것이다.

나머지연산자와 절댓값연산자

정수형에 대해서 나머지를 구할 때 나머지연산자 %를 사용할 수 있다. 즉 a%b하면 a를 b로 나눈 나머지가 계산되는 것이다. 예를 들어 10%3 하면 1이 계산된다. 다음 예를 보면 음수가 섞여 있는 경우 a%b의 부호는 a의 부호와 같음을 알 수 있다.

예제 3.2 (나머지연산자의 부호)

```
#include<stdio.h>
main()
{
  int i,j,r1,r2,r3,r4;
  i=8;
  j=3;
  r1=i%j;
  r2=i%(-j);
  r3=(-i)%j;
  r4=(-i)%(-j);
  printf("%d %d %d %d\n",r1,r2,r3,r4);
}
```

이 프로그램의 출력은 다음과 같다.

```
2 2 -2 -2
```

즉, 음수가 섞여 있는 경우 a%b를 계산하기 위해서는 각각의 절댓값을 사용하여 계산한 뒤 a의 부호를 붙여주면 된다.

이제 절댓값연산자에 대하여 알아보자. 절댓값연산자 abs는 정수형의 절댓값을 계산해 준다. 예를 들어

```
a=-1;
b=abs(a)+abs(-2)+abs(7);
```

해주면 b에는 10이 저장된다.

나머지연산자 %와 절댓값연산자 abs는 모두 정수형에만 사용된다는 것에 주의해야한다.

쉽표연산자

쉼표연산자는 한 문장 안에서 여러 개의 식을 연산하는 경우 사용하면 편리하다. 쉼표(,)를 사용하여 식을 구분하게 되고 각 식은 왼쪽에서 오른쪽 순서로 계산된다.

쉼표연산자로 여러 개의 값을 계산한 경우 그 결과 값은 마지막에 계산된 값이 된다.

예를 들면

```
a=1;
b=2;
d=(a=a+10,c=b+12);
```

해주면 a에는 11이, c와 d에는 14가 저장된다.

3.2 증감연산자와 누적치환연산자

프로그램을 만들다 보면 a=a+1이나 s=s+i와 같은 형태의 식이 자주 사용되는 경우가 있다. 이런 경우 유용하게 사용될 수 있는 것이 증감연산자와 누적치환연산자이다.

증감연산자

변수 a에 대하여, a++ 혹은 ++a 라고 할 수 있는데 이것의 의미는 모두 a=a+1 이다. 즉, 변수의 값을 1만큼 증가시키게 된다. 이때 사용된 ++를 **증가연산자**라고 한다.

마찬가지로 변수 a에 대하여 a-- 혹은 --a 라고 할 수 있는데 이것의 의미는 모두 a=a-1이다. 즉, 변수의 값을 1만큼 감소시키게 된다. 이때 사용된 --를 **감소연산자**라고 한다.

또한, 감소연산자와 증가연산자를 합쳐서 **증감연산자**라고 부른다. 증감연산자를 사용할 때 주의할 점은 증가/감소와 다른 작업이 동시에 이루어질 때의 수행 순서이다. 다음 예는 이것을 잘 설명해 주고 있다.

예제 3.3 (증감연산자의 사용)

```
1  #include<stdio.h>
2  main()
3  {
4    int a=19, b=29, c=100, d=200;
5    int aa, bb;
6    a++;
7    ++b;
8    printf("%d %d \n",a,b);
9    printf("%d\n",++a);
10   printf("%d\n",a++);
11   printf("%d\n",a);
12   aa=c++;
13   bb=++d;
14   printf("%d %d %d %d \n",aa,c,bb,d);
15 }
```

이 프로그램의 출력을 보면 다음과 같다.

```
20 30
21
21
22
100 101 201 201
```

이 프로그램을 각 줄(line)별로 다시 살펴보면 다음과 같다.

Line 4: `int a=19, b=29, c=100, d=200;`

각 정숫값을 초기화하고 있다.

Line 6: `a++;`

a의 값을 1만큼 증가시킨다. 이 경우 a++는 ++a와 완전히 같은 것이며, 연산 결과 a값이 20이 된다.

Line 7: `++b;`

역시 b의 값을 1만큼 증가시킨다. 이 경우 ++b는 b++와 완전히 같은 것이며, 연산 결과 b값이 30이 된다.

Line 8: `printf("%d %d \n",a,b);`

a와 b 값을 출력한다. 따라서 20과 30이 출력된다.

Line 9: `printf("%d\n",++a);`

이 경우 일단 a값을 1만큼 증가시킨 후 그 값이 출력된다. 즉 a값이 이미 21이 된 상태에서 출력하게 된다.

Line 10: `printf("%d\n",a++);`

이 경우 일단 a값을 출력한 뒤 a값을 1만큼 증가시킨다. 즉 a값이 21인 상태로 출력한 뒤에 a값이 22로 변한다. 즉 이 경우 a++와 ++a는 다른 것이다.

Line 11: `printf("%d\n",a);`

a 값을 출력한다. 따라서 22가 출력된다.

Line 12: `aa=c++;`

c의 값을 aa에 저장한 후 값을 1만큼 증가시킨다. 따라서 aa값은 100이며 c의 값은 101이 된다.

Line 13: `bb=++d;`

d의 값을 1만큼 증가시킨 후 bb에 저장한다. 따라서 bb와 d 값 모두 201이 된다. 결국 bb=++d는 bb=d++와 다른 것이다.

Line 14: `printf("%d %d %d %d \n",aa,c,bb,d);`

이 출력을 통해서 위의 결과들을 확인할 수 있다.

결국 증감연산자의 경우 그 적용 방법에 따라 다른 결과가 나올 수 있으므로 그 용법을 확실히 이해해 두어야 한다.

누적치환연산자

누적치환연산자는 좌변의 변수를 포함하는 계산을 우변에서 한 뒤 그 값을 좌변에 치환하는 연산자로써 +=, -=, *=, /=, %= 등이 있다.

s+=i는 s=s+i와 같은 의미이다. 즉 s+i값을 계산한 뒤 이 값을 s에 다시 저장(치환)하는 것이다. 마찬가지로 s-=i는 s=s-i와, s*=i는 s=s*i와, s/=i는 s=s/i와, s%=i는 s=s%i와 각각 같은 의미를 갖는다. 따라서 누적치환연산자의 좌변에는 상수가 올 수 없다.

지금까지 알아본 여러 가지 연산자를 포함하는 다음 예제를 보면 연산의 방향과 우선순위의 중요성을 알 수 있다. 연산의 우선순위는 부록 C를 참조하기 바란다.

예제 3.4 (연산자와 그 우선순위)

```
1  #include<stdio.h>
2  main()
3  {
4    int a=1, b=3, c=3, d, e;
5    d=e=10+a;
6    printf("%d %d\n",d,e);
7    d+=10+ ++b;
8    printf("%d %d\n",b,d);
9    a*=b*=c++;
10   printf("%d %d %d\n",a,b,c);
11 }
```

이 프로그램의 출력은 다음과 같다.

```
11 11
4 25
12 12 4
```

이 프로그램의 주요 부분을 분석해보면 다음과 같다.

Line 5: `d=e=10+a;`

10+a의 값이 e와 d에 순차적으로 저장되고 있다. 치환 연산자는 이 예제에서처럼 한 문장 안에 여러 번 사용될 수 있으며 이 문장은 `(d=(e=10+a));` 와 같은 의미이다.

Line 7: `d+=10+ ++b;`

이 문장이 수행되기 전의 d값은 11이며 b값은 3이다. 이 문장이 수행되면 먼저 b의 값이 1만큼 증가되어 4가 된다. 그러고 나서 그 값이 다시 10에 더해져 14가 된다. 마지막으로, d에 14를 더한 값이 다시 d에 저장된다. 즉 d값은 25가 된다. 이 문장은 `d=(d+(10+(b=b+1));` 과 같은 의미이다.

Line 9: `a*=b*=c++;`

이 문장이 수행되기 전의 a, b, c값은 각각 1, 4, 3이다. 이 문장은 먼저 b*c를 b에 저장한 뒤 c를 1만큼 증가시킨다. 즉, b는 12가 되고 c는 4가 된다. 그러고 나서 a*12를 다시 a에 저장한다. 즉 a는 12가 된다.

위의 예제와 같은 것은 연산의 우선순위와 연산의 방향을 잘 알고 있는 경우에는 사용할 수 있는 것이기는 하지만 이렇게 복잡한 연산이 섞여 있는 경우 실수할 가능성이 클 뿐 아니라, 다른 사람이 이 프로그램을 보고 이해하기 어려울 수도 있다. 그러므로 이와 같이 한 문장에 너무 많은 연산자들을 복잡하게 섞어 사용하는 것은 오히려 바람직하지 않다.

3.3 관계연산자와 논리연산자

이 절에서는 제어문이나 순환문 등에서 매우 중요하게 사용되는 관계연산자와 논리연산자에 대하여 배우게 된다.

관계연산자

어떤 식이 참이라면 1을, 거짓이면 0을 연산 결과로 내보내는 연산자를 관계연산자라한다. 관계연산자에는 ==, !=, <, >, <=, >= 등이 있으며, 각각의 의미는 다음과 같다.

- `==` 이것은 수학에서의 등호와 의미가 같다. 즉 ==의 좌, 우변을 비교하여 같으면 참, 아니면 거짓이다. 예를 들면 2==2인 경우는 연산의 결과가 1이고, 2==3인 경우는 연산의 결과가 0이 된다.

- `!=` 이것은 수학에서의 $\neq$와 의미가 같다. 즉 !=의 좌, 우변을 비교하여 다르면 참, 같으면 거짓이다. 예를 들면 2!=3인 경우는 연산의 결과가 1이고, 10!=10인 경우는 연산의 결과가 0이 된다.

- `<` 이것은 수학에서의 $<$와 의미가 같다. 즉 <의 좌변이 우변보다 작으면 참, 아니면 거짓이다. 예를 들면 2<3인 경우는 연산의 결과가 1이고, 2<1인 경우는 연산의 결과가 0이 된다.

- `>` 이것은 수학에서의 $>$와 의미가 같다. 즉 >의 좌변이 우변보다 크면 참, 아니면 거짓이다. 예를 들면 4>3인 경우는 연산의 결과가 1이고, 3>3인 경우는 연산의 결과가 0이 된다.

- `<=` 이것은 수학에서의 $\leq$와 의미가 같다. 즉 <=의 좌변이 우변보다 작거나 같으면 참, 아니면 거짓이다. 예를 들면 3<=3인 경우는 연산의 결과가 1이고, 2<=1인 경우는 연산의 결과가 0이 된다.

`>=` 이것은 수학에서의 $\geq$와 의미가 같다. 즉 `>=`의 좌변이 우변보다 크거나 같으면 참, 아니면 거짓이다. 예를 들면 `4>=3`인 경우는 연산의 결과가 1이고, `3>=4`인 경우는 연산의 결과가 0이 된다.

다음은 관계연산자를 사용한 예제이다.

예제 3.5 (관계연산자)

```
#include<stdio.h>
main()
{
  short a, b, c;
  a=(3==3);
  b=(3>4);
  c=(4<=5);
  printf("%d %d %d\n",a,b,c);
  a=(3!=4)+(30>=5)+(10<5*5);
  printf("%d\n",a);
}
```

이 프로그램의 출력은 다음과 같다.

```
1 0 1
3
```

이 예제로부터 연산의 결과가 참인 경우 1, 거짓인 경우 0이라는 것을 확인할 수 있다. 관계연산자는 뒤에 배우게 되는 순환문이나 제어문 등에서 매우 중요한 역할을 한다.

논리연산자

논리연산자는 주로 관계연산자와 함께 사용되는 것으로써 `!`, `&&`, `||`의 세 종류가 있다. 이것은 수학이나 논리학에서의 `not`, `and`, `or`에 각각 해당한다.

따라서 `!`는 그 뒤에 나오는 결과가 참이면 거짓으로, 거짓이면 참으로 바꿔주는 역할을 하는 연산자이다.

`&&`의 경우는 `&&` 앞, 뒤의 식이 모두 참일 때만 참 값을 내보내고 그렇지 않은 경우는 모두 거짓을 내보내는 연산자이다.

마지막으로 or의 경우는 or 앞, 뒤의 식 중 적어도 하나가 참이면 참 값을 내보내고 그렇지 않은 경우는 거짓을 내보내는 연산자이다. 다음 예제가 이를 잘 설명하고 있다.

예제 3.6 (논리연산자)

```
#include<stdio.h>
main()
{
  short a, b, c;
  a = ! 3==3;
  b = 3>4 || 4>=1;
  c = 1<2 && 4!=5;
  printf("%d %d %d\n",a,b,c);
}
```

이 프로그램의 출력은 다음과 같다.

```
0 1 1
```

위의 예제에서 나타난 것처럼 논리연산자, 관계연산자, 치환연산자가 함께 사용된 경우 관계연산자, 논리연산자, 치환연산자 순으로 우선순위가 있음을 알 수 있다.

즉, `b = 3>4 || 4>=1;` 는 `b=((3>4)||(4>=1));`과 같은 것이다.

3.4 수학식의 계산

과학 계산에 자주 사용되는 수학식 함수들은 C언어에서도 함수 형태로 미리 정의되어 있다. 예를 들면 지수, 로그, 삼각함수 등이 있고, 이외에도 많은 함수들이 미리 정의되어 있는데 이를 내장함수라 부른다.

대표적인 내장함수들을 보면 다음과 같다.

fabs 절댓값을 계산하는 함수이다. 예를 들어 수학에서의 $|x|$는 C언어에서 fabs(x)로 나타낸다.

fmod 나머지를 계산하는 함수이다. 예를 들어 수학에서 a를 b로 나눈 나머지는 C언어에서 fmod(a,b)로 나타낸다. a 또는 b가 음수인 경우 fmod(a,b)의 부호는 a의 부호와 같다.

pow 거듭제곱을 계산하는 함수이다. 예를 들어 수학에서 a^b은 C언어에서 pow(a,b)로 나타낸다.

`sqrt` 제곱근(square root)을 계산하는 함수이다. 예를 들어 수학에서의 $\sqrt{x}$는 C언어에서 `sqrt(x)`로 나타낸다.

`exp` 지수함수를 나타낸다. 예를 들어 수학에서의 e^x는 C언어에서 `exp(x)`로 나타낸다.

`log` 자연로그함수를 나타낸다. 예를 들어 수학에서의 $\ln x = \log_e x$는 C언어에서 `log(x)`로 나타낸다.

`log10` 상용로그함수를 나타낸다. 예를 들어 수학에서의 $\log_{10} x$는 C언어에서 `log10(x)`로 나타낸다.

`sin` 삼각함수의 일종인 sine함수를 나타낸다. 예를 들어 수학에서의 $\sin x$는 C언어에서 `sin(x)`로 나타낸다. 이때 x값은 라디안(radian)이다.

`cos` 삼각함수의 일종인 cosine함수를 나타낸다. 예를 들어 수학에서의 $\cos x$는 C언어에서 `cos(x)`로 나타낸다. 이때 x값은 라디안(radian)이다.

`tan` 삼각함수의 일종인 tangent함수를 나타낸다. 예를 들어 수학에서의 $\tan x$는 C언어에서 `tan(x)`로 나타낸다. 이때 x값은 라디안(radian)이다.

`asin` 역삼각함수의 일종인 arc sine함수를 나타낸다. 예를 들어 수학에서의 $\arcsin x$는 C언어에서 `asin(x)`로 나타낸다.

`acos` 역삼각함수의 일종인 arc cosine함수를 나타낸다. 예를 들어 수학에서의 $\arccos x$는 C언어에서 `acos(x)`로 나타낸다.

`atan` 역삼각함수의 일종인 arc tangent함수를 나타낸다. 예를 들어 수학에서의 $\arctan x$는 C언어에서 `atan(x)`로 나타낸다.

`sinh` 역쌍곡선함수의 일종인 sinh함수를 나타낸다. 예를 들어 수학에서의 $\sinh x$는 C언어에서 `sinh(x)`로 나타낸다.

`cosh` 역쌍곡선함수의 일종인 cosh함수를 나타낸다. 예를 들어 수학에서의 $\cosh x$는 C언어에서 `cosh(x)`로 나타낸다.

`tanh` 삼각함수의 일종인 tanh함수를 나타낸다. 예를 들어 수학에서의 $\tanh x$는 C언어에서 `tanh(x)`로 나타낸다.

이와 같은 수학 관련 내장함수들을 이용하기 위해서는 헤더파일인 `math.h`가 필요하다. 즉, `#include<math.h>`가 프로그램 첫머리에 있어야 한다.[1]

앞에서 절댓값연산자 `abs`와 나머지연산자 `%`에 대하여 설명한 적이 있는데, 이들은 모두 정수형에만 사용 가능하며 `math.h`는 필요하지 않다.

이에 반해 `fabs`와 `fmod`는 정수형과 실수형 모두에 사용 가능하며 `math.h`가 필요하다.

다음 예제는 수학식을 사용하는 것을 보여주고 있다.

예제 3.7 (수학식의 사용)

```
1  #include<stdio.h>
2  #include<math.h>
3  main()
4  {
5    double a, b, c;
6    const double pi=acos(-1.);
7    a=sin(pi/2.)+sqrt(4.)+pow(2.1,3.7);
8    b=fabs(-3.)+fmod(3.5,1.2);
9    c=exp(1.)+sin(1.)+log(a);
10   printf("%f %f %f\n",a,b,c);
11 }
```

이 프로그램의 출력은 다음과 같다.

```
11.000000 3.500000 5.957648
```

이 프로그램의 6번째 줄에서 `acos(-1.)`을 이용하여 에서 π값을 계산하고 이를 이용하여 $\sin\frac{\pi}{2}$를 계산하고 있음에 주목하자.

또한 `double`형 변수 `pi`를 선언함에 있어 앞에 `const`를 붙여주고 있음에 유의하자. 이는 `pi`의 값이 한 번 초기화되고 나면 더 이상 변화되지 않고 사용됨을 의미한다. 예를 들어 6번째 줄 아래 어딘가에서

```
pi=3.14;
```

[1] 컴파일할 때 컴파일 옵션으로 `-lm`을 사용해야만 하는 컴파일러도 많다. 예를 들어 gcc의 경우 수학식을 포함하고 있는 파일 이름이 test.c이면 `gcc test.c -lm` 해주어야만 한다. Microsoft Visual C의 경우에는 이러한 옵션을 사용하지 않아도 된다.

와 같이 치환문을 사용하여 `pi`의 값을 바꾸려 한다면 컴파일할 때 오류가 발생한다. 따라서 이와 같이 `const`를 형선언문 앞에 써주게 되면 그 변수 값이 실제로는 상수 (constant) 처럼 사용되어 안전하게 보호 받게 된다.

제 3 장 연습문제

3.1 다음 각 경우에 대하여 변수 c에 저장되는 값이 무엇인지 말하라.

(a)
```
int a=3,b=4,c;
c=a/b;
```
(b)
```
int a=3,b=4,c;
c=(double)a/b;
```
(c)
```
int a=3,b=4;
double c;
c=a/b;
```
(d)
```
int a=3,b=4;
double c;
c=(double)a/b;
```

3.2 다음 각 경우에 대하여 변수 a, b, c에는 각각 어떤 값이 저장되는지 말하라.

(a)
```
int a=1,b=10,c;
a++;
++b;
c=a++;
```
(b)
```
int a=3,b,c;
b=2*++a;
c=2*a++;
```
(c)
```
int a=1,b,c;
b=++a+2;
c=(a++,b++);
```
(d)
```
int a=1,b,c;
b=++a+2;
c=a++,b++;
```

3.3 다음 중 참인 것을 골라라.

`2>1`, `3>=4`, `4==3`, `4!=5`, `6<=6`, `7==7 && 8>6`, `2>0 || 3<2`

3.4 **(10으로 나눈 몫과 나머지)** 양의 정수를 입력하면 10으로 나눈 몫과 나머지를 출력하는 프로그램을 작성하라.

3.5 실수 x를 입력하면 $\sqrt{|\sin x|}$ 값을 출력하는 프로그램을 작성하라.

3.6 실수 x, y를 입력하면 $2^x + \log_{10}(y^2) + \cos\frac{\pi}{5}$ 값을 출력하는 프로그램을 작성하라.

3.7 **(섭씨온도의 화씨 변환)** 섭씨온도와 화씨온도와는 다음 관계가 있다.

$$(\text{화씨온도}) = \frac{9}{5} \times (\text{섭씨온도}) + 32$$

이 관계식을 이용하여, 섭씨온도를 입력하면 화씨온도를 출력하는 프로그램을 작성하라.

3.8 다음 프로그램은 실수 a를 입력받아 그 절댓값을 출력하는 프로그램이다. 문제가 있는 부분을 수정하여 옳은 프로그램으로 고쳐라.

```
#include<stdio.h>
#include<math.h>
main()
{
  double a;
  printf("실수를 입력하십시오.\n");
  scanf("%f",a);
  printf("|%g|=%g\n",a,abs(a));
}
```

3.9 다음 프로그램의 실행 결과가 무엇인지 말하라.

```
#include<stdio.h>
main()
{
  int a=10, b=100;
  a++;
  b=b+2;
  b=a++;
  printf("%d %d \n",a,b);
  printf("%d \n",++a);
}
```

3.10 다음 프로그램의 출력이 무엇인지 말하고 그 출력은 어떤 의미를 갖는지 말하라.

```
#include<stdio.h>
main()
{
  unsigned int a;
  int b;
  a=-1;
  b=2147483648;
  printf("a = %u\n",a);
  printf("b = %d\n",b);
}
```

제 4 장

제어문

C언어에서 각각의 문장들은 놓여 있는 순서대로 위에서 아래로 수행되는 것이 원칙이다. 그러나 필요에 따라 이 순서와 상관없이 문장들이 수행되기도 하는데 이때 필요한 것이 제어문이다.

4.1 if 문

if문은 if 다음에 괄호 안에 나오는 표현이 참인 경우에만 그 뒤에 나오는 문장을 수행하게 된다. 논리식의 경우 그 내용이 참이면 1, 거짓이면 0을 그 값으로 반환하게 된다고 앞에서 배웠는데 C언어에서는 0을 거짓으로, 나머지 숫자인 경우는 모두 참으로 간주한다. 즉, 굳이 논리식이 아니더라도 수식의 값이 0이 아닌 경우는 모두 참인 것이다.

따라서 if문의 경우 그 다음에 나오는 괄호 안에 있는 표현의 값이 0이 아닌 경우에만 그 바로 뒤에 나오는 문장을 수행하게 된다. 만일 if문 다음에 나오는 괄호 안에 있는 표현의 값이 0일 경우에는 그 다음에 나오는 문장을 건너뛰고 그 다음 문장을 수행한다.

다음은 if문을 사용한 예이다.

예제 4.1 (if문의 사용)

```
#include<stdio.h>
main()
{
  int a;
  printf("정수를 입력하십시오.\n");
```

```
6   scanf("%d",&a);
7   if(a==5)
8     printf("입력한 정수는 5입니다.\n");
9   printf("수고하셨습니다.\n");
10 }
```

이 프로그램의 경우 프로그램을 실행하게 되면 일단 다음 문장을 출력한다.

```
정수를 입력하십시오.
```

이때 만일 정숫값으로 5를 입력하게 되면 다음을 출력한다.

```
입력한 정수는 5입니다.
수고하셨습니다.
```

이 경우에는 7번째 줄의 논리식 `a==5`의 값이 참이기 때문에 그 뒤에 나오는 문장인

```
printf("입력한 정수는 5입니다.\n");
```

를 수행하는 것이다. 그런 뒤에 그 밑으로 내려와서 9번째 줄의 문장인

```
printf("수고하셨습니다.\n");
```

를 수행한다.

만일 정숫값으로 5가 아닌 다른 값을 입력하였을 경우에는 7번째 줄의 논리식 `a==5`값이 거짓이기 때문에 그 다음에 나오는 문장인

```
printf("입력한 정수는 5입니다.\n");
```

를 건너 뛴 뒤, 그 다음에 나오는 9번째 줄의 문장

```
printf("수고하셨습니다.\n");
```

만을 수행한다. 즉, 이 마지막 문장은 `if`와는 상관없이 항상 수행되는 문장인 것이다.

만일 `if(a==5)`부분을 `if(1)` 혹은 `if(2)` 등으로 바꾸면, 앞서 말한 것처럼 `if` 다음에 나오는 괄호 안의 값이 항상 참이 되어, 입력 값에 상관없이 항상 다음 결과를 얻는다.

```
입력한 정수는 5입니다.
수고하셨습니다.
```

만일 if(a==5)부분을 if(0)으로 바꾸면, 앞서 말한 것처럼 if 다음에 나오는 괄호 안의 값이 항상 거짓이 되어, 입력 값에 상관없이 항상 다음 결과를 얻는다.

```
수고하셨습니다.
```

위 예제에서 본 것처럼 if문을 사용할 경우 그 내용이 참이면 그 다음에 나오는 단 하나의 문장만을 수행하게 된다. 만일 if문을 사용하면서 그 내용이 참인 경우 여러 개의 문장을 수행하게 하려면 if() 다음에 중괄호 { }로 둘러싸인 하나의 **블록**을 가져다 놓고 그 안에 원하는 문장들을 모두 써주면 된다. 다음 예는 블록을 사용한 예이다.

예제 4.2 (if문의 사용(블록 사용))

```
#include<stdio.h>
main()
{
  int a;
  printf("정수를 입력하십시오.\n");
  scanf("%d",&a);
  if(a==5){
    printf("입력한 정수는 5입니다.\n");
    printf("숫자 5를 좋아하시는군요?\n");
  }
  printf("수고하셨습니다.\n");
}
```

이 프로그램도 일단 다음을 출력한다.

```
정수를 입력하십시오.
```

이때 만일 정숫값으로 5를 입력하게 되면 다음을 출력한다.

```
입력한 정수는 5입니다.
숫자 5를 좋아하시는군요?
수고하셨습니다.
```

이 경우에는 논리식 a==5의 값이 참이기 때문에 그 뒤에 나오는 블록인

```
{
  printf("입력한 정수는 5입니다.\n");
  printf("숫자 5를 좋아하시는군요?\n");
}
```

를 수행하는 것이다. 그런 뒤에 그 밑으로 내려와서 다음에 나오는 문장인

```
printf("수고하셨습니다.\n");
```

를 수행한다.

만일 정숫값으로 5가 아닌 다른 값을 입력하였을 경우에는 논리식 a==5값이 거짓이기 때문에 그 다음에 나오는 블록을 건너뛴 뒤, 그 다음에 나오는

```
printf("수고하셨습니다.\n");
```

만을 수행한다.

즉 if문 다음에 나오는 단 하나의 문장만을 수행하게 하려면 블록을 사용할 필요가 없지만[1], 두 문장 이상을 수행하고자 한다면 중괄호를 이용한 블록을 반드시 사용해야 한다. 이것은 앞으로 나올 다른 형태의 제어문과 그 뒤에 나오는 순환문에도 모두 적용되는 것이다.

4.2 if ... else 문

if ... else 문은 A와 B 중에서 하나만을 선택 수행할 때 사용하며

```
if(조건식)
  A
else
  B
```

의 구조로써 조건식이 참일 경우 A를 수행하고 B를 건너뛴 뒤 밑으로 내려가고, 조건식이 거짓일 경우는 A를 건너뛰고 B만 수행한 뒤 그 밑으로 내려가게 된다. 여기서 A나 B는 각각 하나의 문장이거나 중괄호를 사용한 블록이다. 다음 예제를 보자.

예제 4.3 (if ... else문의 사용)

```
#include<stdio.h>
#include<math.h>
main()
{
  double a,b;
  printf("실수를 입력하십시오.\n");
```

[1] 사용자가 원한다면 한 문장임에도 불구하고 블록을 사용할 수도 있다.

```
  scanf("%lf",&a);
  printf("a=%f\n",a);
  if(a>0){
    b=sqrt(a);
    printf("a의 양의 제곱근: %f\n",sqrt(a));
  }
  else
    printf("a의 절댓값: %f\n",fabs(a));
}
```

이 프로그램은 실수 a를 입력받아 $a > 0$인 경우에는 a와 $\sqrt{a}$의 값을 출력하고, $a \leq 0$인 경우에는 a와 $|a|$의 값을 출력하게 하는 프로그램이다. 다음은 이 프로그램의 실행 예이다.

```
실수를 입력하십시오.
2
a=2.000000
a의 양의 제곱근: 1.414214
```

이 프로그램의 경우 `if(a>0)` 다음에 두 개의 문장이 있으므로 중괄호를 사용하여 하나의 블록을 구성하였다. 그러나 `else` 다음에는 하나의 문장밖에 없으므로 중괄호를 사용할 필요가 없다.[2] 다음 예제는 if ... else를 사용하여 0이 아닌 두 정수 a와 b를 입력받아 a가 b의 배수인지 판정하는 프로그램이다.

예제 4.4 (배수 판정)

```
#include<stdio.h>
main()
{
  int a,b,r;
  printf("0이 아닌 정수 a와 b를 입력하십시오: ");
  scanf("%d %d",&a,&b);
    r=a%b;
  if(r==0)
    printf("%d은(는) %d의 배수입니다.\n",a,b);
  else
    printf("%d은(는) %d의 배수가 아닙니다.\n",a,b);
}
```

[2] 물론 문장이 하나만 있는 경우에도 중괄호를 사용할 수는 있다.

이 프로그램의 몇 가지 입출력 예는 다음과 같다.

```
0이 아닌 정수 a와 b를 입력하십시오: 24 16
24은(는) 16의 배수가 아닙니다.

0이 아닌 정수 a와 b를 입력하십시오: 10 5
10은(는) 5의 배수입니다.

0이 아닌 정수 a와 b를 입력하십시오: 51 17
51은(는) 17의 배수입니다.
```

4.3 if ... else if ... else문

`if ... else`문에서는 if 다음에 나오는 괄호 안의 식에 따라 그 다음에 나오는 둘 중 하나를 반드시 수행하게 된다. 이를 더 확장하여 둘 중 하나가 아닌 여러 가지 중 하나를 수행하고자 한다면 `if` 와 `else` 사이에 `else if`를 삽입하게 된다. `else if`는 한 개만 삽입할 수도 있고, 필요한 경우 여러 개를 삽입할 수도 있다.

즉, 이 경우의 일반 형태를 보면 다음과 같다.

`if`(조건식 1)
  A_1
`else if`(조건식 2)
  A_2
......
`else if`(조건식 n)
  A_n
`else`
  A_{n+1}

여기서 $A_1, \ldots, A_{n+1}$은 각각 하나의 문장이나 하나의 블록을 나타낸다.

따라서 이 경우 위에서 아래로 순서대로 내려오면서 어느 하나의 조건식이라도 참이 되면 그 바로 아래 있는 하나의 문장이나 블록을 수행하고 `if ... else if ... else`를 벗어나게 된다. 물론 모든 조건식이 참이 아닌 경우에는 마지막에 있는 A_{n+1}만을 수행하게 된다.

다음 예제는 성적을 입력하면 그 값에 따라 학점을 A에서부터 F까지 출력하는 프로그램이며 `if ... else if ... else`를 사용하는 전형적인 예이다.

예제 4.5 (if ... else if ... else를 이용한 학점 계산)

```
#include<stdio.h>
main()
{
  int score;
  char grade;
  printf("시험 점수를 입력하십시오.\n");
  scanf("%d",&score);
  if(score>=90){
    grade='A';
    printf("잘하셨습니다. ");
  }
  else if(score>=80)
    grade='B';
  else if(score>=70)
    grade='C';
  else if(score>=60)
    grade='D';
  else{
    grade='F';
    printf("좀 더 분발하십시오. ");
  }
  printf("당신의 학점은 %c입니다.\n",grade);
}
```

이 프로그램의 경우에도 조건식 다음의 수행하고자 하는 부분이 한 문장일 때는 중괄호를 사용하지 않았지만, 수행하고자 하는 부분이 여러 문장인 경우 중괄호를 사용하여 블록을 만들고 있음에 유의해야 한다. 즉, 학점이 B에서 D 사이인 경우는 학점만 출력하지만, A나 F인 경우는 추가적인 문장을 출력하게 된다.

이 프로그램의 몇 가지 실행 예를 보면 다음과 같다.

```
시험 점수를 입력하십시오.
100
잘하셨습니다. 당신의 학점은 A입니다.

시험 점수를 입력하십시오.
85
당신의 학점은 B입니다.
```

```
시험 점수를 입력하십시오.
55
좀 더 분발하십시오. 당신의 학점은 F입니다.
```

4.4 switch문

switch문은 앞 절에서 살펴본 if ... else if ... else 형태와 유사한 문법구조를 갖고 있으나 용법에 약간의 차이가 있으며, 일반적인 형태는 다음과 같다.

```
switch( 정수식 ){
  case a1:
    A1
    break;
  case a2:
    A2
    break;
  ......
  case an:
    An
    break;
  default:
    An+1
}
```

여기서 $a_1, \ldots, a_n$은 모두 정숫값을 갖는 것이어야 하며, switch 바로 다음에 나오는 정수식과 $a_1, \ldots, a_n$ 값을 비교하여 일치하는 값이 있으면 바로 아래에 나오는 문장들을 수행하고 break;를 만나면 switch문을 벗어난다.

정수식과 $a_1, \ldots, a_n$ 값을 비교했을 때 일치하는 값이 하나도 없는 경우에는 default:다음에 나오는 문장들인 A_{n+1} 만을 수행하게 된다.

$A_1, \ldots, A_{n+1}$ 각각은 하나 혹은 여러 개의 문장들로써, 설사 여러 개의 문장이 블록을 구성하는 경우라 하더라도 중괄호를 사용할 필요가 없는데, 그 이유는 switch문에서는 해당되는 case로 이동한 뒤 그 아래에 나타나 있는 모든 문장을 자동으로 수행하기 때문이다. 이때 break;를 만나면 블록을 끝내고 switch문을 벗어나게 된다. 만일 break;를 생략한다면 해당 블록 아래까지도 모두 수행하므로 주의해야 한다.[3]

다음 예제는 앞 절에서 나왔던 학점 계산 프로그램을 switch문을 사용하여 재구성한 것이다.

---

[3] 물론 경우에 따라서는 사용자가 고의로 break;를 생략하여 원하는 결과를 얻기도 한다.

예제 4.6 (switch문을 이용한 학점 계산)

```
#include<stdio.h>
main()
{
  int score,a;
  char grade;
  printf("시험 점수를 입력하십시오.\n");
  scanf("%d",&score);
  if(score>=100)
    a=9;
  else
    a=score/10;
  switch(a){
   case 9:
    grade='A';
    printf("잘하셨습니다. ");
    break;
   case 8:
    grade='B';
    break;
   case 7:
    grade='C';
    break;
   case 6:
    grade='D';
    break;
   default:
    grade='F';
    printf("좀 더 분발하십시오. ");
  }
  printf("당신의 학점은 %c입니다.\n",grade);
}
```

이 프로그램의 내용을 보면 우선 다음 문장들을 사용하여 정수형 변수 a에 0에서 9까지의 값을 저장하고 있다.

```
if(score>=100)
  a=9;
else
  a=score/10;
```

예를 들어 입력받은 score의 값이 74라면 a=score/10에서 74를 10으로 나눈 몫인 7이 a에 저장된다.

다음에 switch문을 사용하고 있는데, switch(a){ ... }와 같이 switch 바로 다음에 나오는 변수 a가 정수형임에 유의해야 하며, switch문에서 수행되고자 하는 내용 전체가 하나의 중괄호를 이용하여 둘러싸져 있음에 유의해야 한다.

또한 각 경우(case)마다 수행되는 문장들이 끝나면 break;를 이용하여 중괄호로 둘러싸인 switch문 전체를 벗어나고 있음을 알 수 있다.

마지막으로, 앞서 말한 바와 같이 switch문의 경우에는 수행하고자 하는 각 블록마다 break;문이 사용되고 있기 때문에, 문장이 여러 개 나타나서 하나의 블록을 구성하는 경우에도 그 블록을 중괄호를 사용하여 둘러쌀 필요는 없다. 또한 switch문을 사용하는 경우 default:를 제외한 각 블록의 끝에 break;를 사용하는 것을 잊어서는 안 된다. 이를 잊게 되면 그 다음 break;를 만날 때까지 나타나는 모든 문장들을 수행하게 되므로 주의해야 한다.

위 프로그램의 수행 결과는 앞에서 본 if ... else if ... else를 이용한 학점 계산의 결과와 완전히 같다.

이제 switch문을 사용한 다른 예를 살펴보자. 예를 들어 어느 상점에서 고객들이 적립한 포인트에 대하여 사은품을 지급하는데, 포인트가 1000점 이상이면 주방 세제와 비누, 치약 세트를, 5000점 이상이면 주방 세제, 비누, 치약 세트와 함께 전자레인지를, 10000점 이상이면 주방 세제, 비누, 치약 세트, 전자레인지와 함께 김치 냉장고를 지급한다고 하자.

적립한 포인트를 입력하면 받을 수 있는 사은품을 출력하는 프로그램을 작성하는 경우를 생각하면 프로그램의 특성상 break;를 고의로 생략하여 아래와 같이 작성할 수 있다.

예제 4.7 (break를 생략한 switch문)

```
#include<stdio.h>
main()
{
  int point,a;
  printf("보너스 포인트를 입력하십시오.\n");
  scanf("%d",&point);
  if(point>=10000)
    a=3;
  else if(point>=5000)
```

```
    a=2;
  else if(point>=1000)
    a=1;
  else
    a=0;
  printf("사은품 내역:\n");
  switch(a){
    case 3:
      printf("김치 냉장고\n");
    case 2:
      printf("전자레인지\n");
    case 1:
      printf("주방 세제 및 비누, 치약 세트\n");
      break;
    default:
      printf("없음(포인트가 부족합니다.)\n");
  }
}
```

이 프로그램에서 `case: 1` 다음에만 `break;`가 있음에 유의해야 하며, 몇 가지 입출력 예는 아래와 같다.

```
보너스 포인트를 입력하십시오.
12000
사은품 내역:
김치 냉장고
전자레인지
주방 세제 및 비누, 치약 세트

보너스 포인트를 입력하십시오.
8250
사은품 내역:
전자레인지
주방 세제 및 비누, 치약 세트

보너스 포인트를 입력하십시오.
1370
사은품 내역:
주방 세제 및 비누, 치약 세트

보너스 포인트를 입력하십시오.
```

917
사은품 내역:
없음(포인트가 부족합니다.)

4.5 물음표연산자

물음표연산자는 다음과 같은 형태로 사용된다.

```
x = ( 조건식 ) ? y : z;
```

여기서, 만일 조건식이 참이면 y 값을 변수 x에 저장하고, 거짓이면 z 값을 변수 x에 저장하게 된다. 이런 의미에서 물음표연산자는 조건연산자라고도 한다.

다음 예는 두 정수를 입력받아 그 중 큰 수를 출력하는 경우이다.

예제 4.8 (물음표연산자)

```
#include<stdio.h>
main()
{
  int i,j,max;
  printf("두 정수를 입력하십시오.\n");
  scanf("%d %d",&i,&j);
  max=(i>=j)?i:j;
  printf("최댓값=%d\n",max);
}
```

예를 들어 두 수로 30과 20이 입력된다면 i 값은 30이고 j 값은 20이므로 물음표연산자에서의 조건식 i>=j가 참이 되어 i 값인 30이 max에 저장되어 출력된다.

만일 두 수로 80과 100이 입력된다면 i 값은 80이고 j 값은 100이므로 물음표연산자에서의 조건식 i>=j가 거짓이 되어 j 값인 100이 max에 저장되어 출력된다.

물음표연산자는 if ... else를 이용하여 바꿔 쓸 수도 있지만, 위의 예와 같이 따져봐야 할 조건식이 많지 않고, 단순할 경우 간단히 한 문장으로 나타낼 수 있다는 장점이 있다.

4.6 제어문의 중첩 사용

제어문 안에 또 다른 제어문이 반복 사용될 수 있으며, 이를 제어문의 중첩 사용이라 부른다.

다음 예제는 연월을 입력하면 윤년인지의 여부와 그 달이 며칠까지 있는지를 출력하는 프로그램이다.

참고로 2월의 경우 평년이면 28일까지, 윤년이면 29일까지 있게 되는데, 이를 판정하는 방법은 다음과 같다.

(i) 400의 배수인 해는 윤년이다.

(ii) 400의 배수가 아니고 100의 배수인 해는 평년이다.

(iii) 100의 배수가 아니고 4의 배수인 해는 윤년이다.

나머지 달의 경우를 보면 1, 3, 5, 7, 8, 10, 12월의 경우 31일까지 있고, 그 밖의 달은 모두 30일까지이다. 이를 이용하여 윤년 및 큰 달, 작은 달을 판정하는 프로그램을 작성하면 다음과 같다.

예제 4.9 (윤년 및 큰 달, 작은 달 판정)

```
#include<stdio.h>
main()
{
  int y,m,d,leap,error=0;
  printf("올해가 서기 몇 년인지 입력하십시오: ");
  scanf("%d",&y);
  if(y<0)
    error=1;
  printf("이번 달이 몇 월인지 입력하십시오: ");
  scanf("%d",&m);
  if(m<0 || m>12)
    error=1;
  if(error==1)
    printf("입력 오류입니다.\n");
  else{
    if(y%400==0)
      leap=1; //윤년
    else if(y%100==0)
      leap=0; //평년
    else if(y%4==0)
      leap=1; //윤년
    else
      leap=0; //평년
    if(m==2){
```

```
      if(leap==0)
        d=28;
      else
        d=29;
    }
    else if(m==1||m==3||m==5||m==7||m==8||m==10||m==12)
      d=31;
    else
      d=30;
  }
  if(leap==0)
    printf("%d년은 평년이며\n",y);
  else
    printf("%d년은 윤년이며\n",y);
  printf("%d년 %d월은 %d일까지 있습니다.\n",y,m,d);
}
```

이 프로그램의 입출력 예는 다음과 같다.

```
올해가 서기 몇 년인지 입력하십시오: 2019
이번 달이 몇 월인지 입력하십시오: 3
2019년은 평년이며
2019년 3월은 31일까지 있습니다.

올해가 서기 몇 년인지 입력하십시오: 2000
이번 달이 몇 월인지 입력하십시오: 2
2000년은 윤년이며
2000년 2월은 29일까지 있습니다.
```

4.7 제어문에서의 실수 비교

C언어에서 실수끼리 값을 비교하는 것은 매우 위험할 수 있는데 다음은 그러한 점을 보여주는 예이다.

예제 4.10 (실수의 비교: 안 좋은 예)

```
#include<stdio.h>
main()
{
  double a;
```

```
  a=0.1+0.7;
  if(a==0.8) // 실수끼리 비교하는 것은 위험하다.
    printf("0.1+0.7은 0.8입니다.\n");
  else
    printf("0.1+0.7은 0.8이 아닙니다.\n");
}
```

이 프로그램의 출력으로 다음을 얻는다.

```
0.1+0.7은 0.8이 아닙니다.
```

이 프로그램에서 이와 같이 뜻밖의 결과가 출력으로 나오는 것은 C언어가 내부적으로 2진수를 사용하기 때문이다. 0.1이나 0.7과 같은 수는 10진수에서 유한소수이지만 이를 2진수로 바꾸면 무한소수가 될 수 있다. 따라서 무한소수를 컴퓨터에서 다루는 경우에는 반올림을 하여 사용할 수밖에 없으므로 어쩔 수 없이 반올림 오차가 발생한다. 그러므로 실수를 비교할 때는 매우 주의를 요한다. 어쩔 수 없는 경우가 아니라면 실수끼리 비교하는 것은 피하고 정수끼리 비교하는 방법을 생각해야 한다. 위 예의 경우 수학식 $0.1 + 0.7 = 0.8$과 동등한 것이 $1 + 7 = 8$이므로 $1 + 7$의 값이 8과 같은 지 정수끼리 비교하는 방법을 택하면 된다. 굳이 실수끼리 비교를 해야 하는 상황이라면 완벽하지는 않지만 다음과 같은 방법을 사용해야 한다.

예제 4.11 (실수의 비교: 개선된 예)

```
#include<stdio.h>
#include<math.h>
main()
{
  double a,small=1e-10;
  a=0.1+0.7;
  if(fabs(a-0.8)<small) // 두 수의 차이가 매우 작으면 같은 것으로 본다.
    printf("0.1+0.7은 0.8입니다.\n");
  else
    printf("0.1+0.7은 0.8이 아닙니다.\n");
}
```

이 프로그램의 출력으로 다음을 얻는다.

```
0.1+0.7은 0.8입니다.
```

즉, 두 실수의 차이가 매우 작아서 처음에 정해 놓은 매우 작은 수인 10^{-10} 보다 작으면 같은 것으로 보는 것이다. 물론 이러한 작은 수의 기준도 애매하고 이러한 방법이 수학적으로 완벽한 것은 아니다. 이는 실수 계산에서 근삿값을 사용하는 컴퓨터의 한계라고 볼 수 있다.

제 4 장 연습문제

4.1 다음 프로그램의 출력이 무엇인지 말하라.

```
#include<stdio.h>
main()
{
 int a=10, b=20;
 if(a==20)
  b=b+2;
 a=a+3;
 if(b<30){
  a++;
  b++;
 }
 printf("%d %d\n",a,b);
}
```

4.2 다음 프로그램의 출력이 무엇인지 말하라.

```
#include<stdio.h>
main()
{
 int a=1, b=2;
 if(a!=1){
  a++;
  b++;
 }
 else if(b<=2){
  a--;
  b--;
 }
 else
  a=a+5;
 printf("%d %d\n",a,b);
}
```

4.3 정수를 입력받아 홀수인 경우 “홀수입니다.”를, 짝수인 경우 “짝수입니다.”를 각각 출력하는 프로그램을 작성하라.

4.4 정수를 입력받아 3의 배수인 경우 “3의 배수입니다.”를, 아닌 경우 “3의 배수가 아닙니다.”를 각각 출력하는 프로그램을 작성하라.

4.5 0점에서 100점 사이의 시험 성적을 입력받아 80점 이상은 ‘수’, 60점 이상 80점 미만은 ‘우’, 40점 이상 60점 미만은 ‘미’, 20점 이상 40점 미만은 ‘양’, 나머지는 ‘가’를 출력하는 프로그램을 작성하라.

4.6 **(주차 요금)** 어느 주차장의 주차요금은 처음 60분은 무료, 그 다음 30분까지는 1000원이며, 그 다음부터는 10분마다 500원씩 추가로 계산된다고 한다. (10분 단위로 나누어떨어지지 않는 경우에는 10분 단위로 나누어떨어지는 시간까지 사용한 것으로 간주한다.)

예를 들어 사용시간이 40분이면 사용요금은 0원, 1시간 27분이면 1000원, 1시간 31분이면 1500원, 1시간 40분이면 역시 1500원, 1시간 42분이면 2000원, 2시간 5분이면 3000원이다.

주차 후 경과 시간과 분을 입력하면 주차요금을 계산하여 출력하는 프로그램을 작성하라.

4.7 **(교과 과정 출력)** 어느 초등학교의 수학 교과 과정이 다음과 같다고 하자.

1학년 : 덧셈, 뺄셈
2학년 : 곱셈
3학년 : 나눗셈
4학년 : 분수 계산
5학년 : 도형의 합동, 그래프
6학년 : 경우의 수, 확률

학년을 입력하면 그 학년까지 배운 수학의 모든 내용을 출력하는 프로그램을 `switch` 문을 이용하여 작성하라.

다음은 입출력의 예이다.

```
학년을 입력하십시오: 4

4학년까지 배운 내용은 다음과 같습니다.
덧셈, 뺄셈
곱셈
나눗셈
분수 계산
```

4.8 다음 프로그램을 실행시켜보고 어떤 작업을 하는 것인지 말하라.

```
#include<stdio.h>
main()
{
 int a,b,t;
 printf("두 정수를 입력하십시오.\n");
 scanf("%d%d",&a,&b);
 if(a<b){
  t=a;
  a=b;
  b=t;
```

```
 }
 printf("%d %d\n",a,b);
}
```

4.9 **(작거나 같은 수)** 두 개의 정수를 입력받아 그 중 더 작거나 같은 값을 출력하는 프로그램을 `if ... else`를 이용하여 작성하라.

4.10 **(작거나 같은 수)** 두 개의 정수를 입력받아 그 중 더 작거나 같은 값을 출력하는 프로그램을 물음표연산자를 이용하여 작성하라.

4.11 **(주어진 실수를 넘지 않는 최대 정수)** 실수 x에 대하여 $[x]$는 x를 넘지 않는 최대 정수를 나타낸다. 예를 들어

$$[3.14] = 3, \quad [3.0] = 3, \quad [0.0] = 0, \quad [-1.7] = -2$$

이다. 실수 x를 입력 받아 $[x]$를 출력하는 프로그램을 작성하라.

4.12 **(자동 조사)** 예제 4.4와 같은 기능을 하는 프로그램을 작성하되 숫자에 따라 한글 조사 '은' 또는 '는'을 자동으로 결정하여 출력하는 프로그램을 작성하라. 즉, 다음 예와 같은 입출력이 되는 프로그램으로 바꿔라.

```
0이 아닌 정수 a와 b를 입력 하십시오: 24 16
24는 16의 배수가 아닙니다.

0이 아닌 정수 a와 b를 입력 하십시오: 10 5
10은 5의 배수입니다.

0이 아닌 정수 a와 b를 입력 하십시오: 51 17
51은 17의 배수입니다.
```

제 5 장

순환문

순환문은 제어문과 더불어 C언어에서 매우 자주 쓰인다.

예를 들어 1부터 100까지의 합을 구하는 경우를 생각해보자. 수학적으로 이것을 계산하기 위해서는 수열의 합의 공식 등을 사용할 수 있지만 C언어에서는 이것을 순환문을 사용하여 해결한다. 즉 컴퓨터의 신속 정확한 계산 능력을 이용하여 1부터 100까지 하나하나 더해가는 과정을 반복하는 것이다.

이 경우, 예를 들면 두 개의 정수형 변수 `i`와 `s`를 도입할 수 있다. `i`는 1부터 100까지 변하는 숫자 역할을 하게 되며 `s`는 합이 저장되는 변수이다. 따라서 변수 `i`는 처음에 1이며 반복계산이 될 때마다 1씩 증가하게 된다. 그래서 마지막에는 `i`값이 100이 될 것이다. `s`에는 1부터 `i`까지의 합이 순차적으로 저장된다. 따라서 `s`는 처음에 0으로 초기화하면 된다. 그러고 나서 `s=s+i`라는 식을 반복한다. 물론 반복될 때마다 `i`값은 1씩 증가시켜야 한다. 마지막에 `i`값이 100이 될 때까지 이를 반복하는 것이다. 물론 이것을 자동적으로 해주는 것이 순환문이다.

이것은 어떻게 보면 하나하나 순서대로 더하는 것이기 때문에 상당히 비수학적이고 더디게 보인다. 따라서 좋은 방법이 아닌 것으로 생각할 수도 있겠으나 1부터 100까지의 합이 아닌, 좀 더 복잡한 식의 경우에는 이런 반복 계산법 외에 다른 방법이 없기 때문에 가장 일반적인 것에 적용될 수 있는 방법인 것이다.

예를 들어 $n!$의 값이라든지, 아니면 $1+\frac{1}{2}+\frac{1}{3}+\cdots+\frac{1}{n}$의 값 같은 것을 계산하는 경우에는 위에서 말한 방법을 적용시키는 외에 다른 방법이 없다.

5.1 for문

for문은 대표적인 순환문으로써 그 형식은 다음과 같다.

```
for( 초기화식 ; 조건식 ; 변화식 )
  반복할 문장이나 블록
```

즉 처음에 '초기화식'에 의해 초깃값이 정해지고, '조건식'이 참인지 조사한 다음 참이면 '반복할 문장이나 블록'을 수행한다. 그리고 '변화식'을 수행한 다음, 다시 '조건식'이 참인지 조사한다. 참이면 '반복할 문장이나 블록'을 수행하고 다시 '변화식'을 수행한다. 그리고 이 과정을 반복하게 된다. 반복하는 과정 중에 '조건식'이 참이 아니게 되면 for문을 벗어나게 된다.

'초기화식', '조건식', '변화식' 중 일부 혹은 전부가 생략될 수도 있으나 그 사이에 있는 세미콜론(;)은 생략될 수 없다. 또한 제어문에서와 마찬가지로 반복할 문장이 하나뿐인 경우는 반복할 문장을 그대로 써주면 되지만, 만일 반복할 문장이 여러 개라면 중괄호 { }를 사용하여 블록을 구성해야 한다.

이제 앞에서 언급된 1에서 100까지의 정수의 합을 구하는 프로그램을 생각해보자. 우선 다음과 같은 순서도를 만들 수 있다.

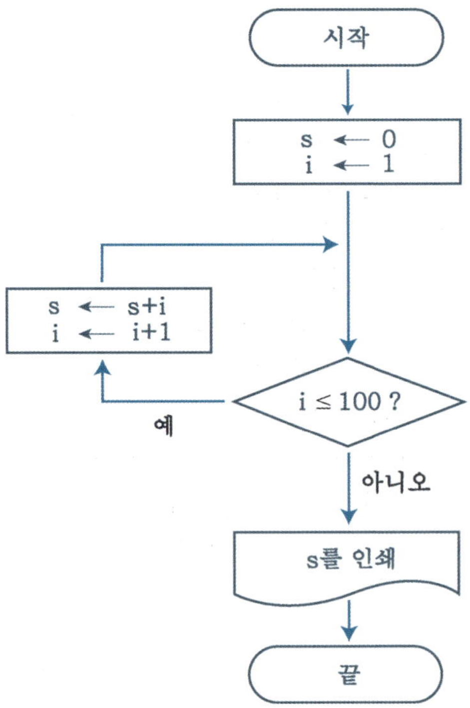

위의 순서도를 바탕으로 다음과 같은 C프로그램을 완성할 수 있다.

예제 5.1 (for문을 사용한 1부터 100까지의 정수의 합)

```
#include<stdio.h>
main()
{
  int i,s;
  for(i=1,s=0;i<=100;i++)
    s+=i;
  printf("%d\n",s);
}
```

이 프로그램의 내용을 살펴보면, 정수형 변수 i와 s를 도입하여 처음에 1과 0으로 초기화되었다. 즉 for문에서

```
i=1,s=0
```

의 부분이 바로 '초기화식'에 해당한다. 초기화식의 개수에는 제한이 없으나 예제에서 알 수 있듯이 두 개 이상인 경우는 쉼표연산자(,)로 구분되어야 한다.

그 다음 세미콜론 뒤의 식을 보면

```
i<=100
```

인데, 이것이 바로 '조건식'이다. 즉, 처음에는 i값이 1이므로 이 조건식은 참이 된다. 따라서 그 아래 줄의 문장

```
s+=i;
```

를 수행한다. 즉 s에 1이 저장된다. 그러고 나서 다음 '변화식'을 수행한다.

```
i++
```

따라서 이제 i값은 2가 되고, 다시 조건식이 참인지 조사하고, 위의 과정을 반복한다.

결국 나중에는 i값이 100이 되고 조건식 i<=100이 참이므로 s+=i;를 수행하게 된다. 이때 변수 s에는 이미 앞의 반복 과정을 통해 얻은 1부터 99까지의 합을 저장하고 있으므로 거기에 또 100을 더하여 결국 1부터 100까지의 합이 저장된다.

마지막으로 변화식 i++를 수행하여 i값이 101이 된다. 이제 조건식을 다시 조사하면 i<=100이 거짓이므로, for루프를 벗어나게 된다.

결국 이 프로그램의 출력으로 5050을 얻는다.

이 과정을 순서대로 적어서 표로 나타내 보면 다음과 같다.

s	i	조건식
0	1	참
$0+1$	2	참
$0+1+2$	3	참
$\cdots\cdots$	$\cdots$	$\cdots$
$0+1+2+3+\cdots+99$	100	참
$0+1+2+3+\cdots+99+100$	101	거짓

즉 조건식이 참일 때는 i값을 증가시키면서 계속 반복 수행을 하다가 조건식이 거짓인 경우 즉시 for루프를 벗어나게 되므로 결국 변수 s에는 $0+1+2+3+\cdots+100$이 저장된다.

다음 예제는 $1-\frac{1}{3}+\frac{1}{5}-\frac{1}{7}+\cdots-\frac{1}{99}+\frac{1}{101}$을 계산하는 프로그램이다.

예제 5.2 (for문을 사용한 $1-\frac{1}{3}+\frac{1}{5}-\frac{1}{7}+\cdots+\frac{1}{101}$의 계산)

```
#include<stdio.h>
main()
{
  int i=1,sign=-1;
  double s=0.;
  for( ;i<=101;i=i+2){
    sign=sign*(-1);
    s=s+sign*1./(double)i;
  }
  printf("%f\n",s);
}
```

이 프로그램을 보면 변수의 초기화를 for문 안에서 하지 않고, 대신 변수 선언과 동시에 초기화를 하고 있다. 즉 for문에서 초기화식 부분이 생략되어 있음을 볼 수 있다. 또한 sign이라는 변수를 도입하여 부호를 교대로 나타나도록 하고 있다. 그리고 변수 s에는 분수들의 합이 저장되는데 계산되는 값들이 실수형이므로, 실수형 변수를 사용해야 한다. 변화식도 i=i+2형태로 주어지고 있음에 유의해야 하며, for에서 반복 수행되는 문장이 두 개이므로 중괄호를 사용하여 하나의 블록을 구성하고 있음을 볼 수 있다.

이 프로그램의 출력으로는 0.790300을 얻는다.

for문을 사용한 다른 예로 다음과 같이 점화식으로 주어지는 수열의 각 항들을 일정한 범위까지 출력하는 예를 생각해 볼 수 있다.

$$a_1 = 1, \quad a_{n+1} = \frac{1}{3}a_n + 1\ (n = 1, 2, 3, \cdots)$$

아래 프로그램은 이 점화식으로 정의된 수열의 처음 20항을 출력한다.

예제 5.3 (점화식으로 주어진 수열의 출력)

```
#include<stdio.h>
main()
{
  int i;
  double a=1.,c=1./3.;
  for(i=1; i<=20; i++){
    printf("a(%2d)=%.8f\n", i, a);
    a=c*a+1.;
  }
}
```

이때의 출력은 다음과 같다

```
a( 1)=1.00000000
a( 2)=1.33333333
a( 3)=1.44444444
a( 4)=1.48148148
a( 5)=1.49382716
a( 6)=1.49794239
a( 7)=1.49931413
a( 8)=1.49977138
a( 9)=1.49992379
a(10)=1.49997460
a(11)=1.49999153
a(12)=1.49999718
a(13)=1.49999906
a(14)=1.49999969
a(15)=1.49999990
a(16)=1.49999997
a(17)=1.49999999
```

```
a(18)=1.50000000
a(19)=1.50000000
a(20)=1.50000000
```

이 경우 점화식의 양변에 있는 a_{n+1}과 a_n이 모두 변수 a를 이용하여 계산됨을 알 수 있다.

for문의 중첩

for문은 여러 번 중첩되어 사용될 수 있는데 예를 들면 다음과 같다.

예제 5.4 (for문의 중첩을 이용한 구구단표)

```
#include<stdio.h>
main()
{
  int i,j;
  for(i=2;i<=4;i++)
    for(j=2;j<=4;j++)
      printf("%d x %d = %d\n",i,j,i*j);
}
```

이 프로그램의 출력은 다음과 같다.

```
2 x 2 = 4
2 x 3 = 6
2 x 4 = 8
3 x 2 = 6
3 x 3 = 9
3 x 4 = 12
4 x 2 = 8
4 x 3 = 12
4 x 4 = 16
```

이 예제의 내용 중에서 다음 두 줄이 하나의 문장으로 간주되어 중괄호를 사용하고 있지 않음에 주의할 필요가 있다.

```
for(j=2;j<=4;j++)
  printf("%d x %d = %d\n",i,j,i*j);
```

다음 예제는 또 다른 for문의 중첩 예이다.

예제 5.5 (for문의 중첩을 이용한 별표 인쇄)

```
#include<stdio.h>
main()
{
  int i,j;
  for(i=1;i<=5;i++){
    for(j=1;j<=i;j++)
      printf("*");
    printf("\n");
  }
}
```

이 프로그램의 출력은 다음과 같다.

```
*
**
***
****
*****
```

이 프로그램에서는 `for(i=1;i<=5;i++)` 다음에 나타나는 부분이 두 문장이므로 중괄호를 사용하였다. 또한 안쪽의 루프인 `for(j=1;j<=i;j++)`에서 조건식을 보면 `j<=i`를 사용하여 각 줄마다 인쇄되는 별표의 수가 변화하도록 하고 있다.

5.2 while문

`while`문 역시 자주 사용되는 순환문 중 하나로써 그 용법은 다음과 같다.

```
while( 조건식 )
  반복할 문장이나 블록
```

즉 '조건식'이 참이면 그 아래 나오는 '반복할 문장이나 블록'을 반복 수행한다. 앞에서 나온 예제에서 1부터 100까지의 정수의 합을 `for`문을 사용하여 계산했는데 이를 `while`문을 사용한 프로그램으로 바꾸면 다음과 같다.

예제 5.6 (while문을 이용한 1부터 100까지의 정수의 합)

```
#include<stdio.h>
main()
{
  int i=0,s=0;
  while(i<=100){
    s=s+i;
    i++;
  }
  printf("%d\n",s);
}
```

이 프로그램을 보면 i<=100인 경우 그 아래 나오는 블록을 반복 수행하게 된다. 마지막에 i값이 101이 되면 루프를 벗어나고 이때 s값을 출력한다. 이 프로그램 역시 출력으로 5050을 얻는다.

다음은 또 다른 while문의 사용 예로써,

$$1 + \frac{1}{2^2} + \frac{1}{3^2} + \cdots + \frac{1}{n^2}$$

을 계산하고 있다. 여기서 정수 n은 $\frac{1}{n^2} < 0.001$이 되는 자연수 중에 가장 작은 것이다.

예제 5.7 (while문을 사용한 $1 + \frac{1}{2^2} + \cdots + \frac{1}{n^2}$ 의 계산)

```
/*  1/(n^2)<0.001을 만족하는 최대의 n에 대한
     1+1/4+1/9+...+1/(n^2)의 계산              */
#include<stdio.h>
main()
{
  int i=1;
  double a=1.,s=0.;
  while(a>=0.001){
    a=1./(double)(i*i);
    s=s+a;
    i++;
  }
  printf("%f\n",s);
}
```

이 프로그램에서는 처음에 a값을 1로 두었기 때문에 while(a>=0.001)에서 조건식이 참이 되고, 따라서 그 아래 블록을 수행하는 것이다. 반복 수행하게 되면 점차 i값이 커지게 되고, 결국 a=1./(double)(i*i)의 a값이 0.001보다 작아지면 while루프를 벗어나는 것이다.

이 프로그램의 출력으로 1.614167을 얻는다.

5.3 do while문

do while문 역시 순환문이며 용법은 다음과 같다.

```
do{
  반복할 문장(들)
} while(조건식);
```

이 경우 중괄호로 둘러싸인 부분의 내용을 일단 한 번 수행한다. (이 때 '조건식'의 참, 거짓 여부는 상관없다.) 그러고 나서 '조건식'을 조사하여 참이면 반복 수행하게 되고, 거짓이면 루프를 벗어난다.

즉 do while문은 while문과 유사한 형태이기는 하나, 일단 한 번 반복할 문장을 수행한 뒤 조건식을 조사한다는 점이 다르다.

do while문에서 주의해야 할 점은 **'반복할 문장'이 한 문장인 경우에도 반드시 중괄호를 사용해야 한다**는 점이다. 또한 조건식 다음의 세미콜론(;)도 잊지 말아야 한다.

다음 예는 앞에서 나왔던 1부터 100까지의 정수합을 do while문을 이용하여 구하는 프로그램이다.

예제 5.8 (do while문을 사용한 1부터 100까지의 정수의 합)

```
#include<stdio.h>
main()
{
  int i=1,s=0;
  do{
    s+=i;
    i++;
  } while(i<=100);
  printf("%d\n",s);
}
```

이 프로그램의 출력으로 5050을 얻는다.

while과 do while의 비교

while과 do while은 거의 비슷해 보이지만 그 특성을 이해한다면 상황에 따라 두 가지 중 하나를 적절히 선택하여 사용할 수 있다.

예를 들어 실수를 입력받아 양의 제곱근을 계산하는 문제를 생각해보자. 이 경우 do while을 이용하여 프로그램을 작성하면 다음과 같다.

예제 5.9 (do while을 사용한 양의 제곱근 계산)

```
#include<stdio.h>
#include<math.h>
main()
{
  double x;
  short a;
  printf("0보다 큰 수를 입력하십시오: ");
  do{
    scanf("%lf",&x);
    if(a=(x<=0.))
      printf("입력된 수는 양수가 아닙니다. 다시 입력하십시오.\n");
  } while(a);
  printf("%f의 양의 제곱근은 %f입니다.\n",x,sqrt(x));
}
```

이 프로그램의 경우 일단 실수를 입력받고 그 수가 음수이거나 0인 경우에는 양수가 입력될 때까지 반복하여 다시 입력을 받는다. 물론 양수가 입력되면 더 이상 입력 받지 않고 입력된 수의 양의 제곱근을 계산하여 출력한다.

여기서 주의 깊게 살펴보아야 할 점은, 처음에 일단 입력을 받아야 하기 때문에 do while문을 사용하는 것이 편리하다는 점이다.

이제 같은 경우에 대하여 while문을 이용한 프로그램을 생각하면 아래와 같다.

예제 5.10 (while을 사용한 양의 제곱근 계산)

```
#include<stdio.h>
#include<math.h>
main()
```

```
{
  double x=-1.;
  printf("0보다 큰 수를 입력하십시오: ");
  while(x<=0.)
    scanf("%lf",&x);
    if(x<=0.)
      printf("입력된 수는 양수가 아닙니다. 다시 입력하십시오.\n");
  }
  printf("%f의 양의 제곱근은 %f입니다.\n",x,sqrt(x));
}
```

이 경우 처음에 일단 입력을 받기 위하여 `x=-1.;`과 같은 초기화가 필요하다. 만일 `x`에 0 이하의 값이 저장되어 있지 않으면 while문 내부로 들어갈 수 없기 때문이다. 이것은 어떻게 보면 do while문에 비해 while문의 경우 불필요한 초기화가 사용된다고 볼 수 있다. 따라서 적어도 이 경우라면 do while문을 사용하는 것이 바람직하다.

5.4 제어문 및 순환문의 기타사항

이제 제어문 및 순환문과 관련한 기타 사항들에 대하여 알아보기로 하자.

break문과 continue문

`break`문은 `for`, `while`, `do while`, `switch`문 등에서 반복중인 블록에서 **강제로 벗어나게 할 때 사용**된다. 즉, 조건식에 상관없이 반복 수행중인 내용을 중단하고 블록에서 벗어나고자 할 때 사용된다. 만일 중괄호가 중첩되어 사용되는 블록이라면 가장 안쪽의 중괄호 부분을 벗어나게 된다.

우리는 앞에서 `switch`문에서 `break`문이 같이 사용되는 것을 보았다. 그러나 `break`문은 `if ... else` 혹은 `if ... else if ... else` 등과 같은 제어문을 벗어나게 하기 위해 사용할 수는 없다.

다음 예제는 1부터 적당한 정수까지의 합을 구하여 합이 100을 넘어서는 순간 루프를 벗어나게 하고 그 순간의 정수와 그 정수까지의 합을 구하는 프로그램이다.

예제 5.11 (break문의 사용)

```
#include<stdio.h>
main()
{
  int i,s;
  for(i=1,s=0; ;i++){
    s+=i;
    if(s>100)
      break;
  }
  printf("1부터 %d까지의 합은 %d입니다. \n",i,s);
}
```

이 프로그램의 출력으로 다음을 얻는다.

```
1부터 14까지의 합은 105입니다.
```

이 프로그램을 보면

```
for(i=1,s=0; ;i++)
```

에서 조건식이 생략되어 있음을 알 수 있다. 따라서 for문의 내용을 영원히 반복하는 무한루프 형태이다.[1] 물론 break문이 그 안에 있으므로 무한루프가 발생되지는 않고, 적당히 루프를 반복한 후에 for문을 벗어나게 된다. 즉

```
if(s>100)
  break;
```

에서 s값이 100을 넘는 순간 for문을 벗어난다.

continue문은 for, while, do while문 등에서 **블록의 끝으로 이동한 뒤 반복을 계속**하게 한다. 다시 말하면 continue문을 만나는 순간, 그 아래부터 중괄호 } 부분까지의 수행을 생략한 뒤 다음 반복을 계속하게 되는 것이다.

다음 예제는 1부터 10까지의 정수들 중에서 5와 6을 제외한 나머지 정수들의 합을 구하게 된다.

[1] 무한루프에 대하여는 뒤에서 다시 설명한다.

예제 5.12 (continue문의 사용)

```
#include<stdio.h>
main()
{
  int i,s;
  for(i=1,s=0;i<=10;i++){
    if(i>=5 && i<=6)
      continue;
    s+=i;
  }
  printf("%d\n",s);
}
```

이 프로그램은 i값이 5나 6인 경우 s+=i;부분을 생략한 뒤 for루프를 반복 수행하게 된다. 따라서 이 프로그램의 출력으로 44를 얻는다.

소수 판정

앞서 배운 내용을 바탕으로 주어진 자연수가 소수인지 아닌지 판정하는 프로그램을 작성하여 보자.

소수(prime number)란 2 이상의 자연수 중에서 1과 자기 자신만을 약수로 갖는 수를 말한다. 그렇지 않은 수, 즉 2 이상의 자연수 중에서 1과 자기 자신 이외에 다른 수를 약수로 갖는 수를 합성수라고 한다. 1은 소수도 아니고 합성수도 아니다.

이제 이를 위해 아래와 같은 초보적인 소수 판정 프로그램을 작성하여 보자.

예제 5.13 (소수 판정 프로그램)

```
#include<stdio.h>
main()
{
  unsigned number,k;
  char prime='Y';

  printf("자연수 하나를 입력하십시오:\n");
  scanf("%u",&number);

  if(number==1)
    printf("==> 1은 소수도 아니고 합성수도 아닙니다.\n");
  else{
```

```
    for(k=2;k<number;k++){
      if(number%k==0){
        prime='N';
        break;
      }
      if(number/k<k)
        break;
    }
    if(prime=='Y')
      printf("==> %u은(는) 소수입니다.\n",number);
    else
      printf("==> %u은(는) 합성수입니다.\n",number);
  }
}
```

이 프로그램을 보면 break문을 적절히 이용하고 있음을 알 수 있다.

소수를 판정하기 위한 방법으로 for문을 사용하여 주어진 수를 순차적으로 커지는 수로 계속 나누어 본다. 그래서 한 번이라도 나누어떨어지는 수가 나타나면 break문을 이용하여 for문을 벗어나며, 주어진 수가 합성수임을 출력하면 된다.

물론 주어진 수보다 하나 작은 수까지 계속 나누어 보아도 나누어떨어지지 않는다면 소수이다. 그렇지만 실제로는 주어진 자연수 n에 대하여 $\sqrt{n}$정도까지만 나누어 보면 충분하다. 예를 들어 자연수 64의 약수를 모두 써보면 $1, 2, 4, 8, 16, 32, 64$인데, $64 = 1 \times 64 = 2 \times 32 = 4 \times 16 = 8 \times 8$에서 알 수 있듯이 64의 약수를 모두 구하려면 1부터 $\sqrt{64} = 8$까지의 자연수로 나누어 보면 충분하다. 이를 위해

```
if(number/k<k)
  break;
```

와 같이 하여 k의 제곱이 number보다 커지게 되면 더 이상 계산하지 않고 for문을 벗어나게 된다. 이 경우

```
if(number<k*k)
  break;
```

와 같이 하게 되면 k가 조금만 커져도 k의 제곱은 정수형의 범위를 벗어나게 되므로 바람직하지 않다.[2]

이 프로그램의 몇 가지 출력 예를 보면 다음과 같다.

[2]다른 방법으로 sqrt함수를 사용할 수는 있다.

```
자연수 하나를 입력하십시오:
123456789
==> 123456789은(는) 합성수입니다.

자연수 하나를 입력하십시오:
2038074743
==> 2038074743은(는) 소수입니다.
```

무한루프

무한루프란 순환문이 끝나지 않고 영원히 반복 수행하게 되는 것을 말한다. 다음 예제는 무한루프의 예를 보여주는 프로그램이다.

예제 5.14 (무한루프의 예)

```
#include<stdio.h>
main()
{
  float a=0.1f;
  printf("%f\n",a);
  while((a+=0.1f)!=1.0f)
    printf("%f\n",a);
}
```

이 프로그램을 실행 시켜보면 끝나지 않고 계속됨을 알 수 있다. (이런 경우 ctrl-c키를 이용하여 실행을 강제로 멈추게 할 수 있다.[3]) 이 프로그램의 원래 의도를 보면 처음에 변수 a의 초깃값으로 0.1을 저장하였으므로, 이 값에 0.1씩 계속 더해가면서 출력해 주게 되면 a값이 1.0이 되는 순간이 있을 것이므로 그때 실행을 멈추게 하려는 것이었다. 그러나 실제로는 그렇게 되지 못하고 무한루프가 발생된 것이다.

그 이유는 0.1이 십진수로는 유한소수이지만, 컴퓨터에서 내부적으로 사용되는 2진수로 보면 무한소수가 되어 실제로 정확한 0.1값이 a에 저장되지 못하고 적당한 자리 수에서 반올림된 값이 저장되고 있기 때문이다. 즉 0.1을 10번 더해주는 경우 정확히 1.0이 나오지 않는 것이다.

이 프로그램의 출력은 다음과 같다.

---

[3] ctrl키는 보통 키보드 제일 왼쪽 아래에 있으며, ctrl-c란 ctrl키와 c키를 동시에 누르는 것을 말한다.

```
0.100000    (0.1처럼 보이지만 정확히 0.1은 아니다.)
0.200000
0.300000
0.400000
0.500000
0.600000
0.700000
0.800000
0.900000
1.000000    (정확히 1.0은 아니다. 이곳에서 끝내려 했지만 끝나지 않는다.)
1.100000
1.200000
1.300000
1.400000
1.500000
1.600000
1.700000
1.800000
1.900000
2.000000
2.100000
2.200000
2.300000
2.400000
2.500000
2.600000
2.700000
2.799999    (실제로 2.8이 아님을 알 수 있다.)
2.899999
2.999999
3.099999
3.199999
3.299999
3.399999
3.499999
........
(끝나지 않음)
```

위 예제의 경우에서 알 수 있듯이 C언어에서 실수끼리 비교하는 것은 매우 위험하다는 것을 알 수 있다. 되도록 정수형이나 문자형끼리 비교하는 것이 좋은 방법이다.

정수형의 오버플로

우리는 앞에서 정수형인 경우, 실수형과는 달리 수의 범위를 벗어나게 되면 INF를 출력하는 대신 순환적으로 계산된 값을 출력하게 된다는 것을 배웠다.

예를 들어 n의 계승, 즉 $n!$의 값을 계산하는 경우 unsigned형을 사용한다 하더라도 n이 조금만 커지면 unsigned형의 범위를 벗어나게 된다.[4]

n이 1부터 20까지 변할 때 $n!$을 계산하는 다음 프로그램을 보자.

예제 5.15 (계승 계산: 잘못된 예)

```
#include<stdio.h>
main()
{
  unsigned f;
  int n,i;
  for(n=1;n<=20;n++){
    f=1;
    for(i=1;i<=n;i++)
      f*=i;
  printf("%d%!=%u\n",n,f);
  }
}
```

이 프로그램을 이용한 출력을 보면 다음과 같다.

```
1!=1
2!=2
3!=6
4!=24
5!=120
6!=720
7!=5040
8!=40320
9!=362880
10!=3628800
11!=39916800
```

[4] unsigned형은 unsigned int형과 같다. 또한 64비트 정수인 unsigned __int64 형을 이용하면 좀 더 큰 n에 대하여 정확한 계산을 할 수 있다. 그렇지만 n이 계속 커지다보면 결국에는 이 경우에도 unsigned __int64형의 범위를 벗어나는 것은 어쩔 수 없다. 64비트 정수의 사용에 대하여는 13.5절을 참고하기 바란다.

```
12!=479001600
13!=1932053504
14!=1278945280
15!=2004310016
16!=2004189184
17!=4006445056
18!=3396534272
19!=109641728
20!=2192834560
```

이 출력을 보면 13!보다 14!값이 더 작게 나오며, 그 이후 값들도 문제가 있음을 알 수 있다. 따라서 무언가 잘못되었다는 것을 알 수 있는데 이것은 n이 커짐에 따라 $n!$값이 `unsigned`형의 값의 범위를 벗어나기 때문이다.

이를 해결하기 위해서 n값이 큰 경우에 실수를 도입하여 처리하면 된다. 다음의 예제는 이를 잘 보여주고 있다.

예제 5.16 (계승 계산: int형과 double형의 혼합사용)

```
#include<stdio.h>
main()
{
  int i,n,m,err=0;
  unsigned fact,fact_old=1;
  double ffact;
  printf("Input n.\n");
  scanf("%d",&n);
  for(i=1;i<=n;i++){
    fact=fact_old*i;
    if((fact/i)!=fact_old){
      err=1;
      m=i;
      break;
    }
    fact_old=fact;
  }
  if(err==0)
    printf("%d!=%u\n",n,fact);
  else{
    ffact=(double)fact_old;
    for(i=m;i<=n;i++)
      ffact *= i;
```

```
    printf("%d!=%20.14e\n",n,ffact);
  }
}
```

이 프로그램을 이용한 출력들을 보면 다음과 같다.

```
1!=1
2!=2
3!=6
4!=24
5!=120
6!=720
7!=5040
8!=40320
9!=362880
10!=3628800
11!=39916800
12!=479001600
13!=6.22702080000000e+09
14!=8.71782912000000e+10
15!=1.30767436800000e+12
16!=2.09227898880000e+13
17!=3.55687428096000e+14
18!=6.40237370572800e+15
19!=1.21645100408832e+17
20!=2.43290200817664e+18
```

즉, unsigned형으로 처리할 수 있는 값의 범위를 벗어난 경우에는 double형을 사용하여 처리해 주고 있다.

이 프로그램에서 가장 중요한 부분을 살펴보면 다음과 같다.

```
if((fact/i)!=fact_old){
  err=1;
  m=i;
  break;
}
```

즉 새로 계산된 i!값을 i로 나눈 값을 앞서 계산한 (i-1)!과 같은지 확인해 보는 것이다. 두 값이 같다면 unsigned형을 이용한 계산을 계속 하지만, 만일 두 값이 다르다면 i!부터는 double형을 이용하게 되는 것이다.

5.5 난수의 사용

난수(random number)란 일정한 규칙이 없이 무작위로 선택되어 나타나는 수를 말한다. 수학, 통계학, 자연과학, 사회과학 및 공학 등 거의 모든 학문 분야에서 난수는 매우 다양한 용도로 쓰이며, 컴퓨터를 이용한 게임을 만드는데도 쓰일 수 있다.

난수를 발생시키기 위해서는 `rand()`를 사용하며 `srand()`와 `time()`을 이용하여 초기화한다. 이를 위해서 `stdlib.h` 및 `time.h`가 필요하다. 만일 이와 같은 초기화하지 않으면 매번 프로그램을 실행시킬 때마다 같은 패턴의 난수들이 출력되므로 주의해야 한다.

또한 난수는 0부터 32767까지의 정수로 출력되므로 원하는 형태에 따라 적절히 변형을 시켜주어야 한다.[5]

다음 예는 0과 9 사이의 난수 n개를 출력하는 프로그램이다.

예제 5.17 (0과 9 사이의 난수 n개를 출력하는 프로그램)

```
#include<stdio.h>
#include<stdlib.h>
#include<time.h>
main()
{
  int a,n,i;
  printf("몇 개의 난수를 원하십니까? ");
  scanf("%d",&n);
  srand(time(NULL));
  for(i=0;i<n;i++){
    a=rand()%10;
    printf("%2d",a);
  }
  printf("\n");
}
```

이 프로그램의 입출력 예를 보면 다음과 같다.

[5] $32767 = 2^{15} - 1$이다. 또한 Microsoft Visual C와 달리, 다른 컴파일러에서는 기본적으로 0부터 $2147483647 (= 2^{31} - 1)$까지의 정수를 출력하는 경우도 있다. Microsoft Visual C에서도 이와 같이 넓은 범위의 난수를 사용하는 것이 가능한데 이를 위해서는 `rand_s`를 사용해야 한다. 이에 대하여는 예제 5.19를 참조하기 바란다.

```
몇 개의 난수를 원하십니까? 12
 5 6 8 0 3 3 2 1 4 9 5 1
```

이 프로그램의 내용을 보면 첫머리에

```
#include<stdio.h>
#include<stdlib.h>
#include<time.h>
```

하여 필요한 헤더 파일들을 불러오고 있다. 또한

```
srand(time(NULL));
```

하여 초기화하고 있으며 여기서 NULL은 stdio.h에 정의되어 있는 것으로써 보통 0을 의미한다. 여기서는 이와 같은 형식으로 초기화함으로써 프로그램을 실행시키는 시간에 따라 다른 초기화를 하게 되는 것이다.

마지막으로

```
a=rand()%10;
```

에서 0부터 32767까지의 수로 주어지는 난수를 10으로 나누어 0과 9 사이의 난수를 얻는다.

5.6 응용프로그램 - 몬테카를로 기법

몬테카를로 기법(Monte Carlo method)은 난수를 이용하여 함수의 값을 확률적으로 계산하는 방법이다.

몬테카를로 기법을 이용하여 원주율(π)의 근삿값을 구해보자. 한 변의 길이가 2인 정사각형 안에 반지름이 1인 원이 내접하고 있다고 할 때 정사각형 안에 속하는 임의의 점을 택하게 되면 이 점이 원 안에 속할 확률은 $\frac{\pi}{4}$이다. 이를 이용하면 원주율의 근삿값을 구할 수 있다. 즉 다음과 같은 알고리즘을 완성할 수 있다.

(1) 자연수 n값을 입력 받는다.

(2) 난수를 이용하여 순서쌍 (x, y)를 좌표로 갖는 점을 n개 생성한다. 단, x, y는 모두 구간 $[-1, 1]$에 속하는 실수이다. 예를 들어 0부터 32767까지의 범위에 속하는 정수인 난수를 r라 할 때 $\frac{2r}{32767} - 1$을 계산하면 이는 구간 $[-1, 1]$에 속하는 실수이다.

(3) 이 중에서 $x^2 + y^2 \leq 1$을 만족하는 경우의 수를 m이라 하자.

(4) π의 근삿값은 $\frac{4m}{n}$이다.

이 알고리즘에서 입력되는 n값이 클수록 좀 더 정확한 근삿값이 계산된다. 다음은 이 알고리즘의 C코드이다.

예제 5.18 (몬테카를로 기법을 이용한 원주율 계산)

```
#include<stdio.h>
#include<stdlib.h>
#include<time.h>
main()
{
  int  r1,r2,n,m,i;
  double  x,y,c,pi;
  printf("n값 입력: ");
  scanf("%d",&n);
  srand(time(NULL));
  c=2./32767.; // 반복 사용될 상수는 순환문 밖으로
  m=0;
  for(i=1;i<=n;i++){
    r1=rand();
    r2=rand();
    x=c*(double)r1-1.; // x 값은 [-1,1]에 속하는 실수
    y=c*(double)r2-1.; // y 값은 [-1,1]에 속하는 실수
    if(x*x+y*y<=1.)
      m++;
  }
  pi=4.*(double)m/(double)n;
  printf("pi=%f\n",pi);
}
```

참고로 Microsoft Visual C의 경우 다음과 같이 `rand_s` 함수를 사용하면 0에서부터 `UINT_MAX` $(= 4,294,967,295)$까지의 범위에 속하는 정숫값을 난수로 생성하므로 좀 더 정확한 계산이 된다. 다음 예제는 이를 이용하여 위의 C코드를 좀 더 정확한 계산이 되도록 개선한 것이다.

예제 5.19 (몬테카를로 기법을 이용한 원주율 계산: rand_s 사용)

```
#define _CRT_RAND_S
#include <stdlib.h>
#include <stdio.h>
#include <limits.h>
main()
{
  unsigned  r1,r2,n,m,i;
  double  x,y,c,pi;
  printf("n값 입력: ");
  scanf("%u",&n);
  c=2./UINT_MAX;
  m=0;
  for(i=1;i<=n;i++){
    rand_s(&r1);
    rand_s(&r2);
    x=c*(double)r1-1.;
    y=c*(double)r2-1.;
    if(x*x+y*y<=1.)
      m++;
  }
  pi=4.*(double)m/(double)n;
  printf("pi=%f\n",pi);
}
```

제 5 장 연습문제

5.1 for문을 이용하여 다음 계산을 하는 프로그램을 작성하라.

$$1 + 2 + 3 + \cdots + 999 + 1000$$

5.2 while문을 이용하여 다음 계산을 하는 프로그램을 작성하라.

$$2 + 4 + 6 + \cdots + 998 + 1000$$

5.3 do while문을 이용하여 다음 계산을 하는 프로그램을 작성하라.

$$1 + 3 + 5 + \cdots + 999 + 1001$$

5.4 다음 계산을 하는 프로그램을 작성하라.

$$1 + \frac{1}{2^3} + \frac{1}{3^3} + \cdots + \frac{1}{20^3}$$

5.5 다음 계산을 하는 프로그램을 작성하라.

$$1 - \frac{1}{3!} + \frac{1}{5!} - \frac{1}{7!} + \cdots - \frac{1}{19!} + \frac{1}{21!}$$

5.6 (구구단 표) 중첩된 for문을 이용하여 다음과 같은 구구단 표를 출력하는 프로그램을 작성하라.

```
2x2= 4  3x2= 6  4x2= 8  5x2=10  6x2=12  7x2=14  8x2=16  9x2=18
2x3= 6  3x3= 9  4x3=12  5x3=15  6x3=18  7x3=21  8x3=24  9x3=27
2x4= 8  3x4=12  4x4=16  5x4=20  6x4=24  7x4=28  8x4=32  9x4=36
2x5=10  3x5=15  4x5=20  5x5=25  6x5=30  7x5=35  8x5=40  9x5=45
2x6=12  3x6=18  4x6=24  5x6=30  6x6=36  7x6=42  8x6=48  9x6=54
2x7=14  3x7=21  4x7=28  5x7=35  6x7=42  7x7=49  8x7=56  9x7=63
2x8=16  3x8=24  4x8=32  5x8=40  6x8=48  7x8=56  8x8=64  9x8=72
2x9=18  3x9=27  4x9=36  5x9=45  6x9=54  7x9=63  8x9=72  9x9=81
```

5.7 for문을 이용하여 다음과 같은 출력을 얻는 프로그램을 작성하라.

```
**
 **
  **
   **
    **
     **
      **
```

5.8 중첩된 `for`문을 이용하여 다음과 같은 출력을 얻는 프로그램을 작성하라.

```
      *
     **
    ***
   ****
  *****
 ******
*******
```

5.9 중첩된 `for`문을 이용하여 다음과 같은 출력을 얻는 프로그램을 작성하라.

```
       *
      ***
     *****
    *******
   *********
  ***********
 *************
***************
```

5.10 중첩된 `for`문을 사용하여 20줄에 걸쳐 다음 그림과 같은 출력이 나오는 프로그램을 작성하라.

```
                   1
                  23
                 456
                7890
               12345
              678901
             2345678
            90123456
           789012345
          6789012345
         67890123456
        789012345678
       9012345678901
      23456789012345
     678901234567890
    1234567890123456
   78901234567890123
  456789012345678901
 2345678901234567890
12345678901234567890
```

5.11 자연수 n을 입력하면 아래 예와 같이 n줄에 걸쳐 자연수 $1, 1, 1, 2, 2, 2, \ldots, 9, 9, 9$를 반복하여 출력하는 프로그램을 작성하라. 단, 첫 줄에는 n개의 수를 출력하고 한 줄

내려갈 때마다 숫자의 개수를 하나 씩 줄여서 마지막 줄에는 하나만 출력해야 한다. 다음은 n 값이 10일 때의 입출력 예이다.

```
n값 입력: 10
1112223334
445556667
77888999
1112223
334445
55666
7778
889
99
1
```

5.12 $x = 0$부터 $x = \frac{\pi}{2}$까지 $\frac{\pi}{20}$ 간격으로 $\sin x$값을 계산하여 출력하는 프로그램을 작성하라.

5.13 1부터 30까지의 자연수 중에서 7의 배수와 8의 배수를 제외한 짝수를 한 줄에 출력하는 프로그램을 작성하라.

5.14 다음 프로그램의 출력이 무엇인지 말하라.

```
#include<stdio.h>
main()
{
 int i,s=0;
 for(i=5;i>1;i--)
  s+=i;
 printf("%d %d\n",i,s);
}
```

5.15 다음 프로그램의 출력이 무엇인지 말하라.

```
#include<stdio.h>
main()
{
 int i=1,s=0;
 while(1){
  s+=i;
  if(i==10)
   break;
  i++;
 }
 printf("%d %d\n",i,s);
}
```

5.16 위 문제에서 `while(1)`부분을 `while(0)`으로 바꾸면 출력은 어떻게 되는가?

5.17 다음 프로그램의 출력이 무엇인지 말하라.

```
#include<stdio.h>
main()
{
  int i=1;
  do{
    printf("*");
    i++;
  } while(i<6);
  printf("\n");
}
```

5.18 위 문제에서 `printf("*")`부분을 `printf("*\n")`으로 바꾸면 출력은 어떻게 되는가?

5.19 $f(x) = x^2 + \frac{2}{3}x - \frac{1}{3}$일 때, $x = 0$부터 $x = 1$까지 0.1간격으로 $f(x)$값을 계산하여 출력하는 프로그램을 작성하라.

5.20 **(점화식 계산)** 다음과 같이 주어지는 수열의 처음 10개의 항을 출력하는 프로그램을 작성하라.

$$a_1 = 0, \quad a_{n+1} = -2a_n + 3 \ (n = 1, 2, 3, \cdots)$$

5.21 **(점화식 계산)** 다음과 같이 주어지는 수열 $\{a_n\}$의 처음 20개의 항을 모두 출력하는 프로그램을 작성하라.

$$a_1 = a_2 = 1, \quad a_{n+2} = a_{n+1} + a_n \ (n = 1, 2, 3, \cdots)$$

5.22 위 문제의 수열 $\{a_n\}$에 대하여

$$r_n = \frac{a_{n+1}}{a_n} \ (n = 1, 2, 3, \cdots)$$

이라 정의하자. 수열 $\{r_n\}$의 처음 20개 항을 각각 소수점 아래 12자리까지 출력하는 프로그램을 작성하라.

5.23 **(점화식 계산)** 점화식 $a_1 = 1$, $a_{n+1} = \frac{1}{3}a_n + 1 \ (n = 1, 2, 3, \cdots)$로 주어지는 수열 $\{a_n\}$의 값을 순서대로 출력하되 $|a_{n+1} - a_n| < 10^{-8}$이 되면 멈추는 프로그램을 작성하라.

5.24 **(약수와 약수의 개수 출력)** 양의 정수를 입력받아 양의 약수 전체 및 약수의 개수를 출력하는 프로그램을 작성하되 아래 예와 같은 입출력이 되도록 하라.

입출력의 예 :

```
양의 정수를 입력하십시오: 1000
```

```
1000의 약수:
1  2  4  5  8  10  20  25  40  50
100  125  200  250  500  1000
==> 약수의 개수: 16개
```

5.25 **(자연수의 합과 평균)** 자연수 10개를 임의로 입력하면 그 합과 평균을 구하여 출력하는 프로그램을 작성하라.

5.26 정수를 임의로 계속하여 입력받되, 음수를 입력하는 순간 더 이상 입력을 받지 않고 지금까지 입력한 0 이상의 정수가 모두 몇 개인지 알려주는 프로그램을 작성하라.

5.27 난수를 이용하여 1보다 크거나 같고 6보다 작거나 같은 정수 20개를 무작위로 출력하는 프로그램을 작성하라. 단, 아래 예와 같이 한 줄에 10개 씩 출력하여야 한다.

```
6 4 3 5 5 3 1 6 6 6
4 2 4 2 6 1 5 4 4 4
```

5.28 **(숫자 맞추기 게임)** 아래 입출력 예와 같이 1부터 20까지의 숫자 중 하나의 난수를 생성하여 이를 사용자가 맞추는 게임 프로그램을 작성하라.

```
숫자를 입력하십시오(1-20): 10
너무 작습니다.
숫자를 입력하십시오(1-20): 15
너무 큽니다.
숫자를 입력하십시오(1-20): 12
너무 작습니다.
숫자를 입력하십시오(1-20): 14
너무 큽니다.
숫자를 입력하십시오(1-20): 13
정답입니다.
```

5.29 **(각 자리 수별 출력)**양의 정수 하나를 입력하면 각 자리의 정수를 하나씩 모두 출력하는 프로그램을 작성하라. 다음은 입출력 예이다.

```
자연수 입력: 386
6 <- 1의 자리 수
8 <- 10의 자리 수
3 <- 100의 자리 수
```

5.30 **(사용된 숫자의 개수)** 1부터 1000까지의 정수를 모두 적을 때 사용되는 숫자 0, 1, 2, . . . , 9의 개수는 각각 몇인지 구하는 프로그램을 작성하라.

5.31 **(진법 변환)** 아래 입출력 예와 같이 양의 정수를 입력하면 7진수로 변환하여 출력하는 프로그램을 작성하라. 참고로 아래 예에서 십진수 583의 경우 $583 = 1 \times 7^3 + 4 \times 7^2 + 6 \times 7^1 + 2 \times 7^0$이므로 7진수로 변형하면 1462가 된다.

입출력 예:

```
양의 정수 입력: 583
==> 7진수로 변환한 결과=1462
```

참고: 이 문제는 뒤에 나오는 배열을 이용하면 좀 더 쉽게 프로그램을 완성할 수 있다. (연습문제 **6.12** 참조)

5.32 **(완전수, perfect number)** 자연수에 n에 대하여 n보다 작은 양의 약수의 합이 n과 같으면 n을 완전수라고 부른다. 예를 들면 $1 + 2 + 3 = 6$이므로 6은 완전수이다. 반면에 12의 경우는 $1 + 2 + 3 + 4 + 6 \neq 12$이므로 완전수가 아니다. 자연수 n을 입력 받아 그 수가 완전수인지 아닌지 판정하는 프로그램을 작성하라. (주의: 정수는 unsigned형을 사용하고, 큰 자연수가 입력되더라도 최대한 효율적인 계산이 되도록 하라. 또한 1은 완전수가 아님에 주의하라.)

제 6 장

배열

C언어를 이용하여 어떤 작업을 하는 경우 같은 성질을 갖는 여러 가지 변수들을 하나의 공통된 이름을 이용하여 선언하고 사용할 수 있는데 이것을 **배열**이라 부른다.

배열은 배열에 사용되는 첨자의 수에 따라 일차원 배열과 다차원 배열로 나뉠 수 있다. 우선 일차원 배열에 대해 알아보기로 한다.

6.1 일차원 배열

다섯 사람의 시험 성적을 알고 있을 때, 그 평균을 구하는 예를 생각해보자. 이 경우 시험 성적을 저장할 다섯 개의 정수형 변수가 필요하다. 예를 들면

```
int a1, a2, a3, a4, a5;
```

와 같이 선언하고 사용할 수 있다. 각 변수 a1, a2, a3, a4, a5에는 다섯 사람의 성적이 각각 저장된다.

이 경우 다섯 개의 변수 a1, a2, a3, a4, a5 대신 배열을 선언하여 사용하면 편리한데 그 방법은 다음과 같다.

```
int a[5];
```

이렇게 하면 a라는 배열이름을 갖는 다섯 개의 원소로 구성된 배열이 만들어진다. 이와 같이 배열이름에 하나의 첨자를 사용하여 만든 배열을 **일차원 배열**이라 부른다. (예를 들면 b[4][3]에서처럼 첨자가 두 개 이상 사용되는 경우는 다차원 배열이라 부른다.)

이때 배열의 각 원소는

a[0], a[1], a[2], a[3], a[4]

로써, 각각은 하나의 정수형 변수이다. 즉, 배열의 a[n]의 첨자는 0에서부터 시작하여 n-1에서 끝난다. (1에서부터 시작하여 n에서 끝나는 것이 **아님**에 주의해야 한다.) 이때 n을 **배열의 크기**라고 한다.

일차원 배열을 이용하여 평균을 구하는 예를 보면 다음과 같다.

예제 6.1 (일차원 배열을 이용한 평균의 계산)

```
#include<stdio.h>
main()
{
  int a[5],sum=0,i;
  float average;
  a[0]=80;
  a[1]=76;
  a[2]=91;
  a[3]=88;
  a[4]=97;
  for(i=0;i<5;i++)
    sum+=a[i];
  average=(float)sum/(float)5;
  printf("%.1f\n",average);
}
```

이 프로그램을 보면 다섯 명의 시험 성적 80, 76, 91, 88, 97의 합을 순환문을 이용하여 먼저 구한 뒤에, 사람 수로 나누어 평균을 구하고 있다. 이 프로그램의 출력으로 86.4를 얻는다.

이 프로그램에서는 배열의 선언 시에 배열 값을 초기화하지 않고, 나중에 치환문을 사용하여 값을 저장해주고 있다.

처음에 배열의 선언과 동시에 초기화하는 방법도 있는데 그 예를 보면 다음과 같다.

```
int a[5]={80,76,91,88,97};
```

또한 이것은

```
int a[]={80,76,91,88,97};
```

에서처럼 배열의 크기를 명시해 주지 않아도 된다. 초기화되는 자료의 수를 통해 배열의 크기를 알 수 있기 때문이다. 경우에 따라서는

```
int b[7]={30,42,91};
```

과 같이 배열의 크기보다 작은 수의 값만 지정해 주는 방법도 있는데 이 경우 처음 세 개의 원소, 즉 b[0], b[1], b[2]는 각각 30, 42, 91로 초기화되고 나머지 원소 b[3], b[4], b[4], b[6]은 모두 0으로 초기화된다.

다음은 지금까지 나온 방법들을 이용한 실수형이나 문자형 배열의 초기화 예이다.

```
float a[3]={30.4f,42.1f,91.5f}, b[20]={0.f};
double c[100]={1.,2.};
char d[5]={'A','B','C','D','F'};
```

이를 자세히 살펴보면, 처음에 나온 a[3]={30.4f,42.1f,91.5f}에서는 a[0], a[1], a[2]의 값이 각각 float형 30.4f, 42.1f, 91.5f이며, b[20]={0.f}에서 b[0], b[1], ..., b[19]의 값이 모두 float형 0.f로 초기화되고 있다.

그 다음 줄에서는 c[100]={1.,2.}에서 c[0]값은 1., c[1]값은 2., 나머지 원소인 c[2], c[3], ..., c[99]의 값은 모두 0. 이며 이들은 모두 double형이다.

마지막 줄을 보면, 문자형 배열을 선언하여 초기화하고 있다. 각 원소 d[0], d[1], d[2], d[3], d[4]에 문자형 상수 'A', 'B', 'C', 'D', 'F'가 각각 저장된다.

다음 예제는 10개의 정수를 입력받아 저장하고 그 중 최댓값을 출력하는 프로그램이다.

예제 6.2 (일차원 배열을 이용한 최댓값 계산)

```
#include<stdio.h>
#define N 10
main()
{
  int a[N],i,max;
  for(i=0;i<N;i++)
    scanf("%d",&a[i]);
  max=a[0];
  for(i=1;i<N;i++)
    if(a[i]>max)
      max=a[i];
  printf("최댓값은 %d입니다.\n",max);
}
```

이 프로그램의 두 번째 줄을 보면 `#define N 10`이란 말이 나오는데 이것은 N을 10으로 정의하여 사용하겠다는 뜻으로, 컴파일을 하기 전에 일단 이 문장 다음에 나오는 프로그램 내의 모든 N이 10으로 바뀌게 된다. (물론 문자열이나 주석문 내의 N은 제외된다.)

이렇게 하면 배열의 크기가 변할 때, 이 부분만 수정하면 되므로 프로그램의 유지 보수에 편리하다.

C언어에서 이와 같이 #로 시작하는 줄을 **선행 처리기**라고 하며 줄 끝에 세미콜론이 없음에 유의해야 한다. 선행 처리기에 대해서는 나중에 다시 자세히 다루게 된다.[1]

다음은 이 프로그램의 입출력 예이다.

```
20 50 36 83 73 81 98 34 55 92
최댓값은 98입니다.
```

배열의 선언 및 사용에서 한 가지 주의할 점은, 지금까지 배운 방법으로 배열을 선언할 경우 **배열의 크기가 미리 정해져 있어야 한다**는 점이다. 즉, 위의 예에서

```
main()
{
  int a[N],i,max;
      . . . . . .
```

와 같이 하여 배열 a를 선언했는데, 사실은 그 위에

```
#define N 10
```

이 있으므로, 이것은 다음과 같은 것이다.

```
main()
{
  int a[10],i,max;
      . . . . . .
```

그런데 이것을 다음과 같이 바꾸어 줄 수는 없다.

```
main()
{
  int n, a[n],i,max;
  scanf("%d",&n);
      . . . . . .
```

[1] 선행처리기에 대하여는 12.1절을 참고하기 바란다.

즉, 이 경우 프로그램 실행 중에 사용자가 원하는 값을 입력받아 그 값의 배열 크기를 갖는 배열을 선언할 수는 없다는 점이다. 또한 이 프로그램은 아래와 같이 바꾸어 써도 오류가 발생한다.

```
main()
{
  int n=10, a[n],i,max;
  scanf("%d",&n);
      . . . . . .
```

즉, 배열의 크기 선언에 사용되는 값은 변수가 아니라 반드시 상수여야 한다.

이러한 점은 일차원 배열뿐 아니라 다음에 나오는 다차원 배열의 경우도 마찬가지로 적용된다. 그렇지만 이러한 불편한 점은 뒤에 나오는 배열의 동적 할당을 통해 해결될 수 있다.[2]

6.2 다차원 배열

배열의 첨자의 수가 두 개인 경우 **이차원 배열**, 세 개인 경우를 **삼차원 배열** 등으로 부르고 일반적으로는 첨자의 수가 n개인 경우를 n차원 배열이라 부른다. 첨자의 수가 두 개 이상인 경우를 **다차원 배열**이라 부른다.

다음은 이차원 배열의 선언과 초기화를 보여주는 예이다.

```
int a[2][3]={1,2,3,4,5,6};
```

이 경우 이차원 배열 a는 모두 $6(= 2 \times 3)$개의 원소를 가지며, 각 원소를 순서대로 표현해보면,

`a[0][0], a[0][1], a[0][2], a[1][0], a[1][1], a[1][2]`

가 된다. 즉, **뒤의 첨자가 먼저 변하고 있음**에 유의해야 한다.

또한, 이 순서대로 각각의 원소는 1, 2, 3, 4, 5, 6으로 초기화된다.

초기화를 하는 다른 예를 보면

```
int a[2][3]={{1,2,3},{4,5,6}};
```

와 같이 뒤의 첨자의 숫자만큼 끊어서 새로운 괄호 안에 넣어 주는 방법도 있다.

[2]배열의 동적 할당은 9.2절을 참고하면 된다.

다음 예는 더욱 다양한 형태를 보여주고 있다.

```
int a[2][3]={{1,3},{4}};
int b[2][3]={1,2,3};
double c[4][3]={{1.,2.,3.},{1.,0.},{7.,6.,8.},{0.}};
double d[][2]={3.,4.,3.,-1,2.};
```

이 경우 첫 줄은 정수형 배열 a에 모두 6개의 원소를 선언하고 있으며

```
int a[2][3]={{1,3,0},{4,0,0}};
```

과 같은 것이다.

두 번째 줄 역시 정수형 배열 b에 모두 6개의 원소를 선언하고 있으며

```
int b[2][3]={1,2,3,0,0,0};
```

과 같은 것이다.

세 번째 줄은 실수형 배열 c에 모두 $12(= 4 \times 3)$ 개의 원소를 선언하고 있으며 이것은 다음과 같다.

```
double a[4][3]={{1.,2.,3.},{1.,0.,0.},{7.,6.,8.},{0.,0.,0.}}
```

또한 이것은

```
double a[4][3]={1.,2.,3.,1.,0.,0.,7.,6.,8.,0.,0.,0.}
```

과도 같다.

네 번째 줄은 double형 배열 d를 선언하고 있는데 이것은 다음과 같다.

```
double d[3][2]={3.,4.,3.,-1,2.,0.};
```

즉, 이차원 배열의 선언 시 **첫 번째 첨자의 크기는 생략될 수 있다.** 그렇지만 두 번째 첨자는 생략할 수 없으므로 주의해야 한다.

일반적으로 다차원 배열의 경우, **첫 번째 첨자를 제외한 나머지 첨자의 크기는 생략될 수 없다.** 다음은 삼차원 배열의 선언 예이다.

```
int a[2][3][2]={21,22,23,24,25,26,32,34,36,38,40,42};
int b[][2][2]={{{10,9},{8,7}},{{6,5},{4,3}}};
```

이 예에서 배열 a는 $12(= 2 \times 3 \times 2)$개, 배열 b는 $8(= 2 \times 2 \times 2)$개의 원소를 각각 선언한다. 또한 a[0][1][1]의 값은 24, b[1][0][1]의 값은 5이다.

다음은 두 개의 3×3 행렬 $\begin{bmatrix} 1 & 2 & 3 \\ 2 & 3 & 4 \\ 1 & 0 & 1 \end{bmatrix}$과 $\begin{bmatrix} 3 & 4 & 1 \\ 4 & 3 & 5 \\ 6 & 3 & 2 \end{bmatrix}$의 합을 구하여 출력하는 프로그램이다.

예제 6.3 (이차원 배열을 이용한 두 행렬의 합 계산)

```
#include<stdio.h>
#define N 3
main()
{
  int i,j,c[N][N];
  int a[N][N]={{1, 2, 3},{2, 3, 4},{1, 0, 1}},\
      b[N][N]={{3, 4, 1},{4, 3, 5},{6, 3, 2}};
  for(i=0;i<N;i++)
    for(j=0;j<N;j++)
      c[i][j]=a[i][j]+b[i][j];
  for(i=0;i<N;i++){
    for(j=0;j<N;j++)
      printf("%4d ",c[i][j]);
    printf("\n");
  }
}
```

이 프로그램의 출력은 다음과 같다.

```
   4    6    4
   6    6    9
   7    3    3
```

다음 프로그램은 이차원 배열을 사용하여 다섯 학생들에 대한 국어, 영어, 수학 세 과목의 과목별 평균을 구하는 예제이다.

예제 6.4 (이차원 배열을 이용한 과목별 평균의 계산)

```
#include<stdio.h>
main()
{
 int i,j,sum;
 int a[5][3]={{10, 27, 35},
              {92, 93, 84},
              {89, 72, 98},
              {45, 88, 56},
              {83, 85, 74}};
 double average;
 printf("   국어     영어     수학\n");
 for(i=0;i<3;i++){
    sum=0;
    for(j=0;j<5;j++)
      sum+=a[j][i];
    average=(double)sum/5.;
    printf(" %5.1f",average);
 }
 printf("\n");
}
```

이 프로그램의 경우 이차원 배열 a의 첫 번째 첨자는 다섯 명의 학생들을 각각 나타내며, 두 번째 첨자는 각 학생들에 대한 국어, 영어, 수학 성적을 각각 나타내고 있다. 예를 들면 첫 번째 학생의 경우 국어, 영어, 수학 성적은 각각 a[0][0], a[0][1], a[0][2]로 나타내지며 해당 점수는 10점, 27점, 35점이다. 또한 세 번째 학생의 영어 성적은 a[2][1]이며 72점이다.

따라서 성적 계산을 하는 것을 보면 중첩된 for문을 사용하여 각 과목에 대한 평균을 각각 구하고 각 과목에 대한 평균이 구해질 때마다 이를 출력하고 있다.

이 프로그램의 출력을 보면 다음과 같다.

```
 국어     영어     수학
 63.8     73.0     69.4
```

제 6 장 연습문제

6.1 다음 배열의 원소의 개수를 각각 구하라.

```
int a[3];
float b[]={4.f, 5.f, 6.f, 7.f, 8.f};
double c[5], d[4][5], e[10][20], f[3][4][5];
char g[2][2][2][2][2];
```

6.2 다음 일차원 배열에서 `a[3]`, `b[2]`, `c[0]`, `d[5]`, `e[1]`의 값을 각각 구하라.

```
int a[5]={1,2,3};
float b[5]={4.f, 5.f, 6.f, 7.f, 8.f};
double c[]={11., 12., 13.};
char d[6]={'A','B','C','D','E','F'};
int e[10]={0};
```

6.3 다음 이차원 배열에서 `a[0][0]`, `b[1][1]`, `c[2][2]`, `d[1][1]`의 값을 각각 구하라.

```
int a[][2]={1,2,3,4};
float b[2][2]={{4.f, 5.f},{6.f, 7.f}};
int c[4][3]={1,2,3,4,5,6,7,8,9,10,11,12};
int d[2][3]={1,2,3};
```

6.4 **(평균과 표준편차)** 5개의 정수 10, 20, 30, 40, 50의 평균과 표준편차를 구하는 프로그램을 작성하라.

힌트: $a_1, \ldots, a_n$ 의 평균은

$$\frac{1}{n}(a_1 + \cdots + a_n),$$

표준편차는

$$\sqrt{\frac{1}{n}(a_1^2 + \cdots + a_n^2) - (\text{평균})^2}$$

이다.

6.5 **(행렬의 합)** 다음 두 행렬 A, B의 합 $A + B$를 계산하여 출력하는 프로그램을 작성하라.

$$A = \begin{bmatrix} 0 & 1 & 2 & 3 \\ 1 & -2 & 1 & 2 \\ 2 & 5 & -3 & 2 \\ 0 & -3 & 1 & 4 \end{bmatrix}, \quad B = \begin{bmatrix} 1 & -1 & 2 & 0 \\ 1 & -1 & 1 & 2 \\ -1 & 0 & 3 & 1 \\ 2 & -1 & 2 & 8 \end{bmatrix}.$$

6.6 **(행렬의 곱)** 위의 문제에서의 행렬 A, B에 대하여 두 행렬의 곱 AB를 계산하여 출력하는 프로그램을 작성하라.

6.7 **(행렬의 상수 배)** 3×3행렬 A의 값을 입력받아 $2A$를 출력하는 프로그램을 작성하라. 즉, 각 원소의 값을 두 배하여 출력하는 프로그램을 작성하라.

6.8 **(거스름돈 종류 및 개수 계산)** 물건 자판기에 1000원짜리 지폐와 1원, 5원, 10원, 50원, 100원, 500원짜리 동전이 각각 사용된다고 하자. 물건 가격이 1원부터 1000원 사이라고 할 때, 1000원짜리 지폐를 넣을 경우 물건 값에 따른 거스름돈 종류와 개수를 알아내어 출력하는 프로그램을 작성하라. 단, 거스름돈의 동전 개수가 최소가 되도록 해야 한다.

다음은 이 프로그램의 몇 가지 사용 예이다.

```
물건 값을 입력하십시오.(1-1000): 374
거스름돈:
 500원 짜리 1개
 100원 짜리 1개
 10원 짜리 2개
 5원 짜리 1개
 1원 짜리 1개

물건 값을 입력하십시오.(1-1000): 1000
거스름돈은 없습니다.

물건 값을 입력하십시오.(1-1000): 250
거스름돈:
 500원 짜리 1개
 100원 짜리 2개
 50원 짜리 1개
```

6.9 **(벡터의 내적)** 두 개의 벡터 $a = (a_1, a_2, a_3)$, $b = (b_1, b_2, b_3)$을 입력받아 두 벡터의 내적

$$a \cdot b = a_1 b_1 + a_2 b_2 + a_3 b_3$$

을 계산하는 프로그램을 작성하라.

6.10 **(최솟값)** 10개의 정수를 입력받아 배열에 저장하고 그 중 최솟값을 구하여 출력하는 프로그램을 작성하라.

6.11 **(소수 출력)** 2부터 시작하여 크기가 증가하는 순서로 처음 100개의 소수(prime number)를 일차원배열에 저장하고 출력하는 프로그램을 작성하라.

6.12 **(진법 변환)** 연습문제 **5.31** 을 참고로 하되 배열을 사용하여 아래 입출력 예와 같이 양의 정수와 변환할 진법 n을 입력하면 n진수로 변환하여 출력하는 프로그램을 작성하라. 참고로 아래 예에서 십진수 583의 경우 $583 = 1 \times 7^3 + 4 \times 7^2 + 6 \times 7^1 + 2 \times 7^0$ 이므로 7진수로 변형하면 1462가 된다.

입출력 예 :

```
양의 정수 입력: 583
변환할 진법 입력: 7
==> 7진수로 변환한 결과=1462
```

6.13 **(거듭제곱 계산)** 다음과 같이 3^{1000} 의 값을 계산하여 3자리 씩 쉼표로 구별하여 출력하는 프로그램을 작성하라.
힌트: (상용로그를 이용하여 계산하면) 3^{1000}은 48자리 정수임을 알 수 있다. 따라서 이 계산은 `unsigned`형의 범위를 벗어나게 되므로 단순히 3을 반복적으로 곱하여 계산할 수는 없다. 배열의 크기가 48인 일차원 배열을 선언하고 각 자리의 숫자를 배열의 각 원소에 하나 씩 저장하여 사용하는 것이 바람직하다.

출력:

```
515,377,520,732,011,331,036,461,129,765,621,272,702,107,522,001
```

제 7 장

함수

어떤 유사한 작업이 특별한 규칙에 따라 반복 수행되는 경우 그 부분만 따로 독립적인 형태로 만들어 사용하면 편리한데, 이것을 함수라고 한다. 함수는 크게 return문이 있는 경우와 return문이 없는 경우로 나뉜다.

7.1 return문이 있는 함수

예를 들어 아래 예와 같이 x 값이 1.0, 1.1, 2.7인 각각의 경우에 대하여 x^2-x+3 값을 계산하여 출력하는 경우를 생각해 보자.

예제 7.1 (반복 계산식을 일일이 계산하는 경우)

```
#include<stdio.h>
main()
{
  double x,y;
  x=1.0;
  y=x*x-x+3;
  printf("%.2f\n",y);
  x=1.1;
  y=x*x-x+3;
  printf("%.2f\n",y);
  x=2.7;
  y=x*x-x+3;
  printf("%.2f\n",y);
}
```

이 경우 원하는 출력을 얻을 수 있겠지만 프로그램의 길이도 길어지고 매우 비효율적인 프로그램이 된다. 특히 계산해야 할 x의 개수가 3개가 아니라 그보다 훨씬 많아진다면 프로그램하기도 힘들어진다.

이런 경우 수학에서처럼 $f(x) = x^2 - x + 3$와 같이 함수를 따로 정의하여 반복 사용하면 편리하다.

다음은 함수를 사용하여 $f(1.0)$, $f(1.1)$, $f(2.7)$의 값을 계산하여 출력하는 예이다.

예제 7.2 (함수의 사용)

```
1  #include<stdio.h>
2  main()
3  {
4     double f(double x);
5     printf("%.2f\n%.2f\n%.2f\n",f(1.0),f(1.1),f(2.7));
6  }
7
8  double f(double x)
9  {
10    return x*x-x+3.;
11 }
```

이 예제의 출력은 다음과 같다.

```
3.00
3.11
7.59
```

위 예제의 경우 8번째 줄에서 11번째 줄까지 함수 f를 따로 정의하여 사용하고 있는데 이와 같은 함수를 **부함수**라고 부르며, 이는 주함수(main)와 대비되는 표현이다. 보통 하나의 프로그램에 여러 개의 부함수가 사용될 수 있다.

부함수 부분만 다시 살펴보기로 하자.

```
double f(double x)
{
  return x*x-x+3.;
}
```

이 부함수의 경우 실수 x가 주어지면 $x^2 - x + 3$값을 계산하게 되며, 이 계산 결과도 역시 실수이다. 따라서 첫 번째 줄의 `double f(double x)`가 이를 말해주고 있다.

즉 이 함수 f는 그 인자로써 double형 실수 x를 사용하며 계산 결과도 double형 실수인 것이다.

즉 앞의 double은 함수 f의 형(type)을 말해주는 것이며, 다음에 나오는 double은 함수에서 사용된 인자 x의 형을 말해주고 있다. 주의할 점은 이 줄의 끝에 세미콜론(;)이 없다는 것이다. 즉, 함수를 정의하는 첫 줄에는 세미콜론이 없으며 이는 주함수의 경우에도 마찬가지이다. 즉, 주함수 main() 다음에 세미콜론이 없다.

또한 이 첫 줄은 다음과 같이 두 줄로 나누어 쓸 수도 있다.

```
double f(x)
double x;
```

즉 함수에서 사용되는 인자나 함수 자체는 모두 형 선언이 되어야 함을 알 수 있다.

그 다음 줄부터 나타나는 부분이 함수의 내용이며 중괄호로 둘러싸여 있다. 이 함수의 경우는 간단한 형태이므로 함수의 내용이 단 한 줄로 되어 있다. 즉, 10번째 줄

return x*x-x+3.;에서 x를 이용하여 x*x-x+3.을 계산한 뒤 그 결과를 이 함수를 호출한 곳으로 반환(return)하고 부함수의 수행을 끝내게 된다. 즉, return 문에 의해 반환되는 값의 자료형이 함수 f의 형인 것이다.

이제 이 부함수가 어떻게 사용되는지 더 잘 이해하기 위해 주함수 부분을 보자.

```
main()
{
  double f(double x);
  printf("%.2f\n%.2f\n%.2f\n",f(1.0),f(1.1),f(2.7));
}
```

여기서

```
  double f(double x);
```

부분은 함수의 원형이 무엇인지를 기술함으로써 **함수의 선언**을 하는 것이다. 여기서 함수의 **원형(prototype)**이란 함수형, 함수 이름, 함수의 인자 등으로 구성된다. 함수형은 함수 호출시 반환되는 형(type)을 말하며, 함수 이름은 함수 호출시 사용되는 함수의 이름을 말한다. 인자형은 함수에서 사용되는 각각의 인자의 형을 말한다. 이 예제에서 함수형은 double이며 함수 이름은 f이다. 이 함수는 인자가 단 하나 사용되었으며 그 인자의 인자형은 double이다. 즉, 이 예제의 4번째 줄에서

함수 원형을 기술함으로써 이 함수가 앞으로 사용될 것이라는 것을 알려주는 함수의 선언을 하고 있다. 이것은 마치 정수 a를 사용하기 위해

```
int a;
```

라고 선언하는 것과 유사한 형태이다. 따라서 이 문장 끝에는 세미콜론이 있어야 한다.

이 프로그램에서는 함수의 선언을 통해 함수의 인자형도 함께 알려주고 있으나 이는 생략될 수도 있다. 즉,

```
double f();
```

와 같이 단순하게 써 줄 수도 있다.[1]

그 다음 줄의 printf의 내용에서 보면 f(1.0)등으로 함수 값을 계산하고 있는데 이와 같은 것을 **함수의 호출(call)**이라고 부른다. 즉, 아래 정의되어 있는 부함수에서 $x = 1.0$일 때의 함수 값 $f(x) = x^2 - x + 3$을 계산하여 이를 호출한 위치로 반환해주는 것이다.

이와 같이 여러 개의 함수를 사용하는 경우 위의 예에서처럼 하나의 파일에 두 개의 함수를 다 포함시켜 작업하는 경우 컴파일하는 방법은 예전과 같다.

그런데 프로그램의 작업 규모가 큰 경우 하나하나의 함수를 개별적인 파일에 저장하고 컴파일하는 것이 편리할 수 있는데 이것에 대해서는 뒤에 다시 다루게 된다.[2]

주함수와 부함수의 위치

하나의 파일에 주함수와 부함수를 모두 작성하는 경우 부함수가 주함수보다 앞에 위치할 수 있다. 뿐만 아니라 여러 개의 부함수가 사용될 경우 주함수와 부함수들의 위치는 사용자가 원하는 곳에 배치할 수 있다. 그런데 호출하는 함수가 호출당하는 함수보다 뒤에 나올 경우 함수의 형선언을 생략할 수 있다. 예를 들어 앞의 예제를 다음과 같이 바꿀 수 있다.

[1] 그렇지만 함수의 인자형을 생략하는 것은 바람직하지 않다. 왜냐하면 함수의 선언에서 인자형 하나하나를 모두 기술하게 되면 컴파일을 할 때 실제 함수의 정의의 인자들과 비교하여 차이가 나지 않는지 확인하게 되므로 이를 통해 프로그램의 오류를 좀 더 줄일 수 있다.

[2] 부록 K를 참고하면 된다.

예제 7.3 (부함수가 앞에 나오는 경우)

```
#include<stdio.h>
double f(double x)
{
   return x*x-x+3.;
}

main()
{
   printf("%.2f\n%.2f\n%.2f\n",f(1.0),f(1.1),f(2.7));
}
```

이 경우 부함수가 주함수보다 앞에 위치하고 있으므로 주함수 안에서 부함수에 대한 형선언이 생략되어 있다.

이 프로그램의 출력은 앞에서와 같다.

함수와 지역 변수

이제 주함수와 부함수에서 나타나는 변수들의 관계를 살펴보자. 이에 대한 이해를 돕기 위해 우선 다음과 같은 예제를 생각하는데 이것은 앞의 예제를 다른 형태로 변형한 것이며 완전히 같은 출력을 얻는다.

예제 7.4 (함수의 사용)

```
#include<stdio.h>
main()
{
  double f(),a=1.0,b=1.1,c=2.7;
  printf("%.2f\n%.2f\n%.2f\n",f(a),f(b),f(c));
}

double f(y)
double y;
{
  return y*y-y+3.;
}
```

이 예제에서는 부함수의 인자로써 y가 사용되었다. 앞의 예제에서는 x가 사용되었는데 어떤 변수가 사용되었는가는 중요한 것이 아니다. 일반적으로 주함수에서 사용되는 변수들과 부함수에서 사용되는 변수들은 서로 관련이 없으며, 같은 이름을 사용한다 해도 이들은 완전히 다른 것이며 각자 독립적으로 이용된다. 이러한 변수들을 **지역 변수**라고 부른다. 지역 변수에 대해서는 나중에 다시 다루기로 한다.[3]

이 예제에서 주함수 부분을 보면 `f(a)`와 같이 함수 `f`를 호출하고 있는데 변수 `a`의 값이 1.0이므로 이 값이 부함수 `f`의 `y`값으로 전달되어 `y*y-y+3.`값을 계산하고 이 함수 값이 주함수로 다시 전달되어 `f(a)`값이 출력되는 것이다. 이와 같이, 함수의 사용에 있어서 변수의 '값'이 전달되어 호출되는 것을 **값에 의한 호출(call by value)**이라 부른다. 이는 뒤에 나오는 주소에 의한 호출(call by address)과 대비되는 것으로 이에 대해서는 나중에 다시 자세히 다루게 된다.

다음 예제를 보면 주함수와 부함수의 지역 변수들이 독립적으로 사용되고 있음을 잘 이해할 수 있다.

예제 7.5 (지역 변수의 사용)

```
#include<stdio.h>
main()
{
  int sum(int x, int y);
  int x=1, y=2,c;
  c=sum(x,y);
  printf("주함수에서 x는 %d, y는 %d입니다.\n",x,y);
  printf("x와 y의 합은 %d입니다.\n",c);
}

int sum(int a, int b)
{
  int x,y;
  x=7;
  y=8;
  printf("부함수에서 x는 %d, y는 %d입니다.\n",x,y);
  return a+b;
}
```

이 예제의 출력은 다음과 같다.

[3]지역 변수에 대한 것은 8.4절을 참고하면 된다.

```
부함수에서 x는 7, y는 8입니다.
주함수에서 x는 1, y는 2입니다.
x와 y의 합은 3입니다.
```

즉, 이 경우 주함수와 부함수에서 같은 이름으로 사용된 변수 x와 y는 완전히 독립적으로 사용되고 있음을 알 수 있다. 또한 각각의 함수에서 사용하는 변수들은 모두 그 함수 내에서 독립적으로 선언되고 있음을 알 수 있다. 이와 같이 **부함수 내에서 사용되는 지역 변수들도 모두 부함수 내에서 선언되어야만 사용이 가능하며 그렇지 않은 경우 오류를 발생시킨다.**

다음 예제는 시험 성적을 입력받아 그 학점을 부함수에서 계산하는 프로그램이다.

예제 7.6 (부함수를 이용한 학점 계산)

```c
#include<stdio.h>
main()
{
  int score;
  char gr,sub();
  printf("시험 점수를 입력하십시오.\n");
  scanf("%d",&score);
  gr=sub(score);
  printf("당신의 학점은 %c입니다.\n",gr);
}

char sub(int a)
{
  char grade;
  if(a>=90)
    grade='A';
  else if(a>=80)
    grade='B';
  else if(a>=70)
    grade='C';
  else if(a>=60)
    grade='D';
  else
    grade='F';
  return grade;
}
```

이 예제의 입출력 예를 보면 다음과 같다.

```
시험 점수를 입력하십시오.
90
당신의 학점은 A입니다.
```

이 프로그램에서는 부함수로 sub를 사용하고 있다. 이 경우 부함수의 인자로써 정수형 변수 a가 사용되고 있으며, return문에 의해 반환되는 값이 char형이므로 부함수의 첫줄을 보면

```
char sub(int a)
```

하여 이를 알려주고 있다. 나머지 부분은 앞서 말한 바와 같이, 주함수와 부함수 사이에 값에 의한 전달이 이루어짐을 알 수 있다.

7.2 return문이 없는 함수

경우에 따라서는 함수가 아무 값도 반환하지 않는 경우가 있다. 이런 경우에는 return문이 사용되지 않으며, 함수형으로는 void가 사용된다. 다음은 return 문이 사용되지 않는 예이다.

예제 7.7 (부함수를 이용한 홀수, 짝수의 판정)

```
#include<stdio.h>
main()
{
  int number;
  void num(int x);
  printf("정수를 입력하십시오.\n");
  scanf("%d",&number);
  num(number);
}

void num(int a)
{
  if(a%2==0)
    printf("%d은(는) 짝수입니다.\n",a);
  else
    printf("%d은(는) 홀수입니다.\n",a);
}
```

이 프로그램의 입출력 예를 보면 다음과 같다.

```
정수를 입력하십시오.
23
23은(는) 홀수입니다.
```

위 예제를 보면 주함수에서 부함수를 호출하는 경우 부함수에서는 전달받은 정수 값의 홀, 짝 여부를 판별하여 부함수에서 직접 출력하기 때문에 주함수에는 아무 값도 반환되지 않고 있다. 따라서 부함수 `num`의 형이 없다는 의미에서 `void`를 사용한다.

다음 예제는 부함수의 인자와 반환 값이 모두 없는 경우이다.

예제 7.8 (부함수를 이용한 반복 출력)

```c
#include<stdio.h>
main()
{
  void line(void);
  int a=0;
  line();
  printf("%d\n",a);
  line();
  printf("%d\n",++a);
  line();
  printf("%d\n",++a);
  line();
}

void line(void)
{
  printf("---------------\n");
}
```

이 프로그램의 출력은 다음과 같다.

```
---------------
0
---------------
1
---------------
2
---------------
```

이 프로그램의 경우 부함수에서는 단지 정해진 길이의 점선만을 출력하고 있기 때문에 부함수가 호출될 때 아무런 값을 전해줄 필요가 없는 것이다. 따라서 부함수에 인자가 필요 없게 되며 인자형으로 void가 사용된다.

7.3 return문의 기타 사항

return문을 사용하여 값을 되돌리면 호출된 함수의 수행이 종료되고 함수를 호출한 곳으로 돌아간다. 또한 함수형과 무관하게 return;이 사용될 수 있고, 특히 주함수(main 함수)에서 return;을 사용하면 그 위치에서 프로그램의 실행이 종료된다. 이와 관련된 예제를 살펴보기로 하자.

다음 예제에서는 void형 부함수에서 return문이 사용되고 있다. void형 함수는 원래 아무런 값도 반환할 수 없기 때문에 return문이 사용되면 안 되지만, 다음 예와 같이 실제로는 아무것도 반환하지 않으면서 return문을 사용하여 부함수의 호출을 끝낼 수 있다.

예제 7.9 (void형 부함수에서 return의 사용)

```
#include<stdio.h>
main()
{
  void sub(void);
  printf("main 1\n");
  sub();
  printf("main 2\n");
  printf("main 3\n");
  printf("main 4\n");
}
void sub(void)
{
  printf("        sub 1\n");
  return; //이 아래 부분은 수행되지 않는다.
  printf("        sub 2\n");
  printf("        sub 3\n");
}
```

이 예제의 출력으로 다음을 얻는다.

```
main 1
       sub 1
main 2
main 3
main 4
```

이 경우 부함수를 호출할 때 14번째 줄의 return문을 만나게 되면 부함수의 호출이 종료되므로 15번째 줄부터의 내용은 모두 수행되지 않는다. 따라서 void형 함수라 하더라도 이런 방식으로 return문이 사용될 수 있다. 이때는 return문에 의해 특정한 값이 반환된다기 보다는 부함수의 수행을 종료한다는 의미가 강하다.

다음은 이와 관련한 또 다른 예제이다.

예제 7.10 (주함수에서 return문의 사용)

```
1  #include<stdio.h>
2  main()
3  {
4    int sub(void), i;
5    printf("main 1\n");
6    i=sub();
7    printf("main 2: i=%d\n",i);
8    return;//이 아래 주함수 부분은 수행되지 않음.(프로그램 실행 종료)
9    printf("main 3\n");
10   printf("main 4\n");
11 }
12 int sub(void)
13 {
14   printf("sub 1\n");
15   return 10; //부함수 호출시 이 아래 부분은 수행되지 않음.
16   printf("sub 2\n");
17   printf("sub 3\n");
18 }
```

이 예제의 출력으로 다음을 얻는다.

```
main 1
sub 1
main 2: i=10
```

이 결과에서 우선 부함수가 호출될 때를 보면 15번째 줄에서 정숫값 10을 함수를 호출한 곳(즉, 주함수)으로 반환하고 부함수의 호출을 멈추게 된다. 따라서 16번째 줄 이하의 문장들은 수행되지 않는다. 또한 주함수에서도 8번째 줄 `return;`에 의하여 프로그램의 실행이 종료되므로 9번째 줄과 10번째 줄은 수행되지 않는다.

다음 예에서는 잘못된 입력이 들어오는 경우 return;을 사용하여 프로그램의 실행을 멈추게 하는 것을 보여주고 있다.

예제 7.11 (return문을 사용한 프로그램 종료)

```
#include<stdio.h>
main()
{
  int a;
  printf("0 아닌 정수 입력: ");
  scanf("%d",&a);
  if(a==0){
    printf("입력 오류!\n");
    return;
  }
  printf("정수형의 분수 계산: 123/%d=%d\n",a,123/a);
}
```

이 예제의 경우 예를 들어 입력으로 200이 입력되면 다음과 같은 결과가 나온다.

```
0 아닌 정수 입력: 30
정수형의 분수 계산: 123/30=4
```

그렇지만 만일 0이 입력되면 다음과 같은 결과가 나온다.

```
0 아닌 정수 입력: 0
입력 오류!
```

이 경우 입력이 잘못 되었다는 문장을 출력하고 프로그램의 실행을 멈추게 된다.

7.4 함수에서의 배열전달

함수 사이에 배열 값을 전달하기 위해서는 나중에 배우게 되는 포인터의 성질을 알면 좀 더 쉽게 할 수 있으나 이 절에서는 포인터에 관한 설명 없이, 배열 값을 주함수에서 부함수로 전달하는 간단한 방법을 알아보자.

일차원 배열의 전달

다음은 학생 10명의 시험성적의 평균을 구하는 예제이다.

예제 7.12 (일차원 배열의 전달)

```
#include<stdio.h>
#define N 10
main()
{
  int a[N]={78,93,58,95,77,66,32,84,83,81};
  float ave(int a[],int n), average;
  average=ave(a,N);
  printf("평균은 %.2f입니다.\n",average);
}

float ave(int a[], int n)
{
  int sum=0,i;
  float average;
  for(i=0;i<n;i++)
    sum+=a[i];
  average=(float)sum/(float)n;
  return average;
}
```

이 예제의 출력으로 다음을 얻는다.

```
평균은 74.70입니다.
```

이 예제에서는 평균을 구하기 위한 부함수로 ave를 사용하고 있으며, ave의 인자로는 정수형 배열 a와 학생 수 n을 사용하고 있다.

정수형 배열을 부함수로 전달하기 위해서 일일이 원소이름을 적어줄 수 없기 때문에 부함수의 정의에서 배열이름에 []를 붙여 사용하고 있다. 즉, a[]를 보고 배열임을 아는 것이다. 따라서

```
float ave(int a[], int n)
```

에서 함수 ave가 float형이며, 그 인자로 정수형 배열 a와 정수 n이 사용됨을 알 수 있다.

이때 주의할 것은 배열의 크기가 전달되지 않아도 상관없다는 것이다. 이 예제에서는 주함수에서 호출할 때

```
average=ave(a,N);
```

하여 10명 모두의 평균을 구하고 있지만, 만일

```
average=ave(a,5);
```

한다면 처음 5명의 평균을 구하게 된다.

즉 배열이 함수 사이에서 전달될 때는 처음 원소부터 순서대로 전달될 뿐 주함수에서 정의된 배열의 원소의 전체 개수가 몇 개인지는 전달되지 않아도 상관없다.

따라서 배열을 인자로 포함하는 함수를 호출할 때는 배열 이름만을 인자로 적어주면 되는 것이다.

다차원 배열의 전달

다차원 배열을 함수를 통해 전달하는 경우 그 방법은 일차원 배열에서의 경우와 유사하다.

다음 예제는 4×3행렬의 모든 원소를 두 배로 바꿔 출력하는 프로그램이다.

예제 7.13 (다차원 배열의 전달)

```
#include<stdio.h>
main()
{
  int a[4][3]={{ 1, 2, 3},
               { 4, 5, 6},
               { 7, 8, 9},
               {10,11,12}};
  void two();
  two(a,4);
}

void two(int a[][3], int n)
{
  int i,j;
  for(i=0;i<n;i++){
    for(j=0;j<3;j++){
      a[i][j] *= 2;
      printf("%4d",a[i][j]);
```

```
    }
    printf("\n");
  }
}
```

이 프로그램의 출력은 다음과 같다.

```
  2   4   6
  8  10  12
 14  16  18
 20  22  24
```

이 예제의 경우 함수 two의 첫 줄을 보면

```
void two(int a[][3], int n)
```

과 같이 하여 나타내고 있다. 즉 two의 인자 중에서 이차원 배열 a가 사용되는 것을 알 수 있으며, a[][3]과 같이 하여 배열의 뒤 첨자만의 크기를 알려주고 있다.

일반적으로 n차원 배열인 경우에 처음 첨자의 크기만 생략될 뿐, 나머지 첨자의 크기는 부함수에서 알고 있어야 한다. 또한 주함수에서 부함수를 호출할 때

```
two(a,4);
```

와 같이 하여 배열이름만으로 호출하고 있으며, 이 경우는 처음 네 행을 두 배하여 출력하라는 의미이다. 만일

```
two(a,2);
```

한다면 처음 두 줄만을 두 배하여 출력하게 된다. 즉 다음 출력을 얻을 것이다.

```
  2   4   6
  8  10  12
```

일반 변수 전달과 배열 전달의 차이점

우리는 예제 7.5에서 각각의 함수들에서 사용되는 일반 변수들은 서로 독립적으로 움직이며 함수들 사이에 전달되는 방법은 '값에 의한 전달'이라는 것을 배웠다.

그러나 배열이 전달될 때는 조금 차이가 있다. 다음 예제는 이를 잘 설명하고 있다.

예제 7.14 (배열의 전달 - 주소에 의한 전달)

```
#include<stdio.h>
main()
{
  int x=1,y=2;
  int a[2]={1,2};
  void change1(),change2();
  change1(x,y);
  change2(a);
  printf("%d %d\n",x,y);
  printf("%d %d\n",a[0],a[1]);
}

void change1(int x, int y)
{
  x=3, y=4;
}

void change2(int b[])
{
  b[0]=3, b[1]=4;
}
```

이 프로그램의 실행 결과는 다음과 같다.

```
1 2
3 4
```

이 예제의 경우 두 개의 부함수 change1과 change2는 모두 똑같은 일을 하고 있는 것처럼 보이지만 출력은 완전히 다르게 나타나고 있다.

change1의 경우는 앞서 설명한 바와 같이 부함수에서 x와 y값의 변화가 주함수의 x와 y값에 전혀 영향을 미치지 않고 있다.

그러나 change2의 경우,

```
b[0]=3, b[1]=4;
```

에 의해 변화된 배열 b값의 변화가 이에 대응하는 주함수의 배열 a값의 변화로 그대로 나타나고 있다.

이것은 배열이 함수 사이에서 전달될 때 값에 의한 호출이 아니라 **주소에 의한 호출(call by address)**을 사용하고 있기 때문인데 이에 대해서는 다음에 포인터를 설명할 때 자세히 다루게 된다.

유의해야 할 점은 배열이 전달될 때는 일반 변수의 전달과는 차이가 있다는 점이다. 즉, **한 함수에서 배열 값이 변화하면 대응하는 다른 함수의 배열도 같이 변한다**.

두 변수에 저장된 값의 교환

두 변수에 저장된 값을 서로 맞교환하여 저장하는 방법을 알아보자. 이를 위해서는 다음 예제와 같이 새로운 변수 하나가 추가로 필요하다.

예제 7.15 (두 변숫값의 교환)

```
#include<stdio.h>
main()
{
  int a=10,b=20,temp;
  printf("교환 전: a=%d b=%d\n",a,b);
  temp=a;
  a=b;
  b=temp;
  printf("교환 후: a=%d b=%d\n",a,b);
}
```

이 프로그램의 출력은 다음과 같다.

```
교환 전: a=10 b=20
교환 후: a=20 b=10
```

이제 함수를 사용하여 두 변수 값을 교환하는 방법을 생각해보자. 즉, 두 값을 부함수로 전달하면 두 값을 교환하여 교환된 값을 다시 주함수로 전달하여 출력하는 프로그램을 작성하여 보자.

다음은 이에 대한 잘못된 예이다.

예제 7.16 (변숫값의 교환: 잘못된 예)

```
#include<stdio.h>
main()
```

```
{
  int a,b;
  void sub(int,int);
  a=100;
  b=200;
  printf("main1: a=%d b=%d\n",a,b);
  sub(a,b);
  printf("main2: a=%d b=%d\n",a,b);
}

void sub(int a,int b)
{
  int temp;
  temp=a;
  a=b;
  b=temp;
  printf("  sub: a=%d b=%d\n",a,b);
}
```

다음은 이 프로그램의 출력이다.

```
main1: a=100 b=200
  sub: a=200 b=100
main2: a=100 b=200
```

이 결과에서 중요한 점은 주함수와 부함수의 변수 a, b는 모두 그 변수가 선언된 블록 내에서만 유효한 변수라는 점이다. 이런 변수를 지역 변수라 부르는데 부함수에서 변수의 값이 바뀐다고 해서 주함수에서의 값이 따라서 바뀌는 것은 아니다. 즉, 출력의 두 번째 줄을 보면 부함수에서는 변수 a와 b의 값이 맞교환되어 저장되고 있지만 출력의 마지막 줄을 보면 주함수에서의 변수 a, b는 여전히 원래의 값을 유지하고 있다. 이는 우리가 원하는 결과가 아니다.

이제 두 값을 부함수로 전달하면 두 값을 교환하여 주함수로 전달하는 프로그램을 작성하여 보자. 이를 위해 배열을 사용하여 전달해 보자.

예제 7.17 (배열을 사용한 변숫값의 교환)

```
#include<stdio.h>
main()
{
  int a[2];
```

```
  void sub(int[]);
  a[0]=100;
  a[1]=200;
  printf("main1: a[0]=%d a[1]=%d\n",a[0],a[1]);
  sub(a);
  printf("main2: a[0]=%d a[1]=%d\n",a[0],a[1]);
}

void sub(int a[])
{
  int temp;
  temp=a[0];
  a[0]=a[1];
  a[1]=temp;
  printf("  sub: a[0]=%d a[1]=%d\n",a[0],a[1]);
}
```

이 프로그램의 출력은 다음과 같다.

```
main1: a[0]=100 a[1]=200
  sub: a[0]=200 a[1]=100
main2: a[0]=200 a[1]=100
```

여기서 중요한 점은 함수의 인자를 배열로 전달하는 경우 배열 첫 번째 원소의 주소를 전달하므로 부함수에서의 값의 변화가 주함수에 영향을 미친다는 것이다. 따라서 출력의 마지막 줄을 보면 원하는 대로 변수 a[0]과 a[1]의 값이 원래 값과는 반대로 맞교환되어 저장되고 있음을 알 수 있다.

7.5 함수의 자기 호출

C언어에서는 함수가 자기 자신을 호출할 수 있다. 이러한 것을 함수의 **자기 호출** 또는 **재귀 호출**이라 부른다.

다음 예제는 함수의 자기 호출을 사용하여 1부터 n까지의 정수의 합을 구하는 프로그램이다.

예제 7.18 (함수의 자기 호출을 사용한 1부터 n까지의 정수의 합)

```
#include<stdio.h>
main()
```

```
{
  int sum(),s,n;
  scanf("%d",&n);
  s=sum(n);
  printf("%d\n",s);
}

int sum(int n)
{
  if(n>=1)
    return n+sum(n-1);
  else
    return 0;
}
```

이 프로그램의 입출력 예를 보면 다음과 같다.

```
5
15
```

즉 1부터 5까지의 합은 15이다.

이 프로그램을 보면 sum이라는 부함수에서 자기 호출을 사용하고 있다. 즉 1부터 n까지의 합이 sum(n)이므로, sum(n)=sum(n-1)+n이라는 관계식이 성립한다. 따라서 n이 1 이상인 경우는 sum(n-1)+n값을 반환하도록 하고, 그렇지 않은 경우 즉 n이 0인 경우에는 더 이상 함수의 자기 호출을 사용하지 않고 0을 반환하도록 하여 원하는 답을 구해낸다.

이 예제에서 1부터 5까지의 합을 구하는 과정을 다시 살펴보면 다음과 같다.

```
sum(5) = 5 + sum(4)
       = 5 + 4 + sum(3)
       = 5 + 4 + 3 + sum(2)
       = 5 + 4 + 3 + 2 + sum(1)
       = 5 + 4 + 3 + 2 + 1 + sum(0)
       = 5 + 4 + 3 + 2 + 1 + 0
```

이와 같은 함수의 자기 호출을 적절히 활용하면 매우 효율적인 프로그래밍을 할 수 있다.

다음 예제에서는 함수의 자기 호출을 사용하여 유클리드 호제법 알고리즘을 구현해 보기로 한다. 유클리드 호제법은 두 자연수의 최대공약수를 구하는 방법이며 그 기본 원리는 다음과 같다.

> 자연수 n을 m으로 나눈 나머지를 r이라 할 때 n과 m의 최대공약수는 m과 r의 최대공약수와 같다.

즉, 자연수 n과 m의 최대공약수를 (n, m)으로 나타내기로 할 때 유클리드 호제법은 다음과 같다.

> 자연수 n을 m으로 나눈 나머지를 r이라 할 때 $(n, m) = (m, r)$이다.

예를 들어 다음과 같은 계산이 가능하다.

$$\begin{aligned} & (72, 30) \quad [\text{ 72를 30으로 나눈 나머지는 12 }] \\ = \; & (30, 12) \quad [\text{ 30을 12로 나눈 나머지는 6 }] \\ = \; & (12, 6) \quad [\text{ 12를 6으로 나눈 나머지는 0 }] \\ = \; & 6 \end{aligned}$$

즉, 숫자를 줄여가면서 계속 반복 계산을 하여 나머지가 0이 되면 반복을 멈추고 답을 얻게 된다. 이 예의 계산 결과를 보면 72와 30의 최대공약수는 6임을 알 수 있다.

참고로 위 알고리즘에서 n이 반드시 m보다 클 필요는 없다. m이 n보다 큰 경우에는 다음 예와 같이 처음 한 번만 더 계산하게 될 뿐이므로 알고리즘을 바꿀 필요는 없다.

$$\begin{aligned} & (30, 72) \quad [\text{ 30을 72으로 나눈 나머지는30 }] \\ = \; & (72, 30) \quad [\text{ 72를 30으로 나눈 나머지는 12 }] \\ = \; & (30, 12) \quad [\text{ 30을 12로 나눈 나머지는 6 }] \\ = \; & (12, 6) \quad [\text{ 12를 6으로 나눈 나머지는 0 }] \\ = \; & 6 \end{aligned}$$

이제 두 자연수 n과 m을 입력받아 함수의 자기호출과 유클리드 호제법을 사용하여 최대공약수를 구하는 프로그램을 만들어 보자.

예제 7.19 (유클리드 호제법)

```c
1 #include <stdio.h>
2 main()
3 {
4   int n,m,g;
5   int gcd(int,int);
6   printf("두 자연수를 입력하십시오: ");
7   scanf("%d%d",&n,&m);
8   g=gcd(n,m);
9   printf("최대공약수=%d\n",g);
10 }
11
12 int gcd(int n,int m)
13 {
14   int r;
15   r=n%m;
16   if(r==0)
17     return m;
18   else
19     return gcd(m,r);
20 }
```

이 프로그램의 출력으로 다음을 얻는다.

```
두 자연수를 입력하십시오: 272714 117230
최대공약수=1234
```

이 프로그램의 19번째 줄을 보면 함수의 자기호출이 사용되고 있다. 즉, 자연수 n을 m으로 나눈 나머지를 r라 할 때 $(n, m) = (m, r)$이라는 관계식을 그대로 반영하여 프로그램을 완성하고 있다. 또한 17번째 줄을 보면 n을 m으로 나눈 나머지가 0일 때 m이 최대공약수가 되므로 함수의 자기호출을 멈추게 된다.

제 7 장 연습문제

7.1 두 개의 실수를 입력하면 그 두 수를 부함수로 전달하고, 부함수에서는 전달받은 두 수의 곱을 계산하고 그 결과를 부함수에서 직접 출력하는 프로그램을 작성하라.

7.2 $f(x,y) = \sin xy - e^{-x} + 3y + \frac{1}{3}$ 일 때 $f(0.1, 0.2)$, $f(0.2, 0.5)$, $f(1.3, 0.7)$ 의 값을 부함수를 사용하여 계산하고 그 결과를 주함수에서 출력하는 프로그램을 작성하라.

7.3 두 실수 x, y를 주함수에서 입력받아 만일 두 수가 모두 0보다 크거나 같으면 $\sqrt{x}+\sqrt{y}$를 계산하여 출력하고 만일 하나라도 음수가 있으면 $|x|+|y|$를 계산하여 출력하는 프로그램을 작성하라. 단, 두 수의 입력 이외의 모든 계산과 출력은 부함수에서 이루어지도록 하라.

7.4 다음 프로그램을 `return`문이 없는 동일한 내용의 프로그램으로 바꿔라.

```
#include<stdio.h>
main()
{
  int x=2, y=3, z=5, w;
  int sum(int,int,int);
  w=sum(x,y,z);
  printf("%d\n",w);
}

int sum(int x, int y, int z)
{
  return x+y+z;
}
```

7.5 **(평균과 표준편차)** 5개의 정수 1, 2, 5, 7, 9의 평균과 표준편차를 하나의 부함수를 이용하여 구하는 프로그램을 작성하라.

힌트 : $a_1, \ldots, a_n$ 의 평균은

$$\frac{1}{n}(a_1 + \cdots + a_n),$$

표준편차는

$$\sqrt{\frac{1}{n}(a_1^2 + \cdots + a_n^2) - (\text{평균})^2}$$

이다.

7.6 **(행렬의 곱)** 다음 두 행렬 A, B의 값이 주함수에 주어져 있을 때, 행렬의 곱 AB를 부함수를 이용하여 계산하고 출력하는 프로그램을 작성하라.

$$A = \begin{bmatrix} 0 & 1 & 2 & 3 \\ 1 & -2 & 1 & 2 \\ 2 & 5 & -3 & 2 \\ 0 & -3 & 1 & 4 \end{bmatrix}, \ B = \begin{bmatrix} 1 & -1 & 2 & 0 \\ 1 & -1 & 1 & 2 \\ -1 & 0 & 3 & 1 \\ 2 & -1 & 2 & 8 \end{bmatrix}.$$

7.7 **(최댓값)** 10개의 정숫값을 주함수에서 입력받아 그 중 최댓값을 부함수에서 구하여 출력하는 프로그램을 작성하라.

7.8 **(주어진 실수를 넘지 않는 최대 정수)** 실수 x에 대하여 $[x]$는 x를 넘지 않는 최대 정수를 나타낸다. 예를 들어

$[2.1] = 2$, $[4] = 4$, $[-2.9] = -3$, $[0] = 0$이다. 주함수에서 실수 x를 입력받아 부함수에서 $[x]$를 계산하고 그 결과를 주함수에서 출력하는 프로그램을 작성하라.

7.9 다음 프로그램의 출력이 무엇인지 말하라.

```
#include<stdio.h>
main()
{
  void sub1(int,int,int);
  void sub2(int[]);
  int a1=1,a2=2,a3=3;
  int a[3]={1,2,3};
  sub1(a1,a2,a3);
  sub2(a);
  printf("%d %d %d\n",a1,a2,a3);
  printf("%d %d %d\n",a[0],a[1],a[2]);
}

void sub1(int b1,int b2,int b3)
{
  b1*=2;b2*=2;b3*=2;
}

void sub2(int c[])
{
  c[0]*=2;c[1]*=2;c[2]*=2;
}
```

7.10 다음 프로그램의 출력이 무엇인지 말하라.

```
#include<stdio.h>
main()
{
  int x=1,y=5;
  int a[2]={1,5};
```

```
  void ch1(),ch2();
  ch1(x,y);
  ch2(a);
  printf("%d %d\n",x,y);
  printf("%d %d\n",a[0],a[1]);
}

void ch1(int i, int j)
{
  i++;
  j--;
}

void ch2(int b[])
{
  b[0]++;
  b[1]--;
}
```

7.11 (바이오 리듬) 생년월일과 현재의 연월일을 각각 입력하면 바이오 리듬 값을 출력하는 프로그램을 작성하라. 참고로 바이오 리듬은 신체, 감정, 지성리듬의 세 가지로 구성되어 있으며, 태어난 날을 기점으로 사인(sine)곡선을 그려 나가는 것으로 알려져 있다. 이 때 신체리듬은 주기가 23일이고, 감정리듬은 주기가 28일, 지성리듬은 주기가 33일이 된다. 바이오 리듬의 각 값은 -100부터 100까지의 정숫값으로 표현된다.

7.12 (바이오 리듬) 위 문제와 같은 일을 하는 프로그램을 작성하되, 현재 날짜를 입력할 필요 없이 자신의 생년월일만 입력하면 오늘의 바이오 리듬 값을 출력하는 프로그램을 작성하라. (힌트 : 부록 G의 현재 날짜의 출력을 이용하면 된다.)

7.13 (소수 판정) 자연수 하나를 입력하면 부함수에서 그 수가 소수인지 아닌지 판정하는 프로그램을 작성하라.

7.14 (소수 출력) 자연수를 입력하면 그 수보다 작거나 같은 모든 소수를 부함수에서 출력하고 구한 소수가 모두 몇 개인지도 함께 출력하는 프로그램을 작성하라.

7.15 (점화식 계산) 다음과 같이 정의되는 수열을 생각해보자.

$$a_1 = a_2 = 1, \quad a_n = a_{n-1} + a_{n-2}\ (n \geq 3).$$

이 수열의 일반항 a_n을 구하는 프로그램을 함수의 자기 호출을 이용하여 작성하고, 이를 이용하여 a_{20}의 값을 구하라.

7.16 (최단 경로의 수) 아래 그림에서 가로, 세로 방향의 선분은 A에서 B까지 갈 수 있는 경로를 나타낸다. A에서 B까지 최단 경로로 가는 방법은 모두 몇 가지인지 함수의

자기 호출을 이용한 프로그래밍 방법으로 구하라.

참고 : 비트 연산자를 사용하여 이 문제를 해결할 수도 있다. (연습문제 **13.5** 참조)

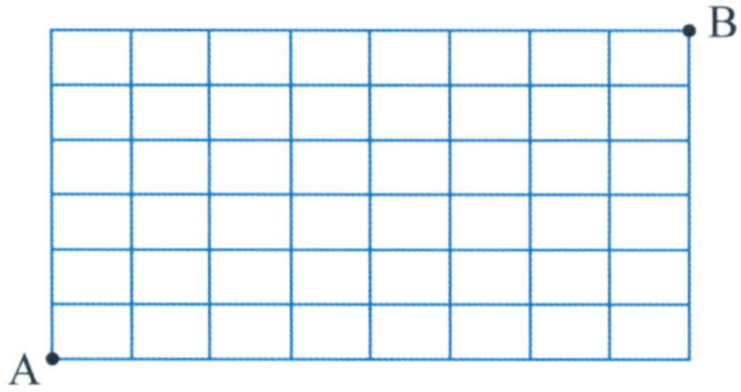

7.17 **(대칭수, palindromic number)** 앞에서부터 읽을 때나 뒤에서부터 읽을 때나 모양이 같은 수를 대칭수라고 부른다. 예를 들어 33, 141, 707, 46764, 9009, 928829 등은 모두 대칭수이다. 이 때 46764$(= 108 \times 433)$는 세 자리 수 두 개를 곱해서 만들어지는 대칭수이다. a와 b가 각각 세 자리 양의 정수일 때 이들을 곱해서 대칭수가 되도록 하는 순서쌍 (a, b) (단, $a \leq b$)의 개수를 구하는 프로그램을 작성하라.

7.18 **(친화수, amicable numbers)** 양의 정수에 대한 진약수는 자기 자신을 제외한 양의 약수를 말한다. 예를 들어 12의 진약수는 1, 2, 3, 4, 6이다. 친화수는 서로 다른 두 양의 정수로 이루어진 쌍으로, 둘 중 어느 쪽이건 한 수의 진약수를 모두 더하면 나머지 한 수가 되는 것을 말한다. 예를 들어 220과 284는 친화수의 쌍인데, 220의 진약수 1, 2, 4, 5, 10, 11, 20, 22, 44, 55, 110을 모두 더하면 284가 되고, 반대로 284의 진약수 1, 2, 4, 71, 142를 모두 더하면 220이 된다. $1 \leq a < b \leq 10,000$을 만족하는 친화수의 순서쌍 (a, b)를 모두 출력하는 프로그램을 작성하라. (단, 최대한 효율적인 프로그램이 되도록 하여야 한다.) 다음은 이 프로그램의 출력이다.

```
(220,284) (1184,1210) (2620,2924) (5020,5564) (6232,6368)
```

제 8 장

포인터

C언어에서 하나하나의 변수는 모두 기억장소를 가지고 있고, 변수에 어떤 값이 저장된다는 것은 기억장소에 값이 저장되는 것을 의미한다. 서로 다른 변수란 기억장소의 주소가 다른 변수를 말한다. 만일 두 개의 변수가 이름이 다르다 해도 기억장소의 주소가 같다면 같은 변수로 볼 수 있다. 왜냐하면 한 변수의 값이 바뀌면 나머지 변수도 같은 값으로 바뀔 수밖에 없기 때문이다. 따라서 기억장소의 주소가 매우 중요한 개념임을 알 수 있다. C언어에서 기억장소의 주소를 **포인터(pointer)**라고 부른다.

8.1 포인터 상수

하나의 변수에 대응하는 기억장소의 주소를 나타내기 위해서는 **주소연산자** `&`를 사용한다. 즉, `&a`는 변수 `a`의 주소를 나타낸다. 보통 기억장소의 주소는 매우 큰 양의 정수 값을 가지므로, 이를 나타내기 위해서는 `unsigned int`형을 사용한다. 이때 기억장소의 주소를 **포인터 상수**라고 한다. 다음 예제는 이를 잘 보여준다.

예제 8.1 (포인터 상수)

```
#include<stdio.h>
main()
{
  int a=20, b=10;
  printf("%u %u\n",&a,&b);
}
```

이 프로그램의 출력은 시스템 상황에 따라 다르지만 예를 들면 다음과 같은 값을 얻게 된다.

```
13301984 13301996
```

즉 13301984는 정수형 변수 a의 주소를 나타내는 포인터 상수이며, 13301996은 정수형 변수 b의 주소를 나타내는 포인터 상수이다. 이때의 상황을 그림으로 나타내 보면 다음과 같다.

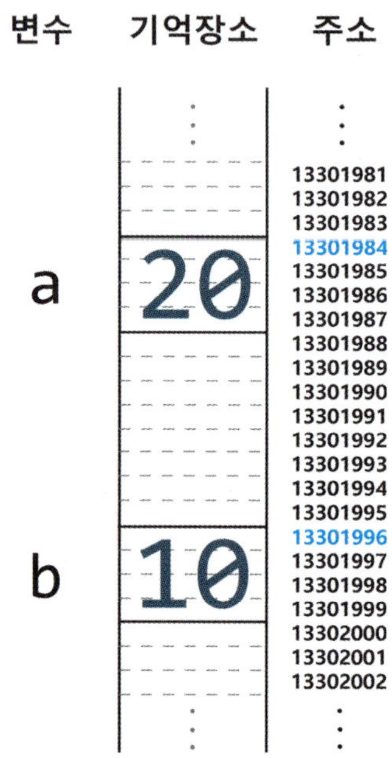

이 그림에서는 기억장소를 세로로 길게 늘어서 있는 띠 모양으로 도식화하여 표현한 것이다. 변수 a와 b는 모두 `int`형이므로, 4바이트의 기억장소가 필요하고 그림에서 보면 기억장소의 주소가 바이트 단위로 나타나 있다. 즉, 변수 a의 경우 기억장소의 주소로 13301984부터 13301987까지를 사용하고 있다. 또한 주소연산자를 사용하여 주소를 출력하는 경우 최상위 바이트의 주소를 출력하는 것을 알 수 있다.

따라서 이 그림에서 보면 a의 주소로 13301984를, b의 주소로 13301996을 출력하게 된다. 중요한 점은 기억장소의 주소는 같은 기억장소에 대하여 유일하게 정해진다는 점이다. 즉, 서로 다른 기억장소가 같은 주소를 가질 수는 없다.

또한 위의 예에서는 기억장소의 출력을 위한 변환문자로 %u를 사용하였으며 이때의 출력은 10진수로 나타나게 된다. 기억장소의 출력을 위한 변환문자로 %p를 사용하기도 하는데 그러면 16진수로 출력이 나타난다. 따라서 프로그램의 출력 부분을

```
printf("%p %p\n",&a,&b);
```

와 같이 바꾸게 되면 다음과 같은 16진수 출력을 얻게 된다.

```
0109FC18 0109FC0C
```

다음 예제는 short형 배열에 대한 주소를 보여주고 있다.

예제 8.2 (배열의 주소)

```
#include<stdio.h>
main()
{
  short a[4]={10,20,30,40};
  printf("%u %u %u %u\n",&a[0],&a[1],&a[2],&a[3]);
}
```

이 프로그램의 출력은 시스템 상황에 따라 다르지만 예를 들면 다음과 같은 값을 얻게 된다.

```
7077560 7077562 7077564 7077566
```

이때의 상황을 그림으로 나타내면 다음과 같다.

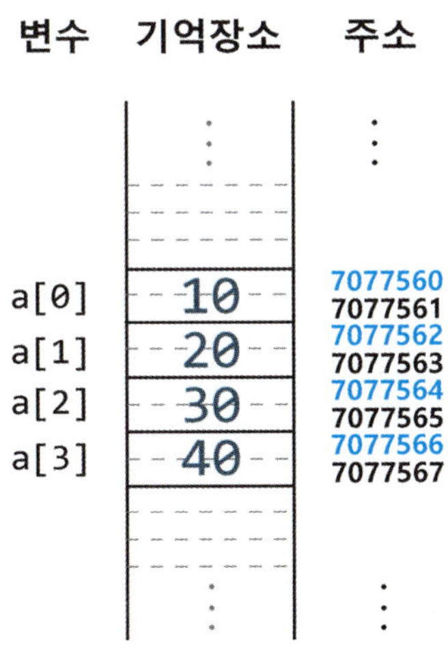

short형의 경우 하나의 변수가 2바이트를 차지하게 되므로 배열의 각 원소의 주소가 2씩 차이가 나고 있음을 알 수 있다. 참고로 double형 배열의 경우 하나의 변수가 8바이트를 차지하게 되므로 배열의 각 원소의 주소가 8씩 차이가 나게 되며,

float형 배열의 경우에는 4씩 차이가 나게 된다. 또한 char형 배열의 경우에는 1씩 차이가 나게 된다.

8.2 포인터 변수

포인터 변수는 포인터 상수를 저장하는 변수이다. 즉 포인터 변수는 기억장소의 주소를 값으로 가지는 변수이다. 포인터 변수는 변수이기 때문에 저장하고 있는 주소 값이 언제라도 치환문에 의해 변경될 수 있으며, 이 점이 포인터 상수와의 차이점이다.

포인터 변수를 사용하기 위해서는 일반 변수와 마찬가지로 변수 선언이 미리 행해져야 한다. 포인터 변수를 선언하기 위해서는 포인터 변수 앞에 *를 붙여서 사용한다.

예를 들어 `float *a;` 하면 변수 a를 포인터 변수로 사용할 수 있게 된다. 이때 a에 저장되는 값은 기억장소의 주소이며, 그 주소가 가리키는 곳에 저장된 값이 float형이 된다.

또한 포인터를 선언하는 경우 이외에도 *를 사용할 수 있는데, 예를 들면 다음과 같다.

예제 8.3 (포인터 변수와 간접 연산자: double형의 경우)

```
#include<stdio.h>
main()
{
  double a=1.0, *p;
  p=&a;
  printf("%.1f\n",a);
  printf("%u\n",&a);
  printf("%u\n",p);
  printf("%d\n",sizeof(double*));
  printf("%d\n",&p);
  printf("%.1f\n",*p);
}
```

이 프로그램의 출력은 시스템 상황에 따라 다르게 나타나지만 예를 들면 다음과 같다.

```
1.0
4913936
```

```
4913936
4
4913924
1.0
```

이 프로그램을 각 줄(line) 별로 다시 살펴보면 다음과 같다.

Line 4: `double a=1.0, *p;`

변수 a는 double형의 일반 변수이고 p는 double형의 포인터 변수이다. 즉, 변수 p에는 double형 변수의 주소가 저장될 수 있다.

Line 5: `p=&a;`

포인터 변수 p에 변수 a의 주소를 저장한다.

Line 7: `printf("%u\n",&a);`

변수 a의 주소를 출력한다.

Line 8: `printf("%u\n",p);`

포인터 변수 p에 저장된 값, 즉 변수 a의 주소가 출력된다.

Line 9: `printf("%d\n",sizeof(double*));`

double형 포인터 변수의 크기가 출력된다. 크기는 4 바이트임을 알 수 있다. 포인터 변수의 경우 어느 형의 포인터인가에 상관없이 4 바이트를 차지하게 된다.

Line 10: `printf("%d\n",&p);`

포인터 변수 p의 주소가 출력된다.

Line 11: `printf("%.1f\n",*p);`

***p는 포인터 변수 p가 가리키는 주소에 저장된 값**을 의미한다. 즉, 변수 p에 저장된 주소에 있는 값을 의미한다. 따라서 변수 a에 저장되어 있는 값인 1.0이 출력된다. 이때의 *를 **간접 연산자**(indirection operator)라고 부른다.

이때의 상황을 그림으로 나타내면 다음과 같다.

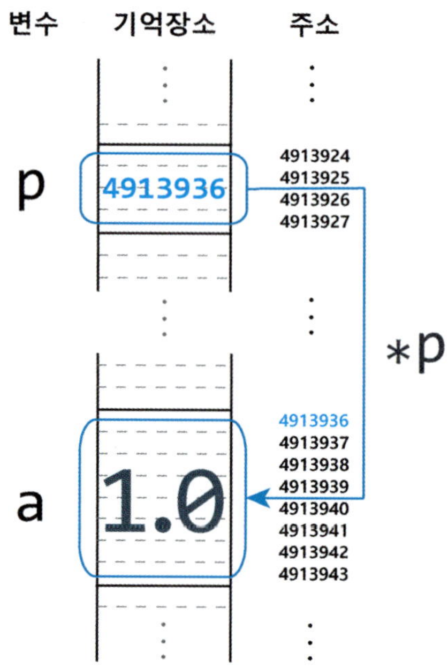

예제 8.4 (포인터 변수와 간접 연산자: float형 및 int형의 경우)

```
1  #include<stdio.h>
2  main()
3  {
4    int i=3, *a;
5    float x=2.1f, *b;
6    a=&i;
7    b=&x;
8    printf("%d %.1f\n", *a, *b);
9    printf("%u %u\n", a, b);
10 }
```

이 프로그램의 출력은 시스템 상황에 따라 다르게 나타나지만 예를 들면 다음과 같다.

```
3 2.1
4100060 4100012
```

프로그램의 내용 중에서 중요한 부분을 설명하면 다음과 같다.

Line 6: `a=&i;`

포인터 변수 a에는 정수형 변수 i의 주소인 4100060이 저장된다.

Line 7: `b=&x;`

포인터 변수 b에는 실수형 변수 x의 주소인 4100012가 저장된다.

Line 8: `printf("%d %.1f\n", *a, *b);`

*a의 의미는 포인터 a가 가리키는 주소에 저장된 값이 된다. 마찬가지로 *b는 포인터 b가 가리키는 주소에 저장된 값이 된다. 포인터 변수 a는

```
int *a;
```

와 같이 선언되었으므로, a가 가리키는 주소에 저장된 값은 int형이어야 한다. 또한 포인터 변수 b는

```
float *b;
```

와 같이 선언되었으므로, b가 가리키는 주소에 저장된 값은 float형이어야 한다. 결국 *a는 주소 4100060에 저장된 값인 3을 의미하고, *b는 주소 4100012에 저장된 값인 2.1을 의미한다. 이 경우

```
printf("%d %.1f\n", i, x);
```

하면 같은 결과를 얻을 수 있다. 이런 의미에서 *를 간접 연산자라고 부르는 것이다.

사실은 포인터를 선언하는 문장에서도 간접 연산자의 이러한 의미가 적용되고 있는 것이다. 예를 들면

```
char *c;
```

에서 *c는 포인터 변수 c가 가리키는 주소에 저장된 값이 char형이라는 간접 연산자의 의미를 충실히 따르고 있다.

8.3 함수와 포인터

이제 포인터를 사용하여 함숫값을 전달하는 방법을 살펴보려고 한다. 이를 위해 우선 기존의 방법으로 두 수의 합을 구하는 다음과 같은 간단한 예를 보자.

예제 8.5 (함수를 사용한 합의 계산: return문 사용)

```
1  #include<stdio.h>
2  main()
3  {
4    int sum(int,int);
5    int a=100,b=200,c;
6    c=sum(a,b);
7    printf("합은 %d입니다.\n",c);
8  }
9
10 int sum(int a, int b)
11 {
12   int c;
13   c=a+b;
14   return c;
15 }
```

이 프로그램의 출력은 다음과 같다.

```
합은 300입니다.
```

이 프로그램의 6번째 줄을 보면

```
c=sum(a,b);
```

을 이용하여 함수를 호출하고 있다. 이 경우 함수를 호출할 때 부함수로 전달되는 것은 다음과 같은 상수 2개이다.

- 변수 a에 저장된 값, 즉 100
- 변수 b에 저장된 값, 즉 200

즉, 부함수로 전달되는 것은 상수 2개이며 이를 **값에 의한 호출(call by value)**이라 부른다. 실제로 6번째 줄은 다음과 같이 바꿔도 같은 출력을 얻는다.

```
c=sum(100,200);
```

이번에는 위의 프로그램을 다음과 같이 포인터를 사용하는 것으로 바꿔보기로 한다.

예제 8.6 (함수를 사용한 합의 계산: 포인터 사용)

```
1  #include<stdio.h>
2  main()
3  {
4    void sum(int,int,int*);
5    int a=100,b=200,c;
6    sum(a,b,&c);
7    printf("합은 %d입니다.\n",c);
8  }
9
10 void sum(int a, int b, int *c)
11 {
12   *c=a+b;
13 }
```

이 프로그램에서는 return문이 사용되고 있지 않은데, 출력은 앞 예제에서의 출력과 완전히 같다. 이 프로그램을 각 줄(line) 별로 다시 살펴보면 다음과 같다.

Line 4: `void sum(int,int,int*);`

부함수 sum의 함수형은 void형이고 인자로는 int형 일반 변수 2개와 int형 포인터 변수 1개를 사용한다.

Line 6: `sum(a,b,&c);`

일반 변수 a, b와 포인터 상수 &c를 사용하여 부함수 sum을 호출하고 있다. 이 때 부함수로 전달되는 것은 다음 3개이다.

- 변수 a에 저장된 값, 즉 100
- 변수 b에 저장된 값, 즉 200
- 변수 c의 주소

즉, 일반 상수 2개와 포인터 상수 1개가 부함수로 전달된다. 변수 a 또는 b가 전달되는 방식은 앞에서와 마찬가지로 값에 의한 호출이다. 그렇지만 변수 c의 주소가 전달되는 방식은 **주소에 의한 호출(call by address)**이라 부르며 값에 의한 호출과는 많은 차이가 있다. 주소에 의한 전달이 사용되었기 때문에 부함수에서의 *c값이 변하면 주함수의 c값이 그대로 따라서 변한다. 왜냐하면 주함수의 변수 c의 주소 즉, &c가 부함수로 전달되었기 때문에 부함수에서는 주함수의 변수 c가 차지하고 있는 기억장소를 직접 찾아가서 필요한 작업을 하기 때문이다.

Line 10: `void sum(int a, int b, int *c)`

부함수의 함수형이 void형이므로 return문이 사용되지 않는다. 그 대신 부함수에서 계산된 결과, 즉 두 수의 합을 주함수에서 받아보기 위해 변수 c를 포인터형으로 정의하여 사용하고 있다. 결국 주소에 의한 전달을 하여 부함수에서의 값의 변화가 주함수에까지 영향을 주도록 하고 있다. 반면에 a와 b는 주함수에서 부함수로 값을 일방적으로 전달하기만 하면 되기 때문에 값에 의한 전달을 사용하고 있다.

Line 12: `*c=a+b;`

c가 가리키는 주소에 저장된 값을 변수 a와 b에 저장된 값의 합으로 바꾸게 된다. 이 예를 보면 간접 연산자 *의 의미를 더욱 분명히 알 수 있다.

다음 예제에서는 앞의 프로그램에서 어떤 상수가 어떻게 전달되는지 좀 더 이해를 돕기 위해 각 변수의 주소를 실제로 출력해 보기로 한다.

예제 8.7 (함수 호출에 사용되는 인자의 주소 출력)

```
#include<stdio.h>
main()
{
  void sum(int,int,int*);
  int a=100,b=200,c;
  sum(a,b,&c);
  printf("합은 %d입니다.\n",c);
  printf("주함수: %u %u %u\n",&a,&b,&c);
}

void sum(int a, int b, int *c)
{
  *c=a+b;
  printf("부함수: %u %u %u %u\n",&a,&b,c,&c);
}
```

이 프로그램의 출력은 시스템 상황에 따라 다르지만 예를 들어 다음과 같은 출력을 얻는다.

```
부함수: 16709652 16709656 16709908 16709660
합은 300입니다.
주함수: 16709900 16709904 16709908
```

이를 설명하는 그림은 다음과 같다.

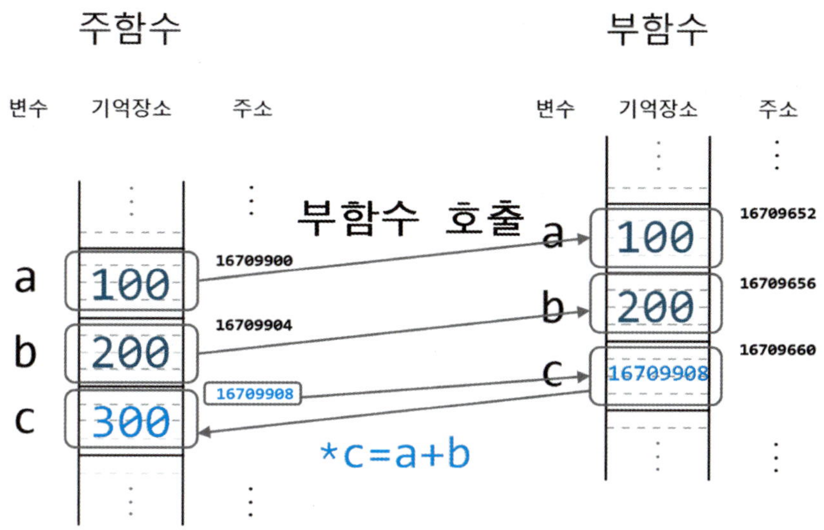

그림을 보면 주함수의 변수 c의 주소가 부함수로 전달되고 부함수에서는 그 주소가 가리키는 값을 직접 300으로 바꾸고 있다. 결국 return문이 사용되지 않았음에도 불구하고 주함수의 변수 c에 300이 저장된다.

포인터를 사용하여 전달할 때 주함수와 부함수에서 같은 이름의 변수를 반드시 사용할 필요는 없다. 즉, 예제 8.6을 다음과 같이 바꿔도 같은 결과를 얻는다.

예제 8.8 (포인터의 전달: 변수 이름이 다른 경우)

```
#include<stdio.h>
main()
{
  void sum(int,int,int*);
  int a=100,b=200,c;
  sum(a,b,&c);
  printf("합은 %d입니다.\n",c);
}

void sum(int a, int b, int *d)
{
  *d=a+b;
}
```

즉, 이 프로그램에서 부함수에서는 포인터 변수의 이름으로 d를 사용하였는데 이 이름이 주함수에서의 변수 이름 c와 다르다고 하여 문제될 것은 전혀 없다. 왜냐하면 주함수에서 sum(a,b,&c);를 사용하여 부함수를 호출할 때 &c에 대응하는 것이 부함수에서 포인터 변수 d이기 때문에, 주함수와 부함수에서 서로 다른 변수 이름이 사용되더라도 c의 주소가 부함수로 전달되어 변수 d에 저장되기 때문에 전혀 문제될 것이 없다.

참고로 위의 예에서와 같이 두 수의 합을 계산하는데 있어 포인터를 사용하지 않으면 어떤 결과가 나올지 알아보자. 이를 위해 다음과 같은 프로그램을 작성하여 보자.

예제 8.9 (부함수를 사용한 합의 계산: 잘못된 예)

```
#include<stdio.h>
main()
{
  void sum(int,int,int);
  int a=100,b=200,c;
  sum(a,b,c);
  printf("합은 %d입니다.\n",c);
}

void sum(int a, int b, int c)
{
  c=a+b;
}
```

이 예의 경우 return문이나 포인터를 전혀 사용하지 않았기 때문에 부함수에서 계산된 c값이 주함수로 전달될 수 없다. 이 프로그램을 실행시켜보면 다음과 같이 전혀 엉뚱한 값이 출력됨을 알 수 있다.[1]

합은 -858993460입니다.

다음 예제를 보면 함수를 사용할 때 포인터를 사용하여 변수를 전달하는 것이 일반 변수를 사용하여 전달하는 것과 많은 차이가 있음을 다시 한 번 알 수 있다.

[1] 보통 이러한 값을 쓰레기(garbage)값이라 부른다.

예제 8.10 (함수와 포인터)

```
#include<stdio.h>
main()
{
  int a=1,b=1,*p;
  void sub();
  printf(" 호출 전 a의 값: %d \n 호출 전 b의 값: %d\n",a,b);
  p=&b;
  printf(" a의 주소: %u\n b의 주소: %u\n",&a,&b);
  sub(a,p);
  printf(" 호출 후 a의 값: %d \n 호출 후 b의 값: %d\n",a,b);
}

void sub(int c, int *q)
{
  c++;
  (*q)++;
  printf(" c의 주소: %u\n",&c);
}
```

이 프로그램의 출력의 예는 다음과 같다.

```
호출 전 a의 값: 1
호출 전 b의 값: 1
a의 주소: 667612
b의 주소: 667608
c의 주소: 667576
호출 후 a의 값: 1
호출 후 b의 값: 2
```

여기서 주의 깊게 봐야 할 점은 호출 후 a와 b의 값이다. a값은 변화되지 않은 반면에, b값은 변화되었다. 또한 변수 a의 주소와 변수 c의 주소가 다르다는 것이다.

함수를 호출할 때 그 함수를 호출하는 곳에서 다른 함수로 전달되는 것은 항상 상수이다. 즉, 호출할 때 변수 이름이 사용되긴 하지만 변수가 직접 전달되는 것이 아니라 변수에 저장되어 있는 상수가 전달된다. 값에 의한 전달의 경우 그 일반 변수에 저장된 '값(즉, 일반 상수)'이 전달되고, 주소에 의한 전달인 경우에는 '주소(즉, 포인터 상수)'가 전달된다. 다시 한 번 정리하자면 함수를 호출할 때 전달되는 것은 일반 상수 또는 포인터 상수 등의 '상수'이다.

위의 프로그램을 자세히 설명하기 위해 프로그램의 내용을 각 줄(line) 별로 살펴보자.

Line 4: `int a=1,b=1,*p;`

부함수를 호출하기 전에 a와 b의 값은 모두 1이다. 또한 p는 포인터 변수이다.

Line 7: `p=&b;`

변수 b의 주소 667608이 포인터 변수 p에 저장된다.

Line 9: `sub(a,p);`

함수의 첫 번째 인수로는 정수형 변수 a를, 두 번째 인수로는 정수형 포인터 변수 p를 사용하고 있다. 즉, 함수를 호출할 때 첫 번째 인수의 경우는 변수 a의 값 1을 부함수에 전달하고 있으며 이는 값에 의한 호출이다.

두 번째 인수의 경우는 함수를 호출할 때 포인터 변수 p에 저장되어 있는 값인 b의 주소 667608을 부함수에 전달한다. 이것은 주소에 의한 호출이다. 부함수를 호출하면 p에 대응되는 부함수의 인수는 q이므로 q에 667608이 저장된다.

Line 13: `int a=1,b=1,*p;`

부함수 sub의 정의를 보면 첫 번째 인수로는 정수형 변수를, 두 번째 인수로는 정수형 포인터 변수를 사용하고 있다.

Line 15: `c++;`

부함수에서 c++;하여 값이 2로 바뀌지만 이 값은 주함수의 변수 a와는 무관하다. 즉, 함수의 호출 후에도 a의 값은 여전히 1이다.

Line 16: `(*q)++;`

이를 수행하고 나면 q가 가리키는 주소에 저장된 값이 1만큼 증가한다. 즉, b의 값이 1에서 2로 바뀐다. 이 결과는 주소에 의한 전달인 경우 한 함수에서 수행한 결과가 다른 함수의 변수 값의 변화에 직접 영향을 준다는 것을 의미한다.

참고로 이 프로그램의 진행 상황을 그림으로 나타내면 다음과 같다. 아래 그림에서는 주함수와 부함수에서 사용되는 변수들을 따로 구별하지 않고 한꺼번에 나타내었다.

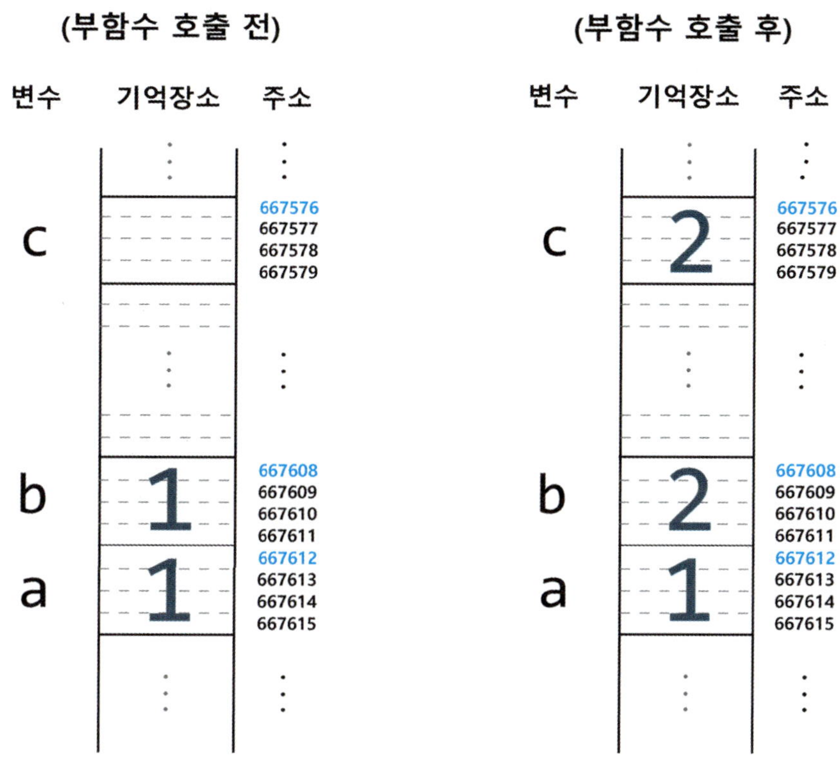

이 결과에서 보면 변수 a의 주소는 667612이며 처음에 저장된 값은 1이다. 부함수를 호출할 때 이 값 1이 부함수로 전달되고, 대응하는 변수 c의 값이 1이 된다. 이는 값에 의한 호출이다.(이 과정은 위의 그림에는 나타나 있지 않다.)

여기서 c의 주소는 667576이며 주소가 a와 다르므로 a와는 다른 변수임을 알 수 있다. 즉, 변수 a와 그에 대응하는 부함수에서의 변수 c는 완전히 다른 곳에 위치하는 다른 변수임을 알 수 있다.

따라서 부함수의 c의 값이 c++;하여 2로 바뀌지만 이 값은 주함수의 변수 a와는 무관하다. 즉, 함수의 호출 후에도 a의 값은 여전히 1이며 부함수에서 대응하는 변숫값의 변화가 주함수에서의 변수 a에는 전혀 영향을 미치지 않고 있다.

다음 예제를 살펴보자.

예제 8.11 (값에 의한 전달, 주소에 의한 전달)

```
#include<stdio.h>
main()
{
```

```
  int a=1,b=2,c=3,d=4,*p,*q;
  void swap1(),swap2();
  p=&c;
  q=&d;
  printf(" 호출 전: a=%d   b=%d\n",a,b);
  printf("          c=%d   d=%d\n",c,d);
  swap1(a,b);
  swap2(p,q);
  printf(" 호출 후: a=%d   b=%d\n",a,b);
  printf("          c=%d   d=%d\n",c,d);
}

void swap1(int a, int b)
{
  int temp;
  temp=a;
  a=b;
  b=temp;
}

void swap2(int *p, int *q)
{
  int temp;
  temp=*p;
  *p=*q;
  *q=temp;
}
```

이 프로그램의 출력은 다음과 같다.

```
호출 전: a=1   b=2
         c=3   d=4
호출 후: a=1   b=2
         c=4   d=3
```

프로그램에서 부함수들을 보면 swap1과 swap2 모두 두 개의 변수 값을 맞바꾸어 저장하는 일을 하고 있다.

그런데 swap1에서는 값에 의한 호출을 하고 있으므로 부함수에서 a와 b값을 교환한 것이 주함수에 전혀 영향을 미치지 못하고 있다. 물론 그 이유는 주함수에서의

a와 b의 주소가 부함수에서의 a와 b의 주소와 다르기 때문이다. 즉 주함수에서의 a, b는 부함수에서의 a, b와 이름만 같을 뿐 전혀 다른 변수이다.

반면에 swap2에서는 주소에 의한 호출을 하고 있으므로 부함수에서 *p와 *q값을 교환한 것이 주함수에 있는 대응하는 변수인 c와 d값을 교환한 것으로 나타나고 있다.

포인터를 사용한 여러 변수의 전달

return문은 한 번에 하나의 값만을 전달할 수 있기 때문에 여러 개의 값을 한 번에 전달하기 곤란하다. 반면에 포인터를 사용하면 여러 개의 변수를 한 번에 전달할 수 있다.

다음 예는 포인터를 사용하여 두 수의 합과 곱을 동시에 전달하는 경우이다.

예제 8.12 (함수를 사용한 합과 곱의 계산: 포인터 사용)

```
#include<stdio.h>
main()
{
  void sub(int,int,int*,int*);
  int a=20,b=30,c,d;
  sub(a,b,&c,&d);
  printf("합은 %d이며 곱은 %d입니다.\n",c,d);
}

void sub(int a, int b, int *c, int *d)
{
  *c=a+b;
  *d=a*b;
}
```

이 프로그램의 출력은 다음과 같다.

```
합은 50이며 곱은 600입니다.
```

8.4 변수의 영역

지금까지는 변수들에 대해서 특별한 구분 없이 선언하고 사용하였지만 변수에는 실제로 여러 가지 계층이 있다. 이에 따라 변수의 사용 영역이나 특징이 결정된다. 이를 자세히 알아보기로 하자.

전역 변수와 외부 변수

지금까지는 주로 함수 내부에서 선언된 변수들에 대해서만 알아보았는데 이를 **지역 변수(local variable)**라고 부른다. 이와는 달리 함수 외부에서 선언되어 여러 함수에 영향을 미치는 변수를 볼 수 있는데 이를 **전역 변수(global variable)**라고 부른다. **전역 변수는 초기화를 해주지 않더라도 자동으로 초기화가 진행된다.**[2]

함수 밖에서 선언된 전역 변수를 어떤 함수가 사용하는 경우, 그 함수의 관점에서 보면 변수가 함수 밖에서 선언되었으므로 **외부 변수(external variable)**라고 부른다.

전역 변수를 어떤 함수에서 사용하기 위해서는 함수보다 전역변수가 먼저 나타나 있는 경우 전역변수를 그대로 사용할 수 있지만, 그렇지 않고 전역 변수가 뒤에 나오는 경우에는 이를 컴파일러에게 알려주기 위해 `extern`을 이용하여 함수 내에서 다시 선언해 주어야 한다.[3] 함수 내에서 외부 변수를 선언하여 사용하는 경우 새로운 기억장소를 할당하는 것이 아니라 단지 외부에서 선언된 변수임을 알려 주는 것에 불과하다. 결국 전역 변수는 하나의 기억장소를 여러 함수에서 공통적으로 사용하게 되고, 이 때문에 `extern`에 의한 선언은 이미 지정되어 있는 기억장소를 공통으로 사용하겠다는 선언에 불과한 것이다.

따라서 전역 변수의 경우에는 한 함수에서 변수 값의 변화가 다른 함수의 변수 값에 영향을 미친다. 다음은 전역 변수의 사용 예이다.

예제 8.13 (전역 변수와 외부 변수)

```
#include<stdio.h>
int a=1;
main()
{
  extern a,b,c;
```

[2]숫자형의 경우 0으로 초기화되고 문자형의 경우 공백문자로 초기화 된다.

[3] 이 경우 밖에서의 변수 선언을 변수의 '정의'라고 하여, 함수 내에서의 '선언'과 구별하여 부르기도 한다.

```
6     void sub(void);
7     printf("%d %d %d\n",a,b,c);
8     b=3;
9     c++;
10    sub();
11  }
12
13  int b=2, c;
14
15  void sub(void)
16  {
17    extern a,b,c;
18    printf("%d %d %d\n",a,b,c);
19  }
```

이 프로그램의 출력으로 다음을 얻는다.

```
1 2 0
1 3 1
```

이 프로그램의 경우 2번째 줄과 13번째 줄을 보면 변수 a, b, c가 모두 함수 외부에서 선언되고 있다. 따라서 변수 a, b, c는 모두 전역 변수이다. 특히 c는 자동으로 0으로 초기화되어 사용된다.

주함수 main의 경우 5번째 줄에서

```
extern a,b,c;
```

하여 a, b, c가 모두 외부 변수임을 선언하여 알려주고 있다.

특히 전역 변수 b와 c는 주함수보다 뒤에 선언되어 있으므로 이를 사용하려면 반드시 주함수에서 외부 변수로 선언되어야 한다. 그러나 전역 변수 a는 주함수보다 앞에 선언되어 있으므로 외부 변수 a의 선언은 생략될 수 있다. 즉

```
extern b,c;
```

해주어도 같은 결과를 얻게 된다.

부함수 sub의 경우에도 17번째 줄에서

```
extern a,b,c;
```

하여 변수 a, b, c가 모두 외부 변수임을 선언하여 알려주고 있다. 그러나 외부 변수 a, b, c는 모두 부함수 sub보다 앞에 나오므로 17번째 줄 전체는 생략될 수 있다.

이 프로그램의 경우 주함수의 8번째 줄에서 치환문을 사용하여 변수 b의 값이 3으로 변화되었으므로 부함수에서의 b값 역시 3으로 변화된 것을 출력을 통해 알 수 있다. c의 경우에도 9번째 줄의 c++에 의해 1만큼 증가되어 1로 바뀌어 출력된다.

참고로 앞의 예제는 다음처럼 바꿔도 완전히 같은 결과를 얻는다.

예제 8.14 (전역 변수)

```
#include<stdio.h>
int a=1, b=2, c;
void sub(void)
{
  printf("%d %d %d\n",a,b,c);
}
main()
{
  printf("%d %d %d\n",a,b,c);
  b=3;
  c++;
  sub();
}
```

이 경우 전역 변수 a, b, c의 선언이 먼저 나와 있으므로, 주함수와 부함수 모두에서 extern을 사용한 외부 변수 선언을 생략하고 있다.

또 한 가지 중요한 점은 부함수 sub가 주함수보다 앞에 나와 있기 때문에 주함수 내에

```
void sub(void);
```

와 같은 함수 선언 역시 생략 가능한 것이다. 이와 같은 것이 가능한 이유는 컴파일을 할 때 위에서부터 아래로 읽어가면서 컴파일이 진행되기 때문에 sub를 일단 컴파일러가 읽은 뒤에는 이 부분의 내용을 알고 있기 때문에 그 아래에 있는 함수에서 특별히 함수 선언을 하지 않아도 별 문제가 없게 되기 때문이다.

그렇지만 이런 경우에도, 모든 외부변수와 부함수의 선언을 빠짐없이 해주는 것이 바람직하다.

자동 변수

자동 변수는 auto로 선언되며, 선언된 함수 내에서만 사용이 가능한 지역 변수이다. 또한 자동 변수가 중괄호 { }로 둘러싸인 블록 내에서 선언된 경우 그 블록 내에서만 유효하다.

자동 변수는 사용자가 직접 초기화를 하지 않으면 자동으로 초기화되지 않는다. 또한 함수의 호출이 시작되면 사용되다가, 함수의 호출이 끝나면 저장된 값을 잃고 사라지게 된다.

자동 변수를 나타내는 auto라는 말은 종종 생략된다. 즉, 아무 말이 없는 지역 변수는 모두 자동 변수라고 볼 수 있다. 변수의 형이 int인 경우, int 또한 생략 가능하기 때문에 다음 세 가지 선언은 모두 같은 의미이다.

```
auto int a;
int a;
auto a;
```

실제로 auto라는 말은 거의 생략되기 때문에 프로그램에서 auto라는 말을 찾기란 쉽지 않다.

다음 예는 자동 변수가 블록 내에서 선언되는 경우를 보여주고 있다.

예제 8.15 (자동 변수)

```
1  #include<stdio.h>
2  main()
3  {
4    auto int a=1;
5    int b=10;        /* auto는 생략될 수 있다. */
6    {
7      auto int a=2;
8      auto b=20;     /* int도 생략 될 수 있다. */
9      printf("%d %d\n",a,b);
10   }
11 }
```

이 프로그램의 출력으로 다음을 얻는다.

```
2 20
1 10
```

이 프로그램의 경우 7번째 줄과 8번째 줄에서처럼 내부 블록 안에서 선언된

```
auto int a=2;
auto b=20;
```

은 6번째 줄부터 10번째 줄까지의 블록 내에서만 유효할 뿐 아니라, 블록 밖의 a, b와 전혀 무관한 변수임을 알 수 있다.

다음 예제를 보면 함수 내에서 전역 변수와 같은 이름의 지역 변수를 사용할 수 있음을 알 수 있다.

예제 8.16 (전역변수와 지역 변수)

```
1  #include<stdio.h>
2  int a=1;  /* 전역 변수 */
3  main()
4  {
5    void sub();
6    int a=2; /* 지역 변수 */
7    sub();
8    printf("%d\n",a);
9  }
10
11 void sub()
12 {
13   extern a; /* 외부 변수 선언 */
14   printf("%d\n",a);
15   a=3;
16   printf("%d\n",a);
17 }
```

이 프로그램의 출력으로 다음을 얻는다.

```
1
3
2
```

이 프로그램의 경우 6번째 줄에서 선언된 main에서의 변수 a는 지역 변수이므로, 2번째 줄에서 선언된 같은 이름의 전역 변수 a와는 무관하다는 것을 알 수 있다. 결국 지역 변수가 전역 변수보다 우선하여 사용된다. 그렇지만 이와 같이 전역 변수와 같은 이름의 지역 변수를 사용하는 것은 혼동의 우려가 있으므로 바람직하지 않다.

정적 변수

정적 변수는 static으로 선언되며 지역 변수로 사용될 수도 있고, 전역 변수로 사용될 수도 있다. **정적 변수는 초기화를 해주지 않더라도 자동으로 초기화가 진행된다.**[4] 정적 변수가 지역 변수로 사용되는 경우 자동 변수와 마찬가지로 함수나 블록 내에서 선언되며 거기서만 유효하다.

그러나 정적 변수는 함수나 블록이 읽힐 때, 선언과 동시에 처음 한 번만 초기화되며, 함수의 호출이 끝나거나 블록을 벗어나도 기억된 값을 보존한다. (자동 변수는 매번 초기화 될 뿐 아니라, 함수의 호출이 끝나거나 블록을 벗어나면 그 값을 잃어버리게 된다.) 다음 예제는 이를 잘 설명하고 있다.

예제 8.17 (정적 변수)

```
#include<stdio.h>
main()
{
  void f();
  int i;
  for(i=0;i<3;i++){
    auto d=50;
    static c=50;
    c++;
    d++;
    printf("%d %d\n",c,d);
  }
  f();
  f();
  f();
}
void f(void)
{
  static a;
  auto b=0;
  a++;
  b++;
  printf("%d %d\n",a,b);
}
```

[4]숫자형의 경우 0으로 초기화되고 문자형의 경우 공백문자로 초기화 된다.

이 프로그램의 출력으로 다음을 얻는다.

```
51 51
52 51
53 51
1 1
2 1
3 1
```

이 프로그램의 출력을 보면 정적 변수의 경우 함수나 블록 내에서 선언과 동시에 단 한 번만 초기화되는 것을 확인할 수 있다. 즉, 변수 c의 경우 8번째 줄에서 50으로 초기화된 뒤에는 다시 그 블록이 읽힐 때 더 이상 초기화하지 않고 현재 가지고 있는 기억된 값을 사용하여 작업을 계속하게 된다. 따라서 블록이 반복되는 경우 c의 값은 계속 증가하여 출력되고 있음을 알 수 있다.

자동변수인 d의 경우는 블록이 반복되는 경우 매번 초기화를 새로 하게 되므로 항상 일정한 값을 출력하고 있다.

그런데 8번째 줄의

```
static c=50;
```

을

```
static c;
c=50;
```

으로 바꾸면 c의 값으로 51을 계속 출력하게 된다. (두 줄에 나누어 쓰는 것은 선언과 동시에 초기화하는 것과는 다르다.) 정적 변수는 명시적으로 초기화를 하지 않더라도 자동으로 초기화가 진행되기 때문에 이는

```
static c=0;
c=50;
```

과 같은데, 이 경우 치환문에 의해 t값이 매번 50으로 바뀌게 되므로 결국 9번째 줄에 의해 t값이 매번 51로 변경된 뒤에 출력된다.

부함수에서 쓰인 정적 변수 a와 자동 변수 b의 경우도 유사한 설명이 가능하다. 부함수가 처음 호출될 때 20번째 줄의

```
static a;
```

를 만나면 정적 변수 a는 선언과 동시에 자동으로 0으로 초기화된다. 그렇지만 이 부함수가 다시 호출되면 더 이상 초기화되지 않고 이전 호출에서 저장된 값을 기억하고 있다가 그 값을 불러 사용하게 된다. 결국 함수 호출이 반복되면 a값은 계속 증가하여 출력되는 반면, b값은 일정하게 출력되고 있음을 알 수 있다.

외부 정적 변수

정적 변수는 함수 외부에서 전역 변수 형태로 선언될 수 있다. 이를 **외부 정적 변수**라고 한다.

외부 정적 변수는 앞에서 본 일반적인 전역 변수와는 중요한 차이가 있다. 더, **외부 정적 변수는 변수가 선언된 파일 밖에서는 사용이 불가능할 뿐 아니라, 선언보다 앞서 나와 있는 함수에서도 사용이 불가능하다.**[5]

따라서 외부 정적 변수는 선언된 파일 내의 선언 아래 부분에서만 사용이 가능하다. 즉, 외부 정적 변수의 경우 전역 변수의 사용 범위를 제한함으로써 프로그램의 개별성 측면에서 도움을 줄 수 있다.

다음은 외부 정적 변수의 사용 예이다.

예제 8.18 (외부 정적 변수의 사용)

```
static int a=1;
#include<stdio.h>
main()
{
  extern a;
  printf("%d\n",a);
  a=2;
  printf("%d\n",a);
}
```

이 프로그램의 출력으로 다음을 얻는다.

```
1
2
```

이 경우 다른 파일에서 외부 정적 변수 a를 사용할 수 없다.

또한, 만일 위 프로그램을 다음과 같이 바꾸면 오류가 발생한다.

[5] 프로그램의 규모가 커지게 되면 보통 여러 개의 파일을 사용하여 하나의 프로그램을 완성하게 되는데 12.5절에서 이와 관련된 내용을 다루게 된다.

```
#include<stdio.h>
main()
{
  extern a;
  printf("%d\n",a);
  a=2;
  printf("%d\n",a);
}
static int a=1;
```

레지스터 변수

변수는 일반적으로 기억장소에 값이 저장되지만, **레지스터** 변수는 CPU의 레지스터에 저장되어 더욱 빠르게 이용될 수 있다. 레지스터 변수는 `register`에 의해 선언된다. 다음은 그 예이다.

```
register int a;
```

보통 레지스터의 용량은 매우 제한되어 있으므로, 레지스터가 부족한 경우에는 설사 `register`에 의해 선언되었다 하더라도 자동적으로 일반 기억장소에서 처리하게 된다.

레지스터 변수는 처리 속도가 빠르다는 것 이외에는 자동 변수와 그 용법이 완전히 일치한다.

8.5 함수 선언의 위치

이 절에서는 함수 선언의 위치에 대하여 알아보기로 한다. 지금까지는 함수 내에서 다른 함수를 선언하는 것을 주로 다루어 왔는데, 함수 선언은 함수 밖에서 이루어질 수 있으며 특히 프로그램 첫 머리에서 함수 선언이 이루어지는 경우가 많다.

두 자연수의 최대공약수를 구하는 다음 예제를 통해 이를 살펴보기로 하자. 두 자연수 A와 B의 최대공약수를 G라 하면 $A = Ga$, $B = Gb$로 쓸 수 있고 최소공배수를 L이라 하면

$$L = Gab = Ab = AB/G$$

이다. 예제 7.19에서 배운 최대공약수를 구하는 부함수를 이용하면 쉽게 다음 예제를 완성할 수 있다.

예제 8.19 (최소공배수 구하기)

```
1  #include<stdio.h>
2  main()
3  {
4    void lcm(int,int,int*);
5    int a,b,c;
6    printf("두 양의 정수를 입력하십시오: ");
7    scanf("%d%d",&a,&b);
8    lcm(a,b,&c);
9    printf("최소공배수: %d\n",c);
10 }
11
12 void lcm(int a,int b,int *c) //최소공배수를 구하는 부함수
13 {
14   int g, gcd(int,int);
15   g=gcd(a,b);
16   *c=a*b/g;
17 }
18
19 int gcd(int n,int m) //최대공약수를 구하는 부함수
20 {
21   int r,g;
22   r=n%m;
23   if(r==0)
24     g=m;
25   else
26     g=gcd(m,r);
27   return g;
28 }
```

이 프로그램의 입출력 예는 다음과 같다.

```
두 개의 정수를 입력하십시오: 12 8
최소공배수: 24
```

이 예의 경우 주함수 하나와 부함수 두 개를 사용하고 있다. 그런데 주함수에서 호출하여 실제로 사용하는 함수는 lcm 하나뿐이며 이를 4번째 줄에서 선언하고

있다. 또한 부함수 lcm에서 사용하는 함수는 gcd 하나뿐이며 이를 14번째 줄에서 선언하고 있다. 함수 gcd는 주함수에서 사용하는 것이 아니므로 이 함수에 대한 함수 선언을 주함수에서 해 줄 필요는 없다.

일반적으로 하나의 프로그램에 주함수 하나와 여러 개의 부함수들이 사용된다. 그런데 이와 같이 각 함수마다 그 함수 내에서 사용할 함수들을 각각 선언해 주는 것은 매우 번거로운 작업이 될 수 있다. 예를 들어 하나의 함수가 여러 개의 다른 부함수에서 반복 사용되는 경우 동일한 형태의 함수 선언을 각각의 부함수에서 해주어야 한다.

이와 같은 번거로움을 줄이기 위해 함수의 선언을 함수 밖에서 해 줄 수 있다. 다음은 앞의 예제를 이와 같은 방식으로 수정한 것이다.

예제 8.20 (최소공배수 구하기 - 변형된 예)

```
#include<stdio.h>
int gcd(int,int); // 사용할 부함수들을 주함수 밖에 우선 선언
void lcm(int,int,int*);

main()
{
int a,b,c;
  printf("두 양의 정수를 입력하십시오: ");
  scanf("%d%d",&a,&b);
  lcm(a,b,&c);
  printf("최소공배수: %d\n",c);
}

void lcm(int a,int b,int *c) //최소공배수를 구하는 부함수
{
  int g, gcd(int,int);
  g=gcd(a,b);
  *c=a*b/g;
}

int gcd(int n,int m) //최대공약수를 구하는 부함수
{
  int r,g;
  r=n%m;
  if(r==0)
    g=m;
```

```
27   else
28     g=gcd(m,r);
29   return g;
30 }
```

이 프로그램의 출력은 앞의 예제의 출력과 같다. 이 프로그램의 경우 2번째 줄과 3번째 줄에서 사용될 함수의 선언을 모두 해주고 있으므로 함수 내에서는 함수 선언을 따로 해줄 필요가 없다. 특히 많은 부함수들이 사용되는 프로그램의 경우 이와 같은 함수 선언 방식이 자주 사용된다.

제 8 장 연습문제

8.1 다음 프로그램의 출력이 무엇인지 말하라.

```
#include<stdio.h>
main()
{
  int i=5, *a;
  float x=2.0f, *b;
  a=&i;
  b=&x;
  printf("%d %.1f\n", *a, *b);
}
```

8.2 double형 변수 x의 값을 입력하면 $x^2 + 3x + 5$의 값을 부함수에서 계산하여 계산 결과를 주함수에서 출력하는 프로그램을 작성하라. 단, 계산 결과는 포인터를 사용하여 전달하여야 하며 부함수에 return문을 사용할 수 없다.

8.3 2개의 실수 a, b를 입력받아서 단 한 개의 부함수를 사용하여 $a - b$, $a^2 - b^2$ 및 $a^3 - b^3$을 계산한 뒤, 주함수에서 그 값들을 출력하는 프로그램을 작성하라. 단, 실숫값의 계산을 위한 변수는 `double`형을 사용하여야 하며, 부함수에서는 `return`문을 사용하지 말아야 한다. 또한 출력을 위한 변환문자는 `%g`를 사용하라.

8.4 다음 프로그램의 출력이 무엇인지 말하라.

```
#include<stdio.h>
int a=0;
main()
{
  extern a,b;
  void sub(void);
  printf("%d %d\n",a,b);
  b=4;
  sub();
}
int b=5;
void sub(void)
{
  extern a,b;
  printf("%d %d\n",a,b);
}
```

8.5 다음 프로그램의 출력이 무엇인지 말하라.

```
#include<stdio.h>
main()
```

```
{
  void f();
  int i;
  for(i=0;i<3;i++){
    auto d=100;
    static c=100;
    c--;
    d--;
    printf("%d %d\n",c,d);
  }
  f();
  f();
}

void f(void)
{
  static a=10;
  auto b=0;
  a--;
  b--;
  printf("%d %d\n",a,b);
}
```

8.6 **(골드바흐의 추측, Goldbach's conjecture)** 골드바흐의 추측에 의하면 2보다 큰 모든 짝수는 두 소수(素數)의 합으로 나타낼 수 있다.[6] 이 추측을 바탕으로 하여 4부터 100까지의 모든 짝수를 두 소수의 합으로 나타내는 프로그램을 작성하라. 단, $n = p + q$라고 할 때, $p \le q$인 경우만 출력하면 된다. 아래의 결과는 4부터 30까지의 출력 예이다.

```
4=2+2
6=3+3
8=3+5
10=3+7=5+5
12=5+7
14=3+11=7+7
16=3+13=5+11
18=5+13=7+11
20=3+17=7+13
22=3+19=5+17=11+11
24=5+19=7+17=11+13
26=3+23=7+19=13+13
28=5+23=11+17
30=7+23=11+19=13+17
```

[6] 이 추측은 아직 증명되지 않았다.

이 문제의 경우 주어진 자연수가 소수인지 판정하는 void형 부함수를 정의하여 사용하여야 한다.

제 9 장

배열과 포인터

이 장에서는 배열과 포인터에 대하여 공부하게 된다. 특히 함수 사이에 배열을 전달할 때 일반 변수를 전달할 때와 어떤 차이가 있는지 알아보고 배열의 동적 할당에 대하여도 살펴본다. 중요한 응용 프로그램인 정렬 및 순열에 대하여도 알아본다.

9.1 배열과 포인터

배열의 이름은 배열의 첫 번째 원소가 저장된 기억장소의 주소를 나타내는 포인터 상수이다. 예를 들면,

```
int a[10];
```

에서 배열 이름 a는 a[0]의 주소를 나타낸다. 즉 a는 &a[0]과 같다. 따라서 이를 잘 활용하면 배열을 전달할 때 매우 쉽고 편리하게 프로그램을 작성할 수 있다.

함수 사이의 배열 전달

우리는 앞에서 함수 사이에 배열이 전달될 때는 값에 의한 호출이 아니라 주소에 의한 호출이 이루어진다고 배웠다. 이것은 배열 이름이 포인터 상수이기 때문이다. 즉 한 함수에서 다른 함수를 호출하는 경우 배열 이름을 이용하여 호출하기 때문에 주소에 의한 전달이 될 수밖에 없는 것이다.

다음의 예를 보자.

예제 9.1 (배열의 전달 - 주소에 의한 전달)

```
#include<stdio.h>
main()
{
  int a[2]={1,2},c,sum();
  c=sum(a);
  printf("%d\n",c);
}

int sum(int a[])
{
  return a[0]+a[1];
}
```

이 예제에서 부함수 sum은 배열의 두 원소의 합을 구하여 반환하는 일을 한다. 따라서 출력으로 3을 얻는다.

이때 주함수에서 부함수 sum을 호출하는 과정을 보면

```
c=sum(a);
```

와 같이 배열의 이름을 전달한다. 즉 a[0]의 주소를 부함수에 전달하는 것이다. 부함수 sum의 내용을 보면 첫머리에

```
int sum(int a[])
```

와 같이 하여 주소를 전달받고 있다. 또한 이것은

```
int sum(int *a)
```

와 같이 나타낼 수도 있는데 이는 결국 부함수 sum이 주소, 즉 포인터를 전달받기 때문인 것이다. 사실상 이런 표현이 함수 사이에 배열을 전달하는 경우 매우 자주 사용되는 방법이다.

따라서 위의 예제는 다음과 완전히 같은 것이다.

예제 9.2 (예제 9.1과 같은 프로그램)

```
#include<stdio.h>
main()
{
  int a[2]={1,2},c,sum();
  c=sum(a);
```

```
  printf("%d\n",c);
}

int sum(int *a)
{
  return a[0]+a[1];
}
```

다음의 예는 배열을 전달할 때 주소에 의한 전달이 이루어진다는 것을 다시 한 번 명확하게 보여준다.

예제 9.3 (배열의 전달을 이용한 두 값의 교환)

```
#include<stdio.h>
main()
{
  void swap3();
  int a[2]={10,20};
  printf("%d %d\n",a[0],a[1]);
  swap3(a);
  printf("%d %d\n",a[0],a[1]);
}

void swap3(int *b)
{
  int temp;
  temp=b[0];
  b[0]=b[1];
  b[1]=temp;
}
```

이 예제의 출력은 다음과 같다.

```
10 20
20 10
```

즉 부함수에서 배열 값의 변화가 주함수의 배열에 영향을 미치는데, 이 예제의 경우 부함수의 배열 b는 주함수의 배열 a와 같은 주소를 사용하는 같은 배열이기 때문이다.

다음의 예는 배열 전달의 여러 가지 방법을 설명하고 있다.

예제 9.4 (배열의 전달의 여러 가지 방법)

```
#include<stdio.h>
main()
{
  int a[100],i;
  void sum();
  for(i=0;i<100;i++)
    a[i]=i;
  sum(a,100);
  sum(a,10);
  sum(&a[5],10);
  sum(a+5,10);
}

void sum(int *a, int n)
{
  int s=0,i;
  for(i=0;i<n;i++)
    s+=a[i];
  printf("%d\n",s);
}
```

이 프로그램의 출력으로 다음을 얻는다.

```
4950
45
95
95
```

프로그램의 내용을 보면 우선 주함수에서 a[0], a[1], . . . , a[99]의 값으로 $0, 1, \ldots, 99$가 각각 저장되었다.

부함수 sum은 두 개의 인수를 사용하는데 첫 번째 인수는 사용하고자 하는 배열의 첫 번째 원소의 주소이며, 두 번째 인수는 합을 구하려는 원소의 개수이다. 따라서

```
sum(a,100);
```

의 경우 a[0]에서부터 a[99]까지의 합을 구하여 출력하게 된다.

```
sum(a,10);
```

의 경우는 a[0]에서부터 10개의 원소, 즉 a[9]까지의 합을 구하여 출력하게 된다.

다음에 나오는

```
sum(&a[5],10);
```

의 경우는 a[5]에서부터 10개의 원소, 즉 a[14]까지의 합을 구하여 출력하게 되며 이는 sum(a+5,10);과 같은 것이다. 여기서 a+5의 의미는 &a[5]인 것으로써 보통 이런 연산을 **포인터 연산**이라 부른다.

포인터와 이차원 배열

이차원 배열은 일차원 배열 여러 개로 이루어진 배열로 볼 수 있다. 예를 들어

```
int a[3][2];
```

에서 이차원 배열 a는 크기가 2인 일차원 배열 3개로 볼 수 있다. 즉 a[0][], a[1][], a[2][] 각각은 일차원 배열이며 이 3개의 일차원 배열이 모여서 이차원 배열이 된다고 볼 수 있는 것이다. 따라서 a[0]은 배열 a[0][]의 이름으로 볼 수 있으며 결국 a[0]은 a[0][0]의 주소를 나타낸다.

즉 a[0]은 &a[0][0]이며 마찬가지로 a[1]은 &a[1][0], a[2]는 &a[2][0]이다.

따라서 a[0], a[1], a[2]는 각각이 포인터 상수이며 a는 a[](즉, a[0], a[1], a[2])라는 포인터 배열의 이름이고 결국 포인터의 포인터로 볼 수 있다. 이때 a가 나타내는 주소는 a[0]과 같고 이는 결국 &a[0][0]이다.

다음은 행렬의 값을 두 배로 바꿔 출력하는 또 다른 예를 보여준다.

예제 9.5 (행렬의 모든 원소를 두 배로 바꿔 출력하는 방법)

```
#include<stdio.h>
main()
{
 int a[4][3]={
              { 1, 2, 3},
              { 4, 5, 6},
              { 7, 8, 9},
              {10,11,12}
             };
 void two();
 two(a,4);
}
```

```

void two(int (*a)[3], int n)
{
 int i,j;
 for(i=0;i<n;i++){
  for(j=0;j<3;j++){
   a[i][j] *= 2;
   printf("%4d",a[i][j]);
  }
  printf("\n");
 }
}
```

이 프로그램의 출력으로 다음을 얻는다.

```
  2   4   6
  8  10  12
 14  16  18
 20  22  24
```

이 경우

```
void two(int (*a)[3], int n)
```

부분에서 (*a)[3]의 의미는 앞서 설명한 바와 같이 a라는 이름의 정수형 포인터형 배열을 선언한다는 것이며 이 배열의 원소의 개수는 3개이다.

따라서 이것은

```
void two(int a[][3], int n)
```

으로 바꿔도 같은 결과를 얻는다.

9.2 동적 메모리 할당

주함수에서 배열을 선언하는 경우 처음부터 그 배열의 크기를 정해 주어야 하기 때문에 실제 필요한 크기 이상의 기억장소가 설정되어 메모리 낭비가 생길 수 있다.

이런 경우 calloc이나 malloc을 사용하면 배열의 크기를 처음에 정해주지 않았다가 나중에 필요한 만큼만 정해서 사용할 수 있고, 따라서 불필요한 메모리 낭비를 막을 수 있다. 이런 것을 **동적 메모리 할당** 또는 **동적 할당**이라고 부른다.

calloc이나 malloc을 사용하기 위해서는 stdlib.h 또는 malloc.h가 필요하다. 즉, 이 헤더 파일 중 어느 하나를 불러들이면 된다. 또한 calloc은 배열을 자동으로 초기화하지만 malloc은 초기화하지 않는다.[1]

일차원 배열의 동적 할당

예를 들어 크기가 n인 정수형 배열 a를 사용하고자 하는 경우 처음에

```
int *a
```

하여 포인터 선언을 한 뒤, 나중에 필요할 때

```
a=calloc(n,sizeof(int));
```

하면 된다.

malloc을 사용하는 경우는

```
a=malloc(n*sizeof(int));
```

하면 된다.

Microsoft Visual C의 경우에는 캐스트 연산자를 사용하여

```
a=(int*)calloc(n,sizeof(int));
```

또는

```
a=(int*)malloc(n*sizeof(int));
```

와 같은 방법으로 동적 메모리 할당을 하기도 한다.[2]

일반적으로 지역변수는 스택(stack)이라는 메모리 공간에 할당 되지만 동적 할당된 변수는 힙(heap)에 저장 된다. 힙은 사용자가 원하는 시점에 메모리 공간을 할당하고 소멸할 수 있도록 마련된 메모리 공간이다. calloc이나 malloc을 사용한 동적 메모리 할당을 이용할 경우, 메모리 사용이 모두 끝나고 나면 free 명령어를 이용하여 해제해 주어야 하며, 그렇지 않을 경우 메모리 누출(memory leak)의

[1] calloc을 사용하게 되면 숫자형 배열의 경우 원소가 모두 0으로 초기화된다. 문자형 배열의 경우는 모두 공백문자로 초기화 된다. malloc의 경우는 자동으로 초기화가 되시 않는다.

[2] malloc이나 calloc은 동적 할당에 성공한 경우 할당된 공간에 대한 void 포인터를 반환하며, 만일 사용 가능한 메모리가 부족하여 할당에 실패한 경우에는 NULL 포인터를 반환한다. 이 예에서 캐스트 연산자는 malloc() 또는 calloc() 함수의 반환값을 void* 형에서 int* 형으로 변경한다.

문제가 발생할 수 있으므로 주의해야 한다.[3] 따라서 위의 예와 같이 동적 할당된 배열 a에 대한 메모리 할당을 해제하기 위해서는

```
free(a);
```

를 사용하여 배열 a에 대한 동적 할당을 해제하여야 한다. 참고로 이것은 free(&a[0]);과 같은 의미이다.

이제 동적 메모리 할당을 실제로 사용하는 예를 들어보기로 하자. 쉬운 예로 한 반 학생들 전체 성적을 입력받아 그 평균을 구하는 경우를 생각해 보자. 동적 메모리 할당을 생각하지 않는다면, 각 반마다 학생 수가 조금씩 다를 수 있으므로 생각할 수 있는 최대 학생 수를 배열 크기로 정해주어야 한다. 예를 들어, 가능한 최대 학생 수가 100명이라면

```
int a[100];
```

해야 하고 만일 실제 입력되는 학생 수가 60명뿐이라면 이는 그만큼 메모리 낭비가 되는 것이다.

다음 예제는 이 문제에 대하여 malloc을 사용한 예이다.

예제 9.6 (malloc를 사용한 동적 메모리 할당)

```
#include<stdio.h>
#include<stdlib.h>
main()
{
  int *a,n,i,s=0;
  double ave;
  printf("학생 수를 입력하십시오.\n");
  scanf("%d",&n);
  printf("성적을 입력하십시오.\n");
  a=malloc(n*sizeof(int));
  for(i=0;i<n;i++){
    scanf("%d",&a[i]);
    s+=a[i];
  }
  ave=(double)s/(double)n;
```

[3] 보통의 경우 프로그램이 종료되면 할당된 메모리는 자동으로 해제되므로 프로그램 내에서 해제시키지 않더라도 문제가 없을 수 있으나 부함수의 사용 등으로 반복하여 메모리 할당을 할 경우 메모리 누출은 심각한 문제를 가져올 수 있다. 그 예는 연습문제 9.12 를 참고하라.

```
16   printf("평균: %.2f\n",ave);
17   free(a);
18 }
```

이 프로그램의 입출력 예를 보면 다음과 같다.

```
학생 수를 입력하십시오.
5
성적을 입력하십시오.
78 84 65 92 96
평균: 83.00
```

즉, 이 경우 처음에 학생 수를 입력해 주면 그 수만큼의 배열 크기를 선언하여 사용하게 된다. 5번째 줄을 보면 int형의 포인터 변수 a를 선언하고 있다. 포인터 변수는 포인터 상수를 저장하기 위해 사용되는 변수인데, 10번째 줄의

```
a=malloc(n*sizeof(int));
```

를 사용하여 크기 n인 기억장소를 동적 할당하게 되며, 이 때 첫 번째 원소인 a[0]의 주소가 포인터 변수 a에 저장된다. 10번째 줄은 calloc을 사용하여

```
a=calloc(n,sizeof(int));
```

로 바꿔도 같은 출력을 얻는다. 이 경우 calloc에 의하여 배열의 모든 원소가 일단 0으로 초기화된다. 그렇지만 이 예에서는 어차피 그 뒤에 scanf를 사용하여 배열의 각 원소의 값을 읽어 들이게 되므로 굳이 calloc을 사용하여 초기화할 필요가 없다. malloc과 calloc은 자동 초기화 여부의 차이뿐 아니라 사용할 때의 문법이 약간 다르므로 주의해야 한다. 즉, malloc은 별표(*)를 사용하는 반면에 calloc은 쉼표(,)를 사용하므로 주의해야 한다.

또한 17번째 줄을 보면 배열의 사용이 모두 끝나고 나서

```
free(a);
```

를 사용하여 배열 a에 대한 동적 할당을 해제하고 있음에 유의해야 한다.

이차원 배열의 동적 할당

malloc이나 calloc을 사용하면 다차원 배열의 동적 할당이 가능하다. 다음은 mallloc을 사용하여 이차원 배열을 동적 할당하는 예이다.

예제 9.7 (이차원 배열의 동적 할당)

```
#include<stdio.h>
#include<stdlib.h>
main()
{
  void sub();
  int **a,i,j;
  a=malloc(2*sizeof(int*));
  for(i=0;i<2;i++)
    a[i]=malloc(3*sizeof(int));
  a[0][0]=1,a[0][1]=2,a[0][2]=3,a[1][0]=4,a[1][1]=5,a[1][2]=6;
  sub(a,2,3);
  for(i=0;i<2;i++){
    for(j=0;j<3;j++)
      printf("%4d ",a[i][j]);
    printf("\n");
  }
  for(i=0;i<2;i++)
    free(a[i]);
  free(a);
}

void sub(int **a, int m, int n) //부함수
{
  int i,j;
  for(i=0;i<m;i++)
    for(j=0;j<n;j++)
      a[i][j]*=a[i][j];
}
```

이 프로그램의 출력으로 다음을 얻는다.

```
   1    4    9
  16   25   36
```

이 프로그램은 malloc을 사용하여 $m \times n$ 행렬에 해당하는 이차원 배열을 동적 할당하고 행렬의 모든 원소의 값을 제곱하여 출력하는 프로그램이다.

2차원 배열 a[][]는 2개의 1차원 배열 a[0][]과 a[1][]로 이루어져 있다. 또한 각각의 일차원 배열은 3개의 원소로 이루어져 있다. 2차원 배열을 동적 할당 하는 경우 각각의 1차원 배열에 속한 원소들은 연속된 기억장소를 사용하여 할당 되지만,

각 1차원 배열끼리는 일반적으로 떨어져서 할당되게 된다. 일반 배열을 선언하는 경우, 즉

```
int a[2][3];
```

의 경우 6개의 원소가 모두 연속된 기억장소를 차지하게 되는데, 동적 할당은 이와는 다른 상황임을 알 수 있다.

동적 할당의 경우 a[0]은 a[0][0]의 주소를 저장하는 포인터 변수이고 a[1]은 a[1][0]의 주소를 저장하는 포인터 변수이다. 즉 a[0]과 a[1]은 모두 int*형 변수이다. 그리고 6번째 줄을 보면 변수 a는 int**형 변수이며 이 변수에는 int*형 변수 a[0]의 주소가 저장된다. 즉, a에는 &a[0]가 저장된다.[4] 즉, 이 경우 a는 **포인터의 포인터**이다.[5]

이 프로그램의 경우 a가 이차원 배열이므로 우선 7번째 줄에서

```
a=malloc(2*sizeof(int*));
```

하여 일차원 배열 a[0][]부터 a[1][]을 사용함을 알려주고 있다.

그 다음으로 8번째 줄과 9번째 줄에서

```
for(i=0;i<2;i++)
  a[i]=malloc(3*sizeof(int));
```

를 이용하여 하여 각각의 a[i][]에 대하여 a[i][0]부터 a[i][2]까지를 선언하고 있다.[6] 배열의 사용이 끝나고 나면 동적 할당된 메모리를 해제하기 위하여 할당의 역순으로 해제한다. 즉 17번째 줄에서 19번째 줄까지

```
for(i=0;i<2;i++)
  free(a[i]);
free(a);
```

를 사용하고 있다. 이는 다음과 같이 바꿔도 된다.

```
for(i=0;i<2;i++)
  free(&a[i][0]);
free(&a[0]);
```

---

[4] 이 경우 이차원 배열의 이름 a는 배열의 첫 번째 원소인 a[0][0]의 주소를 나타내는 것이 아니다. 즉, 다차원 배열을 동적 할당하는 경우 배열 이름은 첫 번째 원소의 주소와는 다른 것임을 알 수 있다. 그러므로 동적 할당이 아닌 일반 배열을 선언하는 경우와는 차이가 남을 알 수 있다.

[5] 이 경우 변수 a를 더블 포인터 형이라고도 부른다.

[6] Microsoft Visual C의 경우 7번째 줄은 a=(int**)malloc(m*sizeof(int*));로, 9번째 줄은 a[i]=(int*)malloc(3*sizeof(int));로 각각 바꿀 수 있다.

또한 a가 이차원 배열이므로 22번째 줄의 부함수에서

```
void sub(int **a, int m, int n)
```

에서 보는 것처럼 **a를 이용하고 있음에 유의해야 한다.

포인터의 오프셋

C언어의 배열 첨자는 지금까지 본 것처럼 0에서 시작한다. 이 시작 첨자를 0이 아닌 다른 수로 변경하기 위해서는 포인터의 **오프셋(offset)**을 사용한다.

예를 들어 n개의 원소를 갖는 float형 배열 a를 선언하되 첨자를 1에서 n까지 사용하기 위해서는 다음과 같이 한다.

```
a=calloc(n,sizeof(float));
a--;
```

또는

```
a=malloc(n*sizeof(float));
a--;
```

다음 예제는 n차원 벡터 공간에 있는 벡터의 크기를 구하는 예이다.[7]

예제 9.8 (calloc을 사용한 벡터의 크기 계산)

```
#include<stdio.h>
#include<stdlib.h>
#include<math.h>
main()
{
  double *a,s,norm();
  int n,i;
  printf("벡터 공간의 차원을 입력하십시오.\n");
  scanf("%d",&n);
  a=malloc(n*sizeof(double));
  a--;
  printf("벡터의 성분을 입력하십시오.\n");
  for(i=1;i<=n;i++)
    scanf("%lf",&a[i]);
  s=norm(a,n);
```

[7] 벡터 $\mathbf{a} = (a_1, a_2, \ldots, a_n)$에 대하여 벡터 $\mathbf{a}$의 크기는 $\sqrt{a_1^2 + a_2^2 + \cdots + a_n^2}$으로 계산된다.

```
16   printf("\n벡터의 크기는 %f입니다.\n",s);
17   free(&a[1]);
18 }
19
20 double norm(double *a, int n)
21 {
22   int i;
23   double s=0.;
24   for(i=1;i<=n;i++)
25     s+=a[i]*a[i];
26   s=sqrt(s);
27   return s;
28 }
```

이 프로그램의 입출력 예를 보면 다음과 같다.

```
벡터 공간의 차원을 입력하십시오.
3
벡터의 성분을 입력하십시오.
2. 3.5 1.6

벡터의 크기는 4.337049입니다.
```

이 프로그램의 경우 행렬의 오프셋을 이용하여 a[1]부터 a[n]까지의 원소들을 사용하고 있다. 또한 포인터를 사용하여 배열이 부함수로 전달되고 있는 것에 유의해야 한다.

또한 이 경우 17번째 줄에서

```
free(&a[1]);
```

를 이용하여 동적 메모리 할당을 해제하고 있음에 유의해야 한다. 즉, 일차원 배열의 동적 할당을 해제하는 경우 free의 인수로는 배열의 첫 원소의 주소를 사용해야 한다.

다음은 이차원 배열에 대하여 오프셋을 사용하는 경우를 살펴보기로 한다. 예를 들어 행렬의 모든 원소를 두 배로 바꾸는 경우를 다시 생각해 보기로 하자. 다음 예제는 이를 잘 설명하는 프로그램이다.

예제 9.9 (행렬의 모든 원소를 두 배로 바꾸는 프로그램)

```
#include<stdio.h>
#include<stdlib.h>
main()
{
  void two();
  double **a;
  int i,j,m,n;
  printf("행과 열의 수를 입력하십시오.\n");
  scanf("%d%d",&m,&n);
  a=malloc(m*sizeof(double *));
  a--;
  for(i=1;i<=m;i++){
    a[i]=malloc(n*sizeof(double));
    a[i]--;
  }
  printf("행렬의 원소를 입력하십시오.\n");
  for(i=1;i<=m;i++)
    for(j=1;j<=n;j++)
      scanf("%lf",&a[i][j]);
  two(a,m,n);
  printf("출력:\n");
  for(i=1;i<=m;i++){
    for(j=1;j<=n;j++)
      printf("%7.1f ",a[i][j]);
    printf("\n");
  }
  for(i=1;i<=n;i++)
    free(a[i]+1); //free(&a[i][1]);과 같음
  free(a+1); //free(&a[1]);과 같음
}

void two(double **a, int m, int n)
{
  int i,j;
  for(i=1;i<=m;i++)
    for(j=1;j<=n;j++)
      a[i][j]*=2.;
}
```

다음은 이 프로그램의 입출력 예이다.

```
행과 열의 수를 입력하십시오.
2 3
행렬의 원소를 입력하십시오.
1. 3. 5.
1.5 2.5 10.
출력:
    2.0     6.0     10.0
    3.0     5.0     20.0
```

이 프로그램의 경우 a가 이차원 배열이므로 우선 10번째 줄과 11번째 줄에서

```
a=malloc(m*sizeof(double *));
a--;
```

하여 a[1]부터 a[m]을 선언하고 있다.

그 아래에서

```
for(i=1;i<=m;i++){
  a[i]=malloc(n*sizeof(double));
  a[i]--;
}
```

하여 각각의 i에 대하여 a[i][1]부터 a[i][n]까지를 선언하고 있다.[8] 배열의 사용이 끝나고 나면 동적 할당된 메모리를 해제하기 위하여 할당의 역순으로 해제한다. 즉

```
for(i=1;i<=n;i++)
  free(a[i]+1);
free(a+1);
```

를 사용하고 있다. 원래 포인터의 오프셋을 이용하여 할당되었으므로 포인터 연산을 활용하여 동적 메모리를 해제한다. 이는 다음과 같이 바꿔도 된다.

```
for(i=1;i<=n;i++)
  free(&a[i][1]);
free(&a[1]);
```

또한 a가 이차원 배열이므로 부함수에서

[8] Microsoft Visual C의 경우 10번째 줄은 `a=(double**)malloc(m*sizeof(double *));`로, 13번째 줄은 `a[i]=(double*)malloc(n*sizeof(double));`로 각각 바꿀 수 있다.

```
void two(double **a, int m, int n)
```

에서 보는 것처럼 `**a`를 이용하고 있음에 유의해야 한다.

동적 메모리 할당과 해제 및 포인터의 오프셋에 관한 좀 더 상세한 설명은 부록 D를 참조하기 바란다.

배열의 재할당

malloc이나 calloc으로 할당된 배열의 크기를 재조정하는 것을 배열의 재할당이라 부른다. 배열의 재할당을 위해 realloc을 사용하며 헤더 파일 `stdlib.h` 또는 `malloc.h`가 필요하다. 원래 할당된 크기보다 더 크게 재할당을 하는 경우 기존에 저장된 배열 원소의 값은 모두 보존된다. 또한 원래보다 더 작은 크기로 재할당 하는 경우에는 기존 배열의 앞부분에 위치한 새로 조정된 크기만큼의 배열 원소의 값은 모두 보존된다. 다음 예제는 realloc의 용법을 보여주고 있다.

예제 9.10 (malloc에 대한 배열의 재할당)

```
#include<stdio.h>
#include<stdlib.h>
main()
{
  int *a,i;
  a=malloc(10*sizeof(int));
  for(i=0;i<10;i++){
    a[i]=i;
    printf("%d ",a[i]);
  }
  printf("\n");
  realloc(a,5*sizeof(int));
  for(i=0;i<5;i++)
    printf("%d ",a[i]);
  printf("\n");
  realloc(a,7*sizeof(int));
  a[5]=10,a[6]=20;
  for(i=0;i<7;i++)
    printf("%d ",a[i]);
  printf("\n");
  free(a);
}
```

이 프로그램의 출력은 다음과 같다.

```
0 1 2 3 4 5 6 7 8 9
0 1 2 3 4
0 1 2 3 4 10 20
```

이 프로그램에서 원래 10개의 int형 원소로 동적 할당 되었던 배열 a가 12번째 줄의

```
realloc(a,5*sizeof(int));
```

에 의하여 원소가 5개인 배열로 줄어들게 된다. 재할당된 뒤에 각 원소의 값을 출력해 보면 원래의 값을 보존하고 있음을 알 수 있다. 16번째 줄에서는 배열 a를

```
realloc(a,7*sizeof(int));
```

에 의해 다시 원소가 7개인 배열로 늘어나게 된다. 새로 할당된 공간을 사용하려면 17번째 줄에서와 같은 초기화가 필요하다.

다음은 calloc 및 포인터의 오프셋을 사용한 경우에 대한 재할당 예이다.

예제 9.11 (calloc에 대한 배열의 재할당)

```c
#include<stdio.h>
#include<stdlib.h>

main()
{
  int *a,i;
  a=calloc(10,sizeof(int));
  a--;
  for(i=1;i<=10;i++)
    printf("%d ",a[i]);
  printf("\n");
  realloc(a+1,5*sizeof(int)); // a+1은 &a[1]과 같다.
  for(i=1;i<=5;i++)
    printf("%d ",a[i]);
  printf("\n");
  free(a+1);
}
```

이 프로그램의 출력은 다음과 같다.

```
0 0 0 0 0 0 0 0 0 0
0 0 0 0 0
```

이 프로그램은 처음에 10개의 원소를 사용할 수 있는 배열이 동적 할당 되었다가 5개로 줄여서 재할당하는 경우를 나타낸다. calloc이 사용된 관계로 자동적으로 배열의 원소가 모두 0으로 초기화된 것을 알 수 있다.

9.3 응용 프로그램 – 정렬

정렬(sorting)이란 불규칙하게 배열된 자료들을 일정한 규칙에 따라 순서대로 재배열하는 것을 말한다. 예를 들어 10명의 학생에 대한 시험 성적을 점수가 높은 학생부터 낮은 학생 순서로 재배열하는 경우가 정렬의 대표적인 예이다.

처음 자료 : 92 66 99 81 70 74 94 87 85 78
정렬된 자료 : 99 94 92 87 85 81 78 74 70 66

정렬의 방법에는 여러 가지가 있는데 그 중 대표적인 것이 거품 정렬, 삽입 정렬, 선택 정렬, 빠른 정열 등이다.

여기에서는 선택 정렬에 대하여 간단히 살펴보기고 한다. 다른 정렬 방법에 대하여는 부록 F를 참고하기 바란다.

선택 정렬

선택 정렬(selection sort)은 매우 쉽게 이해할 수 있고 프로그램하기도 비교적 쉬운 정렬 방법으로써 자료의 개수가 많지 않은 경우에 많이 사용된다. 그러나 부록 F에 나오는 빠른 정렬(quick sort)에 비해 선택 정렬의 속도가 느리기 때문에 자료의 개수가 많은 경우에는 빠른 정렬을 이용할 것을 권한다.

n개의 정수형 자료를 크기가 큰 수부터 작은 수 순서로 선택 정렬 방법을 사용하여 정렬하는 경우를 예로 들어 설명하면 다음과 같다.

(i) 우선 n개의 모든 원소 중에서 최댓값을 찾고 그 원소와 첫 번째에 위치한 원소를 교환한다.

(ii) 나머지 $n-1$개의 원소 중에서 최댓값을 찾고 그 원소와 두 번째에 위치한 원소를 교환한다.

(iii) 이와 같은 과정을 마지막 원소까지 반복한다.

5개의 원소로 구성된 자료에 대한 정렬의 과정을 예로 들어보면 다음과 같다.

```
     12  30  15  40  32
-->  40  30  15  12  32
-->  40  32  15  12  30
-->  40  32  30  12  15
-->  40  32  30  15  12
```

이 예에 대한 프로그램을 보면 다음과 같다.

예제 9.12 (선택 정렬)

```
#include<stdio.h>
#include<stdlib.h>
main()
{
  int *a,n,i;
  void selection_sort();
  printf("자료의 개수를 입력하십시오: ");
  scanf("%d",&n);
  a=malloc(n*sizeof(int));
  printf("자료를 입력하십시오: ");
  for(i=0;i<n;i++)
    scanf("%d",&a[i]);
  selection_sort(a,n);
  printf("        정렬된 결과: ");
  for(i=0;i<n;i++)
    printf("%d ",a[i]);
  printf("\n");
  free(a);
}

void selection_sort(int *a, int n)
{
  int max,temp,i,j,max_index;
  for(i=0;i<n;i++){
    max=a[i];
    max_index=i;
    for(j=i+1;j<n;j++)
      if(a[j]>max){
        max=a[j];
        max_index=j;
      }
    temp=a[i];
```

```
    a[i]=a[max_index];
    a[max_index]=temp;
  }
}
```

이 프로그램의 입출력 예를 보면 다음과 같다.

```
자료의 개수를 입력하십시오: 5
자료를 입력하십시오: 12 30 15 40 32
       정렬된 결과: 40 32 30 15 12
```

다음 예는 1부터 9까지의 정수 중 서로 다른 5개를 임의로 선택하여 크기순으로 출력하는 프로그램이다. 이 경우 9개의 정수 중 같은 수가 두 번 이상 선택되면 안 되므로 주의해야 한다.

예제 9.13 (서로 다른 수를 출력하는 경우)

```
#include<stdio.h>
#include<stdlib.h>
#include<time.h>
main()
{
  int *a,i,k,temp;
  void selection_sort(int*,int);
  srand(time(NULL));
  a=malloc(9*sizeof(int));
  a--;
  for(i=1;i<=9;i++)
    a[i]=i;
  for(i=1;i<=5;i++){
    k=rand()%(10-i)+i;
    temp=a[i];
    a[i]=a[k];
    a[k]=temp;
  }
  selection_sort(a,5);
  printf("%d %d %d %d %d\n",a[1],a[2],a[3],a[4],a[5]);
  free(&a[1]);
}

void selection_sort(int *a, int n)
```

```
{
  int min,min_index,temp,i,j;
  for(i=1;i<=n;i++){
    min=a[i];
    min_index=i;
    for(j=i+1;j<=n;j++){
      if(a[j]<min){
        min=a[j];
        min_index=j;
      }
    }
    temp=a[i];
    a[i]=a[min_index];
    a[min_index]=temp;
  }
}
```

다음은 이 프로그램의 출력 예이다.

```
1 2 4 6 9
```

이 프로그램의 경우 우선 포인터의 오프셋을 이용하여 크기가 9인 일차원 배열 a를 선언하고,

```
for(i=1;i<=9;i++)
  a[i]=i;
```

에서와 같이 일단 변수 a[1]부터 a[9]까지 1부터 9까지의 수를 순서대로 저장한다. 그러고 나서

```
for(i=1;i<=5;i++){
  k=rand()%(10-i)+i;
  temp=a[i];
  a[i]=a[k];
  a[k]=temp;
}
```

에서 i가 1일 때, 난수를 발생시켜 1부터 9까지의 수 중에서 하나인 k를 얻고 a[1]과 a[k]를 교환한다. 그러면 a[1]이 정해지고 a[1]은 더 이상 프로그램에 관여하지 않는다.

그 다음에 i가 2일 때, 다시 난수를 발생시켜 2부터 9까지의 수 중에서 하나인 k를 다시 얻고 a[2]와 a[k]를 교환한다. 그러면 a[2]가 정해지고 a[2]는 a[1]과 다르며 더 이상 프로그램에 관여하지 않는다.

그러고 나서 이와 같은 방법을 계속 반복하여 다섯 개의 서로 다른 수를 얻는다. 그 후 다음과 같이 선택정렬을 호출하여 순서대로 정렬하면 된다.

```
selection_sort(a,5);
```

9.4 응용프로그램 – 순열

N개의 원소를 갖는 집합 A에 대하여 A의 원소를 각각 한 번씩만 사용하여 순서대로 나열한 것을 **순열(permutation)**이라 한다. (단, N은 자연수이다.) 일반적으로 원소의 개수가 N인 집합에 대한 순열의 모든 경우의 수는 $N!$로 계산된다.

예를 들어 $N = 3$인 집합 $A = \{1, 2, 3\}$에 대한 모든 순열은 다음과 같이 $6(= 3!)$가지가 있다.

```
1 2 3
1 3 2
2 1 3
2 3 1
3 1 2
3 2 1
```

또한 $N = 4$인 집합 $A = \{1, 2, 3, 4\}$에 대한 모든 순열은 $24(= 4!)$가지가 있다.

이제 임의로 주어진 자연수 N에 대하여 집합 $A = \{1, 2, 3, \ldots, N\}$에 대한 모든 순열을 출력하는 알고리즘을 생각해 보자. 이 경우 함수의 자기호출을 사용한 알고리즘을 생각하면 편리하다. 예를 들어 $N = 4$인 경우를 살펴보자.

Step1: a[1]=1, a[2]=2, a[3]=3, a[4]=4로 둔다.

Step2: a[i]부터 a[n]까지의 순열을 모두 출력하는 부함수 permutation()을 만드는데, 이 함수를 호출하는 경우 permutation(a,i,n);과 같이 한다.

Step3: $N = 4$이므로 permutation(a,1,4)가 호출되면 k=1, 2, 3, 4 각각에 대하여 다음과 같이 여섯 줄씩 출력하게 된다.

```
(k=1) 1 2 3 4
      1 2 4 3
      1 3 2 4
      1 3 4 2
      1 4 2 3
      1 4 3 2
(k=2) 2 1 3 4
      2 1 4 3
      2 3 1 4
      2 3 4 1
      2 4 1 3
      2 4 3 1
(k=3) 3 1 2 4
      3 1 4 2
      3 2 1 4
      3 2 4 1
      3 4 1 2
      3 4 2 1
(k=4) 4 1 2 3
      4 1 3 2
      4 2 1 3
      4 2 3 1
      4 3 1 2
      4 3 2 1
```

이제 Step3의 과정을 상세히 살펴보자. 우선 `permutation(a,1,4)`가 호출되고 나서

`k=1` 일 때 함수의 자기호출을 사용하여 `permutation(a,2,4)`를 호출하면 처음 여섯 줄이 출력된다. 여섯 줄의 출력이 끝난 상황에서

`a[1]=1, a[2]=4, a[3]=3, a[4]=2`인데 `a[1]`과 `a[4]`을 교환하여

`a[1]=2, a[2]=4, a[3]=3, a[4]=1`로 만든다.

이제 `a[1]`을 제외한 나머지 원소들을 현재와 반대 순서로 저장하여

`a[1]=2, a[2]=1, a[3]=3, a[4]=4`로 만든다.

이 상태에서

`k=2` 가 되고 다시 함수의 자기호출을 사용하여 `permutation(a,2,4)`를 호출하면 다음 여섯 줄이 출력된다. 현재

a[1]=2, a[2]=4, a[3]=3, a[4]=1인데 a[1]과 a[3]을 교환하여

a[1]=3, a[2]=4, a[3]=2, a[4]=1로 만든다.

이제 a[1]을 제외한 나머지 원소들을 현재와 반대 순서로 저장하여

a[1]=3, a[2]=1, a[3]=2, a[4]=4로 만든다.

이 상태에서

k=3 이 되고 다시 함수의 자기호출을 사용하여 permutation(a,2,4)를 호출하면 다음 여섯 줄이 출력된다. 현재

a[1]=3, a[2]=4, a[3]=2, a[4]=1인데 a[1]과 a[2]를 교환하여

a[1]=4, a[2]=3, a[3]=2, a[4]=1로 만든다.

이제 a[1]을 제외한 나머지 원소들을 현재와 반대 순서로 저장하여

a[1]=4, a[2]=1, a[3]=2, a[4]=3으로 만든다.

이 상태에서

k=4 가 되고 다시 함수의 자기호출을 사용하여 permutation(a,2,4)를 호출하면 마지막 여섯 줄이 출력되고 프로그램의 실행이 멈춘다.

위 알고리즘에서 k=1일 때 실제로 순열이 출력되는 과정을 살펴보자. 함수의 자기호출을 반복하면 permutation(a,1,4), permutation(a,2,4), permutation(a,3,4), permutation(a,4,4)와 같은 과정이 나타나게 되는데 마지막 단계에서만 순열을 출력하면 된다. 즉 permutation(a,i,n)에서 i와 n이 같은 수일 때만 순열을 출력하면 된다.

따라서 이 프로그램을 완성하기 위해서는 다음과 같은 부함수가 사용된다.

void permutation(int *a, int i, int n)

: a[i]부터 a[n]까지의 순열을 모두 출력하는 함수

void swap(int *a, int i, int j)

: a[i]와 a[j]의 값을 맞바꾸어 저장하는 함수

void reverse(int *a, int i, int n)

: a[i]부터 a[n]까지의 원소들을 반대 순서로 저장하는 함수

다음 예제는 이를 바탕으로 작성된 소스 코드이다.

예제 9.14 (순열 출력 프로그램)

```
#include<stdio.h>
#include<stdlib.h>
#define N 4 // N개의 원소를 갖는 집합에 대한 순열
int count=0; // 순열의 총 가지 수를 세기 위한 전역 변수
void permutation(int*,int,int);
void reverse(int*,int,int);
void swap(int*,int,int);

main()
{
  int *a, i;
  a=(int*)malloc(N*sizeof(int));
  a--;
  for(i=1;i<=N;i++) // 1부터 N까지의 자연수를 이용한 순열
    a[i]=i;
  permutation(a,1,N); // 순열 함수 호출
  printf("==> 순열의 개수: %d\n",count); // 모든 순열의 개수 출력
  free(a+1);
}

// 두 원소의 교환을 위한 함수
void swap(int *a, int i, int j)
{
  int temp;
  temp=a[i];
  a[i]=a[j];
  a[j]=temp;
}

// a[i]부터 a[n]까지 저장되어 있는 값을 반대로 저장하는 함수
void reverse(int *a, int i, int n)
{
  int k,m,s;
  int temp;
  s=i+n;
  m=s/2;
  for(k=i;k<=m;k++){
    temp=a[k];
    a[k]=a[s-k];
    a[s-k]=temp;
```

```
  }
}

// a[i]부터 a[n]까지의 순열 출력
void permutation(int *a, int i, int n)
{
  int k;
  if(i<n) {
    for(k=i;k<=n;k++){
      permutation(a,i+1,n); // 함수의 자기 호출
      if(k!=n){
        swap(a,i,n-k+i);
        reverse(a,i+1,n);
      }
    }
  }
  else{ // i와 n이 같으면 현재의 순열 출력
    count++;
    for(k=1;k<=n;k++)
      printf ("%d ",a[k]); // 순열 출력
    printf ("\n");
  }
}
```

$N = 4$인 경우 이 프로그램을 사용한 실제 출력은 다음과 같다:

```
1 2 3 4
1 2 4 3
1 3 2 4
1 3 4 2
1 4 2 3
1 4 3 2
2 1 3 4
2 1 4 3
2 3 1 4
2 3 4 1
2 4 1 3
2 4 3 1
3 1 2 4
3 1 4 2
3 2 1 4
```

```
3 2 4 1
3 4 1 2
3 4 2 1
4 1 2 3
4 1 3 2
4 2 1 3
4 2 3 1
4 3 1 2
4 3 2 1
==> 순열의 개수: 24
```

위 프로그램을 활용한 예제로써 다음 9개의 빈 칸에 자연수 1부터 9까지를 한 번씩만 집어넣어 식이 완성되도록 하는 경우가 모두 몇 가지인지 알아보자.

$$\square\square\square+\square\square\square=\square\square\square$$

단, 좌변의 두 번째 수는 첫 번째 수보다 크다. 이 문제에 대한 C코드는 다음과 같다.

예제 9.15 (순열을 이용한 방정식의 해 구하기)

```
#include<stdio.h>
#include<stdlib.h>
#define N 9 // 9개의 원소를 갖는 집합에 대한 순열
int count=0; // 해의 개수를 세기 위한 전역 변수
void permutation(int*,int,int);
void reverse(int*,int,int);
void swap(int*,int,int);

main()
{
  int *a, i;
  a=(int*)malloc(N*sizeof(int));
  a--;
  for(i=1;i<=N;i++)
    a[i]=i;
  permutation(a,1,N);
  printf("==> 해의 개수: %d\n",count); // 해의 개수 출력
  free(a+1);
}

```

```
void swap(int *a, int i, int j)
{
  int temp;
  temp=a[i];
  a[i]=a[j];
  a[j]=temp;
}

void reverse(int *a, int i, int n)
{
  int k,m,s;
  int temp;
  s=i+n;
  m=s/2;
  for(k=i;k<=m;k++){
    temp=a[k];
    a[k]=a[s-k];
    a[s-k]=temp;
  }
}

void permutation(int *a, int i, int n)
{
  int k;
  int s1,s2,s3;
  if(i<n) {
    for(k=i;k<=n;k++){
      permutation(a,i+1,n);
      if(k!=n){
        swap(a,i,n-k+i);
        reverse(a,i+1,n);
      }
    }
  }
  else{ // i와 n이 같으면 해인지 판정
    s1=a[1]*100+a[2]*10+a[3];
    s2=a[4]*100+a[5]*10+a[6];
    s3=a[7]*100+a[8]*10+a[9];
    if(s1<s2 && s1+s2==s3){ // 해인 경우
      count++;
      printf("%d%d%d+%d%d%d=%d%d%d\n",\
```

```
      a[1],a[2],a[3],a[4],a[5],a[6],a[7],a[8],a[9]);
    }
  }
}
```

이 프로그램의 출력은 다음과 같다.(지면 절약을 위해 출력의 중간 부분은 생략하였다.)

```
124+659=783
125+739=864
127+359=486

. . . . . .

367+524=891
372+546=918
376+542=918
381+546=927
386+541=927
==> 해의 개수: 168
```

제 9 장 연습문제

9.1 다음 세 프로그램의 출력은 각각 무엇인가?

(a)
```
#include<stdio.h>
main()
{
  int a[2];
  void sub();
  a[0]=2;
  a[1]=3;
  sub(a[0],a[1]);
  printf("%d %d\n",a[0],a[1]);
}
void sub(int i, int a)
{
  a=i*i;
}
```

(b)
```
#include<stdio.h>
main()
{
  int a[2];
  void sub();
  a[0]=2;
  a[1]=3;
  sub(a);
  printf("%d %d\n",a[0],a[1]);
}
void sub(int a[])
{
  a[1]=a[0]*a[0];
}
```

(c)
```
#include<stdio.h>
main()
{
  int a[2];
  void sub();
  a[0]=2;
  a[1]=3;
  sub(a);
  printf("%d %d\n",a[0],a[1]);
}
void sub(int *a)
{
```

```
        a[1]=a[0]*a[0];
    }
```

9.2 다음 프로그램의 출력은 무엇인가?

```
#include<stdio.h>
#include<stdlib.h>
main()
{
  int *a,i,b=0;
  a=calloc(10,sizeof(int));
  for(i=0;i<5;i++)
    a[i]+=i;
  b+=a[1]+a[4]+a[6];
  realloc(a,3*sizeof(int));
  b+=a[1];
  realloc(a,10*sizeof(int));
  for(i=0;i<3;i++)
    a[i]+=i;
  for(i=4;i<9;i++)
    a[i]=i;
  b+=a[1]+a[4]+a[6]+a[8];
  printf("%d\n",b);
  free(a);
}
```

9.3 **(행렬의 곱)** n값과 두 개의 $n \times n$ 행렬 A, B 값을 모두 입력하면 행렬의 곱 AB를 계산하여 출력하는 프로그램을 작성하라. 단, 동적 메모리 할당과 포인터의 오프셋을 사용하라.

9.4 다음 두 프로그램의 출력이 같은가? 그 이유는 무엇인가?

(a)
```
#include<stdio.h>
main()
{
  int a[3]={1,2,3};
  float s;
  void sub();
  sub(a,&s);
  printf("%f\n",s);
}
void sub(int *a, float *s)
{
  *s=(a[0]+a[1]+a[2])/3.f;
}
```

(b)
```
#include<stdio.h>
```

```
main()
{
  int a[3]={1,2,3};
  float s;
  float sub();
  s=sub(a);
  printf("%f\n",s);
}
float sub(int *a)
{
  return (a[0]+a[1]+a[2])/3.f;
}
```

9.5 **(표준편차)** 다음은 n명의 학생 성적을 입력받아 표준편차를 구하는 프로그램의 주함수 부분이다. 부함수를 작성하여 프로그램을 완성하라.

```
#include<stdio.h>
#include<stdlib.h>
#include<math.h>
main()
{
  int *a,i,n;
  double s;
  void sd(int*,int,double*);
  printf("n값 입력: ");
  scanf("%d",&n);
  printf("n명의 성적 입력: ");
  a=malloc(n*sizeof(int));
  for(i=0;i<n;i++)
    scanf("%d",&a[i]);
  sd(a,n,&s);
  printf("표준편차: %f\n",s);
  free(a);
}
```

9.6 **(난수의 정렬)** 1부터 100까지의 난수 10개를 임의로 생성하여 정렬되기 전과 후의 수를 각각 출력하는 프로그램을 작성하라.

9.7 **(서로 다른 난수 출력)** `rand()`함수를 사용하여 1부터 99까지의 정수 중 서로 다른 정수 30개를 발생시켜 한 줄에 10개씩 작은 수부터 큰 수 순서로 출력하는 프로그램을 작성하라. 다음은 출력의 한 예이다.

```
 4  5 12 13 16 17 19 20 21 23
25 27 29 31 33 36 37 38 40 44
50 52 54 58 60 71 77 89 91 98
```

9.8 **(전치행렬, tansposed matrix)** 자연수 n값과 $n \times n$ 행렬 A 값을 입력하면 행렬 A의 전치행렬 A^T를 출력하는 프로그램을 작성하라. 단, 동적 메모리 할당과 포인터의 오프셋을 사용하라. (참고: 행렬 A의 i행, j열의 원소가 a_{ij}이면 전치행렬 A^T의 i행, j열의 원소는 a_{ji}이다.)

입출력 예:

```
n값을 입력하십시오.
3
행렬의 A의 원소를 입력하십시오.
1 2 3
4 5 6
7 8 9
A의 전치행렬:
1 4 7
2 5 8
3 6 9
```

9.9 아래 그림의 네모 안에 1부터 9까지의 서로 다른 자연수를 각각 하나씩 넣어서 계산식이 성립하도록 하는 모든 경우를 구하라. (힌트: 실제로 답은 한 가지 경우밖에 없다.)

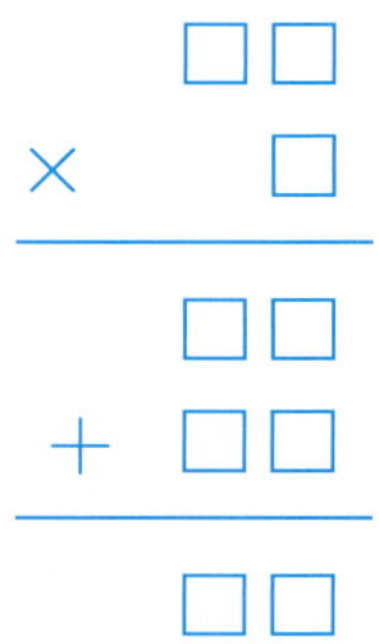

9.10 아래 그림의 9개의 빈 칸에 1부터 9까지의 서로 다른 자연수를 하나씩 넣어서 각 원 안에 있는 숫자의 합이 모두 같게 되도록 하려고 한다.

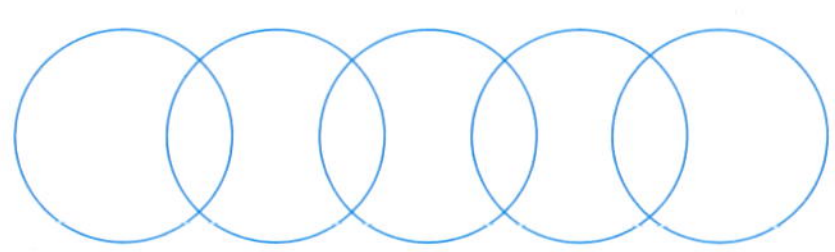

예를 들어

4, 9, 1, 3, 8, 2, 5, 6, 7

의 순서로 숫자를 집어넣으면 각 원 안에 있는 숫자의 합이 모두 13으로 일정하다. 이 문제의 모든 답을 구하여 출력하는 프로그램을 작성하되 최대한 효율적인 프로그램이 되도록 하라.
(힌트: 이 문제의 답은 모두 8가지 경우가 있으며 위의 예는 그 중 하나이다. 또한 원 안의 합이 꼭 13일 필요는 없다. 즉, 각 원 안의 수의 합이 일정해야 하지만 그 합이 꼭 13으로 일정할 필요는 없다.)

9.11 **(마방진, magic square)** 아래 그림의 빈 칸에 1부터 9까지의 서로 다른 자연수를 하나씩 넣어서 가로, 세로, 대각선 방향의 세 숫자의 합이 모두 동일하게 나오도록 하는 모든 경우를 구하라.

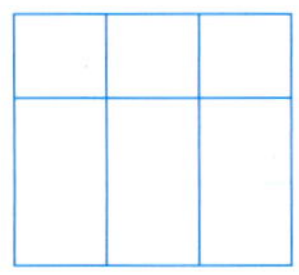

9.12 **(메모리 누출, memory leak)** 아래의 프로그램을 실행시켜보고 어떤 결과가 나오는지 말하라.

```
#include<stdio.h>
#include<stdlib.h>
void main()
{
  int i,outm;
  int sub(void);
  for(i=1;i<=1000;i++){
    printf("i=%d\n",i);
    outm=sub();
    if(outm==1)
      break;
  }
}

int sub(void)
{
  char *a;
  int outm;
  a=malloc(100000000*sizeof(char)); // 100MB 할당
  if(a==NULL){ //할당에 실패했을 때
    printf("out of memory\n");
    outm=1;
  }
  else
    outm=0;
  free(a); //메모리 해제
```

```
  return outm;
}
```

이번에는 위 프로그램에서 `free(a);` 부분을 없애고 실행하면 어떤 결과가 나오는지 말하고, 메모리 누출과 관련하여 설명하라.

제 10 장

문자열

문자열(string)은 글자 그대로 문자 여러 개가 합쳐져서 만들어지는 열을 말하는 것으로 보통 큰따옴표에 의해 둘러싸여 나타내진다. 즉, 문자열은 한 개 이상의 문자로 이루어진 배열로 볼 수 있다.

10.1 문자열의 입출력

문자열의 입출력을 위한 변환문자로는 `%s`를 사용한다. 다음은 "`Hello.`"라는 문자열을 출력하는 예이다.

예제 10.1 (문자열 "Hello."의 출력)

```
1 #include<stdio.h>
2 main()
3 {
4   char a[7]="Hello.";
5   printf("%s\n",a);
6 }
```

이 프로그램의 출력은 다음과 같다.

```
Hello.
```

이 프로그램을 살펴보면 4번째 줄에서

```
char a[7]="Hello.";
```

하여 문자열 "Hello."를 배열 a에 저장하고 있다. 실제로 저장되는 문자는 양끝의 큰따옴표를 제외한 부분, 즉 Hello.의 여섯 글자이다. 또한 문자열의 크기는 6 바이트인데 배열의 크기는 7로 선언되고 있다. 이렇게 하는 이유는, 문자열의 끝을 나타내기 위해 NULL 문자라고 불리는 '\0'이 배열의 마지막 한 바이트를 차지하기 때문이다. 즉, 이 경우 문자열 a의 구조를 보면 다음과 같다.

H	e	l	l	o	.	\0

만일 10개의 문자로 구성된 문자열을 저장하고자 한다면 문자형 배열의 크기를 11 이상으로 해주어야 한다. 물론 이것은 영문자나 숫자 혹은 특수문자처럼 한 글자가 1바이트에 해당되는 경우이다.

한글의 경우 한 글자가 2바이트를 차지하므로 주의해야 한다. 예를 들어 한글 세 글자로 구성된 문자열을 저장하려면 적어도 7바이트가 필요하게 된다.

다음 예제는 scanf와 printf를 사용한 문자열의 입출력을 보여주고 있다.

예제 10.2 (문자열의 입출력)

```
#include<stdio.h>
main()
{
  char name[12];
  scanf("%s",name);
  printf("제 이름은 %s입니다.\n",name);
}
```

다음은 이 프로그램의 입출력 예이다.

```
홍길동
제 이름은 홍길동입니다.
```

이 예에서는 문자열 "홍길동"은 모두 세 글자이므로 6바이트를 차지하고, 이는 문자형 배열 name[12]의 최대 저장 범위인 11바이트를 넘지 않고 있다.

또한 scanf에서 배열이름 name만 적어주고 있는 것은 배열이름 자체가 포인터이기 때문이다.

마지막으로 주의할 점은 scanf를 사용하여 문자열을 입력받는 경우 **중간에 공백 문자가 나오면 그 이전까지만 입력**된다는 것이다. 이를 잘 보여주는 입출력 예를 보면 다음과 같다.

```
홍 길동
제 이름은 홍입니다.
```

이 예에서 알 수 있듯이 scanf를 사용하여 문자열을 입력받는 경우 중간에 공백문자가 나오면 원하지 않는 결과가 나올 수 있으므로 주의해야 한다.

다음 예제는 문자열을 다루는 좀 더 다양한 방법을 보여주고 있다.

예제 10.3 (문자열 입출력의 다양한 예)

```
#include<stdio.h>
main()
{
  char a[10]="Hello!",b[15],*c1="안녕하세요.",*c2,d[]="Hi.";
  scanf("%s%s",a,b);
  c2="반갑습니다.";
  printf("%s\n%s\n%s\n%s\n%s\n",a,b,c1,c2,d);
}
```

이 프로그램의 입출력 예는 다음과 같다.

```
123 ABCDE
123
ABCDE
안녕하세요.
반갑습니다.
Hi.
```

이 예제에서 보면 우선 처음에 a[10]="Hello!"에 의해 Hello!가 저장되었지만 나중에 123이 입력되어 문자열 전체가 123으로 치환되고 출력되었다. b에는 문자열 "ABCDE"가 scanf에 의해 입력되어 출력되었다.

또한 문자열을 포인터 형태로 선언되어 사용될 수 있다. 문자열이 문자형 배열이고 배열 이름은 포인터이기 때문이다. char *c1="안녕하세요"와 같이 포인터 선언을 한 뒤 초기화하여 사용할 수도 있으며, char *c2처럼 포인터 선언만 해 둔 뒤에 치환문을 사용하여 문자열을 저장할 수도 있다.

마지막으로 char d[]="Hi."와 같이 문자열의 길이를 특별히 명시하지 않고 사용할 수도 있는데 이는 char d[4]="Hi."와 같은 의미가 된다.

다음은 모두 잘못 사용된 예로써 컴파일할 때 혹은 프로그램을 실행할 때 오류를 발생시킨다.

(i)
```
char a[];
a="ABCDE";
```

(ii)
```
char b[6];
b="ABCDE";
```

(iii)
```
char *c;
scanf("%s",c);
```

오류가 발생하는 원인을 분석해보면, (i) 의 경우 배열의 크기가 정해져 있지 않기 때문이고 (ii) 의 경우는 배열의 크기는 정해져 있지만 b는 포인터 상수이기 때문에 문자열을 치환할 수 없는 것이다. 물론 (i), (ii) 번 모두 다음과 같이 바꾸면 문제가 없다.

```
char a[]="ABCDE";
char b[6]="ABCDE";
```

(iii) 의 경우 c는 포인터 변수로써 단지 하나의 주소를 저장할 수 있는 기억장소를 가지고 있을 뿐이며, malloc이나 calloc을 사용한 메모리 할당을 한 뒤에는 scanf를 이용한 입력이 가능하다. 따라서

```
char *c;
c="ABCDE";
```

혹은

```
char *c;
c=malloc(6*sizeof(char));
scanf("%s",c);
```

등으로 해주면 된다.

10.2 문자열 입출력 함수

scanf()와 printf() 이외에 gets() 혹은 puts() 등을 사용하여 문자열의 입출력을 할 수도 있다.

gets()는 **문자열 입력 함수**로써 입력받고자 하는 문자형 배열의 이름을 괄호 안에 적어 주면 된다.

puts()는 **문자열 출력 함수**로써 출력하고자 하는 문자형 배열의 이름이나 문자열을 괄호 안에 적어 주면 된다.

gets()와 puts()를 합쳐서 **문자열 입출력 함수**라 부르며 두 함수 모두 stdio.h를 필요로 한다.

다음은 gets()와 puts()를 이용한 문자열 입출력의 예이다.

예제 10.4 (gets와 puts의 사용)

```
#include<stdio.h>
main()
{
  char name[15],phone[15];
  puts("이름을 입력하십시오.");
  gets(name);
  puts("전화번호를 입력하십시오.");
  gets(phone);
  printf("당신의 이름은 %s, 전화번호는 %s입니다.\n",name,phone);
}
```

이 예제의 입출력 예를 보면 다음과 같다.[1]

```
이름을 입력하십시오.
C. S. Kim
전화번호를 입력하십시오.
123-4567
당신의 이름은 C. S. Kim, 전화번호는 123-4567입니다.
```

이 예에서도 나타나듯이 gets()나 puts()의 경우 괄호 안에 원하는 문자열이나 문자 배열이름을 적어주면 된다.

이처럼 gets()나 puts()는 사용법이 매우 단순하고 쉬운 반면 반드시 하나의 문자열만을 입출력할 수 있고, puts()의 경우에는 printf()처럼 다양한 format으로 출력을 하기는 불가능하다. 또한 puts()는 문자열을 출력한 뒤 커서를 자동적으로 다음 줄로 내려 보냄을 알 수 있다.

gets()의 경우는 공백문자를 포함하여 한 줄 전체의 문자열을 입력할 수 있다는 점이 scanf()와의 차이점이다.

---

[1] 이 프로그램의 경우 Microsoft Visual C에서 컴파일을 하면 다음과 같은 경고 메시지가 나온다.
`warning C4996: 'gets': This function or variable may be unsafe. Consider using gets_s instead. To disable deprecation, use _CRT_SECURE_NO_WARNINGS. See online help for details.`
이에 대한 해결책으로는 부록 L을 참고하기 바란다.

10.3 문자 입출력 함수

문자를 입출력하는 경우에도 scanf()와 printf()이외에 getchar() 혹은 putchar() 등을 이용할 수도 있다.

getchar()는 **문자 입력 함수**로써 함수의 인수로는 아무것도 사용되지 않으며, 치환문을 사용하여 입력받고자 하는 문자형 변수의 이름을 등호 왼쪽에 써주면 된다.

예를 들어 문자형 변수 c에 문자형 상수의 입력을 받는 경우

```
c=getchar();
```

와 같이 한다.

putchar()는 **문자 출력 함수**로써 출력하고자 하는 문자형 변수의 이름이나 문자형 상수를 괄호 안에 적어주면 된다.

getchar()와 putchar()를 합쳐서 **문자 입출력 함수**라 부르며, 이들 함수를 사용하기 위해서는 stdio.h가 필요하다.

다음은 getchar()와 putchar()를 이용한 문자 입출력의 예이다.

예제 10.5 (getchar와 putchar의 사용)

```
#include<stdio.h>
main()
{
  char a,b='B';
  a=getchar();
  putchar(a);
  putchar(b);
  putchar('C');
}
```

이 프로그램의 입출력 예를 보면 다음과 같다.

```
A
ABC
```

getchar()와 putchar()를 사용할 경우 주의할 점으로는 한 번에 한 문자밖에는 입출력할 수 없다는 점이며, 이는 scanf()나 printf()와 구별되는 점이다.

문자형 상수의 반복 입력

scanf를 이용하여 정수형 상수 두 개를 입력받는 다음 예를 생각해보자.

```
int a,b;
scanf("%d%d",&a,&b);
```

이 경우 공백문자 혹은 엔터키로 입력되는 두 수를 구별하게 된다. 즉, 입력으로

```
1 2
```

하는 것과

```
1(엔터)
2
```

하는 것은 같은 결과를 얻게 되며 a에는 1이, b에는 2가 각각 저장된다.

이제 문자형 상수를 반복 입력하는 경우를 생각해보자. 이 경우는 많은 주의를 요하는데, 공백문자나 엔터키(\n)도 모두 하나의 문자로 간주되기 때문이다. 예를 들어 문자형 상수 'a'와 'b'를 반복 입력하는 다음 경우를 생각해보자.

예제 10.6 (한 줄에 두 문자를 입력하는 예)

```
#include<stdio.h>
main()
{
  int i;
  char c;
  for(i=1;i<=2;i++){
    c=getchar();
    printf("%c\n",c);
  }
}
```

이 경우 아래와 같은 입력을 생각하자.

ab(엔터)

그러면 다음과 같은 출력을 얻는다.

```
a
b
```

이 경우 한 줄에 한 글자씩 입력하는 것은 불가능하다. 즉, 다음 입출력 예와 같이 된다.

입력 : a(엔터) ← 두 번째 문자로 엔터키('\n')를 받아들임
출력 : a(엔터) ← 프로그램이 종료되므로 'b'를 입력할 수 없다.

따라서 이런 경우에는 다음과 같은 방법을 사용한다.

예제 10.7 (getchar로 한 줄에 한 문자씩 입력받는 방법)

```
#include<stdio.h>
main()
{
  int i;
  char c;
  for(i=1;i<=2;i++){
    c=getchar();
    printf("%c\n",c);
    while(getchar()!='\n');
  }
}
```

입력 : a(엔터)
출력 : a
입력 : b(엔터)
출력 : b

입출력의 다른 예를 보면 다음과 같다.
입력 : abcd(엔터)
출력 : a
입력 : bcde(엔터)
출력 : b
위 예제에서

```
while(getchar()!='\n');
```

의 의미는 이전 입력에서 나오는 엔터키(\n)를 무력화시키는 것이다.

즉, 입력으로 엔터키(\n)가 들어오면 while문을 벗어나 위의 c=getchar(); 에서 다음 입력을 받을 수 있으며, 만일 입력으로 엔터키 이외의 다른 문자가 들어오면 엔터키가 나타날 때까지 계속 입력을 받게 된다.

물론 while문과 그 끝의 세미콜론 사이에 아무런 명령문이 없으므로 문자를 입력받는 것 이외의 다른 일은 하지 않게 된다. 이런 방법을 쓰면 정확히 한 줄에 한 문자만 입력받게 된다.

참고로 위 프로그램은 다음과 같이 scanf와 printf를 사용하여 작성할 수 있으며 그 입출력은 앞에서와 같다.

예제 10.8 (scanf와 printf를 사용한 문자 입출력)

```
#include<stdio.h>
main()
{
  int i;
  char c,d;
  for(i=1;i<=2;i++){
    scanf("%c",&c);
    printf("%c\n",c);
    while(scanf("%c",&d),d!='\n');
  }
}
```

또한 다음 예와 같이 fflush 함수를 사용하여 이전 입력에서 버퍼에 남아 있는 불필요한 내용을 제거할 수 있다. (여기서 stdin은 표준입력, 즉 키보드 입력을 나타낸다.)

예제 10.9 (fflush의 사용)

```
#include<stdio.h>
main()
{
  int i;
  char c;
  for(i=1;i<=2;i++){
    c=getchar();
    printf("%c\n",c);
    fflush(stdin);
  }
}
```

또 다른 문자 입출력 함수로 getc와 putc가 있다. 아래 예는 그 용법을 설명하고 있는데, stdin은 (앞에서와 같이) 표준 입력, 즉 키보드를 통한 입력을 나타내며, stdout은 표준 출력, 즉 화면을 통한 출력을 나타낸다.

예제 10.10 (getc와 putc의 사용)

```
#include<stdio.h>
void main()
{
  char a;
  printf("문자 하나를 입력하십시오.\n");
  a=getc(stdin);
  printf("입력된 문자는 다음과 같습니다.\n");
  putc(a,stdout);
  putc('\n',stdout);
}
```

이 프로그램의 입출력 예를 보면 다음과 같다.

```
문자 하나를 입력하십시오.
R
입력된 문자는 다음과 같습니다.
R
```

또 다른 문자 입출력 함수로 getch, getche와 putch 등을 사용할 수도 있다.

getch는 키보드에 문자를 입력하면 엔터키를 기다리지 않고 바로 입력된다. 또한 getche도 엔터키를 기다리지 않고 바로 입력되는 것은 같지만 타이핑된 글자를 한 번 보여주고(echo) 입력된다는 차이점이 있다. putch는 putchar과 기능이 동일하다.

getch, getche, putch 함수를 사용하려면 conio.h 가 필요하며[2] 그 사용 예는 다음과 같다.

예제 10.11 (getch, getche, putch의 사용)

```
#include<stdio.h>
#include<conio.h>
main()
{
```

[2] conio는 console input output을 나타낸다.

```
  char c;
  printf("문자를 입력하십시오: ");
  c=getch();
  printf("\n입력하신 문자는 다음과 같습니다.\n");
  putch(c);
  putch('\n');
  printf("문자를 입력하십시오: ");
  c=getche();
  printf("\n입력하신 문자는 다음과 같습니다.\n");
  putch(c);
  putch('\n');
}
```

이 프로그램의 입출력 예는 다음과 같다.

```
문자를 입력하십시오:
입력하신 문자는 다음과 같습니다.
a
문자를 입력하십시오: b
입력하신 문자는 다음과 같습니다.
b
```

이 예에서 볼 수 있듯이 getch의 경우에는 글자 a를 입력하는 순간 프로그램의 다음 단계로 바로 이어지게 되어 출력으로 나타나기 전까지는 입력한 글자가 보이지 않는다.

반면에 getche의 경우에는 글자 b를 입력하면 일단 그 글자를 바로 보여주고 나서 다음 단계로 넘어가게 된다.

이제 다음 입출력 예와 같이 난수를 이용한 주사위 놀이 프로그램을 작성하는 경우를 생각해보자.

```
컴퓨터: 3    사람: 6  (사람이 이겼습니다.)
Play again?(Y/n) y
컴퓨터: 5    사람: 2  (컴퓨터가 이겼습니다.)
Play again?(Y/n) y
컴퓨터: 4    사람: 4  (비겼습니다.)
Play again?(Y/n) y
컴퓨터: 1    사람: 6  (사람이 이겼습니다.)
Play again?(Y/n) n
```

즉, 프로그램을 실행하면 컴퓨터와 사람의 주사위 눈의 수가 임의로 출력된 뒤 사람이 높으면 "사람이 이겼습니다."라는 출력이 나오고 컴퓨터가 높으면 "컴퓨터가 이겼습니다."라는 나오며, 같은 경우에는 "비겼습니다." 라는 출력이 나오게 된다. 그러고 나서

```
Play again?(Y/n)
```

하여 다시 게임을 할 것인지를 묻게 된다. 이때 n혹은 N이 입력되면 게임을 중단하고 실행을 멈추게 되며, 그 밖의 다른 문자가 입력되면 게임이 계속되는 것이다.

이 게임의 C프로그램을 보면 다음과 같다.

예제 10.12 (getchar을 이용한 주사위 놀이)

```
1  #include<stdio.h>
2  #include<stdlib.h>
3  #include <time.h>
4  main()
5  {
6    char a;
7    int d1,d2;
8    srand(time(NULL));
9    while(1){
10     d1=rand()%6+1;
11     d2=rand()%6+1;
12     printf("컴퓨터: %d    사람: %d  ",d1,d2);
13     if(d1<d2)
14       printf("(사람이 이겼습니다.)\n");
15     else if(d1>d2)
16       printf("(컴퓨터가 이겼습니다.)\n");
17     else
18       printf("(비겼습니다.)\n");
19     printf("Play again?(y/n) ");
20     a=getchar();
21     while(getchar()!='\n'); /* 이전 입력에서의 '\n'을 무력화시킴 */
22     if(a=='n' || a=='N')
23       break;
24   }
25 }
```

이 예제에서도 20번째 줄의 `a=getchar();` 다음 줄인 21번째 줄에 있는

```
while(getchar()!='\n');
```

이 중요한 역할을 하고 있음을 알 수 있다. 만일 이 줄이 생략되면, 문자를 입력할 때 앞에서 입력된 엔터키 때문에 전혀 원하지 않은 결과가 나오게 된다.

앞의 예에서

```
a=getchar();
fflush(stdin);
```

부분을 다음과 같이 getche를 사용한 것으로 바꿔도 된다.

```
a=getche();
putchar('\n');
```

이 때 `putchar('\n');`은 게임 결과를 다음 줄에 출력하기 위해 필요하며 getche를 사용하려면 conio.h가 필요한 것을 잊지 말아야 한다. 따라서 앞의 예를 다음과 같이 바꿀 수 있다.

예제 10.13 (getche를 이용한 주사위 놀이)

```
#include<stdio.h>
#include<time.h>
#include<stdlib.h>
#include<conio.h>
main()
{
  char a;
  int d1,d2;
  srand(time(NULL));
  while(1){
    d1=rand()%6+1;
    d2=rand()%6+1;
    printf("컴퓨터: %d    사람: %d   ",d1,d2);
    if(d1<d2)
      printf("(사람이 이겼습니다.)\n");
    else if(d1>d2)
      printf("(컴퓨터가 이겼습니다.)\n");
    else
      printf("(비겼습니다.)\n");
    printf("Play again?(y/n) ");
    a=getche();
    putchar('\n');
```

```
    if(a=='n' || a=='N')
      break;
  }
}
```

10.4 문자열 관련 기타 함수

문자열과 관련하여 많이 사용되는 함수로 strcpy, strcat, strlen, strcmp 등이 있으며 모두 헤더 파일 string.h가 필요하다. strcpy 함수는 문자열을 치환(덮어쓰기)할 때 사용하며 strcat 함수는 문자열을 추가할 때 사용한다. 또한 strlen 함수는 문자열의 크기를 알아낼 때 사용하며 strcmp 함수는 문자열을 비교할 때 사용한다.[3]

다음 예제를 통해 strcpy와 strcat의 용법을 알아보자.

예제 10.14 (strcpy와 strcat의 사용)

```
#include<stdio.h>
#include<stdlib.h>
#include<string.h>
main()
{
  char *a;
  a=malloc(30*sizeof(char));
  strcpy(a,"안녕하세요?");
  printf("%s\n",a);
  strcpy(a,"123");
  printf("%s\n",a);
  strcat(a,"반갑습니다.");
  printf("%s\n",a);
  free(a);
}
```

이 프로그램의 출력은 다음과 같다.[4]

---

[3] strcpy , strcat, strlen, strcmp는 각각 string copy, string concatenate, string length, string compare의 줄임말이라고 볼 수 있다. concatenate는 '사슬같이 이어 붙인다'는 뜻의 영어 단어이다.

[4] `strcpy`, `strcat` 등의 함수를 사용하여 Microsoft Visual C에서 컴파일을 하면 다음과 같은 형태의 경고 메시지가 나온다.

```
warning C4996: 'strcpy': This function or variable may be unsafe. Consider
```

```
안녕하세요?
123
123반갑습니다.
```

8번째 줄의

```
strcpy(a,"안녕하세요?");
```

에 의해 문자형 배열 a에 문자열 "안녕하세요?"가 저장되며 9번째 줄의 출력문에 의하여 문자열이 그대로 출력된다. strcpy 함수의 경우 **두 번째 인자인 문자열이 첫 번째 인자인 문자형 배열에 덮어 쓰기**가 되면서 저장되게 되는 것에 주의해야 한다. 결국 10번째 줄의

```
strcpy(a,"123");
```

에 의해 문자 배열 a에 문자열 "123"이 덮어 쓰기가 되므로 기존의 문자열 "안녕하세요?"는 사라지고 그 대신 문자열이 "123"이 저장된다. 이 문자열이 11번째 줄의 출력문에 의하여 출력된다. 이번에는 12번째 줄의

```
strcat(a,"반갑습니다.");
```

에 의해 문자형 배열 a에 문자열 "반갑습니다."가 추가된다. 즉, strcat 함수의 경우 **두 번째 인자인 문자열이 첫 번째 인자인 문자형 배열에 저장되어 있는 문자열을 보존하면서 추가로 저장**된다. 따라서 배열 a에는 문자열 "123반갑습니다."가 저장된다. 이를 13번째 줄의 출력문에 의하여 출력하고 있다.

참고로 이 예에서 배열의 동적 할당 부분을 생략할 수 없다. 또한

```
char *a;
a=malloc(30*sizeof(char));
```

는

```
char a[30];
```

으로 바꿀 수 있다.

다음 예제를 통해 strlen의 용법을 알아보자.

---

using strcpy_s instead. To disable deprecation, use _CRT_SECURE_NO_WARNINGS. See online help for details.
이에 대한 해결책으로는 부록 L을 참고하기 바란다.

예제 10.15 (strlen의 사용)

```
#include<stdio.h>
#include<string.h>
main()
{
  char *a,b[10]="대한민국";
  a="abc";
  printf("문자열: %s\n", a);
  printf("문자열의 길이: %d\n",strlen(a));
  printf("문자열: %s\n", b);
  printf("문자열의 길이: %d\n",strlen(b));
}
```

이 프로그램의 출력은 다음과 같다.

```
문자열: abc
문자열의 길이: 3
문자열: 대한민국
문자열의 길이: 8
```

이 출력을 보면 strlen 함수는 **문자열의 길이를 바이트 단위로 출력**함을 알 수 있다.[5] 특히 한글은 한 글자가 2바이트를 차지함을 알 수 있다.

다음 프로그램은 문자열 2개를 입력 받아 두 번째 문자열의 내용을 모두 별표(*)로 바꾸는 프로그램이다.

예제 10.16 (특정 문자열의 내용을 모두 *로 바꾸는 예)

```
#include<stdio.h>
#include<string.h>
main()
{
  char a[100],b[100];
  int i,n;
  puts("문자열 2개를 입력하시오.");
  scanf("%s %s",a,b);
  n=strlen(b);
  for(i=0;i<n;i++)
    b[i]='*';
```

[5] 문자열이 문자형 배열에 저장된 경우 NULL 문자는 제외하고 문자열의 길이를 계산한다.

```
  printf("%s %s\n",a,b);
}
```

이 프로그램의 입출력 예는 다음과 같다.

```
문자열 2개를 입력하시오.
abcde H23036#@$73aab
abcde **************
```

strcmp함수는 두 개의 원소를 인수로 가지며 앞의 원소가 알파벳순(가나다순)으로 더 빠르면 음의 정수 −1을 함숫값으로 반환하며, 뒤의 원소가 더 빠르면 양의 정수 1을 함숫값으로 반환한다. 앞뒤 원소가 같으면 정수 0을 함숫값으로 반환한다. 또한 한글은 영문보다 알파벳순으로 뒤에 위치하는 것으로 본다.

`strcmp("abc","def")`, `strcmp("abc","abc ")`, `strcmp("abc","가나다")`

의 계산 결과는 모두 −1이고

`strcmp("abcde","abcde")`

의 계산 결과는 1이며,

`strcmp("abc","aaa")`

의 계산 결과는 1이다.

10.5 문자열의 배열

우리는 앞에서 문자열은 문자 여러 개로 구성된 문자형 1차원 배열이라는 것을 배웠다.

따라서 문자열 여러 개가 동시에 사용될 경우에는 문자열들로 구성된 배열을 만들어 사용하면 편리하다. 이 경우 각각의 문자열이 하나의 배열이므로, 문자열의 배열은 2차원 배열이 된다.

다음 예제는 문자열 여러 개로 구성된 문자열 배열의 다양한 사용법을 보여주고 있다.

예제 10.17 (문자열의 배열)

```
#include<stdio.h>
#include<stdlib.h>
main()
{
  char city[3][5]={"서울","부산","광주"};
```

```
  char country[][5]={"한국","일본","미국"};
  char *name[2]={"이순신","강감찬"};
  char **animal;
  int i;
  animal=malloc(2*sizeof(char *));
  for(i=0;i<2;i++){
    animal[i]=malloc(7*sizeof(char));
    scanf("%s",animal[i]);
  }
  printf("%s %s %s %s\n",city[0],country[0],name[1],animal[1]);
  for(i=0;i<2;i++)
    free(animal[i]);
  free(animal);
}
```

만일 이 프로그램에

```
호랑이
곰
```

이라고 입력하면 다음 출력을 얻는다.

```
서울 한국 강감찬 곰
```

이 프로그램을 보면 처음에

```
char city[3][5]={"서울","부산","광주"};
```

와 같이 문자열의 배열을 2차원 배열로 선언하고 있다. 즉, 문자열의 개수가 세 개이며, 각 문자열은 그 크기가 4바이트($5-1=4$) 이하라는 것이다. 실제로 각 도시 이름이 한글 두 글자이므로 4바이트씩 사용되고 있다.

그 다음 줄에서 보면

```
char country[][5]={"한국","일본","미국"};
```

하여 처음 인수의 크기를 생략하고 있는데 이는 물론

```
char country[3][5]={"한국","일본","미국"};
```

과 같은 것이다.

그 다음 줄에서는 포인터를 사용하고 있다. 즉,

```
char *name[2]={"이순신","강감찬"};
```

과 같이 하여 문자열 배열을 선언하고 있다. 여기서 char *name[2]는 char *(name[2])와 같은 의미로써 name[0], name[1] 각각이 문자형 포인터라는, 즉 문자열을 저장할 수 있다는 의미이다.

마지막으로

```
char **animal;
```

에서 보여지듯이 문자열 배열은 이차원 배열이므로, 포인터의 포인터로 생각할 수 있다. 이 예제에서는 문자열 배열 animal에 문자열들을 입력하기 위해 동적 메모리 할당을 한 뒤 scanf를 이용하고 있다. 즉,

```
animal=malloc(2*sizeof(char *));
for(i=0;i<2;i++){
  animal[i]=malloc(7*sizeof(char));
```

와 같이 하여 문자열이 두 개이며, 각 문자열은 6바이트$(7-1=6)$를 넘지 않는 것을 가정하고 있다.

다음 예제는 문자열을 가나다순으로 정렬하여 출력하는 프로그램이다.

예제 10.18 (문자열의 정렬)

```
#include<stdio.h>
#include<stdlib.h>
#include<string.h>
main()
{
  void selection_sort();
  char **animal;
  int i;
  printf("동물 이름 5개를 입력하십시오: ");
  animal=malloc(5*sizeof(char *));
  for(i=0;i<5;i++){
    animal[i]=malloc(11*sizeof(char));
    scanf("%s",animal[i]);
  }
  selection_sort(animal,5);
    printf("    가나다순으로 정렬된 결과: ");
  for(i=0;i<5;i++)
    printf("%s ",animal[i]);
  printf("\n");
  for(i=0;i<5;i++)
```

```
    free(animal[i]);
  free(animal);
}

void selection_sort(char **a, int n)
{
  int i,j,min_index;
  char *min,*temp;
  for(i=0;i<n;i++){
    min=a[i];
    min_index=i;
    for(j=i+1;j<n;j++)
    if(strcmp(a[j],min)<0){
      min=a[j];
      min_index=j;
    }
    temp=a[i];
    a[i]=a[min_index];
    a[min_index]=temp;
  }
}
```

이 예제의 입출력 예를 보면 다음과 같다.

```
동물 이름 5개를 입력하십시오: 돼지 소 말 너구리 개
   가나다순으로 정렬된 결과: 개 너구리 돼지 말 소
```

이 프로그램에서는 동물 이름들을 입력받아 animal이라는 이차원 배열에 저장하고 있다. 이를 위해 malloc이라는 동적 메모리 할당을 사용하였다.

부함수에서는 문자열을 정렬하기 위해 단순선택정렬을 사용하고 있으며, 문자열의 비교를 위해 strcmp()함수를 사용하고 있다. 이 프로그램에서

```
strcmp(a[j],min)<0
```

은 문자열 a[j]가 문자열 min보다 가나다순으로 더 앞에 위치하는 경우 참이 된다. 이와 같은 문자열의 비교방법을 단순선택정렬에 적용하여 가나다순으로 정렬하고 있다.

10.6 NULL 문자의 이해

NULL 문자의 ASCII 값은 0이며 변환문자 %d를 사용하여 출력하면 0이 출력되지만 변환문자 %c를 사용하여 출력하면 아무 것도 출력되지 않는다. 다음 예제는 이를 잘 설명하고 있다.

예제 10.19 (NULL 문자의 출력)

```
1  #include <stdio.h>
2  main(){
3    char b[4]="Car";
4    char c[5]="Car";
5    printf("%c %c %c %c \n",b[0],b[1],b[2],b[3]);
6    printf("%d %d %d %d \n",b[0],b[1],b[2],b[3]);
7    printf("%c %c %c %c %c \n",c[0],c[1],c[2],c[3],c[4]);
8    printf("%d %d %d %d %d \n",c[0],c[1],c[2],c[3],c[4]);
9    printf("%s %s\n",b,b);
10   printf("%s %s\n",c,c);
11 }
```

이 프로그램의 출력으로 다음을 얻는다.

```
C a r
67 97 114 0
C a r
67 97 114 0 0
Car Car
Car Car
```

이 프로그램의 3번째 줄에서

```
char b[4]="Car";
```

에 의하여 b[0], b[1], b[2]에는 순차적으로 문자형 상수 'C', 'a', 'r'이 채워지고 마지막 원소 b[3]에는 NULL문자로 채워진다. 마찬가지로 4번째 줄에서

```
char c[5]="Car";
```

에 의하여 c[0], c[1], c[2]에는 순차적으로 문자형 상수 'C', 'a', 'r'이 채워지고 c[3]과 c[4]에는 모두 NULL문자로 채워진다. 따라서 5번째 줄의 printf에 의한 출력을 보면

```
C a r
```

의 3글자만 출력이 된다. 마지막의 NULL 문자는 출력되지 않는다. 그렇지만 6번째 줄의 printf에 의한 출력에서 b[3]을 변환문자 %d를 사용하여 ASCII 값을 출력해 보면 0이 출력됨을 알 수 있다. 7번째 줄과 8번째 줄의 printf에 의한 출력도 이와 유사한 상황임을 알 수 있다. 특히 8번째 줄의 printf에서 마지막 두 원소를 변환문자 %d를 사용하여 출력하고 있는데, 두 원소 모두 0이 출력됨을 알 수 있다.

9번째 줄과 10번째 줄의 경우 문자열을 변환문자 %s를 사용하여 출력하고 있다. 출력을 보면 문자열의 끝을 나타내는 NULL 문자 바로 앞까지를 출력하게 됨을 알 수 있다.

다음 예제는 문자열이 문자형 상수 여러 개와 NULL 문자로 이루어져 있음을 더욱 분명히 알려준다.

예제 10.20 (문자형 상수와 문자열)

```
1  #include <stdio.h>
2  main(){
3    char str1[4]={'A','B','C','\0'};
4    char str2[4]={'A','B','C',0};
5    char str3[4]={'A','B','C',NULL};
6    printf("%s %s %s\n",str1,str2,str3);
7    str1[0]='D';
8    str1[1]='E';
9    printf("%s\n",str1);
10 }
```

이 프로그램의 출력으로 다음을 얻는다.

```
ABC ABC ABC
DEC
```

이 프로그램의 3번째 줄부터 5번째 줄까지를 보면, 문자열을 문자형 상수들을 이용하여 초기화할 때 마지막에 NULL 문자를 추가해야 함을 알 수 있다. 이 때 문자형 상수 '\0', 정수 0, NULL이 모두 같은 의미임을 알 수 있다. 실제로 6번째 줄에서 printf를 사용하여 출력해 보면 세 개의 문자열 str1, str2, str3이 모두 동일한 문자열로 초기화되었음을 알 수 있다. 7번째 줄과 8번째 줄에서 보면 문자열의 문자 중 일부를 치환문을 사용하여 다른 문자로 바꿀 수 있음을 보여준다.

이 때 주의해야 할 점은 문자열의 마지막을 알려주는 NULL 문자를 다른 문자로 치환하면 안 된다는 것이다. 다음 예는 이를 잘 설명하고 있다.

예제 10.21 (문자열의 잘못된 치환)

```
1 #include<stdio.h>
2 main(){
3   char string[4]="ABC";
4   string[3]='D';
5   printf("%s\n",string);
6 }
```

이 프로그램을 실행시켜보면 다음 예와 같이 이상한 출력이 나온다.

```
ABCD儆儆둮?
```

이와 같은 출력이 나오는 이유는 4번째 줄에서 문자열 `string`의 끝을 나타내는 NULL 문자를 문자형 상수 `'D'`로 치환하였기 때문이다. 이렇게 되면 문자열의 끝을 알 수 없는 상황이 되어 위와 같은 결과가 나오게 된다.

제 10 장 연습문제

10.1 (a) 다음 프로그램의 출력이 무엇인지 말하라.

```
#include<stdio.h>
main()
{
  char a[10]="Hello?",b[10]="Good bye!";
  printf("%s\n%s\n",a,b);
}
```

(b) 위와 유사한 다음 프로그램을 생각해보자.

```
#include<stdio.h>
main()
{
  char a[10],b[10];
  scanf("%s%s",a,b);
  printf("%s\n%s\n",a,b);
}
```

이 프로그램에 대하여

```
Hello?
Good bye!
```

를 입력하였을 때의 출력이 무엇인지 말하고, (a)의 결과와 다르게 나오는 이유를 설명하라.

10.2 (a) 다음 프로그램을 실행시켜 `AB`를 입력하였을 때의 출력이 무엇인지 말하라.

```
#include<stdio.h>
main()
{
  char a,b;
  scanf("%c%c",&a,&b);
  printf("%c %c\n",a,b);
}
```

(b) 위 프로그램을 `getchar()`와 `putchar()`를 이용한 같은 프로그램으로 바꿔라. (힌트: `putchar(' ');`를 이용하면 공백문자를 출력할 수 있고 `putchar('\n');`를 이용하면 개행문자를 출력할 수 있다.)

10.3 다음 프로그램을 보자.

```
#include<stdio.h>
main()
{
```

```
  char a[20],b[20];
  scanf("%s",a);
  scanf("%s",b);
  printf("%s\n%s\n",a,b);
}
```

(a) 이 프로그램을 실행시켜 입력을 다음과 같이 하였을 때의 출력을 말하라.

안녕하세요?
반갑습니다!

(b) (a)의 입력 대신 다음 입력을 하면 출력이 어떻게 되는가?

안녕하세요? 반갑습니다!

(c) 이 프로그램을 gets()와 puts()를 이용한 프로그램으로 바꿔 써서 (a)의 입력을 하였을 때 동일한 출력이 나오도록 하라.

10.4 **(가위, 바위, 보 게임)** 다음 입출력 예와 같이 난수를 이용한 가위, 바위, 보 게임 프로그램을 작성하라.

```
무엇을 내겠습니까? 바위
컴퓨터: 가위 (사람이 이겼습니다.)
Play again?(Y/n) y

무엇을 내겠습니까? 바위
컴퓨터: 보 (컴퓨터가 이겼습니다.)
Play again?(Y/n) y

무엇을 내겠습니까? 가위
컴퓨터: 가위 (비겼습니다.)
Play again?(Y/n) y

무엇을 내겠습니까? 보
컴퓨터: 바위 (사람이 이겼습니다.)
Play again?(Y/n) n
```

즉, 프로그램을 실행하면 가위, 바위, 보 중에 무엇을 낼지를 물어보게 되고, 여기에 답하면 컴퓨터가 무얼 낼지 임의로 정하여 출력된 뒤 누가 이겼는지를 표시하고

```
Play again?(Y/n)
```

하여 다시 게임을 할 것인지를 묻게 된다. 이때 n혹은 N이 입력되면 게임을 중단하고 실행을 멈추게 되며, 기타 다른 문자가 입력되면 게임이 계속된다.

10.5 다음 프로그램이 하는 일이 무엇인지 말하라.

```
#include<stdio.h>
main()
{
  char a;
  while((a=getchar())!='\n')
    putchar(a);
  putchar('\n');
}
```

10.6 다음 프로그램은 길이가 4바이트 이하인 문자열 여러 개를 가지고 작업하는 프로그램이다. 오류를 모두 수정하여 실행 가능한 프로그램으로 바꿔라.

```
#include<stdio.h>
main()
{
  char a[5],b[5]="ABCD",*c,*d="안녕",*e;
  a="ABCD";
  scanf("%s",c);
  e=calloc(5,sizeof(char));
  scanf("%s",e);
  printf("%s %s %s %s %s\n",a,b,c,d,e);
  free(e);
}
```

10.7 다음은 학생 6명에 대한 번호, 이름, 성적을 나열한 표이다.

```
21 꽃님이 98
22 별님이 82
23 초롱이 88
24 달님이 80
25 해님이 94
26 하늘이 74
```

(a) 이 표를 입력하였을 때 다음과 같이 이름순으로 정렬된 출력을 얻는 프로그램을 작성하라.

```
21 꽃님이 98
24 달님이 80
22 별님이 82
23 초롱이 88
26 하늘이 74
25 해님이 94
```

(b) 이 표를 입력하였을 때 다음과 같이 성적순으로 정렬된 출력을 얻는 프로그램을 작성하라.

```
21 꽃님이 98
25 해님이 94
23 초롱이 88
22 별님이 82
24 달님이 80
26 하늘이 74
```

10.8 **(특정 문자열의 개수)** 문자열 하나를 입력 받아 이 문자열에 포함된 문자열 "aba"의 개수를 구하여 출력하는 프로그램을 작성하라. 단, 문자열은 공백문자를 포함할 수 있으며 크기는 100바이트를 넘지 않는다고 가정한다. 또한 문자열의 비교를 위해 strcmp를 사용하여야만 한다. 다음은 입출력 예이다.

```
문자열 입력: 123abacab defghij abababaklmn
문자열 "aba"의 개수: 3
```

10.9 다음 입출력 예와 같이 난수를 이용하여 두 자리 숫자로 된 정수의 합을 묻고 답하는 프로그램을 작성하라. 입력한 답이 맞는 경우 "정답입니다."를 출력하여야 하고, 답이 틀린 경우 "틀렸습니다."를 출력하고 정답이 얼마인지 알려주어야 한다. 또한 각 문제가 끝나면 계속할지를 물어보아 문자 y가 입력되면 다음 문제를 계속하고, 다른 문자가 입력되면 프로그램을 끝내야 한다. (단, fflush, getch, getche 함수는 사용할 수 <u>없다.</u>)

입출력 예:

```
81+74의 값은? 155
정답입니다.
계속하겠습니까(y/n)? y
67+17의 값은? 86
틀렸습니다. 정답은 84입니다.
계속하겠습니까(y/n)? n
```

10.10 **(문자열을 거꾸로 출력)** 다음 입출력 예와 같이 문자열 하나를 입력하면 입력된 문자열을 거꾸로 출력하는 작업을 계속 반복하는 프로그램을 작성하라. 단, 이러한 작업을 반복하다가 stop이라는 문자열이 입력되어야만 프로그램의 실행이 멈추게된다. 입력되는 문자열에는 공백문자가 포함될 수 있으며 한 줄에 입력되는 전체 문자열의 크기는 100바이트 이내라고 가정한다. 다음은 입출력 예이다.

```
입력: abcdef
 ===> fedcba
입력: 123456789
 ===> 987654321
입력: 가나다라마바사
 ===> 사바마라다나가
입력: !@#$pqrs아자차카타 한글 English!
```

```
===> !hsilgnE 글한 타카차자아srqp$#@!
입력: stop
```

10.11 **(낱말의 개수)** 다음 입출력 예와 같이 문자열 하나를 gets를 사용하여 입력하면 입력된 문자열에 포함된 낱말의 개수를 출력하는 작업을 계속 반복하는 프로그램을 작성하라. 단, 이러한 작업을 반복하다가 문자열의 입력없이 엔터키만 치게되면 (즉, 입력된 문자열의 길이가 0이면) 프로그램의 실행이 멈추게된다. 입력되는 문자열에는 공백문자가 포함될 수 있으며 각 낱말은 공백문자를 기준으로 구별된다. 한 줄에 입력되는 전체 문자열의 크기는 100바이트 이내라고 가정한다. 다음은 입출력 예이며 마지막 줄에는 엔터키만을 쳐서 실행을 멈춘 것이다.

```
문자열 입력: C언어 프로그래밍 1234567890!
==> 낱말의 개수: 3
문자열 입력: Rome was not built in a day.
==> 낱말의 개수: 7
문자열 입력:
```

제 11 장

파일 입출력

지금까지는 자료의 입출력에 대하여 키보드를 통한 입력 및 모니터를 통한 출력만을 주로 다루어 왔으나, 자료의 규모가 큰 경우에는 이와 같은 초보적인 작업만으로는 다루기 힘든 경우가 발생한다.

이런 문제는 파일 입출력을 통해 해결할 수 있다. 즉, 자료를 입력할 경우 일일이 키보드를 통하지 않고, 미리 만들어진 파일을 직접 입력할 수 있으며, 출력의 경우에도 모니터에서 한 번 지나가고 마는 것이 아니라 그 결과가 파일로 저장하게 할 수 있다.

이 장에서는 이와 같은 방법들에 대해 알아보기로 한다.

11.1 입출력 방향 지정

입력이나 출력의 양이 많지 않은 경우에는 키보드를 통해 입력하고 화면을 통해 출력을 보는 것으로 충분하지만 입출력의 양이 많아지게 되면 이렇게 하는 것이 곤란하다. 이런 경우 파일을 통한 입출력을 생각하게 되는데, 간단히 이러한 작업을 할 수 있게 하는 것이 입출력 방향 지정이다. 이에 대한 자세한 내용은 부록 H를 참고하기 바란다.

11.2 scanf의 기타 사항

지금까지 scanf는 자료의 입력을 받기 위해 사용되었지만, 부가적으로 scanf도 입력받은 자료의 개수를 반환하는 함수라는 점이 중요하다. 예를 들어,

```
scanf("%d %d",&a,&b);
```

의 경우 두 개의 정수가 성공적으로 입력되면, scanf함수는 입력받은 자료의 개수, 즉 2를 함숫값으로 반환한다. 따라서

```
int a,b,c;
c=scanf("%d %d",&a,&b);
printf("%d\n",c);
```

하여, 정숫값 두 개를 성공적으로 입력하게 되면, 출력으로 2를 얻는다.

다음 예제는 이를 이용한 프로그램으로, 자료의 개수를 자동으로 구해서 그 평균을 구하게 된다.

예제 11.1 (자료의 개수 자동으로 알아내기)

```
1  #include<stdio.h>
2  main()
3  {
4    int a,n=0,s=0;
5    double ave;
6    while(scanf("%d",&a)==1){
7      n++;
8      s+=a;
9    }
10   ave=(double)s/(double)n;
11   printf("자료의 개수: %d\n자료의 평균: %.1f\n",n,ave);
12 }
```

이 프로그램의 경우 예를 들어 다음과 같은 내용의 입력 파일을 사용해 보자.[1]

```
10 21 84 27 49 47 32 48 43 39
26 49 39 52 97 59  6 48 93 48
28 48 58 45 39 39 38 38
```

그러면 다음과 같은 출력을 얻는다.

```
자료의 개수: 28
자료의 평균: 44.6
```

이 프로그램의 경우에는 6번째 줄의

```
while(scanf("%d",&a)==1)
```

[1] 입출력 방향 지정을 이용하여 입력 파일을 사용하는 방법은 부록 H를 참고하기 바란다.

에서 입력받는 자료의 개수가 한 개인 경우 계속 입력을 받게 되고, 만일 파일의 끝을 만나서 더 이상 입력되는 자료가 없으면 while문을 벗어나게 된다. 따라서

```
while(scanf("%d",&a)==1){
    n++;
    s+=a;
}
```

에서 자료를 성공적으로 입력받을 때마다 n값을 1씩 증가시키면서, 또 한편으로는 합을 구해나가고 있다.

마지막에 파일의 끝을 만나서 while문을 벗어나게 되면 이때의 n이 자료의 개수가 되고, s가 자료의 합이므로 10번째 줄의

```
ave=(float)s/(float)n;
```

에서 평균이 구해진다.

참고로, 이 프로그램의 입력으로 파일을 사용하지 않고 직접 키보드로 입력을 하는 경우에는 자료의 끝을 알려주기 위해 마지막에 ctrl-z를 입력하면 된다.[2]

scanf의 경우 입력받는 자료 중에 원하지 않는 부분이 있으면 이를 제외하고 원하는 부분만 선택하여 입력받는 방법이 있다.

예를 들어 전화번호를 입력받는 경우 자료의 형태가

```
123-4567
```

이라면,

```
scanf("%d-%d",&a,&b);
```

하여 입력받을 수 있다. 물론 이 경우 a에는 123이, b에는 4567이 각각 저장된다. 즉, 원하지 않는 내용이 포함된 경우 그 형태를 scanf 안에 적어주고 입력해주면 된다. 만일 %가 포함된 자료의 경우에는 %%를 적어주면 된다. 또한 %*s하면 대응되는 하나의 문자열이 무시된다.

다음 예의 경우를 보자.

```
int a,b,c,d;
scanf("%d %*s %d %% %d ,* %d", &a,&b,&c,&d);
```

[2] ctrl키는 보통 키보드 제일 왼쪽 아래에 있으며, ctrl-z란 ctrl키와 z키를 동시에 누르는 것을 말한다. 이러한 설명은 Windows 환경에 해당되는 것이고, Unix나 Linux의 경우에는 ctrl-d를 대신 누르면 된다.

이 경우 다음과 같은 입력을 한다고 가정해 보자.

```
14ABCDE 12% 10 ,*8
```

그러면, 변수 a, b, c, d에는 각각 14, 12, 10, 8이 저장된다.

이제 다음과 같이 이름과 생년월일이 있는 자료를 생각해보자.

```
--------------------------
 이름          생년월일
--------------------------
가람이    1996년  7월 10일
꽃님이    1994년  8월 22일
구름이    1995년  2월 15일
하늘이    1998년  4월  4일
별님이    1995년  5월 30일
달님이    1997년  7월 28일
해님이    1994년 12월 19일
초롱이    1994년  4월 11일
아름이    1995년  3월  2일
맑음이    1995년  4월 22일
초록이    1996년 11월 28일
밝음이    1996년  6월 22일
--------------------------
```

다음 예제는 이 자료를 입력 파일로 받아서 이중 7월이 생일인 사람의 수를 구해내는 프로그램이다.

예제 11.2 (특정한 조건을 만족하는 자료의 수 구하기)

```
/* 7월이 생일인 사람의 수 구하기 */
#include<stdio.h>
main()
{
  int year,month,day,n=0;
  scanf("%*s %*s %*s %*s");
  while(scanf("%*s %d %*s %d %*s %d %*s",&year,&month,&day)==3)
    if(month==7)
      n++;
  printf("7월이 생일인 사람의 수: %d\n",n);
}
```

이 예제의 출력으로 다음을 얻는다.

```
7월이 생일인 사람의 수: 2
```

이 프로그램에서는 6번째 줄에서

```
scanf("%*s %*s %*s %*s");
```

를 이용하여 네 개의 문자열을 무시하고 있다. 즉

```
--------------------------
 이름          생년월일
--------------------------
```

은 모두 네 개로 구성된 문자열이다.(문자열은 공백문자나 엔터로 구분되기 때문이다.)

그 다음부터는 규칙성 있게 입력을 받게 되며, 이 때에도 이름이나 연, 월, 일 등의 문자열은 모두 무시되고 숫자만 입력을 받고 있다.

마지막 줄에서

```
--------------------------
```

을 만나게 되면

```
scanf("%*s %d %*s %d %*s %d %*s",&year,&month,&day)==3
```

이 거짓이 되므로 while문을 벗어난다.

따라서

```
while(scanf("%*s %d %*s %d %*s %d %*s",&year,&month,&day)==3)
  if(month==7)
    n++;
```

에서는 각 줄에서 읽어 들인 month값이 7인 경우만 n의 값이 1씩 증가하게 되고 결국 최종적인 n의 값으로 2를 얻는다.

11.3 문서 처리

여러 줄로 구성된 문서의 경우 각 줄의 끝은 '\n'으로 나타내진다. (문서 편집기로 문서를 작성할 때, 각 줄의 끝마다 엔터키를 쳐야 하기 때문이다.)

또한 문서의 끝은 EOF로 나타내진다. EOF는 end of file의 의미이고, 이를 사용하기 위해서는 stdio.h가 필요하다.

다음 예제는 문자 입출력 함수를 반복 사용하여 한 줄을 입력하면 똑같은 내용을 그대로 복사하여 출력하는 프로그램이다.

예제 11.3 (한 줄 복사 프로그램)

```
#include<stdio.h>
main()
{
  char a;
  while((a=getchar())!='\n')
    putchar(a);
}
```

이 프로그램을 실행시켜 다음을 키보드로 입력했다고 하자.
안녕하세요 `Hello! 12345 !@#$%^&*-+=~` (엔터)

그러면 다음과 같이 입력한 내용 그대로의 출력을 얻는다.
안녕하세요 `Hello! 12345 !@#$%^&*-+=~`

다음 예제는 문서 전체를 입력받아 그 내용을 그대로 복사하여 출력하는 프로그램이다.

예제 11.4 (문서 복사 프로그램)

```
#include<stdio.h>
main()
{
  char a;
  while((a=getchar())!=EOF)
    putchar(a);
}
```

이 경우 여러 줄로 구성된 문서를 입력 파일로 사용하여 프로그램을 실행하면 똑같은 내용이 그대로 출력된다.

다음 예제는 영문 소문자를 모두 대문자로 바꾸어 출력하고, 한글, 숫자, 특수문자 등은 그대로 출력하는 프로그램이다.

예제 11.5 (영문 소문자를 대문자로 바꾸는 프로그램)

```
1  #include <stdio.h>
2  main()
3  {
4    char c;
5    int diff;
6    diff='a'-'A';
7    while((c=getchar())!=EOF)
8      if(c>='a' && c<='z')
9        putchar(c-diff);
10     else
11       putchar(c);
12 }
```

이 프로그램에 대한 입력 파일의 내용이 다음과 같다고 하자.

```
"Mathematics is the queen of sciences and arithmetic the queen of
mathematics. She often condescends to render service to astronomy
and other natural sciences, but in all relations she is entitled
to the first rank."
-Gauss.
```

그러면 다음의 출력을 얻는다.

```
"MATHEMATICS IS THE QUEEN OF SCIENCES AND ARITHMETIC THE QUEEN OF
MATHEMATICS. SHE OFTEN CONDESCENDS TO RENDER SERVICE TO ASTRONOMY
AND OTHER NATURAL SCIENCES, BUT IN ALL RELATIONS SHE IS ENTITLED
TO THE FIRST RANK."
-GAUSS.
```

이 프로그램은 아스키 문자표의 문자 배치 순서를 참조하면 쉽게 이해될 수 있다. (부록 B 참조)

즉, 문자 'A'부터 'Z'까지는 아스키 문자표에 65부터 90까지로 지정되어 있고, 'a'부터 'z'까지는 97부터 122까지로 지정되어 있다. 따라서 6번째 줄의

```
diff='a'-'A';
```

에서 diff에는 $32(=97-65)$가 저장된다. 결국 8번째 줄부터 9번째 줄까지

```
if(c>='a' && c<='z')
  putchar(c-diff);
```

에서 보면, 예를 들어 문자형 변수 c에 문자 'd'가 입력되면 'd'에 대응하는 아스키 문자표에서의 숫자가 100이므로, 8번째 줄의

```
c>='a' && c<='z'
```

가 참이 되고 9번째 줄의

```
putchar(c-diff);
```

에 의해 아스키 문자표의 68(=100-32)에 해당하는 문자인 'D'가 출력된다.

물론 입력된 문자가 영문 소문자가 아닌 경우는 위의 조건이 거짓이므로 11번째 줄의

```
putchar(c);
```

에 의해서 원래 문자가 그대로 출력된다.

11.4 fopen을 사용한 파일의 입출력

fopen을 사용하면 원하는 입출력 파일 이름을 프로그램 내에 나타낼 수 있다. 이 경우 프로그램을 실행시키면 입력 파일을 자동으로 찾아서 읽고, 또 출력 파일도 만들어 저장하게 된다. 이 경우 앞서 배운 입출력 파일 지정과는 달리 여러 개의 파일을 한 번에 다룰 수 있으므로 편리하다. fopen을 사용하기 위해서는 stdio.h가 필요하다.

fopen은 글자 그대로 파일을 연다는 뜻이다. 즉, 파일을 읽거나 쓰기 위해서 우선 원하는 파일(file)을 정해서 연다(open)는 의미이다. 또한 필요한 작업이 끝나면 파일을 닫아주어야 하는데 이를 위해서는 fclose가 사용된다. (프로그램의 실행이 종료되면 fclose를 사용하지 않아도 자동으로 파일이 닫힌다.)

파일의 입력을 위해서는 읽기(read) 모드인 "r"을 이용한다. 즉, 파일의 입력이란 “읽는” 작업인 것이다. 이때 주의할 점은 자료의 입력을 위해 scanf 대신 fscanf를, getchar 대신 fgetc를, gets 대신 fgets를 사용해야 한다는 것이다.

파일의 출력을 위해서는 쓰기(write) 모드인 "w"를 이용한다. 즉, 파일의 출력이란 “쓰는” 작업인 것이다. 이때 역시 주의할 점으로는 자료의 출력을 위해 printf 대신 fprintf를, putchar 대신 fputc를, puts 대신 fputs를 사용해야 한다는 것이다.[3]

[3] fscanf, fgets, fopen 등의 함수를 사용하여 Microsoft Visual C에서 컴파일을 하면 다음과 같은 형태의 경고 메시지가 나온다.

다음은 fopen을 이용한 파일 입출력을 설명하기 위한 예제이다.

예제 11.6 (fopen을 이용한 파일 입출력)

```
1  #include<stdio.h>
2  main()
3  {
4    int i,j;
5    char a,b[10];
6    FILE *in, *out;
7    in=fopen("input.txt","r");
8    out=fopen("output.txt","w");
9    fscanf(in,"%d %d",&i,&j);
10   fgets(b,10,in);
11   a=fgetc(in);
12   fprintf(out,"합은 %d입니다.\n",i+j);
13   fputs(b,out);
14   fputc(a,out);
15 }
```

이 프로그램에서는 입력 파일로 input.txt가, 출력 파일로 output.txt가 사용되고 있다. 예를 들어 입력 파일인 input.txt의 내용이 다음과 같다고 하자.[4]

```
12 33Hello
C
```

그러면 다음과 같은 내용의 출력 파일 output.txt를 얻게 된다.(화면상으로는 아무 일도 일어나지 않는다.)

```
합은 45입니다.
Hello
C
```

이제 어떻게 해서 이런 결과가 나오는지를 자세히 분석해보자.

Line 6: `FILE *in, *out;`

---

warning C4996: 'fopen': This function or variable may be unsafe. Consider using fopen_s instead. To disable deprecation, use _CRT_SECURE_NO_WARNINGS. See online help for details.
이에 대한 해결책으로는 부록 L을 참고하기 바란다.

[4]이 입력 파일은 현재 작업 중인 폴더에 위치하면 된다.

fopen을 이용한 파일 입출력을 하기 위해서는 파일 포인터라 불리는 변수들을 선언해 주어야 한다. 이 예제에서는 in과 out이라는 이름으로 파일 포인터를 선언해주고 있으며, 각 파일 포인터의 기능은 그 아래에서 정의되고 있다.

Line 7: `in=fopen("input","r");`

파일 포인터 in의 기능을 정해주고 있는데, input.txt를 입력 파일로 사용하겠다는 의미이다. 여기서의 "r"은 read, 즉 읽는다는 뜻이므로 입력을 의미하게 된다.

Line 8: `out=fopen("output.txt","w");`

파일 포인터 out의 기능을 정해주고 있는데, output.txt를 출력 파일로 사용하겠다는 의미이다. 여기서의 "w"는 write, 즉 쓴다는 뜻이므로 출력을 의미하게 된다.

Line 9: `fscanf(in,"%d %d",&i,&j);`

변수 i와 j값을 파일 포인터 in이 가리키는 파일, 즉 input.txt에서 읽으라는 의미이다. 즉 입력 파일 input.txt로부터 i에는 12가, j에는 33이 각각 저장된다.

Line 10: `fgets(b,10,in);`

fgets를 사용하여 문자열 b를 읽어 들이고 있다. 이때 첫 인수에 문자열이 저장될 변수 이름이 나타나고, 두 번째 인수는 (저장할 문자열의 길이 + 1)을 나타내고 있다. 이 예제의 경우 두 번째 인수가 10이므로 9바이트까지 저장 가능하다는 의미이다. 마지막 인수는 파일 포인터 이름이다. 이 경우 파일 포인터가 in이므로, in이 가리키는 파일 즉, input.txt로부터 문자열 Hello를 읽어 들이게 된다.

Line 11: `a=fgetc(in);`

fgetc를 사용하여 문자를 읽어 들이고, 읽어들인 값을 문자형 변수 a에 저장한다. 이 경우 fgetc의 인수로 사용된 in은 역시 파일 포인터 이름이다. 이 예제에서는 문자 C가 저장된다.

Line 12: `fprintf(out,"합은 %d입니다.\n",i+j);`

fprintf문을 사용하여 i와 j의 합을 파일 포인터 out에서 가리키는 파일인 output.txt에 저장한다.

Line 13: `fputs(b,out);`

fputs문을 사용하여 문자열 b의 내용을 파일 포인터 out에서 가리키는 파일인 output.txt에 저장한다.

Line 14: `fputc(a,out);`

fputc문을 사용하여 문자형 변수 a의 내용을 파일 포인터 out에서 가리키는 파일인 output.txt에 저장한다.

지금까지 알아본 바와 같이 fopen을 사용하는 경우 입출력을 위한 함수의 이름이 약간씩 달라지므로 주의해야 하며 그 인수로써 파일 포인터를 적절한 위치에 사용해야 한다는 것 또한 중요한 점이다. 그렇지만 본질적인 용법은 기존의 입출력 함수와 차이가 없다. (예를 들어 scanf 대신 fscanf가 사용되는 경우 첫 인수로써 파일 포인터 이름을 적어주는 것 이외에는 scanf와 그 용법이 동일하다.)

또한 위의 예제에서는 fclose를 사용하지 않았지만 프로그램의 실행이 종료되면서 열렸던 파일들이 자동으로 닫히게 되어 별다른 문제는 없다.

다음 예제에서는 fclose를 포함한 좀 더 다양한 파일 입출력의 용법을 볼 수 있다.

예제 11.7 (fopen, fclose를 이용한 파일 입출력)

```
#include<stdio.h>
main()
{
  int a,i;
  FILE *src, *dst;
  src=fopen("data.txt","r");
  dst=fopen("dataout.txt","w");
  fscanf(src,"%d",&a);
  for(i=1;i<=3;i++){
    fscanf(src,"%d",&a);
    fprintf(dst,"%d\n",a);
  }
  fclose(src);
  src=fopen("data.txt","r");
  fscanf(src,"%d",&a);
  fprintf(dst,"%d\n",a);
  fscanf(src,"%d",&a);
  printf("%d\n",a);
}
```

이 프로그램의 내용을 살펴보자. 우선 5번째 줄부터 7번째 줄까지

```
FILE *src, *dst;
src=fopen("data.txt","r");
dst=fopen("dataout.txt","w");
```

에서 입출력 파일의 이름이 각각 data.txt와 dataout.txt라는 것을 알 수 있으며, 입력 파일 포인터로 src가, 출력 파일 포인터로 dst가 사용되는 것을 알 수 있다.

만일 입력 파일 data.txt의 내용이 다음과 같다고 하자.

```
10
20
30
40
50
```

그러면 우선 8번째 줄

```
fscanf(src,"%d",&a);
```

에서 변수 a에 입력 파일의 첫 줄에 있는 10이 입력된다. 그런데 그 다음에 보면 9번째 줄부터 12번째 줄까지

```
for(i=1;i<=3;i++){
  fscanf(src,"%d",&a);
  fprintf(dst,"%d\n",a);
}
```

에서 i가 1일 때, 입력 파일의 그 다음 줄의 원소 20이 a에 다시 저장되고 이 값은 출력 파일 dataout.txt에 저장된다. 그 다음 i가 2일 때, 입력 파일의 그 다음 줄의 원소 30이 a에 다시 저장되고 이 값은 출력 파일 dataout.txt에 추가로 저장된다. 이때 출력 파일의 내용은 다음과 같이 된다.

```
20
30
```

마지막으로 i가 3일 때, 입력 파일의 그 다음 줄의 원소 40이 a에 다시 저장되고 이 값은 출력 파일 dataout.txt의 그 다음 줄에 저장된다. 이때 출력 파일의 내용은 다음과 같이 된다.

```
20
30
40
```

그러고 나서 13번째 줄

```
fclose(src);
```

에 의하여 파일 포인터 src가 가리키는 파일인 data.txt를 닫게 된다.

또한 14번째 줄

```
src=fopen("data.txt","r");
```

에 의해 입력 파일 data.txt가 다시 열린다. 이 파일은 일단 닫혔다가 다시 열렸기 때문에 이 파일이 다시 입력될 경우 첫 줄부터 사용되게 된다. 즉, 15번째 줄

```
fscanf(src,"%d",&a);
```

에서 변수 a에 입력 파일의 첫 줄에 있는 10이 입력된다. (50이 아님에 유의하라.)

따라서 그 다음에 16번째 줄

```
fprintf(dst,"%d\n",a);
```

에 의하여 현재 a값인 10이 출력 파일의 다음 줄에 써진다. 따라서 이때 출력 파일의 내용은 다음과 같다.

```
20
30
40
10
```

그러고 나서 17번째 줄

```
fscanf(src,"%d",&a);
```

에서 다시 a에 입력 파일의 그 다음 줄에 있는 20이 입력된다. 결국 18번째 줄

```
printf("%d\n",a);
```

에서 a값인 20이 화면으로 출력된다.

이상을 종합하여 다시 설명해 보자. 일단 프로그램이 실행되면 화면에 20이 출력되고 실행을 멈춘다. 출력 파일인 dataout.txt를 열어보면 내용은 아래와 같다.

```
20
30
40
10
```

지금까지는 출력 파일의 경우 파일 포인터의 내용에 "w"를 사용하였는데, 만일 출력 포인터에서 지정한 파일이 이미 존재하는 경우에는 fopen에 의하여 기존의 파일이 지워지고 그 위에 새로 쓰게 되므로 주의해야 한다. 예를 들어, 만일 output.txt가 이미 존재하는 파일인 경우,

```
dst=fopen("output.txt","w");
```

라고 해주면 기존 파일의 내용이 모두 삭제되게 된다.

파일 포인터의 내용에 "w" 대신 "a"를 사용할 수도 있는데 이것의 의미는 append, 즉 덧붙인다는 것이다. 이것을 사용하면 같은 이름의 파일이 이미 존재하는 경우 fopen으로 열더라도 원래의 내용은 보존하면서 그 아래 덧붙여 쓰게 된다.

다음 예는 입력 피일 input2.txt에 있는 숫사들을 읽어 들여 큰 수부터 작은 수까지 크기순서로 정렬하여 출력 파일 output2.txt에 저장하는 프로그램이다.

예제 11.8 (fopen을 사용한 입력, 정렬, 출력)

```
#include<stdio.h>
#include<stdlib.h>
void selection_sort(int*, int);
main()
{
  int *a,b,n,i=0;
  FILE *input,*output;
  input=fopen("input2.txt","r");
  while(fscanf(input,"%d",&b)==1)
    i++;
  n=i;
  fclose(input);
  a=malloc(n*sizeof(int));
  input=fopen("input2.txt","r");
  for(i=0;i<n;i++)
    fscanf(input,"%d",&a[i]);
  selection_sort(a,n);
  output=fopen("output2.txt","w");
  fprintf(output,"정렬된 결과:\n");
  for(i=0;i<n;i++)
    fprintf(output,"%d ",a[i]);
  free(a);
}

```

```
25 void selection_sort(int *a, int n)
26 {
27   int max,temp,i,j,max_index;
28   for(i=0;i<n;i++){
29     max=a[i];
30     max_index=i;
31     for(j=i+1;j<n;j++)
32       if(a[j]>max){
33         max=a[j];
34         max_index=j;
35       }
36     temp=a[i];
37     a[i]=a[max_index];
38     a[max_index]=temp;
39   }
40 }
```

이 프로그램의 입력 파일인 input2.txt의 내용은 다음과 같다.

```
12 58 39 23 23 59 28 47 38 54 93 82 49 96 23 45 84 77
```

그러면 다음과 같은 출력 파일 output2.txt을 얻게 된다.

```
정렬된 결과:
96 93 84 82 77 59 58 54 49 47 45 39 38 28 23 23 23 12
```

이 프로그램의 경우 앞서 설명한 것처럼 파일 포인터 input, output을 사용하여 입출력하고 있으며, 8번째 줄부터 12번째 줄까지

```
input=fopen("input2.txt","r");
while(fscanf(input,"%d",&b)==1)
  i++;
n=i;
fclose(input);
```

에서 알 수 있듯이, 입력 파일을 일단 열어서 단순히 자료의 수가 몇 개인지를 결정하고 그 값을 n에 저장한 뒤 파일을 닫는다. fscanf인 경우에도 scanf에서와 같이, 읽어들인 자료의 수를 반환한다는 점을 이용하여 자료의 수를 결정할 수 있는 것이다. 그러고 나서 13번째 줄

```
a=malloc(n*sizeof(int));
```

에서 배열 a의 기억장소를 할당하고 14번째 줄

```
input=fopen("input2.txt","r");
```

하여 다시 입력 파일을 연다.

15번째 줄부터 16번째 줄까지를 보면 다시 입력 파일을 처음부터 읽어 이를 배열 a에 저장한다.

```
for(i=0;i<n;i++)
  fscanf(input,"%d",&a[i]);
```

그 다음 단계로 선택 정렬을 이용하여 정렬하고, 그 결과를 출력 파일인 output2.txt에 저장한다. (17번째 줄부터 21번째 줄까지)

```
selection_sort(a,n);
output=fopen("output2.txt","w");
fprintf(output,"정렬된 결과:\n");
for(i=0;i<n;i++)
  fprintf(output,"%d ",a[i]);
```

이 프로그램의 경우 자료의 수를 결정하기 위해서 입력 파일을 두 번 읽고 있다. 이렇게 하면 기억장소의 낭비를 막을 수 있다. 그렇지만, 파일을 두 번 읽는 만큼 프로그램의 실행 시간이 길어지는 것은 어쩔 수 없다.

만일 자료의 수가 미리 알려져 있다면 위와 같은 복잡한 과정을 거치지 않아도 된다. 또한 정확한 개수는 아니더라도 자료 개수의 최댓값을 미리 짐작할 수 있어도 훨씬 빨리 실행되는 프로그램을 만들 수 있다.

예를 들어 위 프로그램의 경우, 만일 자료의 개수가 많아야 30개를 넘을 수 없다는 것이 알려져 있다면, 이 프로그램의 앞부분을 다음과 같이 바꾸면 된다:

```
#include<stdio.h>
#include<stdlib.h>
void selection_sort(int*, int);
main()
{
  int a[30],b,n,i=0;
  FILE *input,*output;
  input=fopen("input2.txt","r");
  while(fscanf(input,"%d",&a[i])==1)
    i++;
  n=i;
```

```
  selection_sort(a,n);
       . . . . . .
```

이 경우 입력 파일을 한 번만 읽게 되므로 프로그램의 실행 속도가 빨라진다.

11.5 응용 프로그램 – 암호

이 절에서는 지금까지 배운 프로그래밍 기법을 사용하여 문서의 암호화[5] 및 복호화[6] 기법에 대하여 간단히 살펴보기로 한다. 물론 암호론에서 다루는 문서의 암호화 기법은 매우 다양하며 어려운 수학 이론에 바탕을 두고 있는 경우가 많지만, 여기에서는 가장 초보적인 시저(Caesar) 암호에 대하여 살펴보기로 한다.

시저 암호는 사용자가 정한 열쇠(key)값에 따라 알파벳 글자를 그 값만큼 평행 이동시켜 얻어지게 된다. 예를 들어 열쇠값이 3이라면 A는 D로, B는 E로, C는 F로, ⋯ , W는 Z로 이동하게 되며 X는 다시 A로, Y는 B로, Z는 C로 이동하게 된다. 이와 같은 규칙에 따라 문서 내의 모든 알파벳을 바꾸면 암호화가 완성된다.

아래 예는 시저 암호에 대한 암호화 프로그램이다.

예제 11.9 (시저 암호(암호화))

```
#include<stdio.h>
#include<stdlib.h>
#define N 26
main()
{
  FILE *in, *out;
  int key;
  char c;
  in=fopen("file01.txt","r");  // 평문
  out=fopen("file02.txt","w"); // 암호문
  printf("평문 \"file01.txt\"을 읽어들입니다.\n");
  do{
    printf("원하는 열쇠값을 입력하시오(1 - %d): ",N-1);
    scanf("%d",&key);
  } while(key<=0 || key>=N);
  while(fscanf(in,"%c",&c)!=EOF){
    if(c>='A' && c<='Z')  // 대문자 A부터 Z까지의 경우
```

[5]암호화란 주어진 문서를 다른 사람들이 알아볼 수 없도록 바꾸는 것을 말한다.
[6]복호화란 암호화된 문서를 원래의 문서로 다시 복원하는 것을 말한다.

```
      fprintf(out,"%c",(c-'A'+key)%N+'A'); //암호화
    else
      fprintf(out,"%c",c);
  }
  fclose(in);
  fclose(out);
  printf("암호문이 \"file02.txt\"에 저장되었습니다.\n");
}
```

위 프로그램에서 예를 들어 열쇠값 key에 3이 저장되어 있고, c='Y'인 경우를 생각하면 'Y'의 ASCII 값은 89이고 'A'의 ASCII값은 65이므로 c-'A'는 24이다. 그러므로 c-'A'+key는 27이며 N값은 26이므로 (c-'A'+key)%N는 1이 된다. 결국

```
(c-'A'+key)%N+'A'
```

는 66이 되는데 ASCII값 66에 해당하는 알파벳은 B이다. 결과적으로 이 경우 c에 저장되어 있던 'Y'는 'B'로 바뀌게 된다. 즉, 알파벳 'Y'를 입력한 열쇠값 3 만큼 이동시키게 되면 알파벳 'B'가 된다. 나머지 알파벳에 대하여도 같은 방식이 적용된다. 예를 들어 알파벳 'A'는 열쇠값 3만큼 이동시키게 되면 알파벳 'D'가 된다.

입력 파일 file01.txt의 내용이 아래와 같다고 하자.

```
TWINKLE, TWINKLE, LITTLE STAR.
HOW I WONDER WHAT YOU ARE!
UP ABOVE THE WORLD SO HIGH.
LIKE A DIAMOND IN THE SKY.
TWINKLE, TWINKLE, LITTLE STAR.
HOW I WONDER WHAT YOU ARE.
```

그러면 열쇠값 key가 3인 경우 다음과 같은 내용의 암호화된 문서인 file02.txt를 얻게 된다.

```
WZLQNOH, WZLQNOH, OLWWOH VWDU.
KRZ L ZRQGHU ZKDW BRX DUH!
XS DERYH WKH ZRUOG VR KLJK.
OLNH D GLDPRQG LQ WKH VNB.
WZLQNOH, WZLQNOH, OLWWOH VWDU.
KRZ L ZRQGHU ZKDW BRX DUH.
```

암호화된 문서를 복호화하는 경우 사용자가 정한 열쇠값을 미리 안다면, 물론 쉽게 원하는 결과를 얻을 수 있다.

그렇지만 대개의 경우 열쇠값을 미리 알지 못하기 때문에 효율적으로 복호화하는 과정이 필요하게 된다. 이 경우 주어진 문서에 나타나는 알파벳의 빈도를 조사하여 열쇠값을 추정해 가면 된다. 일반적으로 영어로 된 문서의 경우 사용 빈도가 높은 알파벳부터 사용 빈도가 낮은 알파벳순서로 나열하면

$$E, T, A, O, I, N, S, \cdots$$

임이 알려져 있다. 따라서 이러한 순서로 열쇠값을 추정해 가는 것이 효율적이다.

따라서 이러한 지식을 바탕으로 시저 암호에 대한 복호화 프로그램을 작성하면 다음과 같다.

예제 11.10 (시저 암호 (복호화))

```
#include<stdio.h>
#include<stdlib.h>
#include<conio.h>
#define N 26
main()
{
  FILE *in, *out, *fr;
  char c, ok='1';
  int i, size=0, f[N]={0}, key, pos, min, diff;

  // 각 글자별 빈도(frequency) 측정
  printf("암호문 \"file02.txt\"를 읽습니다.\n");
  in=fopen("file02.txt","r");
  while(fscanf(in,"%c",&c)!=EOF){
    for(i='A';i<='Z';i++){
      if(c==i)
        f[i-'A']++;   // f[0]부터 f[25]까지에 각 글자의 빈도 저장
    }
    size++; // 전체 글자 수 측정
  }
  fclose(in);

  // 빈도 출력
  fr=fopen("freqency.txt","w");
  for(i=0;i<N;i++){
    fprintf(fr,"f[%.2d]=%d\n",i,f[i]);
  }
  fprintf(fr,"\n");
```

```
fclose(fr);
printf("각 글자의 빈도가  \"frequency.txt\"에 저장되었습니다.\n");

// 암호 풀기 시작
printf("\n암호문 해독을 시작합니다.\n");
diff='a'-'A'; // diff=97-65=32
while(ok=='1'){
  do{ //0부터 25까지 중 하나 입력
    printf("\n입력하려는 문자의 위치를 입력하십시오");
    printf("(0 - %d): ",N-1);
    scanf("%d",&pos);
  } while(pos<0 || pos>=N);
  do{
    printf("그 위치로 추정되는 문자를 입력하십시오: ");
    c=getche();
    if(c>='a' && c<='z') // 소문자인 경우는
      c-=diff;           // 대문자로 변형
  } while(c<'A' && c>'Z'); // 영문 알파벳이 아니면 다시 입력 받음

  key=pos-(c-'A'); // key 계산
  if(key<0)
    key+=N; // 음수이면 양수로 (예: -1이면 25로 바뀜)

  printf("\n\n출력의 처음 부분은 다음과 같습니다:\n");
  if(size<80) // 처음 80개(이하)의 문자 출력
    min=size; // 입력 파일의 글자 수가 80개보다 작을 때
  else
    min=80; // 입력 파일의 글자 수가 80개 이상일 때

  in=fopen("file02.txt","r"); // 암호문을 다시 읽어들임
  for(i=0;i<min;i++){ // 처음 80개(이하)의 문자에 대한 복호와 시도
    fscanf(in,"%c",&c);
    if(c>='A' && c<='Z'){ // 영문 대문자일 때
      c-='A'; // 65부터 90까지 범위의 값을 0부터 25까지의 범위의 값으로 변형
      c-=key; // key 값을 빼줌
      if(c<0)
        c+=N; // 음수이면 양수로
      c+='A'; // 0부터 25까지의 범위의 값을 65부터 90까지의 범위의 값으로 변형
    }
    printf("%c",c); // 인쇄(화면 출력)
  }
  if(size>80)
    printf(" ...");
  fclose(in);

```

```
    printf("\n\n다시 시도: ");
    printf("엔터 또는 1");
    printf("     저장 후 종료: 2       저장 없이 종료: 0 \n");
    ok=getch();
    printf("\n");
    if(ok!='0' && ok!='1' && ok!='2')
      ok='1'; // 0, 1, 2 아닌 다른 문자가 입력되면 1로 바꿈

    if(ok=='2'){ // 제대로 암호를 푼 경우
      in=fopen("file02.txt","r"); // 암호문을 다시 읽어들임
      out=fopen("file03.txt","w"); // 복호문 저장 파일
      for(i=0;i<size;i++){// 파일 전체에 대한 복호화 과정을 다시 수행
        fscanf(in,"%c",&c);
        if(c>='A' && c<='Z'){
          c-='A';
          c-=key;
          if(c<0)
            c+=N;
          c+='A';
        }
        fprintf(out,"%c",c);
      }
      printf("복호문은 \"file03.txt\"에 저장되었습니다.\n");
      fclose(out);
    }
    else if(ok=='1') // 다시 시도 (순환문을 다시 반복)
      continue;
    else  // 입력이 0인 경우 (순환문을 벗어남)
      break;
  }
}
```

이 프로그램을 실행하면 우선 다음과 같은 출력이 나온다.

```
암호문 "file02.txt"를 읽습니다.
각 글자의 빈도가 "frequency.txt"에 저장되었습니다.

암호문 해독을 시작합니다.

입력하려는 문자의 위치를 입력하십시오(0 - 25):
```

따라서 이 때 파일 frequency.txt를 열어보면 그 내용은 다음과 같다.

```
f[00]=0
```

```
f[01]=3
f[02]=0
f[03]=9
f[04]=1
f[05]=0
f[06]=5
f[07]=14
f[08]=0
f[09]=1
f[10]=8
f[11]=12
f[12]=0
f[13]=6
f[14]=10
f[15]=1
f[16]=8
f[17]=10
f[18]=1
f[19]=0
f[20]=7
f[21]=4
f[22]=14
f[23]=3
f[24]=1
f[25]=11
```

즉, 번호 7과 22에 해당하는 글자의 빈도가 가장 높은 것을 알 수 있다. 만일 이중 22를 선택하고, 그 글자가 E라고 추정한다면 다음과 같은 입출력이 된다.

```
입력하려는 문자의 위치를 입력하십시오(0 ~ 25): 22
그 위치로 추정되는 문자를 입력하십시오: E

출력의 처음 부분은 다음과 같습니다:
EHTYVWP, EHTYVWP, WTEEWP DELC.
SZH T HZYOPC HSLE JZF LCP!
FA LMZGP ESP HZCWO DZ  ...

다시 시도: 엔터 또는 1      저장 후 종료: 2       저장 없이 종료: 0
```

그런데 이 결과에서 보듯이 복호화가 제대로 되어 있지 않으므로 엔터키를 입력하여 다시 시도하게 되며, 이번에는 번호 7과 E를 사용하여 다시 시도하게 된다. 즉 다음과 같은 입출력이 된다.

```
입력하려는 문자의 위치를 입력하십시오(0 ~ 25): 7
```

```
그 위치로 추정되는 문자를 입력하십시오: E

출력의 처음 부분은 다음과 같습니다:
TWINKLE, TWINKLE, LITTLE STAR.
HOW I WONDER WHAT YOU ARE!
UP ABOVE THE WORLD SO  ...

다시 시도: 엔터 또는 1      저장 후 종료: 2       저장 없이 종료: 0
```

이제 제대로 복호화가 되는 것으로 보이므로 2를 입력한다. 그러면 다음과 같은 출력이 나온다.

```
복호문은 "file03.txt"에 저장되었습니다.
```

이제 file03.txt를 열어보면 다음과 같이 제대로 복호화가 되어 있음을 알 수 있다.

```
TWINKLE, TWINKLE, LITTLE STAR.
HOW I WONDER WHAT YOU ARE!
UP ABOVE THE WORLD SO HIGH.
LIKE A DIAMOND IN THE SKY.
TWINKLE, TWINKLE, LITTLE STAR.
HOW I WONDER WHAT YOU ARE.
```

제 11 장 연습문제

11.1 (평균과 표준편차) 다음과 같은 자료의 평균과 표준편차를 구하는 프로그램을 작성하되, 자료의 개수를 프로그램 실행 중에 자동으로 몇 개인지 알아내어 구하도록 하라.

```
12.1  32.34  432.1  342.1  125.3  763.1
48.2 383.1 63.1  38.7  32.2  48.98 32.12
0.917  93.5  32.56
```

11.2 (전화번호 순서로 정렬) 다음과 같은 자료가 파일 `phone.txt`에 저장되어 있다고 하자.

```
 이름  전화번호
가람이 543-4567
꽃님이 234-4321
별님이 123-1111
아름이 234-2222
초록이 357-5555
밝음이 357-8901
하늘이 454-4545
구름이 112-8924
해님이 112-4989
```

이 자료를 입력받아, 전화번호순으로 정렬하여 그 결과를 출력 파일 `phone2.txt`에 저장하는 프로그램을 작성하려 한다.

(a) 입출력 방향 지정을 이용할 수 있는 방법으로 프로그램을 작성하라. (단, 입력 파일에 있는 사람의 수가 모두 9명이라는 것을 이미 알고 있다고 가정한다.)

(b) 입출력 모두에 `fopen`을 사용하여 프로그램을 작성하라. (단, 입력 파일에 있는 사람의 수가 얼마인지 모른다고 가정하고 프로그램 실행 중에 이를 자동으로 알아내야 한다.)

11.3 (영문 소문자의 개수) 입력 방향 지정을 이용하여 문서를 입력하면 그 문서가 포함하고 있는 영문 소문자의 개수를 출력하는 프로그램을 작성하라.

11.4 (줄의 수) 입력 방향 지정을 이용하여 문서를 입력하면 그 문서가 몇 줄로 구성되어 있는지를 출력하는 프로그램을 작성하라.

11.5 다음과 같이 홀수와 짝수들이 섞여 있는 자료가 있다. 이 자료를 입력 방향 지정을 이용하여 입력받아 홀수들은 `odd.txt`에 짝수들은 `even.txt`에 저장하는 프로그램을 작성하라. 단, 각각의 파일에 대하여 한 줄에 저장되는 숫자는 8개를 넘으면 안 된다.

```
12 46 321 32 4325 387 486 2001 1232 23 77 44 78 323 525
36 488 32 54 5694 453 543 543 34 383 382 11 33 4 23 238
52 123 2002 198 211 274 7365 41 4 5945 8282 9292 11 37
```

11.6 다음과 같이 음수와 양수를 포함하는 정수의 자료가 섞여 있다. 이 자료를 입력 방향 지정을 이용하여 입력받아 음수는 모두 negative.txt에 저장하고, 0 이상의 정수는 모두 화면에 출력하는 프로그램을 작성하라. 단, 화면 출력과 파일 출력 모두에 대하여 한 줄에 출력되는 정수는 10개를 넘으면 안 된다.

```
12 46 -321 32 4325 -387 486 -2001 1232 23 -77 44 78 -323
52 -123 -2002 198 211 -274 -7365 41 4 -8282 9292 11 -37
23 -84 -43 -34 937 832 34 32 -23  -22  688 -732 328 -321
```

11.7 **(생년월일 순서로 정렬)** 다음은 파일 birth.txt의 내용이다.

```
--------------------------
 이름          생년월일
--------------------------
가람이     1996년  6월 10일
꽃님이     1994년  8월 22일
구름이     1995년  2월 15일
하늘이     1998년  4월  4일
별님이     1995년  5월 30일
달님이     1997년  7월 28일
해님이     1994년 12월 19일
초롱이     1994년  4월 11일
아름이     1995년  3월  2일
맑음이     1995년  4월 22일
초록이     1996년 11월 28일
밝음이     1996년  6월  7일
--------------------------
```

이 자료를 입력 파일로 받아서 생년월일 순서로 정렬하여 생일이 빠른 사람이 위에 위치하도록 하여 출력 파일 birth2.txt에 저장하는 프로그램을 작성하라. (단, 자료의 수가 몇인지 프로그램 실행 중에 자동으로 알아내야 하며 fopen을 사용한 입출력을 해야 한다.)

11.8 **(성적순으로 정렬 및 인원, 순위, 평균 계산)** 다음은 파일 student.txt의 내용이다.

```
-------------
 이름    성적
-------------
 하늘이   73
 바닥이   82
 가람이   88
 산들이   99
 구름이   84
 맑음이   78
 바람이   92
 차돌이   88
```

```
 날쌘이   70
 살랑이   66
 반짝이   90
 번들이   63
-------------
```

이 파일을 입력 파일로 받아들여 다음과 같이 성적순으로 정렬하고 전체 인원, 순위 및 평균을 계산하여 출력 파일 student2.txt출력하는 프로그램을 작성하라. (단, 자료의 수가 몇인지 프로그램 실행 중에 자동으로 알아내야 하며 fopen을 사용한 입출력을 해야 한다.)

```
-------------------
 이름     성적   순위
-------------------
산들이     99      1
바람이     92      2
반짝이     90      3
차돌이     88      4
가람이     88      4
구름이     84      6
바닥이     82      7
맑음이     78      8
하늘이     73      9
날쌘이     70     10
살랑이     66     11
번들이     63     12
-------------------
 전체 인원:  12명
      평균: 81.08
```

이때 주의할 점으로는 동점자가 여러 명 있는 경우 모두 같은 순위가 되며, 그만큼 그 아래 순위는 없어진다는 점이다. 위의 자료의 경우 88점이 두 명이기 때문에 4위는 두 명이 되고 5위는 없다. 만일 88점이 세 명이었다면, 4위가 세 명인 대신, 5위와 6위가 모두 없다.

11.9 (시저 암호) 시저 암호를 사용하여 다음과 같이 암호화된 문서를 예제 11.10의 방법을 사용하여 해독하라.

```
QVOFOQHSF QOBBCH PS RSJSZCDSR WB SOGS OBR EIWSH.
CBZM HVFCIUV SLDSFWSBQS CT HFWOZ OBR GITTSFWBU
QOB HVS GCIZ PS GHFSBUHVSBSR, OAPWHWCB WBGDWFSR,
OBR GIQQSGG OQVWSJSR.
- VSZSB YSZZSF
```

제 12 장

구조체

이 장에서는 여러 형태의 자료를 하나로 묶어 새로운 자료형을 만들 수 있는 구조체에 대하여 알아본다. 또한 지금까지 배운 기본적인 내용들을 바탕으로 하여 좀 더 효율적이고 다양한 프로그래밍을 하는데 필요한 여러 가지 부가 사항들을 알아보기로 하자.

12.1 선행 처리기

선행 처리기(preprocessor)란 C언어에서 #으로 시작되는 줄을 말하는 데, `#define`과 `#include`를 대표적인 예로 들 수 있다.[1] 일반적으로 선행 처리기는 함수 밖에서 많이 사용되며, 문장 끝에 세미콜론(;)이 붙지 않는다.

다음 예를 보자.

```
#define N 100
```

컴파일을 할 때 위의 문장을 만나면 변수 N은 모두 100으로 바뀌어 컴파일 된다. 자주 사용되는 상수인 경우 선행 처리기 `#define`을 사용하여 정의해 두면 컴파일을 할 때 그 값이 모두 상수로 바뀌게 되므로 매우 효율적이다. 일반 변수의 경우는 변수가 사용될 때 그 값을 불러내야 하므로 그만큼 시간이 더 걸린다고 볼 수 있다. 이와 같이 `#define`에 의해 정의되는 변수인 경우 대문자를 사용하는 것이 관례이다.[2]

---

[1]선행 처리기는 **전 처리기**라고도 한다.

[2]이해를 돕기 위해 '변수'라는 말을 사용하였지만 `#define N 100`에서 N은 변수가 아니다. 컴파일 단계에서 N은 모두 상수 100으로 바뀌고 사라지기 때문이다. 그러므로 여기에서의 N은 뒤에 설명되고

#define을 이용하면 인수를 가지는 것도 정의할 수 있는데, 반복해서 자주 쓰이는 부분인 경우 인수를 가지고 정의하면 편리하며 이를 **매크로(macro)**라고 한다. 다음은 그 사용 예로써 정의하고자 하는 명칭 부분과 정의의 내용 부분을 구분하는 기준점은 명칭 부분에서부터 첫 번째 나타나는 공백이다.

```
#define PR(x) printf("%d\n",x)
#define PR2(x,y) printf("%d %d\n",x,y)
#define SQ(x) ((x)*(x))
```

첫 문장의 경우, 정수형 변수 하나를 출력할 일이 매우 잦을 때 이와 같이 정의하여 사용하면 편리하다. 예를 들어 정수형 변수 a를 출력하고자 한다면

```
PR(a);
```

해주면 된다.

두 번째 문장의 경우, 정수형 변수 두 개를 출력할 일이 매우 잦을 때 이와 같이 정의하여 사용하면 편리하다. 예를 들면 정수형 변수 b와 c를 출력하고자 한다면

```
PR(b,c);
```

해주면 된다.

마지막 문장의 경우, 숫자 하나가 주어지면 그 수의 제곱을 계산하는 일종의 함수를 정의하고 있다. 만일 변수 a의 값이 3이라면 SQ(a)의 값은 9가 된다. 이때 주의할 것은 단순히

```
#define SQ(x) x*x
```

해주면 원하지 않는 결과를 초래할 수도 있다는 점이다. 이 경우 예를 들어

```
int a=5,b;
b=SQ(a+1);
```

하면 b의 값으로 $(5+1)^2 = 36$을 기대했지만, 실제로는 11이 되는데, 그 이유는 SQ(a+1)의 의미가

```
a+1*a+1
```

이기 때문이다.

따라서 수식의 경우에는 매우 주의해야 하며, 위의 예에서처럼 각각의 인수에 괄호를 사용하고, 결과에도 괄호를 사용하여 정의하는 것이 안전하다. 또한 앞서

있는 '매크로'로 볼 수 있다.

말한 바와 같이 정의되는 명칭 부분과 정의의 내용을 구분하는 기준은 명칭 부분부터 첫 번째 나타나는 공백이므로,

```
#define F(x,y) -((x)+(y))
```

와

```
#define F (x,y)-((x)+(y))
```

는 완전히 다른 의미이다.

다음 예는 앞서 설명한 내용을 바탕으로 작성한 프로그램이다.

예제 12.1 (매크로의 사용)

```
#include<stdio.h>
#include<math.h>
#define max(x,y) (((x)>(y))?(x):(y))
#define PRd(x) printf("%d\n",x)
#define PRf(x) printf("%.1f\n",x);
main()
{
  PRd(max(2,3));
  PRf(max(4.0,1.2));
  PRd(max(2*2+1,3-2*5));
  PRf(max(-sqrt(9.)-3,exp(0)-7.));
  PRd(max(max(4,6),max(7,5)));
  PRf(sqrt(max(-7.2,49.0))+1.0);
}
```

이 프로그램의 출력으로 다음을 얻는다.

```
3
4.0
5
-6.0
7
8.0
```

선행 처리기로 많이 사용되는 또 다른 예는 `#include`이다. `#include`는 주로 헤더 파일을 불러들일 때 많이 사용된다.

지금까지 본 것처럼 `stdio.h`, `stdlib.h`, `time.h`, `math.h` 등이 자주 사용되는 헤더 파일의 예이다. 이런 종류의 헤더 파일들은 이미 만들어져 있는 것으로써,

보통 C언어가 설치된 폴더 안에 위치하고 있고 이를 불러오기 위해서는 `#include` 다음에 `< >`를 사용하면 된다. 즉, `stdio.h`를 불러오기 위해서는

```
#include<stdio.h>
```

하면 된다.

헤더 파일을 사용자가 직접 만들어 사용할 수도 있다. 이 경우 파일의 위치를 나타내기 위해 `< >` 대신 `" "`를 사용한다. 또한 현재 작업 중인 폴더에 헤더 파일이 위치하고 있는 경우에는 그냥 파일 이름만 적어주면 되지만, 그렇지 않은 경우는 정확한 경로명을 적어 주어야 한다.

다음은 헤더 파일들을 불러들이는 예이다.

```
#incldue <stdio.h>
#include <time.h>
#include "myheader.h"
#include "C:\temp\hello.h"
```

이 경우 `myheader.h`는 현재 작업 중인 폴더에 위치해야 하며, `hello.h`는 `C:\temp`에 위치해야 한다.

선행처리기를 사용한 조건부 컴파일 등의 좀 더 다양한 용법에 대하여는 부록 J를 참고하기 바란다.

12.2 인라인 함수

간단한 함수의 경우 매크로를 사용하면 함수를 사용하는 것에 비해 좀 더 빨리 실행되므로 효율적이라고 볼 수 있다. 즉 매크로는 선행 처리기에 의해 컴파일 전에 처리가 되므로 함수를 만들어 호출하는 것에 비해 좀 더 빠르게 실행된다. 그렇지만 매크로로 함수의 형태를 만들 때는 앞에서 설명한 것과 같이 괄호를 많이 사용해야 하고 주의를 기울이지 않으면 원하지 않은 결과가 나오게 되므로 주의해야 한다.

인라인 함수(inline function)는 매크로의 이러한 단점을 보완한 함수라고 볼 수 있다. 인라인 함수를 만들려면 함수를 정의할 때와 같은 방법으로 정의한 뒤에 함수 앞에 `__inline`을 붙여 주면 된다. 이 경우 매크로에서와 같이 괄호를 많이 사용하는 등의 불편함 없이 일반 함수를 만들 때와 같은 방법으로 만들면 된다. 그러면 컴파일러가 이를 매크로처럼 처리하게 되므로 일반 함수에 비하여 실행 속도가 빨라지게 된다. 단, 사용자가 인라인 함수로 만들었다 하더라도 함수가 복잡하여 인라인 함수로 처리하기 곤란한 경우에는 자동으로 일반 함수로 처리하게

된다. 또한 Microsoft Visual C에서는 인라인 함수가 아니더라도 함수가 간단한 경우 컴파일 전에 자동으로 인라인 함수로 간주하여 처리하게 된다.

다음은 인라인 함수의 예이다.

예제 12.2 (인라인 함수의 사용)

```
#include<stdio.h>
__inline int sub(int);

main()
{
  int i=10,a;
  a=sub(i);
  printf("%dx%d+1=%d\n",i,i,a);
}

__inline int sub(int i)
{
  return i*i+1;
}
```

이 프로그램의 출력으로 다음을 얻는다.

```
10x10+1=101
```

12.3 typedef의 사용

typedef는 기존의 변수형을 이용하여 새로운 이름의 변수형을 만들 때 사용된다. 그 용법을 보면, typedef 다음에 새로 정의하고자 하는 변수형의 내용을 적고 마지막에 새로운 변수형 이름을 적어주면 된다.

다음 예제는 typedef을 사용하여 새로운 변수형을 정의하여 사용하는 것을 보여주고 있다.

예제 12.3 (typedef의 사용)

```
#include<stdio.h>
#include<stdlib.h>
#define N 3
typedef float fl;
typedef int array1[N];
```

```
6 typedef int array2[N][N];
7 typedef double *vector;
8 typedef double **matrix;
9 main()
10 {
11   int i;
12   fl a=2.1f;
13   array1 b={1,2,3};
14   array2 c={{1,2,3},{4,5,6},{7,8,9}};
15   vector d;
16   matrix e;
17   d=calloc(N,sizeof(double));
18   e=calloc(N,sizeof(vector));
19   for(i=0;i<N;i++)
20     e[i]=calloc(N,sizeof(double));
21   d[0]=2.5;
22   e[0][0]=3.7;
23   printf("%d %d\n",b[0],c[0][0]);
24   printf("%.1f %.1f %.1f\n",a,d[0],e[0][0]);
25   free(d);
26   for(i=0;i<N;i++)
27     free(e[i]);
28   free(e);
29 }
```

이 프로그램의 출력으로 다음을 얻는다.

```
1 1
2.1 2.5 3.7
```

이 프로그램의 내용을 각 줄별로 살펴보자.

Line 4: `typedef float fl;`

`fl`을 정의하고 있으며 그 내용은 `float`가 된다. 이 경우 `fl`은 `float`와 완전히 같은 의미가 되며 예를 들어

```
fl a=2.1f;
```

는

```
float a=2.1f;
```

와 같은 것이다.

Line 5: `typedef int array1[N];`

array1을 새로 정의하며, 그 의미는 원소가 3(=N) 개인 정수형 1차원 배열이 된다. 예를 들어

```
array1 b={1,2,3};
```

은

```
int b[N]={1,2,3};
```

과 같은 것이다.

Line 6: `typedef int array2[N][N];`

array2라는 새로운 형을 정의하며, 그 의미는 원소가 9(=3×3) 개인 정수형 2차원 배열이 된다. 따라서

```
array2 c={{1,2,3},{4,5,6},{7,8,9}};
```

는 다음과 같은 의미이다.

```
int c[N][N]={{1,2,3},{4,5,6},{7,8,9}};
```

Line 7: `typedef double *vector;`

vector형을 새로 정의하며, 그 의미는 double형 포인터이다. 즉,

```
vector d;
```

는

```
double *d;
```

와 같은 것이다.

Line 8: `typedef double **matrix;`

에서는 matrix형을 새로 정의하고 있으며, 그 의미는 double형 포인터의 포인터이다. 따라서

```
matrix e;
```

는

```
double **e;
```

와 같은 것이다.

12.4 구조체

구조체는 관련이 있는 여러 형태의 변수를 하나로 묶어주는 역할을 한다. 구조체를 정의하기 위해서는 struct를 사용한다.

예를 들어 학생의 이름과 성적을 하나로 묶는 구조체인 student를 정의하고자 한다면 다음과 같이 할 수 있다.

```
struct student{
 char *name;
 int score;
};
```

여기서 name에는 학생 이름이 저장될 것이므로 문자형 포인터로 선언되고 있으며, score에는 학생 성적이 저장될 것이므로 정수형으로 선언되고 있다. 이와 같이 하여 새로운 형인 student형이 만들어지는 것이며, 각각의 항목인 name과 score를 **구조체의 원소**라고 부른다.

이 구조체를 이용하여 student형 변수 a를 선언하려면, 다음과 같이 하면 된다.

```
student a;
```

이 경우 student형 변수 a는 하나의 변수에 두 종류의 값을 가지게 된다. 따라서 a에 값을 저장하거나 불러내는 경우 두 값 중 어느 것인지를 명시해야 한다. 다음 예는 그 방법을 설명하고 있다.

```
a.name="홍길동";
a.score=92;
```

이 경우 변수 a에 학생 이름으로 홍길동이, 학생 성적으로 92가 저장된다. 즉, 변수 a에서 학생 이름 부분을 나타내는 것이 a.name이며, 성적을 나타내는 것이 a.score가 된다. 다시 말하면, 각 원소를 나타내기 위해서는 변수 이름 다음에 점을 찍고 구조체 정의에 나타나 있는 해당 원소를 적어주면 된다.[3]

[3] 이런 의미에서 점(.)을 **구조체 원소 접근 연산자**라고 부른다.

또한, 구조체를 정의하면서 동시에 변수 선언도 할 수 있는데, 예를 들면 다음과 같다.

```
struct student{
 char *name;
 int score;
} a,b;
```

이것은 풀어쓰면 다음과 같다.

```
struct student{
 char *name;
 int score;
};
student a,b;
```

구조체로 정의된 형인 경우에도 배열을 사용할 수 있으며, 그 예는 다음과 같다.

```
struct student{
 char *name;
 int score;
} c[10];
c[0].name="김하늘";
c[0].score=85;
c[1].name="이강산"
c[1].score=90;
 . . . . . .
```

이 예에서는 student형 배열 c를 선언하고 있으며, c는 원소가 10개인 1차원 배열이다.

구조체의 경우 다음 예와 같이 구조체의 이름이 없이 정의될 수도 있다.

```
struct {
 char *name;
 int score;
} a,b;
```

이런 것을 **이름 없는 구조체**라 부른다. 그러나 이 경우 구조체 정의와 동시에 사용될 변수 선언을 하여야만 하고, 나중에 추가로 변수 선언을 하는 것은 불가능하다. 따라서 이와 같이 사용하는 것은 별로 바람직하지 않다고 볼 수 있다.

하지만 이름 없는 구조체를 다음과 같이 typedef와 같이 사용하는 경우에는 구조체 이름이 무엇인지가 중요하지 않기 때문에 문제될 것이 없다.

```
typedef struct{
 char *name;
 int score;
} student;
student a,b,c[10];
 . . . . . .
```

이 경우 typedef를 이용하여

```
struct{
 char *name;
 int score;
}
```

전체를 student라는 형으로 정의하고 있다. 실제로

```
typedef struct{
 char *name;
 int score;
} student;
```

는

```
typedef struct student{
 char *name;
 int score;
} student;
```

와 같은 것이며 처음 나오는 student와 두 번째 나오는 student가 중복 사용되므로 이 중에서 처음 나오는 student가 생략된 것으로 이해할 수도 있다.

따라서 다음과 같은 형태의 변수 선언이 가능해진다.

```
student a,b,c[10];
```

구조체 변수에 대한 치환문의 사용

다음 예제는 앞의 설명을 대부분 포함하고 있으며 특히 구조체 변수에 대한 치환문의 사용법을 알려주고 있다.

예제 12.4 (구조체의 기본 용법)

```
1  #include<stdio.h>
2  #include<stdlib.h>
3
4  typedef struct{
5    char *name;
6    int score;
7  } student;
8
9  int sum(student*,int);
10
11 main()
12 {
13   student a={"구름이",85},b,c[2]={{"하늘이",90},{"가람이",93}};
14   b=a;
15   printf("%s의 점수는 %d점\n",b.name,b.score);
16   printf("%s와 %s의 점수의 합=%d점\n",\
17          c[0].name,c[1].name,sum(c,2));
18 }
19
20 int sum(student *a, int n)
21 {
22   int s=0,i;
23   for(i=0;i<n;i++)
24     s+=a[i].score;
25   return s;
26 }
```

이 프로그램의 출력으로 다음을 얻는다.

```
구름이의 점수는 85점
하늘이와 가람이의 점수의 합=183점
```

이 프로그램의 15번째 줄을 보면 구조체로 선언된 변수 b의 각 원소가 구조체로 선언된 변수 a의 각 원소를 이용하여 치환되고 있다. 즉, 구조체 변수의 각 원소 하나하나를 치환문 여러 개를 사용하여 바꿔 줄 필요 없이 하나의 치환문으로 바꿔 줄 수 있으므로 편리하다.

구조체 변수의 입출력

다음 예제는 구조체 변수의 기본 입출력을 설명하고 있다.

예제 12.5 (구조체 변수의 기본 입출력)

```
1  #include<stdio.h>
2  typedef struct{
3    char name[12];
4    int score;
5  } student;
6
7  main()
8  {
9    student a,b={"아름이",95};
10   printf("이름과 점수를 입력하십시오:\n");
11   scanf("%s %d",a.name,&a.score); //&의 사용 유무 주의
12   printf("이름:%s  점수:%d\n", a.name,a.score);
13   printf("이름:%s  점수:%d\n", b.name,b.score);
14   strcpy(a.name,b.name);
15   printf("이름:%s  점수:%d\n", a.name,a.score);
16 }
```

이 프로그램의 입출력 예는 다음과 같다.

```
이름과 점수를 입력하십시오:
가을이 100
이름:가을이  점수:100
이름:아름이  점수:95
이름:아름이  점수:100
```

이 프로그램의 3번째 줄을 보면 입출력을 위해 원소 name을 char형의 일차원 배열로 선언하였다.

또한 11번째 줄을 보면 char형 배열로 선언된 원소 a.name에는 &를 붙이지 않지만 int형 변수인 a.score에는 &를 붙이고 있음에 주의해야 한다.

14번째 줄에서는 b의 이름을 a의 이름에 덮어 쓰기하고 있다.

구조체를 활용한 복소수의 사용

다음 예제는 복소수를 사용하는 것을 다룬다.[4] 복소수의 경우 실수부와 허수부 두 부분으로 구성되어 있으므로 구조체를 사용하면 편리하다. 복소수를 나타내는 구조체 complex를 정의하고, 두 개의 원소 re와 im이 각각 실수부와 허수부를 나타낸다고 하자.

또한 복소수의 합이나 차는 실수부와 허수부 각각의 합이나 차로 나타나게 되므로 각 원소별로 계산해 주면 된다.

예제 12.6 (복소수의 합과 차)

```
#include<stdio.h>
typedef struct{
  double re;
  double im;
} complex;
main()
{
  complex a[2]={{1.0,-2.0},{-5.1,6.3}}, b;
  complex c={3.0,4.0}, d={-2.7,1.4}, e;
  b.re=a[0].re+a[1].re;
  b.im=a[0].im+a[1].im;
  e.re=c.re-d.re;
  e.im=c.im-d.im;
  printf("(%g%+gi)+(%g%+gi)=%g%+gi\n",\
          a[0].re,a[0].im,a[1].re,a[1].im,b.re,b.im);
  printf("(%g%+gi)-(%g%+gi)=%g%+gi\n",\
          c.re,c.im,d.re,d.im,e.re,e.im);
  e=c;
  printf("e=%g%+gi\n",e.re,e.im);
}
```

이 프로그램의 출력으로 다음을 얻는다.

```
(1-2i)+(-5.1+6.3i)=-4.1+4.3i
(3+4i)-(-2.7+1.4i)=5.7+2.6i
e=3+4i
```

[4] C99에서는 복소수를 다루는 complex형이 기본 자료형에 포함되어 있다. 그렇지만 Microsoft Visual C에는 아직 complex형이 기본 자료형에 포함되어 있지 않다.

이 예제에 나타난 것처럼 구조체를 초기화하는 경우, 배열의 초기화와 매우 유사한 방법을 사용하고 있음을 알 수 있다. 즉, 9번째 줄의

```
complex c={3.0,4.0};
```

에서 c.re에는 3.0이, c.im에는 4.0이 저장된다.

마찬가지로 구조체 일차원 배열의 초기화는 앞서 배운 보통의 이차원 배열 초기화와 유사하다. 즉, 8번째 줄을 보면

```
complex a[2]={{1.0,-2.0},{-5.1,6.3}}
```

에서 a[0].re, a[0].im, a[1].re, a[1].im에는 1.0, -2.0, -5.1, 6.3이 각각 저장된다.

14번째 줄을 보면 변환문자

```
%+g
```

를 사용하고 있다. 이를 사용하면 0 이상의 실수의 경우에도 숫자 앞에 + 부호가 표시되어 출력되므로 이 경우처럼 복소수의 허수부를 출력할 때 사용하면 편리하다.

18번째 줄을 보면

```
e=c;
```

와 같이 치환문을 사용하고 있다. 이 경우에도 구조체로 선언된 변수 e의 각 원소가 구조체로 선언된 변수 c의 각 원소를 이용하여 치환되고 있다. 즉, 구조체 변수의 각 원소 하나하나를 치환문 여러 개를 사용하여 바꿔 줄 필요 없이 하나의 치환문으로 바꿔 줄 수 있으므로 편리하다.

구조체를 사용한 정렬

다음은 구조체를 사용하여 자료를 정렬하는 것을 생각해 보자. 예를 들어 학생들의 이름과 성적을 나열한 자료가 있다고 하자. 이 자료를 성적순으로 정렬하는 경우 구조체를 사용하면 편리하게 작업을 할 수 있다.

다음 예제를 통해 이것을 알아보자.

예제 12.7 (구조체를 사용한 정렬)

```
#include <stdio.h>
#include <stdlib.h>
#define M 100      /* 자료수 100개 이내 */
#define NMAX 9     /* 영문이름 8자이내(한글 이름 4자 이내) */
#include "student.h"
void scan_data(student*,int*);
void sort_data(student*,int);
void compute_average(student*,float*,int);
void print_data(student*,float,int);

main()
{
 student a[M];
 float ave;
 int n;
 scan_data(a,&n);
 sort_data(a,n);
 compute_average(a,&ave,n);
 print_data(a,ave,n);
}

void scan_data(student *a,int *n)
{
 int i=0;
 scanf("%*s %*s %*s");
 while(scanf("%s %d", a[i].name, &a[i].score)==2)
  i++;
 *n=i;
}

void sort_data(student *a, int n)
{
 int max,maxidx,i,j;
 student temp;
 for(i=0;i<n;i++){
 max=a[i].score;
 maxidx=i;
 for(j=i+1;j<n;j++)
  if(a[j].score>max){
   max=a[j].score;
```

```
   maxidx=j;
  }
  temp=a[i];
  a[i]=a[maxidx];
  a[maxidx]=temp;
 }
}

void compute_average(student *a, float *ave, int n)
{
 int i;
 float s=0;
 for(i=0;i<n;i++)
 s += a[i].score;
 *ave=(float) s/ (float) n;
}

void print_data(student *a, float ave,int n)
{
 int i;
 printf(" 이름       성적 \n");
 printf("----------------\n");
 for(i=0;i<n;i++)
  printf("%-8s   %3d \n",a[i].name,a[i].score);
  printf("----------------\n");
 printf("평균 :    %.1f\n",ave);
}
```

이 예에서는 다음과 같은 헤더 파일이 student.h라는 이름으로 현재 작업 중인 폴더에 이미 만들어져 있다고 가정한다.

```
typedef struct{
 char name[NMAX];
 int score;
} student;
```

또한 다음과 같은 내용의 입력 파일을 사용한다.

```
 이름      성적
----------------
가람이      75
꽃님이      82
```

```
구름이    84
하늘이    93
별님이    78
```

그러면 다음과 같은 출력을 얻게 된다.

```
 이름      성적
----------------
하늘이    93
구름이    84
꽃님이    82
별님이    78
가람이    75
----------------
평균 :   82.4
```

이 예제에서는 프로그램의 각 부분을 여러 개의 부함수로 나누어 프로그래밍을 하고 있다. 이와 같이 하는 것은 프로그램을 이해하기도 쉽고 나중에 유지 보수에도 편리하다.

또한 구조체를 사용하였기 때문에 정렬하는 부분을 보면 일일이 이름과 성적을 각각 바꿀 필요 없이 student형 변수 하나의 값만 바꾸면 되므로 편리하다.

구조체 포인터의 원소 접근

앞에서 구조체의 각 원소 값에 접근하기 위해서는 점(.)을 사용한다고 배웠다. 그런데 구조체의 포인터인 경우에는 각 원소에 접근하기 위해 점 대신 ->를 사용한다.

다음 예제는 구조체의 포인터를 사용하고 있다.

예제 12.8 (구조체 포인터의 원소 접근을 이용한 복소수의 합과 곱)

```
#include<stdio.h>
typedef struct{
  double re;
  double im;
} complex;
void complex_sum(complex,complex,complex*);
void complex_pdt(complex,complex,complex*);

main()
```

```
10 {
11   complex a,b,c;
12   a.re=1.1;
13   a.im=-2.3;
14   b.re=-3.5;
15   b.im=4.8;
16   complex_sum(a,b,&c);
17   printf("%g%+gi\n",c.re,c.im);
18   complex_pdt(a,b,&c);
19   printf("%g+%gi\n",c.re,c.im);
20 }
21
22 void complex_sum(complex a, complex b, complex *c)
23 {
24   c->re = a.re + b.re;
25   c->im = a.im + b.im;
26 }
27
28 void complex_pdt(complex a, complex b, complex *c)
29 {
30   c->re = a.re * b.re - a.im * b.im;
31   c->im = a.re * b.im + b.re * a.im;
32 }
```

이 프로그램의 출력으로 다음을 얻는다.

```
-2.4+2.5i
7.19+13.33i
```

즉, 다음 계산을 한 것이다.

$$(1.1 - 2.3i) + (-3.5 + 4.8i) = -2.4 + 2.5i,$$
$$(1.1 - 2.3i)(-3.5 + 4.8i) = 7.19 + 13.33i.$$

이 경우 부함수에도 complex의 정의를 알려 주어야 하기 때문에 함수 밖에서 typedef가 사용되었다. 또한 complex형 포인터 변수 c는 그 원소에 접근하기 위해 c->re이나 c->im와 같은 형태를 사용하고 있음을 알 수 있다.

참고로 위의 예에서 24번째 줄부터 25번째 줄까지의 내용을 다음과 같이 바꾸어도 된다.

```
(*c).re=a.re+b.re;
(*c).im=a.im+b.im;
```

(30번째 줄부터 31번째 줄까지의 내용도 유사하게 바꿀 수 있다.)

12.5 독립된 파일들의 컴파일

프로그램을 작성하는 경우 대개 하나의 주함수와 여러 개의 부함수들을 사용하게 된다. 지금까지 배운 예에서는 주로 이들 여러 개의 함수를 하나의 파일에 작성하여 사용하였으나 프로그램 내용이 복잡하고 규모가 방대한 경우는 이와 같이 하나의 파일로 작성하는 것보다는 각각의 함수를 독립된 파일로 작성하는 것이 바람직하다. 이 경우 나중에 다른 프로그램을 작성할 때 이미 작성해둔 부함수들을 필요할 때마다 불러내어 사용할 수 있다는 장점도 있다.

독립된 파일들의 컴파일에 대한 자세한 내용은 부록 K를 참고하기 바란다.

제 12 장 연습문제

12.1 다음 프로그램의 출력이 무엇인지 말하라.

```
#include<stdio.h>
#define N 2
#define F1(x,y) x+x*y
#define F2(x,y) x+(x)*(y)
#define F3(x,y) (x+(x)*(y))
main()
{
  int a=2,b=3,c1,c2,c3;
  c1=F1(a+b,a-b)*N;
  c2=F2(a+b,a-b)*N;
  c3=F3(a+b,a-b)*N;
  printf("%d %d %d\n",c1,c2,c3);
}
```

12.2 (복소수의 나눗셈) typedef와 구조체를 사용하여 복소수의 나눗셈을 계산하는 부함수를 만들고 이를 이용하여 $x = 3 + 4i$, $y = 4 - 5i$ 일 때 $\frac{x}{y}$ 의 값을 구하여 그 결과를 $\alpha + \beta i$ 의 형태로 출력하라.(단, α와 β는 모두 실수이다.)

힌트 : $x = a + bi$, $y = c + di$ 일 때, $\frac{x}{y} = \frac{ac + bd}{c^2 + d^2} + \frac{bc - ad}{c^2 + d^2} i$ 이다.

12.3 다음 프로그램의 출력이 무엇인지 말하라.

```
#include<stdio.h>
#define PR(x) printf("%d\n",x)
int a=0;
main()
{
  void sub();
  int a=1;
  sub();
  PR(a);
}

void sub()
{
  extern a;
  PR(a);
  a=2;
  PR(a);
}
```

12.4 **(생년월일순으로 정렬)** 구조체와 `fopen`을 사용한 파일의 입출력을 사용하여, 다음에 주어진 입력 파일에 대하여 아래에 있는 출력 파일처럼 생년월일순으로 정렬된 결과를 구하는 프로그램을 작성하라.

입력 file:

```
이름           생년월일
----------------------------
Alice        1958년  4월  5일
John         1988년 12월  4일
Dean         2000년  1월  2일
Kim          1982년  7월  8일
Arnold       1979년  3월 15일
Michelle     1981년  8월 12일
David        1981년  8월 11일
Christina    1981년 11월 10일
Michael      1933년  2월  2일
Richard      1999년  9월  9일
```

출력 file:

```
이름           생년월일
----------------------------
Michael      1933년  2월  2일
Alice        1958년  4월  5일
Arnold       1979년  3월 15일
David        1981년  8월 11일
Michelle     1981년  8월 12일
Christina    1981년 11월 10일
Kim          1982년  7월  8일
John         1988년 12월  4일
Richard      1999년  9월  9일
Dean         2000년  1월  2일
```

12.5 **(성적 처리)** 아래 나와 있는 입력 파일 `gradedata.txt`를 사용하여

(a) 각 학생의 중간고사와 기말고사 성적의 합계를 계산하고

(b) 이를 이용하여 순위, 학점을 산출한다. 학점은 상대 평가로써, 상위 20%까지 A, 50%까지는 B, 80%까지는 C, 90%까지는 D, 나머지는 F이다.

(c) 그 결과를 다른 파일에 높은 점수를 받은 학생부터 낮은 점수를 받은 학생까지 순서대로 출력하며

(d) 또한 각 시험과 합계에 대한의 평균을 그 아래에 출력하는

프로그램을 작성하라. 단,

(a) 학생의 수는 100명 이내로 가정하고 자동으로 몇 명인지 알아내야 한다.

(b) 반드시 구조체 배열을 이용하여 처리한다.

(c) 부 프로그램을 최대한 활용하고, 각각의 파일은 독립된 파일로 저장되고 컴파일되어야 한다.

(d) 정렬은 선택정렬을 사용한다.

(e) 순위를 산출할 때 동점자 처리에 주의하여야 한다.(위의 예에서 6등이 두 명이므로 7등이 없다.)

(f) 반드시 fopen을 사용하여 파일을 직접 입출력하여야 한다.

입력 file `gradedata.txt`의 내용:

```
학번   이름   중간   기말
-----------------------
0101   갑돌    85     87
0102   갑순    65     66
0103   영희    79     77
0104   달님    40     60
0105   철수   100     97
0106   영자    74     76
0107   길동    78     83
0108   똘이    71     65
0109   미자    95     96
0110   별이    75     91
0111   미미    88     94
0112   꽃님   100    100
0113   하나    74     69
0114   밝음    79     75
0115   맑음    84     88
0116   강철    64     77
0117   차돌    95     98
0118   모모    83     85
0119   하늘    87     84
0120   맹구    44     30
```

프로그램을 실행시키고 나면 다음과 같은 형식의 출력 파일을 얻어야 한다:

```
학번     이름    중간   기말     합계   순위  학점
-----------------------------------------
0112     꽃님    100    100      200     1    A
0105     철수    100     97      197     2    A
0117     차돌     95     98      193     3    A
0109     미자     95     96      191     4    A
0111     미미     88     94      182     5    B
```

```
0101  갑돌  85  87  172   6  B
0115  맑음  84  88  172   6  B
0119  하늘  87  84  171   8  B
0118  모모  83  85  168   9  B
0110  별이  75  91  166  10  B
0107  길동  78  83  161  11  C
0103  영희  79  77  156  12  C
0114  밝음  79  75  154  13  C
0106  영자  74  76  150  14  C
0113  하나  74  69  143  15  C
0116  강철  64  77  141  16  C
0108  똘이  71  65  136  17  D
0102  갑순  65  66  131  18  D
0104  달님  40  60  100  19  F
0120  맹구  44  30   74  20  F
---------------------------------------
      평균:  78.0  79.9  157.9
```

12.6 **(단어장)** 다음과 같은 단어장 파일이 words.txt라는 이름으로 저장되어 있다. (전체가 몇 줄인지는 모른다.)

```
bear 곰
cat 고양이
dog 개
  . . .

whale 고래
wolf 늑대
zebra 얼룩말
```

fopen을 이용하여 이 단어장을 입력 받아 우선 전체가 몇 줄인지 알아낸 뒤, 동적 할당을 이용하여 배열을 할당하고 단어장을 다시 읽어서 그 배열에 저장한다. 그 뒤에 영어 단어 하나를 입력하면 그 단어의 뜻을 한글로 출력하고 끝내려고 한다. 이와 같은 작업을 하는 프로그램을 작성하라. (단, 문자열 두 개를 원소로 갖는 구조체를 반드시 정의하여 사용하여야 하며, 아래의 입출력 예2에서와 같이 입력한 단어가 단어장에 없는 경우 '단어 없음'이라고 출력해야 한다.) 다음은 입출력 예이다.

입출력 예1:

```
단어: cat
 뜻: 고양이
```

입출력 예2:

```
단어: abc
단어 없음
```

제 13 장

C언어의 기타 사항

이 장에서는 정수와 실수의 저장 방식, 비트 연산자, 열거형, 공용체, 64비트 정수, main 함수의 인자 등 C언어의 여러 가지 기타 사항에 대하여 살펴보기로 한다.

13.1 정수와 실수의 저장 방식

C 언어는 내부적으로 이진수를 사용한다. 이 절에서는 정수형 상수 및 실수형 상수의 구체적인 저장 방식에 대하여 알아보기로 한다.

int형 정수의 저장 방식

`int`형은 4바이트(=32비트)의 기억장소를 사용하며 0부터 2147483647 및 −2147483648부터 −1까지의 순서로 다음과 같이 나열해 볼 수 있다. 이 때 가장 왼쪽 열이 십진수로 표현된 정수이고 그 오른쪽 열들은 32개의 비트에 이진수로 저장된 각각의 값을 4비트 단위로 보여주고 있다. 첫 비트가 0이면 0 또는 양의 정수이고, 첫 비트가 1이면 음의 정수이다.

```
0    0000 0000 0000 0000 0000 0000 0000 0000
1    0000 0000 0000 0000 0000 0000 0000 0001
2    0000 0000 0000 0000 0000 0000 0000 0010
3    0000 0000 0000 0000 0000 0000 0000 0011
4    0000 0000 0000 0000 0000 0000 0000 0100
5    0000 0000 0000 0000 0000 0000 0000 0101
6    0000 0000 0000 0000 0000 0000 0000 0110
7    0000 0000 0000 0000 0000 0000 0000 0111
8    0000 0000 0000 0000 0000 0000 0000 1000
```

```
          9     0000 0000 0000 0000 0000 0000 0000 1001
         10     0000 0000 0000 0000 0000 0000 0000 1010

                 . . . . . . . . . . . . .

 2147483646     0111 1111 1111 1111 1111 1111 1111 1110
 2147483647     0111 1111 1111 1111 1111 1111 1111 1111
-2147483648     1000 0000 0000 0000 0000 0000 0000 0000
-2147483647     1000 0000 0000 0000 0000 0000 0000 0001

                 . . . . . . . . . . . . .

        -10     1111 1111 1111 1111 1111 1111 1111 0110
         -9     1111 1111 1111 1111 1111 1111 1111 0111
         -8     1111 1111 1111 1111 1111 1111 1111 1000
         -7     1111 1111 1111 1111 1111 1111 1111 1001
         -6     1111 1111 1111 1111 1111 1111 1111 1010
         -5     1111 1111 1111 1111 1111 1111 1111 1011
         -4     1111 1111 1111 1111 1111 1111 1111 1100
         -3     1111 1111 1111 1111 1111 1111 1111 1101
         -2     1111 1111 1111 1111 1111 1111 1111 1110
         -1     1111 1111 1111 1111 1111 1111 1111 1111
```

unsigned형 정수의 저장 방식

`unsigned`형은 4바이트(=32비트)의 기억장소를 사용하며 0부터 4294967295까지의 순서로 다음과 같이 나열해 볼 수 있다. 이 경우 비트별로 저장된 내용은 그 정수의 2진수 표현과 일치한다.

```
  0     0000 0000 0000 0000 0000 0000 0000 0000
  1     0000 0000 0000 0000 0000 0000 0000 0001
  2     0000 0000 0000 0000 0000 0000 0000 0010
  3     0000 0000 0000 0000 0000 0000 0000 0011
  4     0000 0000 0000 0000 0000 0000 0000 0100
  5     0000 0000 0000 0000 0000 0000 0000 0101
  6     0000 0000 0000 0000 0000 0000 0000 0110
  7     0000 0000 0000 0000 0000 0000 0000 0111
  8     0000 0000 0000 0000 0000 0000 0000 1000
  9     0000 0000 0000 0000 0000 0000 0000 1001
 10     0000 0000 0000 0000 0000 0000 0000 1010
```

```
                    . . . . . . . . . . . . .

4294967286    1111 1111 1111 1111 1111 1111 1111 0110
4294967287    1111 1111 1111 1111 1111 1111 1111 0111
4294967288    1111 1111 1111 1111 1111 1111 1111 1000
4294967289    1111 1111 1111 1111 1111 1111 1111 1001
4294967290    1111 1111 1111 1111 1111 1111 1111 1010
4294967291    1111 1111 1111 1111 1111 1111 1111 1011
4294967292    1111 1111 1111 1111 1111 1111 1111 1100
4294967293    1111 1111 1111 1111 1111 1111 1111 1101
4294967294    1111 1111 1111 1111 1111 1111 1111 1110
4294967295    1111 1111 1111 1111 1111 1111 1111 1111
```

float형 실수의 저장 방식

`float`형은 4바이트(=32비트)의 기억장소를 사용하며 비트 1에 부호가 저장된다. 즉, 첫 비트의 값이 0이면 0 또는 양의 실수, 1이면 음의 실수를 각각 나타낸다. 비트 2부터 비트 9까지에는 지수 부분이 저장되고 비트 10부터 비트 32까지는 가수 부분이 저장된다. 실수 0은 모든 비트가 0이다. (지수 부분은 음의 지수 처리 때문에 127을 더한 값으로 저장된다.) 여러 가지 `float`형 실수에 대하여 그 실수에 대응하는 각 비트별 값을 나타내보면 다음과 같다.

```
 8.0000    0 10000010 00000000000000000000000
 4.0000    0 10000001 00000000000000000000000
 2.0000    0 10000000 00000000000000000000000
 1.0000    0 01111111 00000000000000000000000

 0.5000    0 01111110 00000000000000000000000
 0.2500    0 01111101 00000000000000000000000
 0.1250    0 01111100 00000000000000000000000

 0.0000    0 00000000 00000000000000000000000

 1.1250    0 01111111 00100000000000000000000
 1.2500    0 01111111 01000000000000000000000
 1.5000    0 01111111 10000000000000000000000

12.5600    0 10000010 10010001111010111000011
 6.2800    0 10000001 10010001111010111000011
 3.1400    0 10000000 10010001111010111000011
```

```
  1.5700     0 01111111 10010001111010111000011
  0.7850     0 01111110 10010001111010111000011
  0.3925     0 01111101 10010001111010111000011

  3.1400     0 10000000 10010001111010111000011
 -3.1400     1 10000000 10010001111010111000011

  0.1000     0 01111011 10011001100110011001101
```

double형 실수의 저장 방식

double형은 8바이트(=64비트)의 기억장소를 사용하며 비트 1에 부호가 저장된다. 즉, 첫 비트의 값이 0이면 0 또는 양의 실수, 1이면 음의 실수를 각각 나타낸다. 비트 2부터 비트 12까지에는 지수 부분이 저장되고 비트 13부터 64까지에는 가수 부분이 저장된다. 실수 0은 모든 비트가 0이다. (지수 부분은 음의 지수 처리 때문에 1023을 더한 값으로 저장된다.) 여러 가지 double형 실수에 대하여 그 실수에 대응하는 각 비트별 값을 나타내보면 다음과 같다.

```
  8.0000    0 10000000010 0000000000000000000000000000000000000000000000000000
  4.0000    0 10000000001 0000000000000000000000000000000000000000000000000000
  2.0000    0 10000000000 0000000000000000000000000000000000000000000000000000
  1.0000    0 01111111111 0000000000000000000000000000000000000000000000000000

  0.5000    0 01111111110 0000000000000000000000000000000000000000000000000000
  0.2500    0 01111111101 0000000000000000000000000000000000000000000000000000
  0.1250    0 01111111100 0000000000000000000000000000000000000000000000000000

  0.0000    0 00000000000 0000000000000000000000000000000000000000000000000000

  1.1250    0 01111111111 0010000000000000000000000000000000000000000000000000
  1.2500    0 01111111111 0100000000000000000000000000000000000000000000000000
  1.5000    0 01111111111 1000000000000000000000000000000000000000000000000000

 12.5600    0 10000000010 1001000111101011100001010001111010111000010100011111
  6.2800    0 10000000001 1001000111101011100001010001111010111000010100011111
  3.1400    0 10000000000 1001000111101011100001010001111010111000010100011111
  1.5700    0 01111111111 1001000111101011100001010001111010111000010100011111
  0.7850    0 01111111110 1001000111101011100001010001111010111000010100011111
  0.3925    0 01111111101 1001000111101011100001010001111010111000010100011111

  3.1400    0 10000000000 1001000111101011100001010001111010111000010100011111
 -3.1400    1 10000000000 1001000111101011100001010001111010111000010100011111

  0.1000    0 01111111011 1001100110011001100110011001100110011001100110011010
```

13.2 비트 연산자

비트 단위로 조작되는 연산자를 **비트 연산자(bitwise operators)**라 부른다. 비트 연산자는 정수형에 대하여만 사용 가능하다.

다음 표는 대표적인 비트 연산자에 대하여 설명하고 있다.

연산자	의미	설명
~	NOT(부정)	단항 연산자로 모든 비트의 값을 반대로 바꾼다. 즉 0은 1로, 1은 0으로 바꾼다.
&	AND(논리곱)	이항 연산자로 대응되는 두 비트가 모두 1인 경우에만 연산 결과가 1이고, 나머지 경우는 연산 결과가 0이다.
|	OR(논리합)	이항 연산자로 대응되는 두 비트 중 하나라도 1이면 연산 결과는 1이고, 나머지 경우는 연산 결과가 0이다.
^	XOR(배타적 논리합)	이항 연산자로 대응되는 두 비트가 같은 값이면 연산 결과가 0이고, 다르면 연산 결과가 1이다.

다음은 위의 표에서 설명한 비트 연산자의 실제 사용 예이다.
(아래 예에서 ==>는 연산 결과를 나타낸다.)

```
      ~ 0000 0000 0000 0000 0000 0000 0001 0110
==>     1111 1111 1111 1111 1111 1111 1110 1001

        0000 1111 0000 0100 0011 0100 0001 0110
      & 0000 0101 1001 1111 0011 0101 0011 0111
==>     0000 0101 0000 0100 0011 0100 0001 0110

        0000 1111 0000 0100 0011 0100 0001 0110
      | 0000 0101 1001 1111 0011 0101 0011 0111
==>     0000 1111 1001 1111 0011 0101 0011 0111
```

```
          0000 1111 0000 0100 0011 0100 0001 0110
        ^ 0000 0101 1001 1111 0011 0101 0011 0111
==>       0000 1010 1001 1011 0000 0001 0010 0001
```

비트 시프트(bit shift)

앞에서 살펴 본 비트 연산자 이외에 또 다른 비트 연산자로 각 비트에 저장되어 있는 값을 한 쪽으로 밀어서 새로 저장하는 연산자인 **시프트 연산자(shift operator)**가 있다. 시프트 연산자에는 <<로 나타내지는 **왼쪽으로 밀기(left shift)**와 >>로 나타내지는 **오른쪽으로 밀기(right sihft)**가 있으며 이 연산자들은 모두 정수형에 대하여만 사용가능하다.

a<<b는 a의 각 비트의 값을 b만큼 왼쪽으로 이동시키게 된다. 예를 들어 변수 a에 저장된 값이 7일 때

```
a << 2
```

의 결과는 7을 저장하고 있는 변수 a의 모든 비트를 왼쪽으로 2만큼 이동시키고 가장 오른쪽의 두 비트는 모두 0으로 채워지게 된다.

마찬가지로 a>>b는 a의 각 비트의 값을 b만큼 오른쪽으로 이동시키게 된다. 예를 들어 변수 a에 저장된 값이 7일 때

```
a >> 2
```

의 결과는 7을 저장하고 있는 변수 a의 모든 비트를 오른쪽으로 2만큼 이동시키게 된다. 가장 왼쪽의 두 비트는 첫 비트가 0인 경우 모두 0으로 채워지고, 첫 비트가 1인 경우 모두 1로 채워지게 된다.

다음은 비트 연산자의 사용 예이다.

예제 13.1 (비트 연산자의 사용)

```
#include<stdio.h>
main()
{
  int i,j,a,b,c,d,e,f,g;
  i=6;
  j=10;
  a=i&j;
  b=i|j;
  c=i^j;
```

```
10   d=~6;
11   e=i>>2;
12   f=i<<2;
13   g=-3>>2;
14   printf("a=%d\n",a);
15   printf("b=%d\n",b);
16   printf("c=%d\n",c);
17   printf("d=%d\n",d);
18   printf("e=%d\n",e);
19   printf("f=%d\n",f);
20   printf("g=%d\n",g);
21 }
```

이 프로그램의 출력은 다음과 같다.

```
a=2
b=14
c=12
d=-7
e=1
f=24
g=-1
```

이와 같은 출력이 나오는 이유를 알아보기 위해 5번째 줄부터 12번째 줄까지의 변수들에 대하여 비트별 값을 살펴보면 다음과 같다.

```
i=6    : 0000 0000 0000 0000 0000 0000 0000 0110
j=10   : 0000 0000 0000 0000 0000 0000 0000 1010
a=i&j  : 0000 0000 0000 0000 0000 0000 0000 0010 (십진수로 2)
b=i|j  : 0000 0000 0000 0000 0000 0000 0000 1110 (십진수로 14)
c=i^j  : 0000 0000 0000 0000 0000 0000 0000 1100 (십진수로 12)
d=~6   : 1111 1111 1111 1111 1111 1111 1111 1001 (십진수로 -7)
e=i>>2: 0000 0000 0000 0000 0000 0000 0000 0001 (십진수로 1)
f=i<<2: 0000 0000 0000 0000 0000 0000 0001 1000 (십진수로 24)
```

또한 13번째 줄에서 -3의 비트별 표현은

```
1111 1111 1111 1111 1111 1111 1111 1101
```

이며, 이를 오른쪽으로 2만큼 이동시키면서 가장 왼쪽 두 비트를 1로 채우게 되면

```
1111 1111 1111 1111 1111 1111 1111 1111
```

을 얻는데 이는 -1을 의미한다.

비트 연산자의 또 다른 사용 예를 보면 다음과 같다.

예제 13.2 (비트 연산자를 사용한 산술 연산)

```
1  #include<stdio.h>
2  main(){
3    int a=1,b,c;
4    b=a<<4;
5    printf("%d\n",b);
6    c=b>>3;
7    printf("%d\n",c);
8    c=(c<<5)+7;
9    printf("%d\n",c);
10   printf("%d %d %d\n",c&3,c&7,c&15);
11 }
```

이 프로그램의 출력은 다음과 같다.

```
16
2
71
3 7 7
```

이 프로그램을 각 줄(line)별로 다시 살펴보면 다음과 같다.

Line 4: `b=a<<4;`

변수 a의 값에 2의 4제곱을 곱하여 변수 b에 저장한다.

Line 6: `c=b>>3;`

변수 b의 값을 2의 3제곱으로 나눈 몫을 변수 c에 저장한다.

Line 8: `c=(c<<5)+7;`

현재의 c 값을 $32(=2^5)$배한 뒤 7을 더하고 이를 다시 변수 c에 저장한다.

Line 10: `c&3, c&7, c&15`

c&3은 c의 값을 4로 나눈 나머지를 구하는 것과 같고, c&7은 c의 값을 8로 나눈 나머지를 구하는 것과 같으며, c&15는 c의 값을 16으로 나눈 나머지를 구하는 것과 같다.

다음 예는 int형 정수의 각 비트별 값을 출력하는 프로그램이다.

예제 13.3 (int형 정수의 각 비트별 출력)

```
#include <stdio.h>
void print_bits(int);
main(){
  int k;
  for(k=-8;k<=8;k++){
   printf("%11d     ",k);
   print_bits(k);
  }
}

void print_bits(int a)
{
   int b,i;
   for(i=31;i>=0;i--){
     b=a>>i;
     printf("%d",b&1);
     if(i%4==0)
       printf(" ");
   }
   printf("\n");
}
```

이 프로그램의 출력으로 다음을 얻는다.

```
         -8     1111 1111 1111 1111 1111 1111 1111 1000
         -7     1111 1111 1111 1111 1111 1111 1111 1001
         -6     1111 1111 1111 1111 1111 1111 1111 1010
         -5     1111 1111 1111 1111 1111 1111 1111 1011
         -4     1111 1111 1111 1111 1111 1111 1111 1100
         -3     1111 1111 1111 1111 1111 1111 1111 1101
         -2     1111 1111 1111 1111 1111 1111 1111 1110
         -1     1111 1111 1111 1111 1111 1111 1111 1111
          0     0000 0000 0000 0000 0000 0000 0000 0000
          1     0000 0000 0000 0000 0000 0000 0000 0001
          2     0000 0000 0000 0000 0000 0000 0000 0010
          3     0000 0000 0000 0000 0000 0000 0000 0011
          4     0000 0000 0000 0000 0000 0000 0000 0100
          5     0000 0000 0000 0000 0000 0000 0000 0101
```

```
6    0000 0000 0000 0000 0000 0000 0000 0110
7    0000 0000 0000 0000 0000 0000 0000 0111
8    0000 0000 0000 0000 0000 0000 0000 1000
```

13.3 열거형

열거형(enumerated type)은 유한개의 정수형 상수에 이름을 붙이고 싶을 때 사용하며 enum이라는 용어를 사용하여 정의된다. 열거형을 사용하게 되면 정수에 의미를 부여하게 되어 프로그램에 대한 이해가 쉬워지고 가독성이 향상된다.

다음은 열거형을 사용하는 대표적인 예이다.

예제 13.4 (열거형을 사용한 요일)

```
1  #include<stdio.h>
2  enum day {sun, mon, tue, wed, thu, fri, sat};//열거형 정의
3  main()
4  {
5    enum day d1,d2; //열거형 day를 사용한 변수 선언
6    d1=mon;
7    d2=tue;
8    if(d1==d2)
9      printf("d1=%d\n",d1);
10   else
11     printf("d1=%d d2=%d\n",d1,d2);
12   if(d1==1)
13     printf("월요일\n");
14 }
```

이 예에서 2번째 줄에서 day라는 이름의 열거형을 정의하고 있으며 sun, mon, . . . , sat는 0, 1, . . . , 6을 각각 나타낸다. 즉, 열거형을 정의할 때 열거형의 원소들의 값을 정해주지 않으면 기본적으로 0부터 1씩 증가하는 순서로 값이 부여된다. 또한 5번째 줄에서 열거형 day를 사용한 변수 d1과 d2를 선언하고 있다. 이 프로그램의 출력으로 다음을 얻는다.

```
d1=1 d2=2
월요일
```

다음은 색깔에 대하여 열거형을 사용하는 예이다.

예제 13.5 (열거형을 사용한 색깔)

```
1 #include<stdio.h>
2 typedef enum {white=10, red, yellow=5, blue} color;
3 void sub(color);
4 main()
5 {
6   color a;
7   scanf("%d",&a);
8   sub(a);
9 }
10
11 void sub(color a)
12 {
13   switch(a){
14     case white:
15       printf("흰색\n");
16       break;
17     case red:
18       printf("빨강\n");
19       break;
20     case yellow:
21       printf("노랑\n");
22       break;
23     case blue:
24       printf("파랑\n");
25       break;
26     default:
27       printf("입력 오류\n");
28   }
29 }
```

이 예의 경우 2번째 줄에서 `typedef`를 이용하여 열거형 `color`를 정의하고 있는데 다음과 같이 바꿔도 된다.

```
typedef enum color {white=10, red, yellow=5, blue} color;
```

이 예에서처럼 열거형의 일부 또는 모든 원소에 대하여 대응하는 정숫값을 강제로 정해줄 수 있다. 이 경우 강제로 정해지지 않은 원소는 바로 앞에 위치한 원소에 대응하는 정숫값에 1을 더한 값으로 정해지게 된다. 따라서 이 예에서 `white`, `red`, yellow, blue에 대응하는 정숫값은 각각 10, 11, 5, 6이다. 다음은 이 프로그램을 사용한 입출력 예이다.

```
11
빨강
```

다음은 참, 거짓에 대하여 열거형을 사용한 예이다.[1]

예제 13.6 (열거형을 사용한 참, 거짓)

```
#include<stdio.h>
typedef enum{
  true=1,
  false=0
} boolean;
main()
{
  boolean b;
  b=true;
  if(b==1)
    printf("참\n");
  else
    printf("거짓\n");
}
```

이 프로그램의 출력으로 다음을 얻는다.

```
참
```

참고로 이 예에서

```
typedef enum{
  true=1,
  false=0
} boolean;
```

부분은 다음과 같이 바꿔도 된다.

```
typedef enum{
  false,
```

[1] C++에서는 이 예에서의 boolean과 유사한 bool형이 이미 정의되어 있으며 bool형은 true와 false를 원소로 갖는다.

```
  true
} boolean;
```

왜냐하면 이 경우 false와 true에는 자동적으로 0과 1이 각각 저장되기 때문이다.

13.4 공용체

공용체(union)는 명령어 union을 이용하여 정의되며 구조체와 비슷한 문법을 갖는다.

예를 들어 하나의 공용체 변수는 여러 개의 원소(멤버 변수)를 갖는다. 그런데 구조체와 달리 각 멤버 변수들이 기억장소를 공유한다. 따라서 멤버 변수가 여러 개인 경우 공용체 변수 하나가 차지하는 기억장소의 크기는 가장 크기가 큰 멤버 변수의 크기와 같다.

결국 여러 개의 멤버 변수가 '동시에 사용되지는 않는 경우' 구조체 대신 공용체를 사용하여 메모리를 절약할 수 있다. 그러나 공용체에서는 한 멤버 변수에 저장된 값이 바뀌면 다른 멤버 변수의 값도 따라서 바뀌므로 주의해야 한다.

다음은 공용체를 사용하는 예이다.

예제 13.7 (공용체의 사용)

```
#include<stdio.h>
typedef union
{
 char c1;
 short s1,s2;
 int i1;
} unumber;

main()
{
 unumber a;
 printf("sizseof(a)=%d\n",sizeof(a));
 a.i1=65;
 printf("a.c1=%c a.s1=%d a.s2=%d a.i1=%d\n",a.c1,a.s1,a.s2,a.i1);
 a.s1=66;
 printf("a.c1=%c a.s1=%d a.s2=%d a.i1=%d\n",a.c1,a.s1,a.s2,a.i1);
 a.s2=97;
```

```
18  printf("a.c1=%c a.s1=%d a.s2=%d a.i1=%d\n",a.c1,a.s1,a.s2,a.i1);
19 }
```

이 프로그램의 출력으로 다음을 얻는다.

```
sizseof(a)=4
a.c1=A a.s1=65 a.s2=65 a.i1=65
a.c1=B a.s1=66 a.s2=66 a.i1=66
a.c1=a a.s1=97 a.s2=97 a.i1=97
```

이 프로그램의 경우 다음과 같이 공용체 unumber를 정의하고 있다.

```
typedef union
{
 char c1;
 short s1,s2;
 int i1;
} unumber;
```

이는 구조체를 정의하는 것과 매우 유사한 형태이다. 그렇지만 이 경우 멤버 변수 중 가장 크기가 큰 형태인 int형의 크기인 4바이트의 기억장소를 모든 멤버 변수가 공유한다. 따라서 13번째 줄의 치환문

```
 a.i1=65;
```

에 의하여 모든 멤버 변수의 값이 영향을 받는다. 10진수 65에 해당되는 ASCII 값은 영문 알파벳 'A'이므로 14번째 줄

```
 printf("a.c1=%c a.s1=%d a.s2=%d a.i1=%d\n",a.c1,a.s1,a.s2,a.i1);
```

에 의한 출력은

```
a.c1=A a.s1=65 a.s2=65 a.i1=65
```

가 된다.

이 결과를 보면 기억장소의 크기가 작은 멤버 변수 c1, s1, s2의 경우 가장 하위 비트의 값부터 해당 크기만큼 사용됨을 알 수 있다. 예를 들어 s2의 경우 전체 32 비트 중에서 하위 16비트를 사용하게 된다.

십진수 65가 저장된 32비트 용량의 기억장소에 대하여 각 멤버 변수에 대한 비트별 사용 범위를 그림으로 나타내면 다음과 같다.

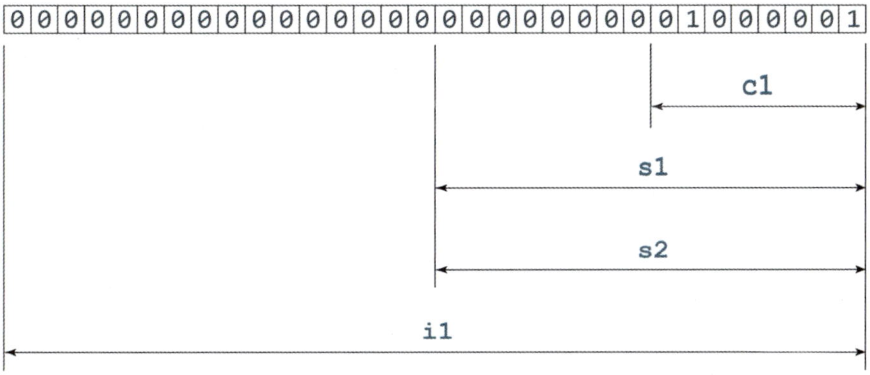

이 프로그램의 나머지 출력도 같은 방법으로 이해할 수 있다. 예를 들어 15번째 줄의 치환문

```
a.i1=66;
```

에 의하여 모든 멤버 변수의 값이 바뀌게 된다.

13.5 64비트 정수의 사용

매우 큰 정수를 사용해야 한다면 64비트(8바이트) 정수를 사용할 수 있다. Microsoft Visual C의 경우 `__int64`를 사용하여 64비트 정수를 선언하면 된다.

`__int64`형 변수는 $2^{64} = 18,446,744,073,709,551,616$가지 숫자를 표현할 수 있고, 이에 대한 구체적인 숫자의 사용 범위는 다음 표와 같다.

자료형	바이트	다른 이름	값의 범위
`__int64`	8	`signed __int64`	$-9,223,372,036,854,775,808$ ~ 9,223,372,036,854,775,807
`unsigned __int64`	8		0 ~ 18,446,744,073,709,551,615

입출력을 위한 변환문자로는 `%I64d` 또는 `%I64u`를 사용할 수 있다. 다음 예는 그 용법을 보여주고 있다.

예제 13.8 (64비트 정수의 입출력)

```
#include<stdio.h>
main()
{
  __int64 i;
  unsigned __int64 j;
  printf("-9223372036854775808부터 9223372036854775807까지의");
  printf("수 중 하나를 입력하십시오.\n");
  scanf("%I64d",&i);
  printf("입력된 수는 %I64d입니다.\n",i);
  printf("0부터 18446744073709551615까지의 ");
  printf("수 중 하나를 입력하십시오.\n");
  scanf("%I64u",&j);
  printf("입력된 수는 %I64u입니다.\n",j);
}
```

입출력 예는 다음과 같다.

```
-9223372036854775808부터 9223372036854775807까지의
수 중 하나를 입력하십시오.
12345678901234567 89
입력된 수는 1234567890123456789입니다.
0부터 18446744073709551615까지의 수 중 하나를 입력하십시오.
12345678901234567890
입력된 수는 12345678901234567890입니다.
```

13.6 main 함수의 인자

주함수는 주로 인자 없이 사용되지만 다음과 같은 형태로 인자를 사용할 수 있다.

```
main(int n, char *str[])
```

이 경우 n은 전달된 인자의 개수이며 str은 전달된 문자열들이다. 다음은 이를 이용하여 test.c라는 이름의 C코드를 작성한 예이다.

예제 13.9 (주함수의 인자 – 문자열 전달)

```
#include<stdio.h>
main(int n, char *str[]){
  int i;
  printf("%d\n",n);
```

```
  for(i=0;i<n;i++)
    printf("%s\n",str[i]);
}
```

이를 이용하여 실행 파일 test.exe를 만들고 명령 프롬프트에서 실행시켜보되, 다음과 같은 명령어를 사용해 보자. (명령 프롬프트의 사용에 대하여는 부록 A를 보기 바란다.)

```
test.exe hello hi
```

그러면 다음과 같은 출력을 얻는다.

```
3
test.exe
hello
hi
```

이때 전달된 인자 즉, 문자열의 수는 모두 3개이며 각각의 문자열을 보면 test.exe, hello, hi이다. 따라서 위와 같은 출력이 나타남을 알 수 있다. 즉 이 경우 전달된 문자열에는 실행 명령어까지도 포함됨을 알 수 있다. 위의 예에서 알 수 있듯이 이와 같은 방법은 것은 주로 명령 프롬프트에서 작업할 때 유용하다.

다음 예는 정수 여러 개를 주함수의 인자로 전달하여 그 합을 계산하는 프로그램이다.

예제 13.10 (주함수의 인자 – 합의 계산)

```
#include<stdio.h>
main(int n, char *numbers[]){
  int i,sum=0;
  for(i=1;i<n;i++){
    sum+=atoi(numbers[i]);
  }
  printf("sum=%d\n",sum);
}
```

이 프로그램을 이용하여 test.exe라는 이름의 실행 파일을 만들고 다음과 같은 내용으로 명령 프롬프트에서 실행시켜보자.

```
test.exe 10 20 30 40
```

그러면 다음의 출력을 얻는다.

```
sum=100
```

이 경우 숫자들은 일단 문자열로 전달되기 때문에 atoi 함수를 이용하여 문자열을 정수로 변형하여 주고 있음을 알 수 있다. 참고로 atoi 함수는 주어진 문자열을 정수로 변환하는데 사용하는 함수이다. 또한 itoa 함수는 정수를 문자열로 변환하여 준다.

다음 예는 명령 프롬프트에서 파일을 삭제할 때 사용하는 del 명령어를 이용하여 원하는 파일을 삭제하는 프로그램이다.

예제 13.11 (주함수의 인자 – 시스템 명령어의 사용)

```
#include<stdio.h>
#include<string.h>
#include<windows.h>
main(int argc, char *argv[]){
  int i;
  char a[200]="del";
  for(i=1;i<argc;i++){
    strcat(a," ");
    strcat(a,argv[i]);
  }
  system(a);
}
```

이 C코드를 이용하여 만든 실행 파일이름이 remove.exe라고 하자. 또한 현재 폴더에 test1.txt와 test1.txt라는 두 개의 파일이 있다고 가정하자. 이 두 개의 파일을 삭제하려면 명령 프롬프트에서 다음과 같이 하면 된다.

```
remove test1.txt test2.txt
```

이 프로그램에서는 system 함수를 이용하여 명령어를 실행시키고 있음을 알 수 있다. 참고로 system 함수는 이와 같이 명령 프롬프트에서 원하는 명령을 사용하고자 할 때 이용하면 편리하며 windows.h라는 헤더 파일이 필요하다. 참고로 del 이외에 명령 프롬프트에서 사용할 수 있는 모든 명령어들을 보고 싶다면 명령 프롬프트에서 help라고 치면 된다.

제 13 장 연습문제

13.1 다음 프로그램의 출력이 무엇인지 말하라.

```
#include <stdio.h>
main()
{
  printf("%d\n",~0);
  printf("%d\n",9&10);
  printf("%d\n",9|10);
  printf("%d\n",9^10);
}
```

13.2 다음 프로그램의 출력이 무엇인지 말하라.

```
#include <stdio.h>
main()
{
  printf("%d\n",10<<1);
  printf("%d\n",10<<2);
  printf("%d\n",10<<3);
  printf("%d\n",10<<4);
  printf("%d\n",11>>2);
  printf("%d\n",12>>2);
}
```

13.3 다음 프로그램의 출력이 무엇인지 말하라.

```
#include <stdio.h>
  typedef union
  {
    short s1;
    int i1;
    double d1;
  } unumber;

main()
{
  unumber a;
  a.d1=0.0;
  a.i1=2;
  a.s1=1;
  printf("%d\n",a.i1+sizeof(a));
}
```

13.4 다음 프로그램의 출력이 무엇인지 말하라.

```
#include<stdio.h>
typedef enum{
  alpha=1, beta, gamma, kappa=10,lambda
} greek;
void sub(greek,greek);
main()
{
  greek letter1,letter2;
  letter1=lambda;
  letter2=gamma;
  sub(letter1,letter2);
}

void sub(greek a,greek b)
{
  greek c;
  if(a>b){
    c=a;
    printf("%d %d %d\n",a,b,a*c);
  }
  else
    printf("%d %d %d\n",a,b,a+b);
}
```

13.5 **(최단 경로)** 아래 그림에서 가로, 세로 방향의 선분은 A에서 B까지 갈 수 있는 경로를 나타낸다. A에서 B까지 최단 경로로 가는 방법은 모두 몇 가지인지 비트 연산자를 사용하여 구하라.
참고: 함수의 자기 호출을 사용하여 이 문제를 해결할 수도 있다. (연습문제 **7.16** 참조)

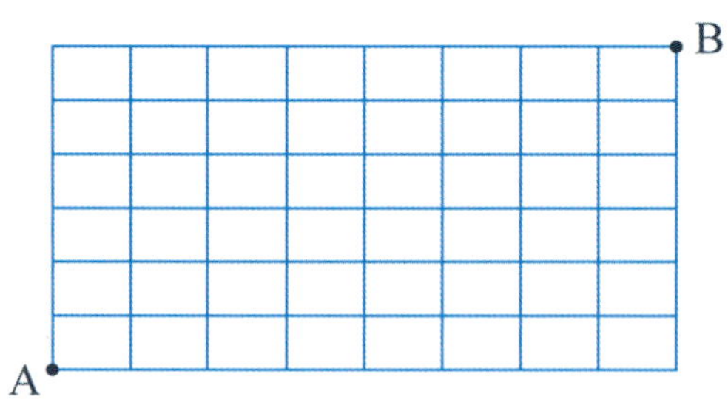

13.6 **(4진수로 변환)** 십진수인 0이상의 정수 n을 입력하면 이 수를 4진수로 바꾸어 출력하는 프로그램을 작성하라. 단,

(b) 정수형의 연산만을 사용해야 하며 실수형의 연산은 사용할 수 없다.

(c) 비트 연산자를 사용하여야 한다.

(d) 곱하기(*), 나누기(/), 나머지 연산(%) 등은 사용할 수 <u>없다</u>.

다음은 입출력 예이다.

```
0이상의 정수 입력: 135
==> 십진수 135는(은) 4진수로 2013입니다.
```

힌트: 위의 예에서 십진수 135는 이진수로 10000111이다. 이 수를 오른쪽에서부터 두 자리씩 끊어서 보면 10, 00, 01, 11 인데 이 수들을 각각 4진수로 바꿔보면 2, 0, 1, 3이 된다. 이 수들을 순서대로 출력하면 답이 된다.

13.7 **(조합, combination)** 1부터 9까지의 숫자가 각각 하나 씩 서로 다르게 적혀 있는 9장의 카드가 있다. 이 중에서 <u>순서에 상관없이</u> 4장의 카드를 뽑는 경우를 비트 연산자를 사용하여 아래와 같이 한 줄에 한 가지 씩 모두 출력하고 전체 조합의 수도 함께 출력하는 프로그램을 작성하라. (참고로 이 경우 출력되는 전체 경우의 수는 9개에서 4개를 뽑는 조합의 수 이므로 ${}_9C_4 = 126$이 된다. 아래 출력에서는 지면 절약을 위해 중간 부분을 생략하였다.)

출력 :

```
1234
1235
...
5789
6789
==> 찾은 조합의 수: 126
```

힌트: 십진수 0부터 $2^9 - 1$까지의 숫자를 이진수 형태로 각각 나열하여 이 중에서 1이 4개 있는 수에 대하여만 1의 위치를 출력하면 된다.

부록 A

Microsoft Visual C/C++의 사용

Microsoft Visual C/C++는 Microsoft Windows용으로 널리 사용되는 상용 소프트웨어이며 Microsoft Visual Studio의 구성 요소 중 하나이다. Microsoft Visual Studio 중에서 Community 버전은 개인 사용자의 경우 무료로 내려 받아 사용할 수 있다. 여기서는 Microsoft Visual Studio 2017 Community를 기준으로 설명하기로 한다.

내려 받기 및 설치

Microsoft Visual Studio 2017 Community는 마이크로소프트 홈페이지에 접속하여 쉽게 내려 받고 설치할 수 있다. 인터넷 주소는 `www.visualstudio.com/ko`이며 홈페이지에 접속한 뒤 그림과 같이 Community 2017을 선택하여 내려 받으면 쉽게 설치가 가능하다.

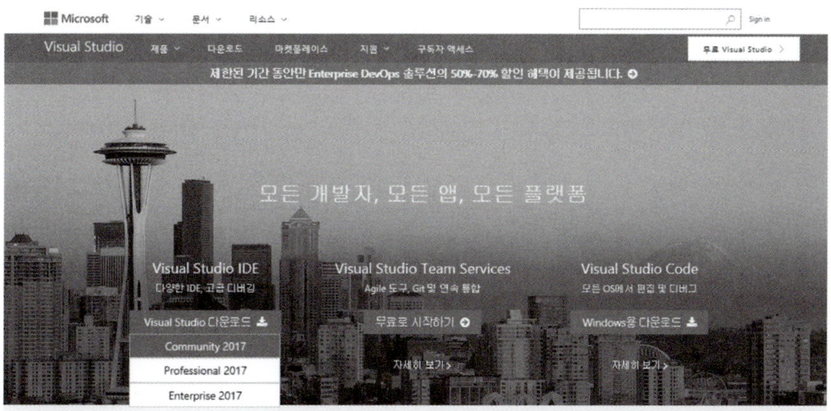

설치 파일을 실행한 뒤 다음 그림과 같이 워크로드에서 C++를 사용한 데스크톱 개발을 체크하고 설치를 누른다.

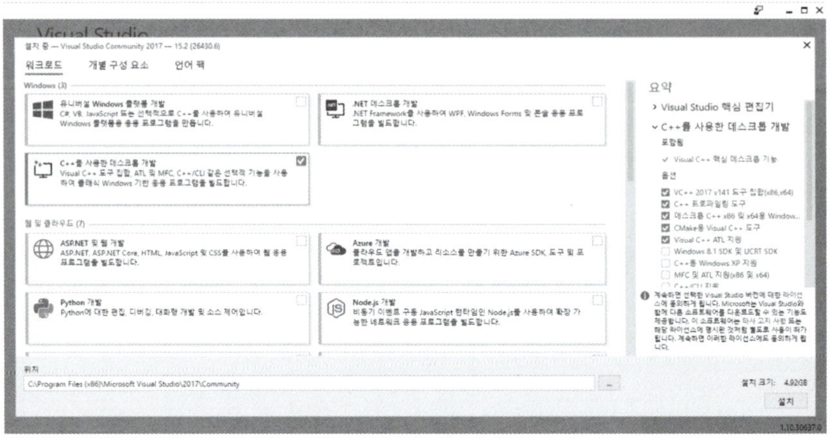

기본 용법 – 새 프로젝트의 생성

이 절에서는 Microsoft Visual C/C++를 사용하여 C 프로그램을 만들고 실행하는 가장 기본적인 방법을 설명하기로 한다.

Microsoft Visual Studio에서는 프로젝트와 솔루션으로 하나의 작업을 구성하게 된다. 따라서 어떤 새로운 작업을 하기 위해서는 솔루션(solution)을 만들고 그 안에 프로젝트(project)를 생성해야 한다.[2] 프로젝트 안에는 사용자가 만든 C 소스파일(source file)[3]을 비롯한 여러 개의 파일들이 위치하게 된다.

설명을 쉽게 하기 위하여 다음과 같은 내용을 `test.c`라는 이름의 파일에 저장한 뒤 이를 컴파일하고 실행하는 경우의 예를 보자.

```
#include<stdio.h>
main()
{
    printf("안녕하세요?\n");
}
```

(이 프로그램의 출력은 “안녕하세요?”라는 한 줄의 문자열이다.)

[2]하나의 솔루션에 여러 개의 프로젝트가 위치할 수도 있다.

[3]원하는 결과를 얻기 위하여 텍스트 형태로 작성한 파일을 소스파일이라 부르며 원시파일이라고도 한다. 따라서 여기서는 C코드 파일을 말한다.

이와 같이 새로운 소스파일을 작성하기 위해서는 앞서 언급한 것처럼 새로운 솔루션과 프로젝트가 필요하다.[4] 이를 위해 솔루션부터 새로 만들고 그 안에 새 프로젝트를 포함시킬 수도 있지만, 여기서는 새 프로젝트를 만드는 작업부터 시작하기로 한다.[5] 이 경우 새 프로젝트를 만드는 과정에서 자동적으로 기본 솔루션이 생성되므로 편리하다.

위 그림과 같이 새 프로젝트를 작성하기 위해서는 우선 Visual Studio 2017 아이콘을 더블클릭하여 실행시킨 뒤

1. 다음 그림과 같이 파일 메뉴에서 새로 만들기를 가리킨 다음 프로젝트...를 클릭한다.

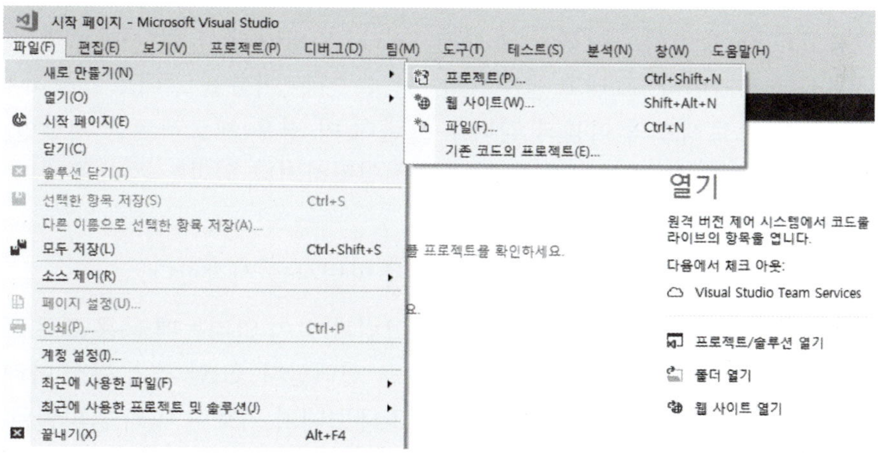

2. 다음 그림과 같이 새 프로젝트 창이 열리는데 설치됨 → Visual C++ → Windows 데스크 톱을 택하고 오른쪽 창에서 Windows 데스크 톱 마법사를 택한다. 새 프로젝트의 이름을 입력하여야 하는데 이 예제에서는 그림과 같이 test를 이름 항목 오른쪽의 빈 칸에 입력한다.

[4] 물론 기존의 솔루션과 프로젝트가 존재하는 경우에는 새로 만들지 않고 거기서 작업할 수도 있다.

[5] 이 예에서는 하나의 프로젝트가 단 하나의 소스파일만을 포함하지만, 일반적으로 하나의 프로젝트에 여러 개의 소스파일이 포함될 수 있다.

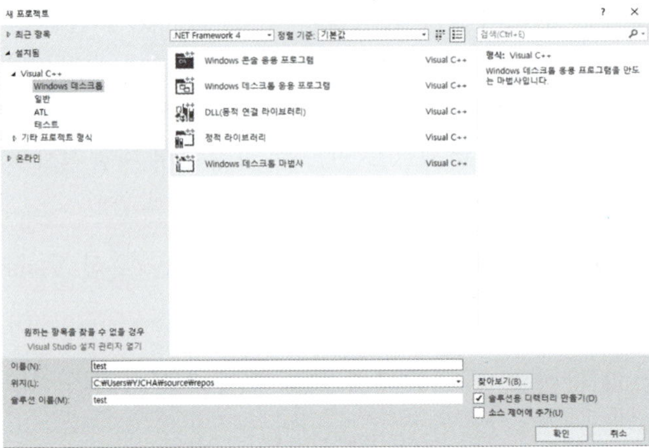

참고로 새 프로젝트를 만들고 나면 Visual Studio에서 해당 프로젝트가 솔루션에 추가된다. 그리고 솔루션의 이름은 기본 이름을 그대로 적용하자.(이 이름은 프로젝트의 이름과 같다.) 그런데 이 경우 프로젝트를 저장할 기본 위치를 적용하거나 아니면 다른 위치를 입력하거나 원하는 폴더를 찾아 선택할 수도 있다.

확인을 눌러 Windows 데스크 톱 마법사 마법사를 시작한다.

3. Windows 데스크 톱 마법사 창이 아래 그림과 같이 열리는데 응용 프로그램 종류 아래에서 콘솔 응용 프로그램(.exe)을 선택한다. 또한 추가 옵션 아래에서 빈 프로젝트 설정을 체크하여 선택하고 내보내기 기호나 미리 컴파일된 헤더 및 SDL 검사 등은 모두 체크를 해제하여야 한다. 오른쪽의 ATL 및 MFC도 모두 체크를 해제하여야 한다.

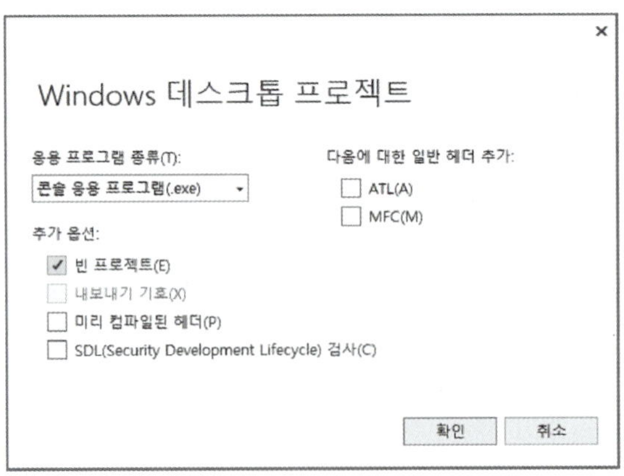

위 그림과 같이 원하는 설정이 모두 제대로 되었으면 확인을 클릭한다.

이 과정을 통하여 소스 코드 파일이 없는 프로젝트가 준비되었다.

이제 소스 코드 파일을 프로젝트에 추가하여 빌드하고 실행하는 방법을 알아보자. 새 소스파일을 추가하려면

1. 프로젝트 메뉴에서 새 항목 추가를 클릭한다. 또는 솔루션 탐색기[6]에서 소스 파일 폴더를 마우스 오른쪽 단추로 클릭하고 추가를 가리킨다. 그런 다음 새 항목을 클릭한다. 그러면 다음과 같은 새 항목 추가 창이 열린다.

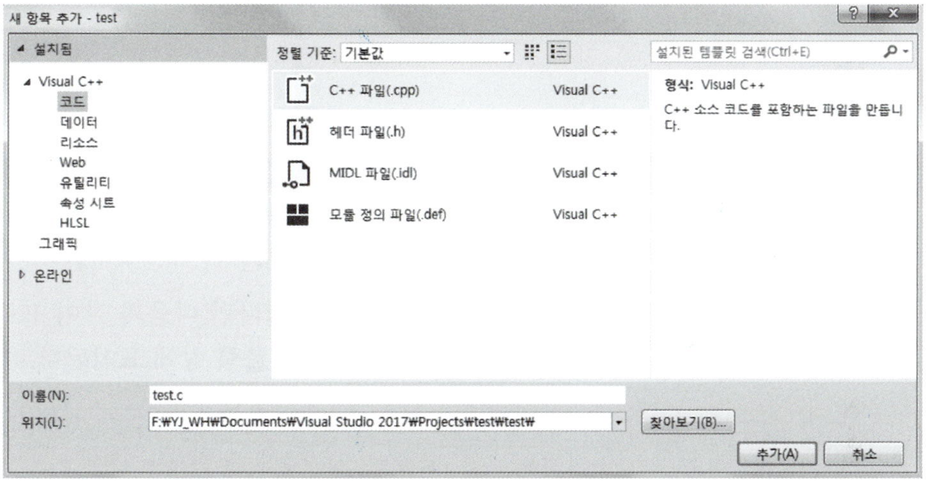

위의 그림과 같이 Visual C++ 영역에서 코드를 선택하고 오른쪽의 파일 종류에서 C++ 파일 (.cpp)을 선택한다.

2. 이름으로 test.c를 입력하고 추가를 클릭한다. 여기서 주의할 점은 파일 이름은 영문으로 작성하여야 하며 확장자는 반드시 .c로 해주어야 한다는 점이다. 만일 확장자를 .cpp로 하게 되면 C 파일이 아니라 C++ 파일이 되므로 주의해야 한다.

3. test.c 편집 창에서 다음 코드를 입력한다. (아래 그림 참조)

```
#include<stdio.h>
main()
```

[6]만일 솔루션 탐색기가 보이지 않는 경우에는 보기 메뉴에서 솔루션 탐색기를 누르면 된다.

```
{
    printf("안녕하세요?\n");
}
```

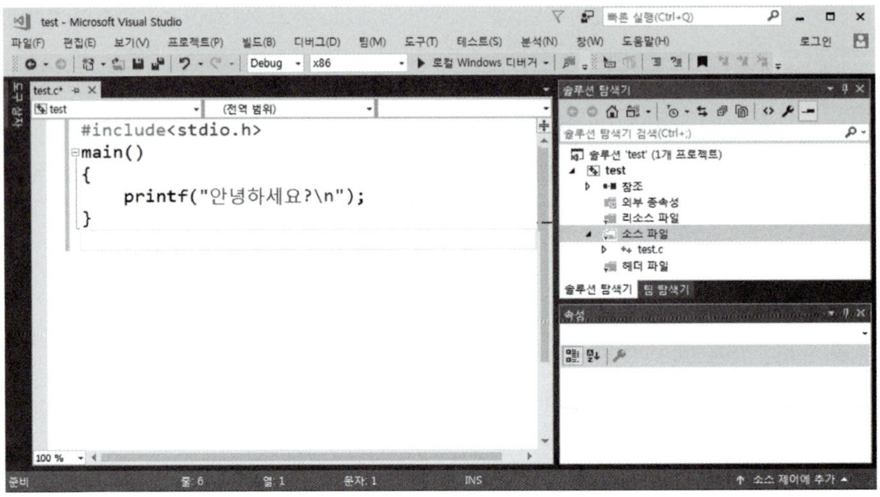

4. 편집이 완료되면 빌드 메뉴에서 솔루션 빌드를 클릭한다. (단축키는 `Ctrl+Shift+B`이다.) 만일 소스 코드에 오류가 없다면 다음과 같이 프로젝트가 오류 없이 컴파일 되었음을 알리는 메시지가 출력 창에 표시된다.

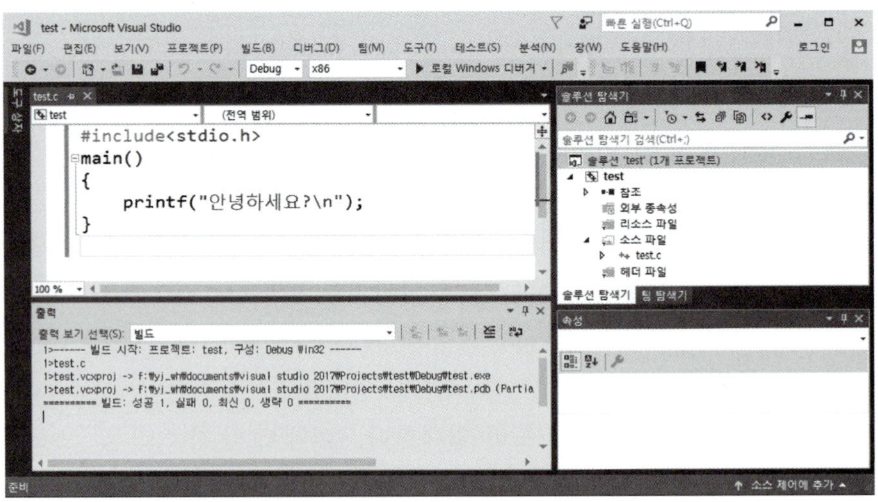

그렇지만 오타 등의 이유로 소스 코드에 오류가 있다면 다음 예와 같은 오류 메시지가 출력된다.

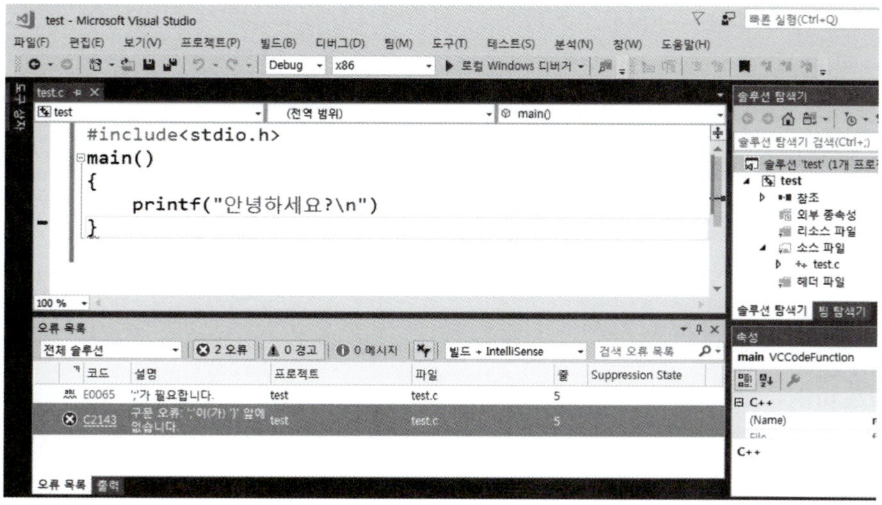

이 경우에는 해당 오류 메시지를 더블 클릭하면 소스 코드의 해당 오류 근처로 커서가 이동하므로 오류 부분은 수정할 수 있다. 해당 내용을 수정하여 다시 빌드 메뉴에서 솔루션 빌드를 클릭하여 오류가 없을 때까지 반복한다.

5. 오류 없이 빌드가 되었다면 디버그 메뉴에서 디버깅하지 않고 시작(단축키는 Ctrl+F5)을 누르면 프로그램이 실행되고 아래 그림과 같은 출력창이 열리면서 출력이 나온다.

참고로 빌드(build)란 컴파일과 링크의 과정을 거쳐 실행파일을 만드는 것을 말한

다. 예를 들어 test.c라는 소스파일은 컴파일(compile) 과정을 거치면 test.obj 라는 목적 파일이 만들어지게 된다. 목적 파일이란 확장자가 .obj인 파일인데 컴퓨터가 이해할 수 있는 기계어로 구성되어 있다. 이러한 목적 파일들과 필요한 다른 파일들을 결합시켜 실행 파일 test.exe를 만드는 과정을 링크(link)라 부른다. 실행 파일은 확장자가 .exe로 되어 있다. 실행 파일인 test.exe를 실행시키면 출력이 얻어진다.

기본 단축키의 변경

빌드하기 위한 기본 단축키는 Ctrl+Shift+B로 정해져 있는데 이를 사용자가 원하는 다른 키로 바꿀 수 있다. 예를 들어 F7키로 바꾸려면 아래 그림과 같이 도구 → 옵션 → 환경 → 키보드 → 빌드.솔루션빌드를 순차적으로 택한 뒤 바로 가기 키 누르기 아래의 빈 칸을 클릭한 뒤 F7를 눌러주고나서 할당 및 확인을 누르면 된다.

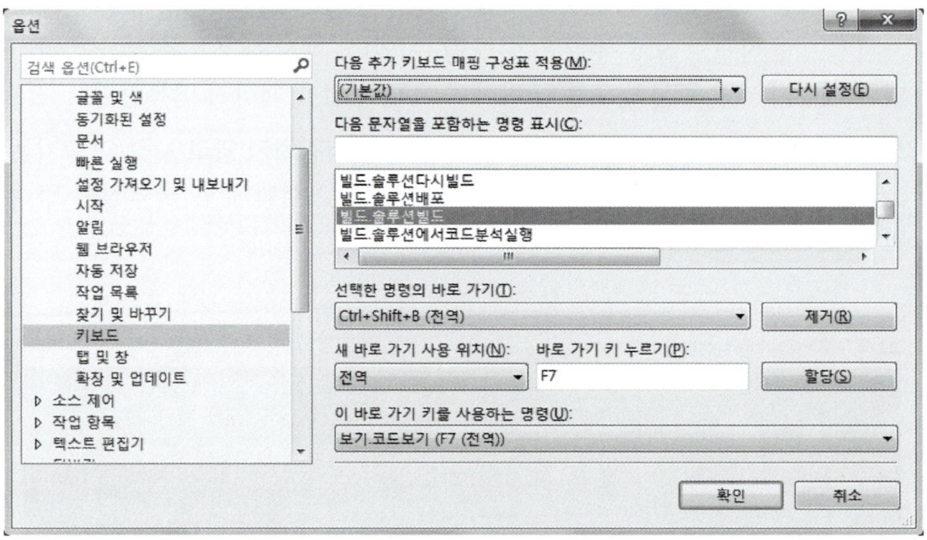

새 파일부터 작성하기

Microsoft Visual C/C++에서 어떤 새로운 작업을 하기 위해서는 새 솔루션과 새 프로젝트를 만드는 것이 우선 필요하다는 것을 앞에서 배웠는데, 이와는 달리 소스파일부터 만드는 것도 가능하다. 예를 들어 앞에서와 같이 test.c 파일을 만들어 작업하되 파일을 우선 생성하고, 나중에 새 프로젝트를 만들고 그 안에 이미 만든 파일이 포함되도록 하는 방법이 가능한데, 이를 간단히 살펴보기로 하자.

우선 Visual Studio 2017 아이콘을 더블클릭하여 실행시킨 뒤

1. 파일 메뉴에서 새로 만들기를 가리킨 다음 파일...을 클릭한다.
2. 설치됨 아래에 있는 항목 중에서 Visual C++을 택하고 오른쪽 항목 중에서 C++ 파일 (.cpp)을 택한 다음 열기를 누른다. 그러면 편집 창이 열리고 임시 파일이름인 소스1.cpp를 편집할 수 있게 된다.
3. 열려진 편집창에서 다음 코드를 입력한다.

```
#include<stdio.h>
main()
{
    printf("안녕하세요?\n");
}
```

4. 파일 메뉴에서 소스1.cpp 저장을 누르면 다른 이름으로 파일 저장 창이 열리는데 여기서 원하는 폴더를 정하여 파일 이름을 test2.c, 파일 형식을 C 소스파일 (*.c)로 하여 준 뒤 저장을 누른다. (이 때, 이 파일이 저장되는 위치를 잘 기억해 두어야 한다.) 원하면 새로운 폴더를 만들고, 그 폴더 안에 test2.c를 저장할 수도 있다.

   그러고 나서 앞서 설명한 방법으로 새로운 프로젝트를 만들어야 한다. 즉,

5. 파일 메뉴에서 새로 만들기를 가리킨 다음 프로젝트...를 클릭한다.
6. 새 프로젝트 창이 열리는데 설치됨 → 템플릿 → Visual C++ → Win32를 택하고 오른쪽 창에서 Win32 콘솔 응용 프로그램 Visual C++를 택한다. 새 프로젝트의 이름을 입력하여야 하는데 이 예제에서는 test2를 이름 항목 오른쪽의 빈 칸에 입력해 보자.

   이제 확인을 눌러 Win32 응용 프로그램 마법사를 시작한다.

7. Win32 응용 프로그램 마법사 창이 열리고 현재 프로젝트의 설정을 보여주게 된다.
8. 다음을 눌러 계속 진행하면 Win32 응용 프로그램 설정 창이 열리는데 응용 프로그램 종류 아래에서 콘솔 응용 프로그램을 선택한다. 또한 추가 옵션 아래에서 빈 프로젝트 설정을 체크하여 선택하고 내보내기 기호나 미리 컴파일된 헤더 등은 모두 체크를 해제하여야 한다. 공용 헤더 파일 추가 대상에 있는 ATL 및 MFC도 모두 체크를 해제하여야 한다.

그러고 나서 마침을 클릭한다.

9. 솔루션 탐색기 창에서 test2 아래에 있는 소스파일을 오른쪽 마우스로 클릭하여 추가 및 기존 항목을 차례로 택하고 기존 항목 추가 창이 열리면 test2.c를 선택하고 추가를 누른다.

10. 그 다음은 앞에서와 같이 빌드 메뉴에서 솔루션 빌드를 클릭한 뒤 디버그 메뉴의 디버깅하지 않고 시작을 누르면 원하는 실행 결과가 출력된다.

오른쪽 마우스로 폴더에서 직접 새 파일 추가하기

새로운 C 소스파일을 만들려고 할 때, Windows 탐색기, '내 컴퓨터', 혹은 '내 문서' 등을 이용하여 원하는 작업 폴더를 열고 거기에 직접 소스파일을 추가하는 방법이 있다. 이 방법은 Microsoft Visual C/C++을 실행시키기 전에 원하는 작업 폴더를 정하고 거기서 바로 작업이 이루어지도록 할 수 있으므로 편리하다.

예를 들어 '내 문서' 아래에 temp라는 폴더를 만들고 그 폴더에 test.c라는 소스파일을 저장하고 작업하는 예를 살펴보자.

우선 바탕화면에 있는 '내 문서'를 클릭한다. 나타나는 창의 오른쪽 빈 공간을 오른쪽 마우스로 클릭하여 새 폴더 temp를 만든다. (물론 이 폴더가 이미 있는 경우에는 새로 만들 필요는 없다.)

그러고 나서 temp 폴더로 이동한 뒤에 오른쪽 빈 공간에서 오른쪽 마우스로 클릭하여 '새로 만들기'를 누른 뒤 '텍스트 문서'를 선택하고 파일 이름을 test.c로 바꿔준다.

그러고 나서 그 파일을 더블클릭하면 Microsoft Visual C/C++이 실행되면서 파일의 내용을 입력할 수 있게 된다.

그 다음부터의 나머지 과정은 앞의 설명과 같다.

미리 작성된 솔루션 및 C코드 불러오기

이미 만들어진 솔루션을 불러오기 위해서는 Visual Studio 2017 아이콘을 더블클릭하여 실행시킨 뒤 파일 메뉴에서 열기를 가리킨 다음 프로젝트/솔루션...를 클릭한다. 그러고 나서 프로젝트 열기창에서 확장자가 sln인 파일을 선택하면 된다. 예를 들어 솔루션 이름이 test인 경우 test.sln를 선택한 뒤 열기를 누르면 된다.

또한 이미 만들어진 C파일을 불러내어 작업할 수도 있는데 이 경우에는 파일 메뉴에서 열기를 가리킨 다음 파일...를 클릭한다. 그러고 나서 파일 열기창에서 확장자가 c인 파일을 선택하면 된다.

그리고 파일 메뉴에서 최근에 사용한 파일 또는 최근에 사용한 프로젝트를 이용하면 최근 작업파일 혹은 최근 프로젝트가 나타나므로 편리하게 원하는 것을 열 수 있다.

이미 작업했던 솔루션이나 C파일이 있는 경우 'Windows 탐색기' 등을 이용하여 원하는 폴더로 이동한 뒤 거기에서 직접 선택하여 열 수도 있다. 예를 들어 `test.c`를 열기 위해서는 그 파일을 직접 더블클릭하면 되며, `test`라는 이름의 솔루션을 열기 위해서는 `test.sln`를 더블클릭하면 된다.

명령 프롬프트에서 간단히 컴파일하는 방법

Microsoft Visual Studio의 경우 자체 편집기를 이용하여 매우 편리하게 작업할 수 있는 환경을 제공하지만 간단한 코드 하나에 대해서도 솔루션을 만들면 많은 부가 파일들을 생성해 내게 된다. 이런 것을 원하지 않는 경우에는 사용자가 원하는 편집기(예를 들면 메모장)에서 편집한 뒤 저장하고 나서, 명령 프롬프트에서 직접 C컴파일러를 호출하여 간단히 컴파일하는 방법이 있다.

예를 들어 메모장을 이용하여 `test.c`를 작성하고 컴파일하는 방법을 살펴보면 다음과 같다. (아래 그림 참고)

1. 우선 시작 단추를 클릭하고 모든 프로그램, Visual Studio 2017 폴더, Visual Studio Tools를 차례로 연 다음 Developer Command Prompt for VS 2017를 클릭한다. 이렇게 하면 명령 프롬프트 창이 열린다. 참고로 Visual Studio 2017 명령 프롬프트에서는 Visual C 컴파일러 및 필요한 라이브러리의 올바른 경로가 자동으로 설정되므로 일반 명령 프롬프트 창 대신 이 명령 프롬프트를 사용하는 것이 좋다.

2. 명령 프롬프트에 notepad test.c를 입력하고 Enter 키를 누른다. 새 파일을 만들지 확인하는 메시지가 나타나면 예를 클릭한다.

3. 메모장에 다음과 같은 내용을 입력한다.

```
#include<stdio.h>
main()
{
```

```
    printf("안녕하세요?\n");
}
```

4. 파일 메뉴에서 저장을 선택한다.

5. 파일 메뉴에서 끝내기를 선택하여 메모장을 닫는다.

6. 명령 프롬프트에 cl test.c를 입력하고 Enter 키를 누른다. 그러면 실행 가능한 프로그램인 test.exe가 생성된다.[7]

7. test.exe 프로그램을 실행하려면 test를 입력하고 Enter 키를 누른다. 그러면 다음 텍스트가 표시되고 프로그램이 종료된다.

   안녕하세요?

8. 명령 프롬프트 창을 닫으려면 exit를 입력하고 Enter 키를 누른다.

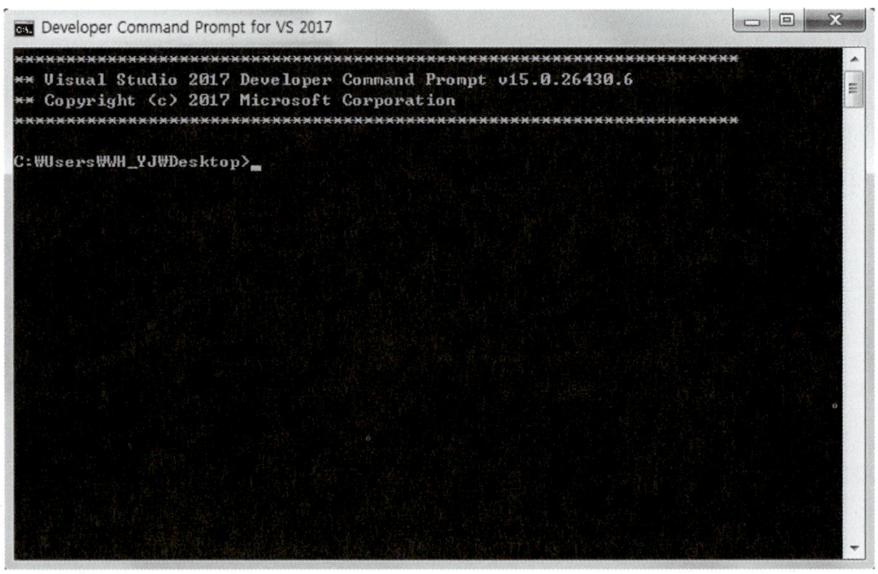

글꼴의 변경

특수문자 중에서 역사선(back slash) \는 글꼴에 따라 원화 표시인 ₩로 나타나기도 하는데 같은 글자로 보면 된다.

[7] 이 경우 목적파일 test.obj도 함께 생성된다. 만일 컴파일과 링크를 나누어 하려면 cl /c test.c 라고 하여 컴파일을 하고 난 뒤 다시 link test.obj하면 된다. 그 밖의 다른 컴파일 옵션들을 알아내려면 cl /help라고 하면 된다.

참고로 Microsoft Visual Studio의 경우 기본 글꼴이 돋움체로 되어 있으며, 이 경우에는 역사선 대신 원화 표시로 나타나게 된다. 글꼴을 변경하려면

도구 → 옵션 → 환경 → 글꼴 및 색

의 표시 항목 중 일반 텍스트를 선택한 후 글꼴을 예를 들어 Courier New로 바꾸면 원화 표시 대신 역사선이 나타난다. 을글꼴을 다시 돋움체로 바꾸면 원화 표시가 나타난다. 이 책에서는 원화 표시 대신 모두 역사선으로 나타내고 있다.

부록 B

ASCII 문자표

십진수	팔진수	16진수	제어문자	아스키문자	의미
0	0	00	Ctrl-@	NUL	null
1	1	01	Ctrl-A	SOH	start of heading
2	2	02	Ctrl-B	STX	start of text
3	3	03	Ctrl-C	ETX	end of text
4	4	04	Ctrl-D	EOT	end of transmission
5	5	05	Ctrl-E	ENQ	enquiry
6	6	06	Ctrl-F	ACK	acknowledge
7	7	07	Ctrl-G	BEL	bell
8	10	08	Ctrl-H	BS	backspace
9	11	09	Ctrl-I	HT	horizontal tab
10	12	0A	Ctrl-J	LF	line feed, new line
11	13	0B	Ctrl-K	VT	vertical tab
12	14	0C	Ctrl-L	FF	form feed
13	15	0D	Ctrl-M	CR	carriage return
14	16	0E	Ctrl-N	SO	shift out
15	17	0F	Ctrl-O	SI	shift in
16	20	10	Ctrl-P	DLE	data link escape
17	21	11	Ctrl-Q	DC1	device control 1
18	22	12	Ctrl-R	DC2	device control 2
19	23	13	Ctrl-S	DC3	device control 3
20	24	14	Ctrl-T	DC4	device control 4
21	25	15	Ctrl-U	NAK	negative acknowledge
22	26	16	Ctrl-V	SYN	synchronous idle
23	27	17	Ctrl-W	ETB	end of transmission block
24	30	18	Ctrl-X	CAN	cancel
25	31	19	Ctrl-Y	EM	end of medium

십진수	팔진수	16진수	제어문자	아스키문자	의미
26	32	1A	Ctrl-Z	SUB	substitute
27	33	1B	Ctrl-[	ESC	escape
28	34	1C	Ctrl-\	FS	file separator
29	35	1D	Ctrl-]	GS	group separator
30	36	1E	Ctrl-^	RS	record separator
31	37	1F	Ctrl-_	US	unit separator
32	40	20		SP	space, digit select
33	41	21		!	exclamation point
34	42	22		"	double quotation mark
35	43	23		#	pound sign, number sign
36	44	24		$	dollar sign
37	45	25		%	percent sign
38	46	26		&	ampersand
39	47	27		'	apostrophe
40	50	28		(	left parenthesis
41	51	29		)	right parenthesis
42	52	2A		*	asterisk
43	53	2B		+	addition sign
44	54	2C		,	comma
45	55	2D		-	subtraction sign
46	56	2E		.	period
47	57	2F		/	right slash
48	60	30		0	
49	61	31		1	
50	62	32		2	
51	63	33		3	
52	64	34		4	
53	65	35		5	
54	66	36		6	
55	67	37		7	
56	70	38		8	
57	71	39		9	
58	72	3A		:	colon
59	73	3B		;	semicolon
60	74	3C		<	less than
61	75	3D		=	equal
62	76	3E		>	greater than
63	77	3F		?	question mark
64	100	40		@	at sign
65	101	41		A	
66	102	42		B	

십진수	팔진수	16진수	제어문자	아스키문자	의미
67	103	43		C	
68	104	44		D	
69	105	45		E	
70	106	46		F	
71	107	47		G	
72	110	48		H	
73	111	49		I	
74	112	4A		J	
75	113	4B		K	
76	114	4C		L	
77	115	4D		M	
78	116	4E		N	
79	117	4F		O	
80	120	50		P	
81	121	51		Q	
82	122	52		R	
83	123	53		S	
84	124	54		T	
85	125	55		U	
86	126	56		V	
87	127	57		W	
88	130	58		X	
89	131	59		Y	
90	132	5A		Z	
91	133	5B		[	left bracket
92	134	5C		\	left slash, backslash
93	135	5D		]	right bracket
94	136	5E		^	hat, circumflex, caret
95	137	5F		_	underscore
96	140	60		`	grave accent
97	141	61		a	
98	142	62		b	
99	143	63		c	
100	144	64		d	
101	145	65		e	
102	146	66		f	
103	147	67		g	
104	150	68		h	
105	151	69		i	
106	152	6A		j	
107	153	6B		k	

십진수	팔진수	16진수	제어문자	아스키문자	의미
108	154	6C		l	
109	155	6D		m	
110	156	6E		n	
111	157	6F		o	
112	160	70		p	
113	161	71		q	
114	162	72		r	
115	163	73		s	
116	164	74		t	
117	165	75		u	
118	166	76		v	
119	167	77		w	
120	170	78		x	
121	171	79		y	
122	172	7A		z	
123	173	7B		{	left brace
124	174	7C		|	logical or, vertical bar
125	175	7D		}	right brace
126	176	7E		~	similar, tilde
127	177	7F		DEL	delete

부록 C

연산의 우선순위

다음 표에서 윗줄에 위치할수록 우선순위가 높다.

우선순위	연산자	연산의 방향
1	( ) [ ] . -> ++(변수 뒤) --(변수 뒤)	왼쪽에서 오른쪽
2	++(변수 앞) --(변수 앞) ! ~ sizeof +(단항 연산자) -(단항 연산자) &(주소)	오른쪽에서 왼쪽
3	* / %	왼쪽에서 오른쪽
4	+ -	왼쪽에서 오른쪽
5	<< >>	왼쪽에서 오른쪽
6	< <= > >=	왼쪽에서 오른쪽
7	== !=	왼쪽에서 오른쪽
8	&	왼쪽에서 오른쪽
9	^	왼쪽에서 오른쪽
10	|	왼쪽에서 오른쪽
11	&&	왼쪽에서 오른쪽
12	||	왼쪽에서 오른쪽
13	?:	오른쪽에서 왼쪽
14	= += *= <<= >>=	오른쪽에서 왼쪽
15	,	왼쪽에서 오른쪽

부록 D

동적 메모리 할당 및 포인터의 오프셋

배열을 동적 할당 하는 것은 일반 배열의 선언과는 구조가 다르다. 이에 대한 비교를 위해 몇 가지 예를 살펴보기로 하자.

예제 D.1 (일차원 일반 배열의 사용)

```
#include<stdio.h>
main()
{
  int a[3]={0};
  int i;
  printf("&a=%u\n",&a);
  printf(" a=%u\n",a);
  for(i=0;i<3;i++)
    printf("&a[%d]=%u\n",i,&a[i]);
  for(i=0;i<3;i++)
    printf(" a[%d]=%u\n",i,a[i]);
  printf("\n");
}
```

이 프로그램의 출력으로 다음을 얻는다.

```
&a=9043056
 a=9043056
&a[0]=9043056
&a[1]=9043060
&a[2]=9043064
 a[0]=0
```

```
a[1]=0
a[2]=0
```

이를 보면 배열의 원소가 순서대로 기억장소를 차지하고 있고

```
a, &a, &a[0]
```

은 모두 배열의 첫 번째 기억장소의 주소를 나타낸다. 이 상황을 그림으로 나타내면 다음과 같다.

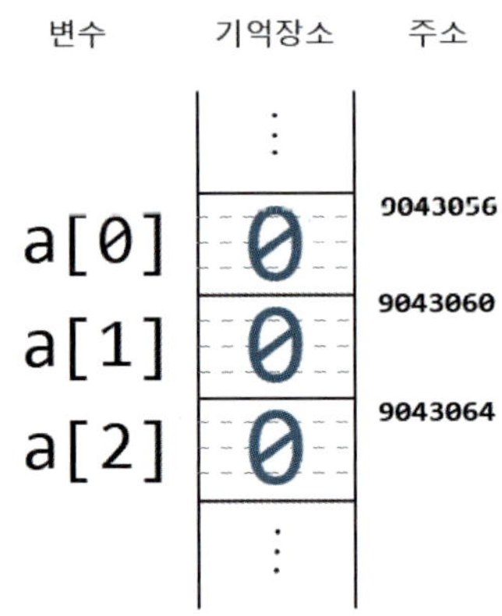

예제 D.2 (이차원 일반 배열의 사용)

```
#include<stdio.h>
main()
{
  int a[2][3]={0};
  int i,j;
  printf("&a=%u\n",&a);
  printf(" a=%u\n",a);
  for(i=0;i<2;i++){
    printf("&a[%d]=%u\n",i,&a[i]);
    printf(" a[%d]=%u\n",i,a[i]);
  }
  for(i=0;i<2;i++){
    for(j=0;j<3;j++)
      printf("&a[%d][%d]=%d ",i,j,&a[i][j]);
    printf("\n");
  }
  for(i=0;i<2;i++){
```

```
    for(j=0;j<3;j++)
      printf(" a[%d][%d]=%d ",i,j,a[i][j]);
    printf("\n");
  }
}
```

이 프로그램의 출력으로 다음을 얻는다.

```
&a=4520792
 a=4520792
&a[0]=4520792
 a[0]=4520792
&a[1]=4520804
 a[1]=4520804
&a[0][0]=4520792 &a[0][1]=4520796 &a[0][2]=4520800
&a[1][0]=4520804 &a[1][1]=4520808 &a[1][2]=4520812
 a[0][0]=0  a[0][1]=0  a[0][2]=0
 a[1][0]=0  a[1][1]=0  a[1][2]=0
```

이 경우에도 2차원 배열의 원소가 순서대로 기억장소를 차지하고 있고

`a, &a, &a[0], &a[0][0]`

은 모두 배열의 첫 번째 원소의 주소를 나타낸다. 이 예제의 상황을 나타내는 그림은 다음과 같다.

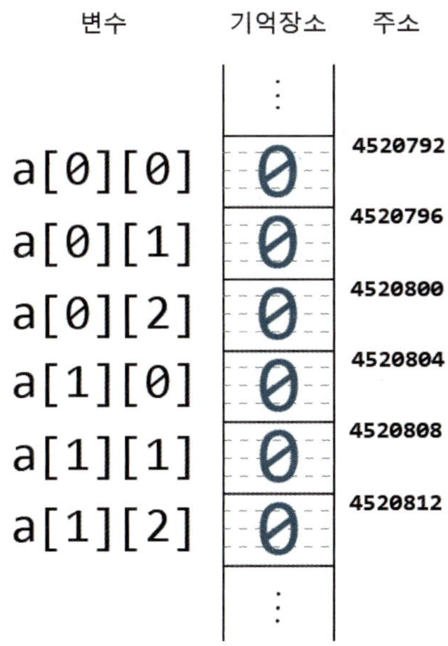

예제 D.3 (일차원 배열의 동적 할당)

```
#include<stdio.h>
#include<malloc.h>
main()
{
  int *a;
  int i;
  a=(int*)calloc(3,sizeof(int));
  printf("&a=%u\n",&a);
  printf(" a=%u\n",a);
  for(i=0;i<3;i++)
    printf("&a[%d]=%u ",i,&a[i]);
  printf("\n");
  for(i=0;i<3;i++)
    printf(" a[%d]=%u",i,a[i]);
  printf("\n");
  free(a);//free(&a[0]);과 같음
}
```

이 프로그램의 출력으로 다음을 얻는다.

```
&a=17693244
 a=21043840
&a[0]=21043840 &a[1]=21043844 &a[2]=21043848
 a[0]=0 a[1]=0 a[2]=0
```

이를 보면 배열의 원소가 순서대로 기억 장소를 차지하고 있다. 그런데 `int*`형 변수 a의 주소는 17693244이며 이 변수에 저장된 값(즉, 포인터 상수)은 21043840이다. 즉, 배열의 첫 번째 원소의 주소를 변수 a에 저장하고 있다. 따라서 이 경우

```
a, &a[0]
```

은 모두 배열의 첫 번째 원소의 주소를 나타낸다. 그렇지만 `&a`는 다른 주소이다. 즉, a는 `&a[0]`을 나타낸다.

동적 할당을 해제하기 위해서는

```
free(a);
```

또는

```
free(&a[0]);
```

를 사용한다. 이 예제의 상황을 그림으로 나타내면 다음과 같다.

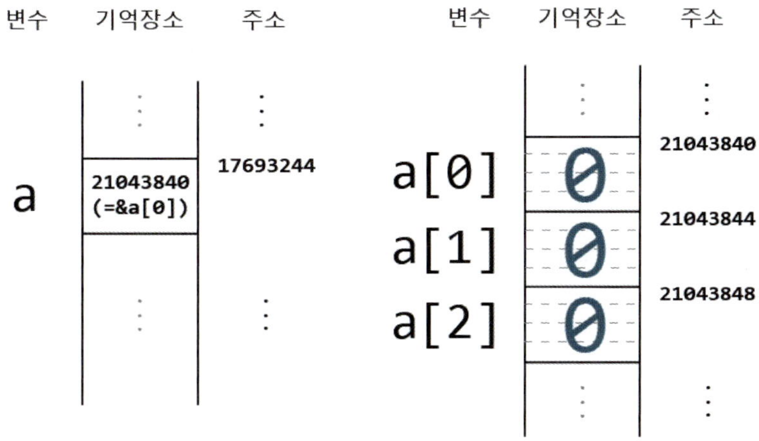

예제 D.4 (이차원 배열의 동적 할당)

```
#include<stdio.h>
#include<malloc.h>
main()
{
  int **a;
  int i,j;
  a=(int**)calloc(2,sizeof(int*));
  printf("&a=%u\n",&a);
  printf(" a=%u\n",a);
  for(i=0;i<2;i++){
    a[i]=(int*)calloc(3,sizeof(int));
    printf("&a[%d]=%u\n",i,&a[i]);
    printf(" a[%d]=%u\n",i,a[i]);
  }
  for(i=0;i<2;i++){
    for(j=0;j<3;j++)
      printf("&a[%d][%d]=%d ",i,j,&a[i][j]);
    printf("\n");
  }
  for(i=0;i<2;i++){
    for(j=0;j<3;j++)
      printf(" a[%d][%d]=%d ",i,j,a[i][j]);
    printf("\n");
  }
```

```
  for(i=0;i<2;i++)
    free(a[i]);//free(&a[i][0]);과 같음
  free(a);//free(&a[0]);과 같음
}
```

이 프로그램의 출력으로 다음을 얻는다.

```
&a=15334104
 a=16652928
&a[0]=16652928
 a[0]=16652984
&a[1]=16652932
 a[1]=16662800
&a[0][0]=16652984 &a[0][1]=16652988 &a[0][2]=16652992
&a[1][0]=16662800 &a[1][1]=16662804 &a[1][2]=16662808
 a[0][0]=0   a[0][1]=0   a[0][2]=0
 a[1][0]=0   a[1][1]=0   a[1][2]=0
```

이 출력을 보면 우선 2차원 배열 a[][]는 2개의 1차원 배열 a[0][]과 a[1][]로 이루어졌음을 알 수 있다. 그런데 2차원 배열 6개의 원소의 주소를 보면 처음 3개와 나머지 3개를 보면 모두 차이가 4로 일정하지만 a[1][0]의 주소는 a[0][1]의 주소와 많은 차이가 난다. 즉 2차원 배열을 동적 할당 하는 경우 각각의 1차원 배열에 속한 원소들은 연속된 기억 장소를 사용하여 할당 되지만, 각 1차원 배열끼리는 일반적으로 떨어져서 할당됨을 알 수 있다.

이 때 a[0][0]의 주소는 16652984인데 이는 a[0]에 저장된 값과 같다. 즉, 일차원 배열 a[0][]의 이름 a[0]은 그 일차원배열의 첫 번째 원소의 주소를 나타낸다. a[0]은 실제로 int*형 변수이며 이 변수의 주소는 16652928이고 이 변수에 저장된 포인터 상수는 16652984, 즉 a[0][0]의 주소이다. 그런데 int**형 변수 a의 주소는 15334104이고 이 변수에 저장된 포인터 상수는 16652928, 즉 int*형 변수 a[0]의 주소이다. 즉, a는 &a[0]을 나타낸다.

또한 a[1][0]의 주소는 16662800인데 이는 a[1]에 저장된 값과 같다. 즉, 일차원 배열 a[1][]의 이름 a[1]은 그 일차원 배열의 첫 번째 원소의 주소를 나타낸다.

정리하면 이 경우 배열의 첫 번째 원소의 주소, 즉 &a[0][0]은 a[0]에 저장된 값과 같지만 a에 저장된 값과는 다르다. 결국 이 경우 이차원 배열의 이름 a는 배열의 첫 번째 원소인 a[0][0]의 주소와 같지 않다. 즉, 다차원 배열을 동적 할당하는 경우 배열 이름은 첫 번째 원소의 주소와 같지 않다.

동적 할당을 해제할 때는 동적 할당의 역순으로 진행한다. 즉,

```
for(i=0;i<2;i++)
  free(a[i]);
```

를 이용하여 각 일차원 배열의 할당을 해제한 뒤

```
free(a);
```

하여 해제를 마무리 한다. 이 예제의 상황을 그림으로 나타내면 다음과 같다.

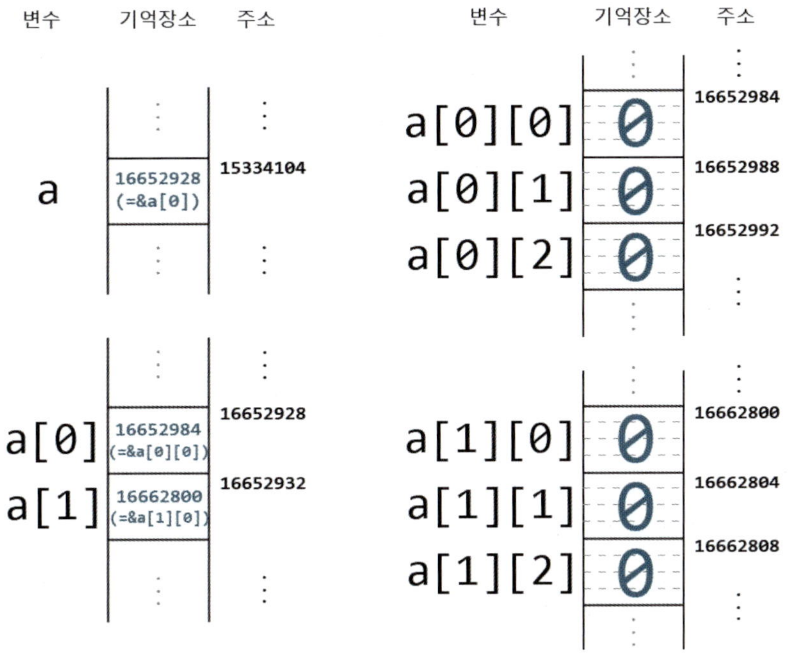

예제 D.5 (포인터의 오프셋을 사용한 일차원 배열의 동적 할당)

```
#include<stdio.h>
#include<malloc.h>
main()
{
  int *a;
  int i;
  printf("&a=%u\n",&a);
  a=(int*)calloc(3,sizeof(int));
  printf(" a=%u\n",a);
  a--;
  printf(" a=%u\n",a);
```

```
  for(i=1;i<=3;i++)
    printf("&a[%d]=%u ",i,&a[i]);
  printf("\n");
  for(i=1;i<=3;i++)
    printf(" a[%d]=%u",i,a[i]);
  printf("\n");
  free(a+1);//free(&a[1]);과 같음
}
```

이 프로그램의 출력으로 다음을 얻는다.

```
&a=4717376
 a=6036096
 a=6036092
&a[1]=6036096 &a[2]=6036100 &a[3]=6036104
 a[1]=0 a[2]=0 a[3]=0
```

이 출력을 보면 앞에서와 유사하게 int*형 변수 a의 주소는 4717376이며 변수 a에 저장된 값(즉, 포인터 상수)은 처음에 6036096이다. 그런데 포인터의 오프셋, 즉

```
a--;
```

에 의하여 변수 a에 저장된 값이 4만큼 줄어들어 6036092로 바뀐 것을 알 수 있다. 즉, 배열의 첫 번째 원소는 이제 a[1]이며 이 원소의 주소는 6036096이다. 주소 6036092는 a[0]의 주소인데 이 프로그램에서 할당한 기억 장소가 아니므로 사용해서는 안 된다. 이 경우 a는 a[0]의 주소 즉, &a[0]과 같다. 또한 포인터 연산에 의해 a+1은 a[1]의 주소 즉, &a[1]과 같다. 결국 포인터의 오프셋에 의하여 a[1], a[2], a[3]을 사용할 수 있다.

다시 정리하면

```
a+1, &a[1]
```

은 모두 배열의 첫 번째 원소, 즉 a[1]의 주소를 나타낸다. 그렇지만 &a는 다른 주소이다. 그렇지만 &a는 다른 주소이다. 그러므로 배열 이름 a는 &a[0]을 나타내며, 배열의 첫 번째 원소의 주소인 &a[1]을 나타내지 않는다. 즉, 이 경우 배열 이름과 배열의 첫 번째 원소의 주소는 같지 않다.

이 경우 동적 할당의 해제를 위해서는

```
free(a+1);
```

또는

```
free(&a[1]);
```

을 사용한다.

포인터의 오프셋이 사용된 후의 상황을 설명하는 그림은 다음과 같다.

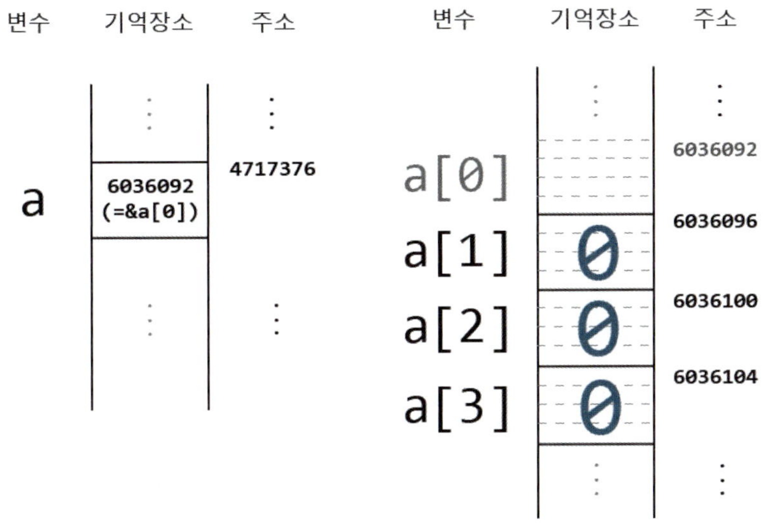

예제 D.6 (포인터의 오프셋을 사용한 이차원 배열의 동적 할당)

```
#include<stdio.h>
#include<malloc.h>
main()
{
  int **a;
  int i,j;
  a=(int**)calloc(2,sizeof(int*));
  a--;
  printf("&a=%u\n",&a);
  printf(" a=%u\n",a);
  for(i=1;i<=2;i++){
    a[i]=(int*)calloc(3,sizeof(int));
    a[i]--;
    printf("&a[%d]=%u\n",i,&a[i]);
    printf(" a[%d]=%u\n",i,a[i]);
  }
```

```
  for(i=1;i<=2;i++){
    for(j=1;j<=3;j++)
      printf("&a[%d][%d]=%d ",i,j,&a[i][j]);
    printf("\n");
  }
  for(i=1;i<=2;i++){
    for(j=1;j<=3;j++)
      printf(" a[%d][%d]=%d ",i,j,a[i][j]);
    printf("\n");
  }
  for(i=1;i<=2;i++)
    free(a[i]+1);//free(&a[i][1]);과 같음
  free(a+1);//free(&a[1]);과 같음
}
```

이 프로그램의 출력으로 다음을 얻는다.

```
&a=14416264
 a=16259708
&a[1]=16259712
 a[1]=16259764
&a[2]=16259716
 a[2]=16269580
&a[1][1]=16259768 &a[1][2]=16259772 &a[1][3]=16259776
&a[2][1]=16269584 &a[2][2]=16269588 &a[2][3]=16269592
 a[1][1]=0  a[1][2]=0  a[1][3]=0
 a[2][1]=0  a[2][2]=0  a[2][3]=0
```

이 결과를 보면 포인터의 오프셋에 의해 `a[1][1]`부터 `a[2][3]`까지 사용가능하며 각 원소의 주소가 16259768, 16259772, 16259776 및 16269584, 16269584, 16269592의 두 그룹으로 나뉘어 있음을 알 수 있다. 특히 `a[1][1]`의 주소는 16259768인데 이는 `int*`형 변수 `a[1]`에 저장되어 있는 값인 16259764보다 4만큼 큰 값이다. `a[1]`은 `&a[1][0]`의 주소를 저장하고 있으므로 결국 `&a[1][1]`이 16259768임을 알 수 있다. 또한 `int**`형 변수 `a`에 저장된 값이 16259708인데 이는 `a[0]`의 주소 즉, `&a[0]`이다. 따라서 `&a[1]`은 이 값에 4를 더한 16259712이다.

동적 할당을 해제하기 위해서는 포인터 연산을 이용하여

```
for(i=1;i<=2;i++)
  free(a[i]+1);
```

을 이용하여 각 1차원 배열을 해제하고

```
free(a+1);
```

을 이용하여 해제를 마무리 한다. 물론 동적 할당의 해제는 다음과 같이 해도 된다.

```
for(i=1;i<=2;i++)
  free(&a[i][1]);
free(&a[1]);
```

이 예제에 대하여 포인터의 오프셋이 모두 적용된 후의 상황을 나타내는 그림은 다음과 같다.

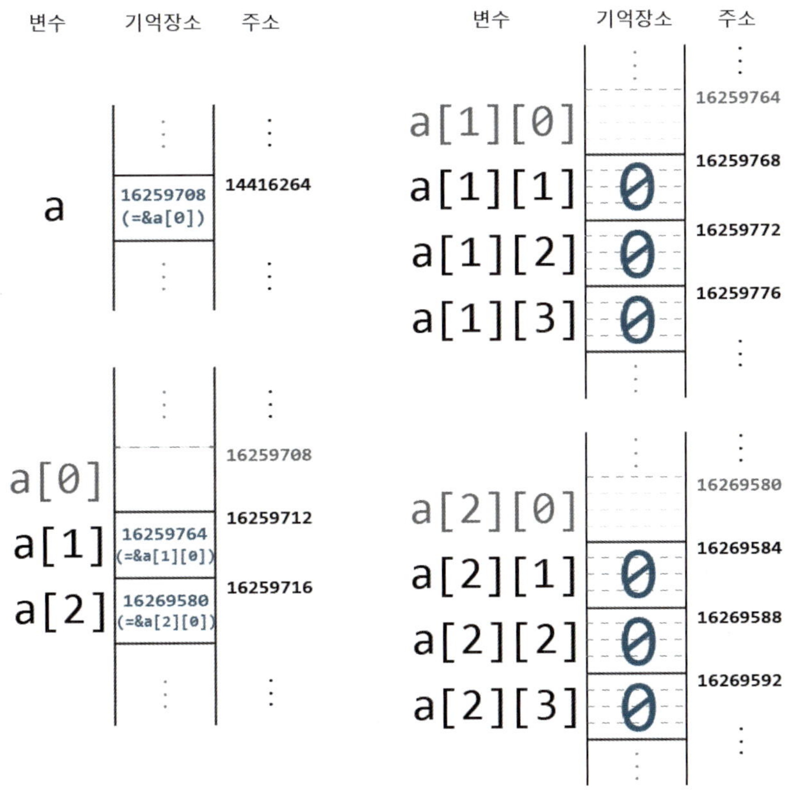

부록 E

디버깅

디버깅(debugging)이란 컴퓨터 프로그램의 오류를 수정하는 작업을 말한다. 컴파일(빌드)에서 오류가 없다 하더라도 실행 중에 오류가 발생하거나 실행 결과가 나오기는 하지만 잘못된 결과가 나오는 경우 오류를 바로 잡는 디버깅 과정이 필요하다.

프로그램의 규모가 크지 않은 경우에는 쉽게 오류를 찾아 수정할 수 있으나 프로그램의 규모가 커지게 되면 어느 부분에서 오류가 발생했는지 찾기가 쉽지 않다. 마이크로소프트 Visual Studio의 경우 매우 강력한 디버깅 툴을 제공하고 있다. 디버깅 관련 메뉴는 '디버그'를 눌러보면 알 수 있는데 단축키로 F5를 이용하여 디버깅을 시작하고 Shift+F5를 이용하여 중단할 수 있다.

다음과 같은 C코드를 작성하여 빌드를 하면 컴파일 오류는 없지만 실행하면 원하는 결과가 나오지 않는다.[8]

예제 E.1 (디버깅 – 디버깅 시작(F5))

```
#include<stdio.h>
main()
{
  int a[10], s, i;
  for(i=0;i<10;i++)
    a[i]=i*i+3*i-1;
```

[8] 빌드를 위한 기본 단축키는 `Ctrl+Shift+B`로 정해져 있는데 이를 사용자가 원하는 다른 키로 바꿀 수 있다. 예를 들면 좀 더 간단한 단축키인 `F7`로 바꿀 수 있는데 이에 대하여는 부록 A의 '기본 단축키의 변경' 부분을 참고하기 바란다.

```
  for(i=0;i<10;i++)
    s+=a[i];
  printf("합=%d\n",s);
}
```

이 경우 F5를 눌러서 디버깅을 해보자. 그러면 다음 그림과 같은 결과가 나온다.

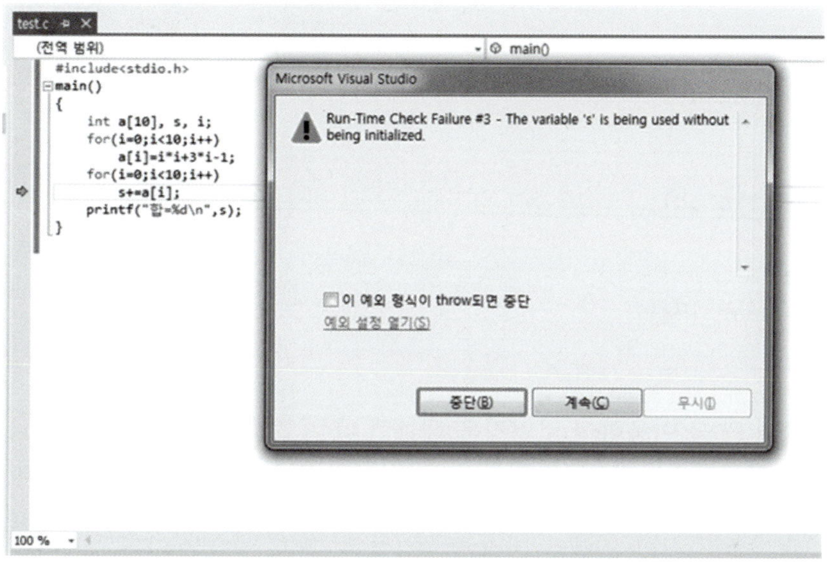

이를 통해 변수 s의 초기화에 문제가 있음을 안다. 이제 이를 다음과 같이 수정하자.

```
#include<stdio.h>
main()
{
  int a[10], s=0, i;
  for(i=0;i<10;i++)
    a[i]=i*i+3*i-1;
  for(i=0;i<10;i++)
    s+=a[i];
  printf("합=%d\n",s);
}
```

다시 F5를 눌러보면 문제가 해결되었음을 알 수 있다. 다시 빌드하고 실행(ctrl+F5) 시키면 정상적인 결과가 출력됨을 알 수 있다.

다음 C코드의 경우에도 빌드하면 컴파일 오류는 없지만 실행 시키면 원하는 결과가 나오지 않는다.

예제 E.2 (디버깅 – 프로시저 단위 실행(F10))

```
#include<stdio.h>
#include<math.h>
main()
{
  double a=1.2;
  double b, c, d;
  b=2.4;
  c=a+b;
  printf("%f\n",c);
  c=a-b;
  d=sqrt(c);
  printf("%f\n",d);
}
```

이제 단축키 F5를 이용하여 디버깅을 해보면 너무 빨리 지나가 버리고 종료되어 어느 부분이 잘못되었는지 알 수 없다. 따라서 디버깅 메뉴 중에서 '프로시저 단위 실행'을 할 수 있는 F10을 눌러보자. 그러면 한 줄 한 줄 내려가면서 C코드를 체크하게 된다.

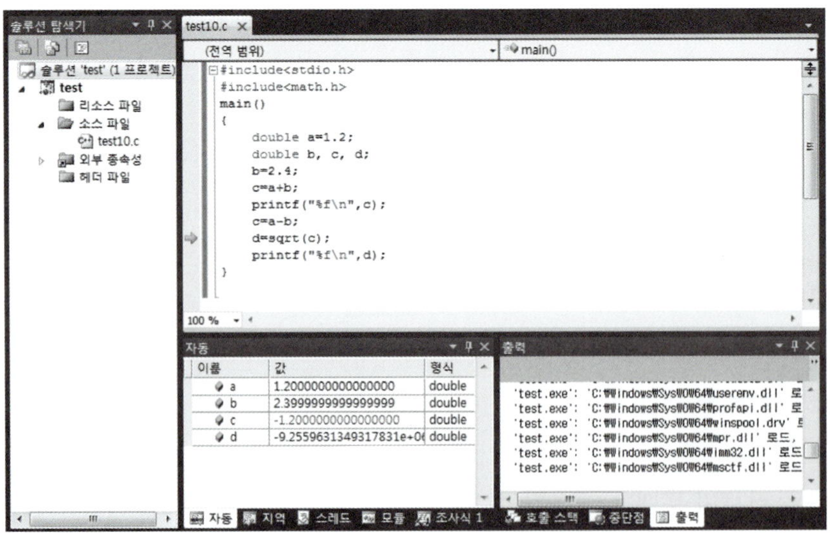

위의 그림과 같이 C코드 편집창의 왼쪽을 보면 회색(실제로는 초록색) 세로 막대가 있고 그 왼쪽에 나타나는 회색(실제로는 노란색) 화살표가 `d=sqrt(c);`를 가리키도록 하자. 그러면 이 위치 직전까지 실행된 결과로써 나타나는 변수의 값이 아래쪽 창에 표시된다. 값을 보면 c값이 음수이고 이 때문에 문제가 됨을 알 수 있다. 실제로 F10을 한 번 더 눌러보면 d값이

```
-1.#IND000000000000
```

으로 표시됨을 알 수 있다.

다음 C코드를 작성하여 빌드하면 컴파일 오류는 없지만 역시 실행하면 원하는 결과가 나오지 않는다.

예제 E.3 (디버깅 – 쓰레기 값의 문제)

```c
#include<stdio.h>
main()
{
  int a[5];
  int b,c,i;
  for(i=0;i<5;i++)
    a[i]=10*i;
  b=a[2]+a[3];
  c=b+a[5];
  printf("c=%d\n",c);
}
```

따라서 이 경우에도 디버깅 메뉴 중에서 '프로시저 단위 실행'을 할 수 있는 F10을 반복적으로 눌러보자. 그러면 한 줄 한 줄 내려가면서 C코드를 체크하게 되는데

```
c=b+a[5];
```

가 있는 줄에 도달하면 변수값 중에서 현재 `a[5]`값이 쓰레기 값(garbage)으로 채워져 있음을 확인할 수 있다. 따라서 이 부분에서 문제가 생겼음을 알 수 있다. (아래 그림 참조)

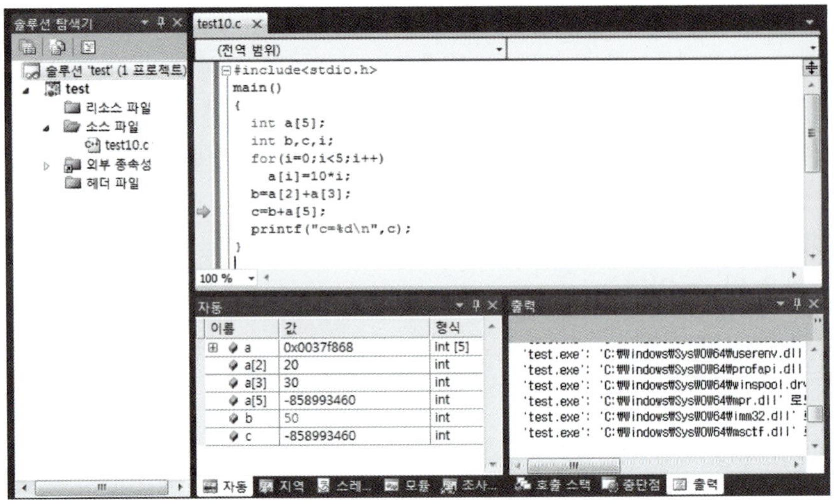

다음 C코드를 작성하여 빌드하면 컴파일 오류는 없지만 역시 실행하면 원하는 결과가 나오지 않는다.

예제 E.4 (디버깅 – 중단점 설정/해제(F9))

```
#include<stdio.h>
main()
{
  int a[100];
  int b,c,i;
  for(i=0;i<100;i++)
    a[i]=10*i;
  b=a[2]+a[3];
  c=b+a[100];
  printf("c=%d\n",c);
}
```

그런데 이 경우 F10을 반복적으로 눌러 확인해 보려고 하면 순환문 for에서 100번이나 반복해야 하는 곤란한 상황이 된다. 그러므로 우선 Shift+F5를 눌러서 디버깅을 중단시킨다. 그리고 나서 순환문이 다 끝나는 줄, 즉 `b=a[2]+a[3];`이 있는 줄을 클릭한 뒤 F9(중단점 설정/해제)를 누른다. 그러면 아래 왼쪽 그림과 같이 동그란 회색(실제로는 빨간색) 점으로 중단점(break point)이 표시된다. 이제 다시 F5를 눌러 디버깅을 시작하면 중단점까지만 실행되고 멈춘 것을 알 수 있다.

여기서 다시 F10을 눌러서 다음 줄로 내려 보면 a[100]에 쓰레기 값이 저장되어 있음을 알 수 있다. (아래 오른쪽 그림 참조)

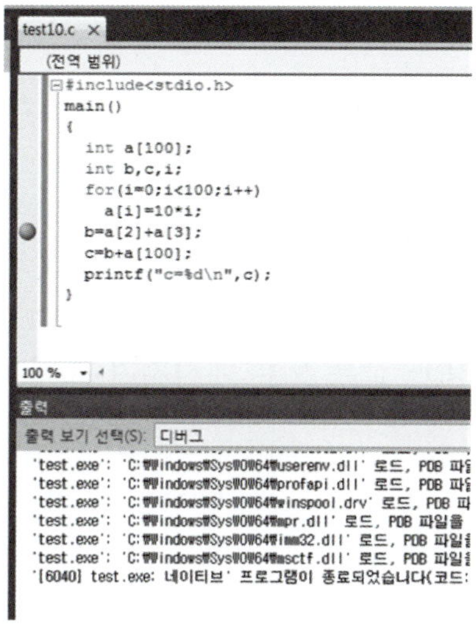

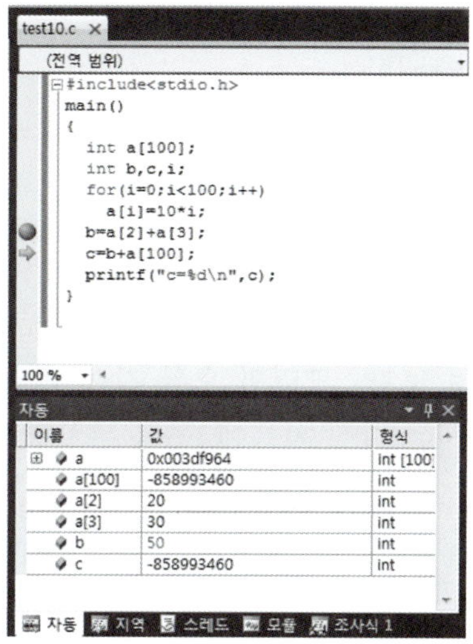

다음 C코드를 작성하여 빌드하면 컴파일 오류는 없지만 역시 실행하면 원하는 결과가 나오지 않는다.

예제 E.5 (디버깅 – 한 단계씩 코드 실행(F11))

```
#include<stdio.h>
#include<stdlib.h>
#define N 100
int sub(int *a,int n);
main()
{
  int *a,b;
  int i;
  a=(int*)malloc(N*sizeof(int));
  a--;
  for(i=1;i<=N;i++)
    a[i]=10*i;
  b=sub(a,30);
  printf("b=%d\n",b);
  free(a);
}

```

```
int sub(int *a,int n)
{
  int i, sum;
  for(i=1;i<=n;i++)
    sum+=a[i];
  return sum;
}
```

이제 b=sub(a,30);이 있는 줄에 F9을 눌러 중단점을 설정하자. F5를 눌러 디버깅을 시작하면 중단점까지만 실행되고 멈추는데 여기서 다시 F10을 눌러서 다음 줄로 내려 보자. 그러면 오류 창이 뜨면서 다음과 같은 오류 메시지가 표시된다. (이 예에서는 사실 처음에 F5를 누르면 이 부분에 오류가 있음을 바로 알 수 있다.)

```
Run-Time Check Failure #3 - The variable 'sum' is being used without
                            being initialized.
```

실제로 변수 sum 값을 보면 쓰레기 값이 저장되어 있음을 알 수 있다. (아래 그림 참조)

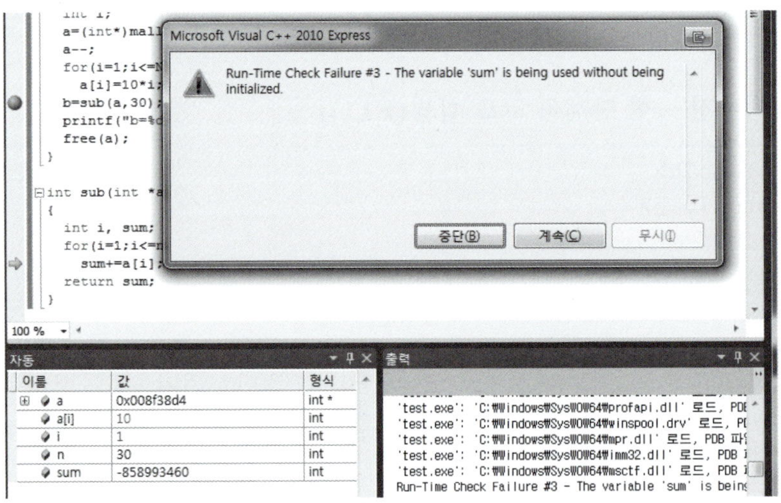

따라서 '중단'을 눌러 디버깅을 중단하자. 물론 여기서 오류 부분을 수정해도 되지만, 다른 설명을 위해 다시 한 번 디버깅을 해보자. 즉, 중단점이 여전히 설정되어 있는 상태에서 F5를 눌러 다시 디버깅을 시작하고 중단점에서 실행이 멈추면 이번에는 F11을 눌러서 다음 줄로 내려 보자. 그러면 오류 창이 뜨면서 다음과 같은 오류 메시지가 표시된다. F11은 '한 단계씩 코드 실행'을 하는 것으로

부함수에 노란 화살표가 위치하게 되며 부함수의 내용을 한 줄 한 줄 따라가며 실행하게 된다. F11을 다시 눌러 보면 변수 sum에 쓰레기 값이 저장되어 있음을 알 수 있다.[9] (아래 그림 참조)

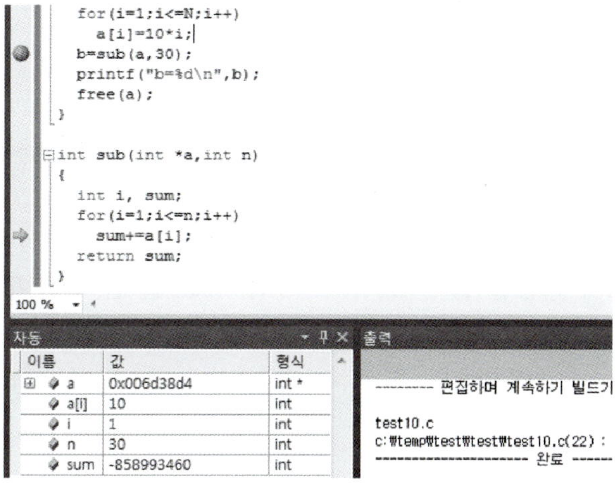

이제 오류 부분을 수정하자. 즉 부함수에서 sum=0으로 초기화 하여 부함수가 다음과 같이 되도록 바꾸자.

```
int sub(int *a,int n)
{
  int i, sum=0;
  for(i=1;i<=n;i++)
    sum+=a[i];
  return sum;
}
```

위와 같이 수정한 후 Shift+F5를 눌러서 디버깅을 중단시키자. 중단점이 여전히 설정되어 있는 상태에서 F5를 눌러 다시 디버깅을 시작하고 중단점에서 실행이 멈추면 이번에는 F10을 계속 눌러보자. 그러면 다음과 같은 오류 메시지가 나타난다. (아래 그림 참조)

```
Windows가 test.exe에서 중단점을 트리거했습니다.
힙이 손상되어 test.exe 또는 여기서 로드한 DLL에 버그가 있을 수도 있습니다.
```

[9] 프로시저란 함수라고 이해하면 된다. 즉, F10은 함수 단위로 실행하는 반면 F11은 한 단계씩 실행하므로 좀 더 세밀한 디버깅이 가능하다.

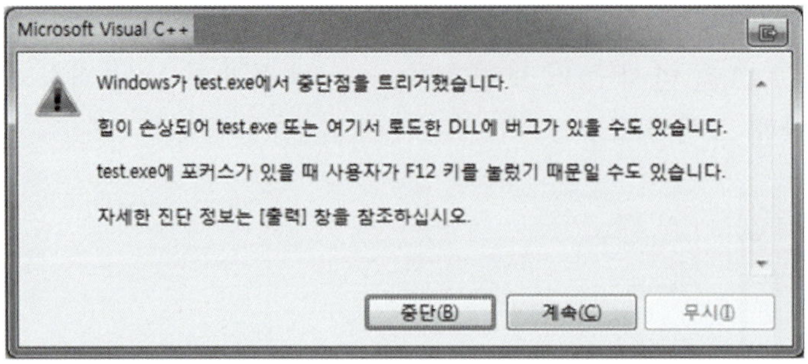

이는 malloc을 사용하여 동적 할당된 배열에 문제가 있음을 암시하며, 여기서는 free()함수에 문제가 있음을 알 수 있다. 따라서 '중단'을 눌러 디버깅을 중단하고 free(a); 부분을 free(a+1); 로 바꾸자. 즉 주함수를 다음과 같이 바꾸면 된다.

```
#include<stdio.h>
#include<stdlib.h>
#define N 100
int sub(int *a,int n);
main()
{
  int *a,b;
  int i;
  a=(int*)malloc(N*sizeof(int));
  a--;
  for(i=1;i<=N;i++)
    a[i]=10*i;
  b=sub(a,30);
  printf("b=%d\n",b);
  free(a);
}
```

그리고 나서 다시 빌드 후 실행(ctrl+F5)하면 원하는 결과가 출력됨을 알 수 있다.

지금까지 살펴 본 디버깅에 사용되는 중요한 단축키들을 다시 정리하면 다음과 같다.

단축키	기능
F5	디버깅 시작/계속
Shit+F5	디버깅 중지
F10	프로시저 단위 코드 실행
F11	한 단계씩 코드 실행
Shift+F11	프로시저 나가기
F9	중단점 설정/해제

부록 F

정렬

정렬(sorting)이란 불규칙하게 배열된 자료들을 일정한 규칙에 따라 순서대로 재배열하는 것을 말한다. 예를 들어 10명의 학생에 대한 시험 성적을 점수가 높은 학생부터 낮은 학생 순서로 재배열하는 경우가 정렬의 대표적인 예이다.

```
  원래 자료: 92 66 99 81 70 74 94 87 85 78
정렬된 자료: 99 94 92 87 85 81 78 74 70 66
```

정렬의 방법에는 여러 가지가 있는데 그 중 대표적인 것 네 가지를 살펴보기로 하는데, 정렬하려는 자료형은 정수형이며 크기가 작은 수부터 큰 수 순서로 정렬하는 경우만을 살펴본다. 물론 다른 자료형에 대한 정렬을 하거나, 정렬 순서를 반대로 하는 경우에는 간단히 프로그램을 변형하면 된다.

거품 정렬(버블 정렬(bubble sort))

거품 정렬은 버블 정렬이라고도 하며, 인접한 원소끼리 비교하여 정렬을 시행하며 더 이상 정렬이 필요 없을 때까지 시행한다.

다섯 개의 수 5, 1, 4, 8, 2를 작은 수부터 큰 수 순서로 정렬하는 경우의 예를 보면 다음과 같다.

1차 정렬 : 5 1 4 8 2 → 1 5 4 8 2 → 1 4 5 8 2 → 1 4 5 8 2 → 1 4 5 2 8
2차 정렬 : 1 4 5 2 8 → 1 4 5 2 8 → 1 4 5 2 8 → 1 4 2 5 8
3차 정렬 : 1 4 2 5 8 → 1 4 2 5 8 → 1 2 4 5 8
4차 정렬 : 1 2 4 5 8 → 1 2 4 5 8

이 경우 우선 1차 정렬이 끝난 후 마지막에 위치한 8이 최대값이며 8은 다음 단계에서 더 이상 정렬할 필요가 없다. 또한 2차 정렬이 끝난 후 마지막에 위치한 5와 8은 다음 단계에서 더 이상 정렬할 필요가 없고, 마찬가지로 3차 정렬이 끝난 후 마지막에 위치한 4, 5, 8은 다음 단계에서 더 이상 정렬할 필요가 없게 된다. 마지막으로 4차 정렬이 끝난 후 2, 4, 5, 8은 더 이상 정렬할 필요가 없으며, 남은 원소인 1은 1개이므로 역기 정렬할 필요가 없다. 따라서 정렬을 끝내게 된다. 결국 최종 정렬결과는 `1 2 4 5 8` 이다.

그러므로 거품 정렬의 경우 n개의 자료가 주어지면 $n-1$차 정렬까지 필요한 것을 알 수 있다.

거품 정렬에 대한 C프로그램을 작성하면 다음과 같다. (아래 예는 10개로 이루어진 자료 5, 8, 9, 2, 3, 7, 1, 6, 4, 10을 작은 수부터 큰 수 순서로 정렬하는 경우이다.)

예제 F.1 (거품 정렬)

```
#include<stdio.h>
#define N 10
main()
{
  void BubbleSort(int*, int);
  int i;
  int a[10]={5,8,9,2,3,7,1,6,4,10};
  BubbleSort(a,N);
  printf("Bubble Sort: ");
  for(i=0;i<N;i++)
  printf("%d ",a[i]);
  printf("\n");
}

void BubbleSort(int *a, int n)
{
  int i, j, temp;
  for(i=1; i<=n-1; i++)
  {
    for(j=0; j<=n-i-1; j++)
    {
      if (a[j]>a[j+1])
      {
        temp=a[j+1];
```

```
        a[j+1]=a[j];
        a[j]=temp;
      }
    }
  }
}
```

삽입 정렬(insertion sort)

삽입 정렬은 일단 처음에 위치한 원소를 정렬된 것으로 간주한다. 다음 두 번째 원소를 정렬된 첫 번째 원소와 비교하여 순서에 맞는 위치로 이동하여 삽입한다. 세 번째 원소도 처음 원소부터 자기 자리 바로 앞까지 비교하여 순서에 맞는 위치를 찾아 삽입한다. (새로 삽입될 원소의 자리를 위해 삽입될 곳에 위치한 원소부터는 뒤로 한 자리씩 쭉 밀려나게 된다.) 이런 식으로 마지막까지 진행하면 된다.

다음은 삽입 정렬을 사용한 예이다.

5 2 1 8 3
(일단 5는 정렬된 것으로 본다. 이제 5와 2를 비교하여 2의 위치를 찾는다.)

→ 2 5 1 8 3
(2,5는 정렬되었다. 이제 2, 5, 1을 비교하여 1이 갈 위치를 찾는다.)

→ 1 2 5 8 3
(1,2,5는 정렬되었다. 이제 1, 2, 5, 8을 비교하여 8이 갈 위치를 찾는다.)

→ 1 2 5 8 3
(1,2,5,8까지는 정렬되었다. 이제 모두를 비교하여 3이 갈 위치를 찾는다.)

→ 1 2 3 5 8
(이제 모두 정렬되었다.)

삽입 정렬에 대한 C프로그램을 작성하면 다음과 같다. (아래 예는 10개로 이루어진 자료 5, 8, 9, 2, 3, 7, 1, 6, 4, 10을 작은 수부터 큰 수 순서로 정렬하는 경우이다.)

예제 F.2 (삽입 정렬)

```
#include<stdio.h>
#define N 10
main()
{
  void InsertionSort(int*, int);
  int i;
  int a[10]={5,8,9,2,3,7,1,6,4,10};
  InsertionSort(a,N);
  printf("Insertion Sort: ");
  for(i=0;i<N;i++)
  printf("%d ",a[i]);
  printf("\n");
}

void InsertionSort ( int *a, int n )
{
  int i,j,insert,temp;
  for(i=1; i<n; i++){
    for(j=0;j<i;j++){
      insert=i;
      if(a[j] > a[i]) {
        insert=j;
        break;
      }
    }
    temp=a[i];
    for(j=i;j>insert;j--)
      a[j]=a[j-1];
      a[insert]=temp;
  }
}
```

선택 정렬(selection sort)

선택 정렬은 작은 수부터 큰 수 순으로 정렬할 경우 다음과 같은 방법을 따르게 된다.

1. 우선 주어진 자료 중에 최소값을 찾는다.
2. 그 값을 맨 앞에 위치한 값과 교체한다.
3. 정렬된 위치를 제외한 나머지 자료를 같은 방법으로 계속 반복하여 정렬한다.

선택 정렬을 사용한 예를 보면 다음과 같다.

5 1 4 8 2

우선 5개(전체) 중 최소값을 구하여 처음 원소와 교환한다.

→ 1 5 4 8 2

나머지 4개 원소 중 최소값을 구하여 두 번째 원소와 교환한다.

→ 1 2 4 8 5

나머지 3개 원소 중 최소값을 구하여 세 번째 원소와 교환한다. (이 경우 최소값이 4이므로 실제 교환은 일어나지 않는다.)

→ 1 2 4 8 5

나머지 2개 원소 중 최소값을 구하여 네 번째 원소와 교환한다.

→ 1 2 4 5 8

(마지막 1개가 남은 경우에는 더 이상 비교할 필요가 없으므로 마친다.)

선택 정렬에 대한 C프로그램은 다음과 같다. (아래 예는 10개로 이루어진 자료 5, 8, 9, 2, 3, 7, 1, 6, 4, 10을 작은 수부터 큰 수 순서로 정렬하는 경우이다.)

예제 F.3 (선택 정렬)

```
#include<stdio.h>
#define N 10
main()
{
  void SelectionSort(int*, int);
  int i;
  int a[10]={5,8,9,2,3,7,1,6,4,10};
  SelectionSort(a,N);
  printf("Selection Sort: ");
```

```
  for(i=0;i<N;i++)
  printf("%d ",a[i]);
  printf("\n");
}

void SelectionSort(int *a, int n)
{
  int i,j,min,min_i,temp;
  for(i=0;i<n;i++){
    min=a[i];
    min_i=i;
    for(j=i+1;j<n;j++){
      if(a[j]<min){
        min=a[j];
        min_i=j;
      }
    }
    temp=a[i];
    a[i]=a[min_i];
    a[min_i]=temp;
  }
}
```

빠른 정렬(quick sort)

빠른 정렬은 퀵 정렬이라고도 부르며, 정렬 속도가 빠르기 때문에 가장 효율적인 정렬 방법이라 할 수 있다.

작은 수부터 큰 수 순서로 정렬하는 빠른 정렬의 과정을 보면 다음과 같다.

1. 자료 중에서 임의로 하나의 원소를 고른다. 이 원소를 기준수(혹은 피봇)라고 한다.

2. 기준수 앞에는 기준수보다 값이 작거나 같은 원소들이 오고, 기준수 뒤에는 기준수보다 값이 크거나 같은 원소들이 오도록 기준수를 중심으로 자료를 둘로 나눈다. 즉, 기준수보다 큰 수는 반드시 기준수 오른쪽에 위치하도록 옮기고, 기준수보다 작은 원소는 기준수보다 왼쪽에 위치하도록 옮긴다.(기준수와 같은 수는 움직일 필요가 없다.) 이렇게 자료를 둘로 나누는 것을 분할이라고 한다. 분할을 마친 뒤에 기준수는 더 이상 움직이지 않는다.

3. 분할된 각각의 작은 부분에 대해 재귀적으로 이 과정을 계속 반복하여 더 이상 정렬할 필요가 없으면 멈춘다.

다음 예에서 9개로 이루어진 자료가 정렬되는 과정을 살펴보기로 하자. 이 경우 기준수는 `pivot`이라는 변수에 저장하게 되며 `pivot`의 값은 나중에 분할의 경계 위치에 저장되게 된다. 또한 아래 설명에서 `x`는 다른 자리로 이동된 숫자를 표시한다. 즉, `x`는 이미 다른 곳으로 이동되고 남는 "빈자리"이므로, 그 자리에는 다음번에 이동되는 숫자가 저장된다. 또한 두꺼운 숫자는 `pivot` 변수에 저장되었던 값이 제 위치를 찾아 더 이상 변하지 않는 상태를 나타낸다.

`5 8 9 2 3 7 1 6 4`
처음 주어진 자료이며, 가장 왼쪽에 있는 5를 `pivot` 변수에 저장하기로 한다.

→ `pivot=5, x 8 9 2 3 7 1 6 4`
5보다 작은 수 중 가장 오른쪽에 있는 수는 4이다.

→ `pivot=5, 4 8 9 2 3 7 1 6 x`
4를 pivot이 있던 "빈자리"에 저장한다. 5보다 큰 수 중에 가장 왼쪽에 있는 수는 8이다.

→ `pivot=5, 4 x 9 2 3 7 1 6 8`
8을 4가 원래 있던 빈자리에 저장한다. 5보다 작은 수 중 가장 오른쪽에 있는 수는 1이다.

→ `pivot=5, 4 1 9 2 3 7 x 6 8`
1을 8이 있던 빈자리에 저장한다. 5보다 큰 수 중에 가장 왼쪽에 있는 수는 9이다.

→ `pivot=5, 4 1 x 2 3 7 9 6 8`
9를 1이 원래 있던 빈자리에 저장한다.

→ `pivot=5, 4 1 3 2 x 7 9 6 8`
이제 5보다 작거나 같은 수와 크거나 같은 수가 좌우로 나뉘게 되었다.

→ `pivot=5, 4 1 3 2 5 7 9 6 8`
`pivot`변수의 값을 빈자리에 저장한다. 이제 5보다 작거나 같은 수와 크거나 같은 수 들이 5를 경계로 좌우로 분리되었다.

→ pivot=4, x 1 3 2 5 7 9 6 8
남은 부분에 대해서도 이를 각각 반복한다. (왼쪽부분부터 반복한다.)

→ pivot=4, 2 1 3 x 5 7 9 6 8

→ pivot=2, 1 x 3 4 5 7 9 6 8

→ pivot=2, 1 2 3 4 5 7 9 6 8

→ pivot=7, 1 2 3 4 5 x 9 6 8
이제 왼쪽 부분이 모두 정렬되었으므로 오른쪽 부분을 정렬한다.

→ pivot=7, 1 2 3 4 5 6 9 x 8

→ pivot=7, 1 2 3 4 5 6 7 9 8

→ pivot=9, 1 2 3 4 5 6 7 x 8

→ pivot=9, 1 2 3 4 5 6 7 8 x

→ pivot=9, 1 2 3 4 5 6 7 8 9
정렬이 모두 끝난 상태이다.

이 경우 아래 예와 같이 함수의 자기호출을 이용하여 C코드를 작성하면 매우 편리하다. [10] (아래 예는 10개로 이루어진 자료 5, 8, 9, 2, 3, 7, 1, 6, 4, 10을 작은 수부터 큰 수 순서로 정렬하는 경우이다.)

예제 F.4 (빠른 정렬)

```
#include<stdio.h>
#define N 10
main()
{
  void QuickSort(int*, int);
  int i;
  int a[10]={5,8,9,2,3,7,1,6,4,10};
  QuickSort(a,N);
  printf("Quick Sort: ");
  for(i=0;i<N;i++)
  printf("%d ",a[i]);
```

[10] 빠른 정렬은 C언어에서 내장함수로도 제공되고 있으며, 내장함수 이름은 qsort()이다.

```
  printf("\n");
}

void QuickSort(int *a, int n)
{
  void q_sort(int*, int, int);
  q_sort(a, 0, n-1);
}

void q_sort(int *a, int left, int right)
{
  int pivot, l_hold, r_hold;
  l_hold=left;
  r_hold=right;
  pivot=a[left];
  while(left<right){
    while(a[right]>=pivot && left<right)
      right--;
    if (left!=right){
      a[left]=a[right];
      left++;
    }
    while(a[left]<=pivot && left<right)
      left++;
    if(left!=right){
      a[right]=a[left];
      right--;
    }
  }
  a[left]=pivot;
  pivot=left;
  left=l_hold;
  right=r_hold;
  if(left<pivot)
    q_sort(a,left,pivot-1);
  if(right>pivot)
    q_sort(a, pivot+1, right);
}
```

지금까지 살펴본 네 가지 정렬 방법의 속도는 빠른 정렬, 선택 정렬, 삽입 정렬,

거품 정렬 순으로 느려진다.

참고로 아래 표는 임의로 주어진 10만 개의 정수 자료를 정렬하는데 걸리는 시간을 측정한 것이다. (Intel Pentium 4, 3.0GHz CPU를 사용하는 PC에서 측정한 결과이다.[11])

정렬 방법	거품 정렬	삽입 정렬	선택 정렬	빠른 정렬
CPU time (초)	59.84	25.67	16.64	0.03

[11]CPU time의 측정 방법은 부록 G를 참고하라.

부록 G

시간 관련 함수

계산 시간의 측정

컴퓨터를 이용하여 어떤 작업을 하는데 걸린 시간을 측정하는 방법을 알아보자. 보통 컴퓨터에서의 계산 시간을 CPU time이라 부르며, 이를 측정하기 위해서는 `clock()`함수를 사용한다. 이때 `time.h`가 필요하다.

시간을 측정하는 변수로는 `clock_t`형을 사용한다. 계산 시간을 측정하고자 하는 부분의 앞뒤에서 시간을 측정한 뒤 그 차를 구하여 `CLOCKS_PER_SEC`로 나누면 원하는 값을 얻는다. 이 값이 계산하는데 걸린 초 단위의 시간이다.

다음은 $n = 100,000,000$ 일 때

$$\sum_{k=1}^{n} \frac{1}{k^2}$$

을 계산하는데 걸린 CPU time을 측정하는 예이다.

예제 G.1 (CPU time)

```
/* for루프를 계산하는데 걸린 시간의 측정 */
#include<stdio.h>
#include<time.h> //time.h가 필요하다
main()
{
  clock_t t1,t2; //시간 변수로 clock_t형을 사용
  double t, s=0.;
  int i;
```

```
  t1=clock(); // 시작 시점에서의 시간 측정
  for(i=1;i<=100000000;i++)
    s+=(1./i)*(1./i);
  t2=clock(); // 끝 시점에서의 시간 측정
  t=(double)(t2-t1)/CLOCKS_PER_SEC; // CPU time
  printf("Sum: %f  Elapsed time: %.3f\n",s,t);
}
```

이 예제의 출력은 컴퓨터의 성능이나 시스템 상황에 따라 다르지만 예를 들면 다음을 얻는다.

```
Sum: 1.644934   Elapsed time: 6.421
```

프로그램의 주석에도 나와 있듯이 CPU time을 계산하기 위해서는 우선 `time.h`가 필요하다. 또한

```
clock_t t1,t2;
```

에서와 같이 시간 측정을 위한 변수로 `clock_t`형을 사용하며

```
t1=clock();
```

에서처럼 계산 시간을 측정하고자 하는 계산의 시작 시점에서의 시간 측정하고

```
t2=clock();
```

에서처럼 계산 시간을 측정하고자 하는 계산의 끝 시점에서의 시간 측정한 뒤

```
t=(double)(t2-t1)/CLOCKS_PER_SEC;
```

와 같이 두 시점에서의 시간 차이를 `CLOCKS_PER_SEC`로 나누어 CPU time을 얻는다.

참고로 CPU time이 너무 짧은 경우 계산 시간이 0초로 출력되는 경우가 있다.

예를 들어 다음은 $n = 100$일 때

$$\sum_{k=1}^{n} \frac{1}{k^2}$$

을 계산하는데 걸린 CPU time을 측정하는 예이다.

예제 G.2 (CPU time)

```
/* 짧은 for루프를 계산하는데 걸린 시간의 측정 */
#include<stdio.h>
#include<time.h> //time.h가 필요하다
main()
{
  clock_t t1,t2; //시간 변수로 clock_t형을 사용
  double t, s=0.;
  int i;
  t1=clock(); //시작 시점에서의 시간 측정
  for(i=1;i<=100;i++)
    s+=(1./i)*(1./i);
  t2=clock(); //끝 시점에서의 시간 측정
  t=(double)(t2-t1)/CLOCKS_PER_SEC; // CPU time
  printf("Sum: %f  Elapsed time: %.12f\n",s,t);
}
```

이 예제의 출력으로 다음을 얻는다.

```
Sum: 1.634984  Elapsed time: 0.000000000000
```

즉, 계산 시간이 너무 짧기 때문에 CPU time이 0초로 나오고 있다. 이런 경우에는 다음과 같이 하여 정밀한 CPU time을 측정할 수 있다.

예제 G.3 (정밀한 CPU time의 측정)

```
#include <stdio.h>
#include <windows.h>
main()
{
  __int64 TicksPerSecond, t1, t2;
  int i;
  double s=0.;

  QueryPerformanceCounter((LARGE_INTEGER*)&t1);
  for(i=1;i<=10000;i++)
    s+=(1./i)*(1./i);
  QueryPerformanceCounter((LARGE_INTEGER*)&t2);

  QueryPerformanceFrequency((LARGE_INTEGER*)&TicksPerSecond);
  printf("Sum: %f  Elapsed CPU time: %.12f\n", \
```

```
        s,(double)(t2-t1)/(double)TicksPerSecond);
}
```

이 프로그램의 출력은 시스템 상황에 따라 다르지만 예를 들면 다음과 같다.

```
Sum: 1.634984  Elapsed CPU time: 0.000011453970
```

현재 날짜, 요일, 시간 출력

현재 시간이나 날짜 및 요일은 다음과 같은 다양한 형태로 출력이 가능하다.

예제 G.4 (현재 시간 및 날짜의 출력)

```
/*
   오늘 날짜 및 요일, 현재 시간의 출력:
   tm_year는 1900을 더해야만 서기 년도가 되며,
   tm_mon은 0이 1월, 1이 2월, ... , 11이 12월이다.
*/
#include <stdio.h>
#include <time.h>
main()
{
  time_t ltime;
  struct tm *today;
  char sdate[32], stime[32];
  char wd[7][3]={"일","월","화","수","목","금","토"};
  short ampm,hr,min,sec;
  time(&ltime);
  today = localtime(&ltime);

  //출력 형태: 2009년 4월 26일 일요일 오후 12시 34분 56초
  hr=today->tm_hour; // 24시간 형태의 시간
  min=today->tm_min; // 분
  sec=today->tm_sec; // 초
  if(hr==0 && min==0 && sec==0)
    ampm=1; // 자정
  else if(hr==12 && min==0 && sec==0)
    ampm=2; // 정오
  else if(hr>=0 && hr<12)
    ampm=3; // 오전
  else
```

```
    ampm=4; // 오후
  printf("%d년 %d월 %d일 %s요일 ",today->tm_year+1900,
    today->tm_mon+1,today->tm_mday,wd[today->tm_wday]);
  if(ampm==1)
    printf("12시 자정 ");
  else if(ampm==2)
    printf("12시 정오 ");
  else if(ampm==3){
    if(hr==0)
      hr+=12;
    printf("오전 %d시 ",hr);
  }
  else{
    hr%=12;
    if(hr==0)
      hr+=12;
    printf("오후 %d시 ",hr);
  }
  printf("%d분 %d초\n",today->tm_min,today->tm_sec);

  //출력 형태: 2009-04-26 12:34:56
  printf("%04d-%02d-%02d %02d:%02d:%02d\n",
    today->tm_year+1900,
    today->tm_mon+1,
    today->tm_mday,
    today->tm_hour,
    today->tm_min,
    today->tm_sec);

  //출력 형태: 04/26/09 12:34:56
  _strdate(sdate);  //현재 일자를 문자열로 저장해 줌
  _strtime(stime);  //현재 시각을 문자열에 저장해 줌
  printf("%s %s\n", sdate, stime);

  //출력 형태: Sun Apr 26 12:34:56 2009
  printf("%s\n", asctime(today));
}
```

이 프로그램의 출력으로 예를 들면 다음과 같은 결과를 얻는다.

```
2017년 3월 26일 일요일 오후 12시 38분 54초
```

```
2017-03-26 12:38:54
03/26/17 12:38:54
Sun Mar 26 12:38:54 2017
```

부록 H

입출력 방향 지정

프로그램의 출력 양이 매우 많지 않은 경우 ctrl-v 를 사용하여 입출력 내용을 다른 파일에 붙여넣기 할 수 있다. 즉, 명령 프롬프트에서 프로그램에 대한 입출력이 끝난 뒤

왼쪽 마우스 버튼을 이용하여 드래그

하여 선택 영역을 표시한다. (만일 드래그가 안 될 경우에는 오른쪽 마우스를 클릭하면 메뉴표가 나오는데 여기서 '표시'를 선택한 뒤 다시 드래그하면 된다.) 그러고 나서

엔터 (enter)

키를 누르면 선택 영역이 복사된다. 복사한 부분을 다른 편집기나 응용프로그램에 붙여넣기 하려면

ctrl-v

하면 된다.

프로그램의 입출력 양이 많은 경우에는 키보드 입력이나 화면 출력 대신 파일을 이용한 입출력을 사용하면 편리하며 이를 위해서는 다음과 같이 하면 된다.

- MS Visual C/C++의 경우

  예를 들어 출력을 output.txt라는 이름의 파일로 저장하기 위해서는

  우선 컴파일과 링크를 마친 후 **프로젝트** 메뉴를 눌러 가장 아래에 있는 해당 프로젝트의 속성을 택한다. 그러면 속성 페이지가 열리는데 구성 속성 아래에

있는 디버깅 부분을 누르면 명령 인수가 나오게 되며 그 항목의 값으로 아래와 같이 써준다.

> output.txt

확인을 눌러 저장한 뒤 프로그램을 실행하면 명령 프롬프트에는 아무런 결과가 나타나지 않지만 출력은 output.txt라는 파일에 저장된다. (이러한 방법을 **출력 방향 지정**이라 한다.)

이제 명령 프롬프트를 닫은 뒤

파일 → 열기 → 파일...

을 누르면 파일 열기 창이 열린다. 거기에서 파일 형식을 텍스트 파일 혹은 모든 파일로 하게 되면 output.txt를 찾을 수 있다. 그 파일을 선택한 뒤 열기를 누르면 출력 파일의 내용을 확인할 수 있다.

입력 파일의 경우에도 같은 방법을 사용할 수 있다. 예를 들어 입력 파일로 input.txt를 사용하고자 한다면

파일 → 새로 만들기 → 파일... → 일반 → 텍스트 파일

을 선택한 뒤 열기를 누른다. 그리고 나서 입력 파일을 작성한 뒤 input.txt 라는 이름으로 저장한다. 입력 파일이 저장되고 나면 프로젝트 메뉴를 눌러 가장 아래에 있는 해당 프로젝트의 속성을 택한다. 그러면 속성 페이지가 열리는데 구성 속성 아래에 있는 디버깅 부분을 누르면 명령 인수가 나오게 되며, 그 항목의 값으로 아래와 같이 써준다.

< input.txt

확인을 눌러 저장한 뒤 프로그램을 실행하면 된다. (이러한 방법을 **입력 방향 지정**이라 한다.)

그리고 명령 인수에 다음과 같은 값을 적어주어 입출력 방향 지정을 한꺼번에 할 수도 있다.

< input.txt > output.txt

또한 부록 A를 통해 명령 프롬프트에서 간단히 컴파일 방법을 알아보았는데 이 경우 명령 프롬프트에서 실행할 때 입출력 방향지정이 가능하다. 즉, 컴파일을 통해 실행파일 test.exe를 만든 뒤 명령 프롬프트에

```
test.exe > out.txt
```

라고 쓰고 엔터키를 치면 출력 파일 out.txt가 생성된다. 물론 입력 파일 input.txt를 사용하려면

```
test.exe < input.txt
```

라고 쓰고 엔터키를 치면 되며, 입출력 방향 지정을 한꺼번에 하려면

```
test.exe < input.txt > output.txt
```

라고 쓰고 엔터키를 치면 된다.

- fopen의 사용

  컴파일러에 상관없이, 즉 MS Visual C/C++ 또는 gcc에서 모두 fopen을 이용하면 프로그램 자체에서 파일 입출력을 조종할 수 있다. 이에 대하여는 11장의 파일 입출력 부분을 참고하기 바란다.

부록 J

선행처리기를 이용한 조건부 컴파일

선행처리기를 활용하면 소스 코드의 내용 중에서 일부만을 선택하여 컴파일되게 할 수 있는데 이를 **조건부 컴파일**이라 부른다.

#if ... #endif

`#if ... \#endif`를 사용하게 되면 `#if` 다음에 나오는 내용이 참이면 `#endif` 직전까지의 내용이 삽입되고, 거짓이면 삽입되지 않은 채 컴파일 된다. 다음은 그 예이다.

예제 J.1 (#if ... #endif를 사용한 조건부 컴파일)

```
#include<stdio.h>
#define KOR 1
#define ENG 0
main()
{
#if KOR //KOR이 참이라면
  printf("안녕하세요?\n");
  printf("반갑습니다.\n");
#endif
#if ENG //ENG가 참이라면
  printf("How are you?\n");
#endif
}
```

이 프로그램의 출력으로 다음을 얻는다.

```
안녕하세요?
반갑습니다.
```

이 경우 KOR은 1로 정의되었으므로 참이 되어 그 아래 나오는 두 문장

```
printf("안녕하세요?\n");
printf("반갑습니다.\n");
```

가 포함된 채로 컴파일 되지만, ENG는 0으로 정의되었으므로 거짓이 되어 그 아래 나오는 문장

```
printf("How are you?\n");
```

는 컴파일할 때 포함되지 않는다.[12]

#ifdef ... #endif

\#ifdef ... \#endif를 사용하게 되면 \#ifdef 다음의 매크로가 정의되어 있다면 #endif 직전까지의 내용이 삽입되고, 정의되어 있지 않다면 삽입되지 않은 채 컴파일 된다. 다음은 그 예이다.

예제 J.2 (#ifdef ... #endif를 사용한 조건부 컴파일)

```
\bv
#include<stdio.h>
#define FRA 1 //매크로 FRA가 1로 정의 됨
#define ENG   //매크로 ENG가 정의 됨. 내용은 없음
main()
{
#ifdef KOR //매크로 KOR이 정의되었다면
  printf("안녕하세요?\n");
#endif
#ifdef ENG //매크로 ENG가 정의되었다면
  printf("How are you?\n");
#endif
}
```

이 프로그램의 출력으로 다음을 얻는다.

[12] C언어에서 숫자 0은 거짓을 의미하고 0이 아닌 수는 참을 의미한다.

How are you?

이 경우 KOR은 정의되어 있지 않으므로

```
printf("How are you?\n");
```

는 컴파일 단계에서 제외되지만 ENG는 정의되어 있으므로

```
printf("How are you?\n");
```

는 포함되어 컴파일 된다. 따라서 위와 같은 결과가 나온다.[13]

#ifndef ... #endif

\#ifndef ... \#endif를 사용하게 되면 \#ifndef 다음의 매크로가 정의되어 있지 않다면 #endif 직전까지의 내용이 삽입되고, 정의되어 있다면 삽입되지 않은 채 컴파일 된다. 다음은 그 예이다.

예제 J.3 (#ifndef ... #endif를 사용한 조건부 컴파일)

```
#include<stdio.h>
#define N 100
#define BIG 1000
main()
{
#ifndef N //매크로 N이 정의되지 않았다면
  const int N=25;
#endif
#ifndef SMALL //매크로 SMALL이 정의되지 않았다면
  const int SMALL=1;
#endif
  printf("%d %d %d\n",SMALL,N,BIG);
}
```

이 프로그램의 출력으로 다음을 얻는다.

```
1 100 1000
```

이 예에서 N은 100으로 이미 주함수 밖에서 정의되어 있으므로

[13]이 경우 ENG가 어떤 내용으로 정의되는지는 중요하지 않다. 심지어 이 예에서는 매크로의 내용이 없다.

```
const int N=25;
```

는 컴파일 단계에서 제외된다. 그렇지만 SMALL은 정의되어 있지 않으므로

```
const int SMALL=1;
```

은 포함된 채로 컴파일 된다. 따라서 위와 같은 출력이 나오게 된다.

#else

#else는 #if, #ifdef, #ifndef 등과 함께 사용될 수 있으며 그 용법은 C코드 조건문으로 사용되는 else와 유사하다.[14]

예제 J.4 (#else를 사용한 조건부 컴파일)

```
#include<stdio.h>
#define AAA 10
#define BBB 20
main()
{
#if AAA==10 && BBB<100
  printf("AAA=10이고 BBB<100입니다.\n");
#else
  printf("AAA=%d BBB=%d\n",AAA,BBB);
#endif
#ifdef CCC
  printf("CCC는 정의되어 있습니다.\n");
#else
  printf("CCC는 정의되어 있지 않습니다.\n");
#endif
```

이 프로그램의 출력으로 다음을 얻는다.

```
AAA=10이고 BBB<100입니다.
CCC는 정의되어 있지 않습니다.
```

이 예에서 AAA==10 && BBB<100은 참이므로

```
printf("AAA=10이고 BBB<100입니다.\n");
```

[14] C코드의 조건문은 소스 코드의 내용이 실행 파일에 무조건 포함되지만, 이 경우는 컴파일 단계에서 해당 내용을 포함하느냐 아니냐를 결정하는 것이라는 차이점이 있다.

는 컴파일 단계에서 포함되고

```
printf("AAA=%d BBB=%d\n",AAA,BBB);
```

는 제외된다. 또한 CCC는 정의되어 있지 않으므로

```
printf("CCC는 정의되어 있습니다.\n");
```

는 제외되고 #else 다음에 나오는 문장

```
printf("CCC는 정의되어 있지 않습니다.\n");
```

는 포함된 채로 컴파일 된다. 따라서 위와 같은 출력이 나오게 된다.

#elif

#elif는 #if ... endif와 함께 사용될 수 있으며 그 용법은 C코드 조건문으로 사용되는 else if와 유사하다.[15]

예제 J.5 (#elif를 사용한 조건부 컴파일)

```
#include<stdio.h>
#define NUM 2
main()
{
#if NUM==0
  printf("NUM=0입니다.\n");
#elif NUM==1
  printf("NUM=1입니다.\n");
#elif NUM==2
  printf("NUM=2입니다.\n");
#elif NUM==3
  printf("NUM=3입니다.\n");
#else
  printf("NUM은 0, 1, 2, 3이 아닙니다.\n");
#endif
}
```

이 프로그램의 출력으로 다음을 얻는다.

[15] C코드의 조건문은 소스 코드의 내용이 실행 파일에 무조건 포함되지만, 이 경우는 컴파일 단계에서 해당 내용을 포함하느냐 아니냐를 결정하는 것이라는 차이점이 있다.

NUM=2입니다.

이 예에서 NUM은 2로 정의되어 있으므로 주함수 내에서

```
printf("NUM=2입니다.\n");
```

만 포함된 채로 컴파일 된다. 따라서 위와 같은 출력이 나오게 된다.

디버깅을 고려한 조건부 컴파일

다음은 디버깅을 고려하여 조건부 컴파일을 사용하는 예이다.

예제 J.6 (디버깅을 고려한 조건부 컴파일)

```
#include<stdio.h>
#define DEBUG 1
main()
{
  int a[10], s, i;
  for(i=0;i<10;i++)
    a[i]=i*i+3*i-1;
#if DEBUG==1
  for(i=0;i<10;i++)
    printf("a[%d]=%d\n",i,a[i]);
#endif
  for(i=0;i<10;i++)
    s+=a[i];
#if DEBUG==1
  for(i=0;i<10;i++)
    printf("i=%d  s=%d\n",i,s);
#endif
  printf("합=%d\n",s);
}
```

이 예에서 DEBUG의 값이 1이므로 다음과 같은 문장이 포함된 채로 컴파일 된다.

```
for(i=0;i<10;i++)
  printf("a[%d]=%d\n",i,a[i]);
```

이 경우 배열 a의 각 원소에 저장된 값이 출력되므로 디버깅을 할 때 편리하다. 디버깅이 다 끝난 뒤에는 DEBUG의 값을 0으로 하여 새로 컴파일 하면 이러한 출력 문들이 컴파일 단계에서 제외되므로 실행 파일의 크기를 줄일 수 있다.

부록 K

파일 분할 및 독립된 파일의 컴파일

작업해야 하는 프로젝트의 규모가 큰 경우 하나의 파일에 주함수 및 부함수의 내용을 모두 넣는 것은 매우 비효율적이다. 이러한 경우 각각의 함수들을 개별적으로 작성하여 각각 다른 파일에 저장하고 각각의 파일을 따로 컴파일 하여 작업을 진행하고 모든 파일들이 문제없이 컴파일 되고 난 뒤 비로서 빌드를 통해 실행 파일을 만들게 된다.

솔루션 빌드의 경우 기본 단축키로 `Ctrl+Shift+B`가 설정되어 있지만 이 부록에서는 해당 단축키를 `F7`로 변경하여 사용하는 것을 가정하기로 한다. 단축키의 변경에 대하여는 부록 A의 기본 단축키의 변경부분을 참고하기 바란다.

이제 독립된 파일의 컴파일에 관한 두 가지 예를 살펴보기로 한다.

독립된 파일들을 이용한 복소수의 연산

우선 이 책의 12장 예제 12.8에서 다루었던 복소수 연산 프로그램을 다시 살펴보기로 하되 각각의 부함수를 독립된 파일로 작성하는 것을 생각해 보기로 하자.

우선 Visual Studio 2017 아이콘을 더블클릭하여 실행시킨 뒤 부록 A에서 설명한 방법을 이용하여 `complex`라는 이름의 프로젝트를 생성한다.

이제 이 프로젝트에 `complex.h`라는 헤더 파일을 추가하도록 하자. 이를 위해 솔루션 탐색기에 나타나 있는 complex부분의 아래에 위치한 헤더 파일을 오른쪽 마우스로 클릭한 뒤 추가, 새 항목을 계속 눌러서 헤더 파일을 선택한 뒤 이름 부분에 complex.h를 써주고 아래에 있는 '추가' 단추를 누른다.

그러고 나서 편집창에서 `complex.h`의 내용을 다음과 같이 작성한다.

```
#ifndef _COMPLEX_H_  // 헤더 파일의 중복 삽입 방지
  #define _COMPLEX_H_
  #include<stdio.h>
  #include<stdlib.h>
  typedef struct{
    double re;
    double im;
  } complex;
  void complex_sum(complex a, complex b, complex *c);
  void complex_pdt(complex a, complex b, complex *c);
#endif
```

입력이 모두 끝나게 되면

파일 → complex.h 저장

을 이용하여 입력한 것을 저장한다. (단축키로 ctrl+S를 사용하여 저장할 수도 있다.)

참고로 이 헤더 파일의 내용은 주함수를 비롯한 다른 부함수에서도 모두 필요하기 때문에 파일을 독립적으로 작성하는 경우 보통 각 파일의 첫머리에

```
#include "complex.h"
```

라고 써주게 된다.

각각의 파일을 독립적으로 컴파일 하는 단계에서는 이 헤더 파일이 꼭 필요하며 만일 이 헤더 파일을 포함시키지 않고 컴파일 하는 경우에는 여러 가지 오류가 발생하게 된다.

그렇지만 각각의 파일에 대한 모든 컴파일이 성공적으로 끝나고 나서 솔루션 빌드를 하여 실행 파일을 만드는 단계에서는 (아무런 장치를 해 놓지 않으면) 각 파일의 첫머리에 쓰여 있는

```
#include "complex.h"
```

때문에 헤더 파일이 여러 번 중복하여 포함되게 된다. 이러한 것은 또 다른 오류의 원인이 되므로 이를 피하기 위해 조건부 컴파일을 이용하여

```
#ifndef _COMPLEX_H_
  #define _COMPLEX_H_
        . . . . . .
#endif
```

와 같은 내용을 헤더 파일에 적어주어 헤더 파일의 중복 삽입을 방지하게 된다.

이제 주함수인 main.c를 작성하기 위하여 솔루션 탐색기에 나타나 있는 complex 부분의 아래에 위치한 소스파일을 오른쪽 마우스로 클릭한 뒤 추가, 새 항목을 계속 눌러서 C++ 파일을 선택한 뒤 이름 부분에 main.c를 써주고 아래에 있는 '추가' 단추를 누른다.

그러고 나서 main.c의 내용을 다음과 같이 작성한다.

```
#include "complex.h"
main()
{
  complex a,b,c;
  a.re=1.;
  a.im=2.;
  b.re=3.;
  b.im=4.;
  complex_sum(a,b,&c);
  printf("%g%+gi\n",c.re,c.im);
  complex_pdt(a,b,&c);
  printf("%g+%gi\n",c.re,c.im);
}
```

편집이 끝나면 이 파일을 컴파일 하면 된다. 이를 위해서는

솔루션 탐색기 → main.c → 오른쪽 마우스 클릭 → 컴파일

을 선택하거나 단축키 ctrl+F7을 누르면 된다. 이와 같이 하면 파일이 자동으로 저장된 뒤 컴파일이 진행된다. 물론 컴파일 단계에서 오류가 발생하면 오류를 찾아 수정하고, 다시 컴파일 하여 오류가 없을 때까지 반복한 뒤 다음 단계로 진행하면 된다.

한 가지 주의할 점은 다른 파일들이 아직 준비되지 않았기 때문에 솔루션 빌드를 바로 해서는 안 된다는 것이다.

다음으로 부함수인 complex_sum.c를 작성하기 위하여 솔루션 탐색기에 나타나 있는 complex부분의 아래에 위치한 소스파일을 오른쪽 마우스로 클릭한 뒤 추가, 새 항목을 계속 눌러서 C++ 파일을 선택한 뒤 이름 부분에 complex_sum.c를 써주고 아래에 있는 '추가' 단추를 누른다.

그러고 나서 complex_sum.c의 내용을 다음과 같이 작성한다.

```
#include"complex.h"
void complex_sum(complex a, complex b, complex *c)
{
  c->re = a.re + b.re;
  c->im = a.im + b.im;
}
```

편집이 끝나면 이 파일을 컴파일 하면 된다. 이를 위해서는

솔루션 탐색기 → complex_sum.c → 오른쪽 마우스 클릭 → 컴파일

을 선택하거나 단축키 ctrl+F7을 누르면 된다.

다음으로 부함수인 complex_pdt.c를 작성하기 위하여 솔루션 탐색기에 나타나 있는 complex부분의 아래에 위치한 소스파일을 오른쪽 마우스로 클릭한 뒤 추가, 새 항목을 계속 눌러서 C++ 파일을 선택한 뒤 이름 부분에 complex_pdt.c를 써주고 아래에 있는 '추가' 단추를 누른다.

그러고 나서 complex_pdt.c의 내용을 다음과 같이 작성한다.

```
#include"complex.h"
void complex_pdt(complex a, complex b, complex *c)
{
  c->re = a.re * b.re - a.im * b.im;
  c->im = a.re * b.im + b.re * a.im;
}
```

편집이 끝나면 이 파일을 컴파일 하면 된다. 이를 위해서는

솔루션 탐색기 → complex_pdt.c → 오른쪽 마우스 클릭 → 컴파일

을 선택하거나 단축키 ctrl+F7을 누르면 된다.

이제

빌드 → 솔루션 빌드

를 클릭하거나 단축키 F7을 이용하여 빌드 해주면 실행 파일이 생성된다. (이미 언급한대로 솔루션 빌드의 경우 기본 단축키로 Ctrl+Shift+B가 설정되어 있지만 이 부록에서는 해당 단축키를 F7로 변경하여 사용하는 것을 가정하기로 한다. 단축키의 변경에 대하여는 부록 A의 기본 단축키의 변경부분을 참고하기 바란다.)

빌드가 성공적으로 마무리되면 출력을 얻기 위하여

디버그 → 디버깅하지 않고 시작

또는 단축키 ctrl+F5를 누른다. 그러면 프로그램이 실행되고 다음과 같은 출력을 얻게 된다.

```
-2.4+2.5i
7.19+13.33i
```

즉, 다음 계산을 한 것이다.

$$(1.1 - 2.3i) + (-3.5 + 4.8i) = -2.4 + 2.5i,$$
$$(1.1 - 2.3i)(-3.5 + 4.8i) = 7.19 + 13.33i.$$

독립된 파일들을 이용한 성적 처리

두 번째 예로 다음과 같은 입력 파일 student_in.txt를 읽어 들여 학생들을 성적순으로 정렬하고 평균 성적을 구하는 경우를 생각하자.

```
 이름        성적
-----------------
가람이        75
꽃님이        82
구름이        84
하늘이        93
별님이        78
사랑이        56
우람이       100
차돌이        90
강철이        78
똘똘이        95
갑돌이        80
상큼이        66
-----------------
```

우선 Visual Studio 2017 아이콘을 더블클릭하여 실행시킨 뒤 부록 A에서 설명한 방법을 이용하여 grade라는 이름의 프로젝트를 생성한다.

이제 이 프로젝트에 grade.h라는 헤더 파일을 추가하도록 하자. 이를 위해 솔루션 탐색기에 나타나 있는 grade부분의 아래에 위치한 헤더 파일을 오른쪽 마우스로 클릭한 뒤 추가, 새 항목을 계속 눌러서 헤더 파일을 선택한 뒤 이름 부분에 grade.h를 써주고 아래에 있는 '추가' 단추를 누른다.

그러고 나서 편집창이 열리면 grade.h의 내용을 다음과 같이 작성한다.

```
#ifndef _GRADE_H_  // 헤더 파일의 중복 삽입 방지
  #define _GRADE_H_
  #define NMAX 30
  #include<stdio.h>
  #include<stdlib.h>
  typedef double REAL; // REAL형 정의
  typedef struct{ // 구조체 정의
    char name[NMAX];
    int score;
  } student;
  void find_n(int*); //사용될 부함수들 선언
  void scan_data(student*,int);
  void sort_data(student*,int);
  void average(student*,REAL*,int);
  void print_data(student*,REAL,int);
#endif
```

입력이 모두 끝나게 되면

파일 → grade.h 저장

을 이용하여 입력한 것을 저장한다. (단축키로 ctrl+S를 사용하여 저장할 수도 있다.)

이제 주함수인 main.c를 작성하기 위하여 솔루션 탐색기에 나타나 있는 grade 부분의 아래에 위치한 소스파일을 오른쪽 마우스로 클릭한 뒤 추가, 새 항목을 계속 눌러서 C++ 파일을 선택한 뒤 이름 부분에 main.c를 써주고 아래에 있는 '추가' 단추를 누른다.

그러고 나서 main.c의 내용을 다음과 같이 작성한다.

```
#include "grade.h"
main()
```

```
{
  student *a;
  REAL ave;
  int n;
  find_n(&n);  //자료를 읽어 자료의 수 n을 구함
  a=(student*)malloc(n*sizeof(student)); //메모리의 동적 할당
  scan_data(a,n); //자료를 읽어 들여 배열에 저장
  sort_data(a,n); //성적순으로 정렬
  average(a,&ave,n); //평균 계산
  print_data(a,ave,n); //출력 파일 저장
  free(a); //할당된 메모리 제거
}
```

편집이 끝나면 이 파일을 컴파일 하면 된다. 이를 위해서는

솔루션 탐색기 → main.c → 오른쪽 마우스 클릭 → 컴파일

을 선택하거나 단축키 ctrl+F7을 누르면 된다. 이와 같이 하면 파일이 자동으로 저장된 뒤 컴파일이 진행된다. 물론 컴파일 단계에서 오류가 발생하면 오류를 찾아 수정하고, 다시 컴파일 하여 오류가 없을 때까지 반복한 뒤 다음 단계로 진행하면 된다.

한 가지 주의할 점은 다른 파일들이 아직 준비되지 않았기 때문에 솔루션 빌드를 바로 해서는 안 된다는 것이다.

다음으로 부함수인 find_n.c를 작성하기 위하여 솔루션 탐색기에 나타나 있는 grade부분의 아래에 위치한 소스파일을 오른쪽 마우스로 클릭한 뒤 추가, 새 항목을 계속 눌러서 C++ 파일을 선택한 뒤 이름 부분에 find_n.c를 써주고 아래에 있는 '추가' 단추를 누른다.

그러고 나서 find_n.c의 내용을 다음과 같이 작성한다.

```
#include "grade.h"
void find_n(int *n) // 자료의 수 n을 찾아냄
{
  FILE *in;
  int i=0,score;
  char name[NMAX];
  in=fopen("student_in.txt","r");
  fscanf(in,"%*s %*s %*s"); //처음 문자열 3개 무시
  while(fscanf(in,"%s %d", name, &score)==2)
```

```
    i++;
  *n=i;
  fclose(in);
}
```

편집이 끝나면 앞에서와 마찬가지로

솔루션 탐색기 → find_n.c → 오른쪽 마우스 클릭 → 컴파일

을 선택하거나 단축키 ctrl+F7을 이용하여 이 파일을 컴파일 한다.

다음으로 부함수인 scan_data.c를 작성하기 위하여 솔루션 탐색기에 나타나 있는 grade부분의 아래에 위치한 소스파일을 오른쪽 마우스로 클릭한 뒤 추가, 새 항목을 계속 눌러서 C++ 파일을 선택한 뒤 이름 부분에 scan_data.c를 써주고 아래에 있는 '추가' 단추를 누른다.

그러고 나서 scan_data.c의 내용을 다음과 같이 작성한다.

```
#include "grade.h"
void scan_data(student *a, int n) // 자료를 읽어 배열에 저장함
{
  int i;
  FILE *in;
  in=fopen("student_in.txt","r");
  fscanf(in,"%*s %*s %*s"); //처음 문자열 3개 무시
  for(i=0;i<n;i++)
    fscanf(in,"%s %d",a[i].name,&a[i].score); //&의 유무 주의
  fclose(in);
}
```

편집이 끝나면 앞에서와 마찬가지로

솔루션 탐색기 → scan_data.c → 오른쪽 마우스 클릭 → 컴파일

을 선택하거나 단축키 ctrl+F7을 이용하여 이 파일을 컴파일 한다.

다음으로 부함수인 sort_data.c를 작성하기 위하여 솔루션 탐색기에 나타나 있는 grade부분의 아래에 위치한 소스파일을 오른쪽 마우스로 클릭한 뒤 추가, 새 항목을 계속 눌러서 C++ 파일을 선택한 뒤 이름 부분에 sort_data.c를 써주고 아래에 있는 '추가' 단추를 누른다.

그러고 나서 sort_data.c의 내용을 다음과 같이 작성한다.

```
#include "grade.h"
void sort_data(student *a, int n) // 선택 정렬
{
  int max,max_idx,i,j,m;
  student temp;
  m=n-1;
  for(i=0;i<m;i++){
    max=a[i].score;
    max_idx=i;
    for(j=i+1;j<n;j++){
      if(a[j].score>max){//구조체의 멤버 중 score만 비교함
        max=a[j].score;
        max_idx=j;
      }
    }
    temp=a[i]; // a[i]와 a[max_idx]의 교환
    a[i]=a[max_idx];
    a[max_idx]=temp;
  }
}
```

편집이 끝나면 앞에서와 마찬가지로

솔루션 탐색기 → `sort_data.c` → 오른쪽 마우스 클릭 → 컴파일

을 선택하거나 단축키 ctrl+F7을 이용하여 이 파일을 컴파일 한다.

다음으로 부함수인 average.c를 작성하기 위하여 솔루션 탐색기에 나타나 있는 grade부분의 아래에 위치한 소스파일을 오른쪽 마우스로 클릭한 뒤 추가, 새 항목을 계속 눌러서 C++ 파일을 선택한 뒤 이름 부분에 average.c를 써주고 아래에 있는 '추가' 단추를 누른다.

그러고 나서 `average.c`의 내용을 다음과 같이 작성한다.

```
#include "grade.h"
void average(student *a, REAL *ave, int n) //평균계산
{
  int i;
  REAL s=0;
  for(i=0;i<n;i++)
    s+=a[i].score;
```

```
  *ave=(REAL)s/(REAL)n;
}
```

편집이 끝나면 앞에서와 마찬가지로

솔루션 탐색기 → average.c → 오른쪽 마우스 클릭 → 컴파일

을 선택하거나 단축키 ctrl+F7을 이용하여 이 파일을 컴파일 한다.

이제 마지막 부함수인 print_data.c를 작성하기 위하여 솔루션 탐색기에 나타나 있는 grade부분의 아래에 위치한 소스파일을 오른쪽 마우스로 클릭한 뒤 추가, 새 항목을 계속 눌러서 C++ 파일을 선택한 뒤 이름 부분에 print_data.c를 써주고 아래에 있는 '추가' 단추를 누른다.

그러고 나서 print_data.c의 내용을 다음과 같이 작성한다.

```
#include "grade.h"
void print_data(student *a, REAL ave, int n) //결과 출력
{
  int i;
  FILE *out;
  out=fopen("student_out.txt","w");
  fprintf(out," 이름        성적 \n");
  fprintf(out,"-----------------\n");
  //영문자 기준으로 12자리 확보 후 이름을 왼쪽에 붙여 출력
  for(i=0;i<n;i++)
    fprintf(out,"%-12s %3d \n",a[i].name,a[i].score);
  fprintf(out,"-----------------\n");
  fprintf(out,"평균 :       %.1f\n",ave);
  fclose(out);
}
```

편집이 끝나면 앞에서와 마찬가지로

솔루션 탐색기 → print_data.c → 오른쪽 마우스 클릭 → 컴파일

을 선택하거나 단축키 ctrl+F7을 이용하여 이 파일을 컴파일 한다.

이제 앞서 언급한 입력 파일 student_in.txt를 현재 작업 폴더에 가져다 둔다. 참고로 현재 작업 중인 폴더는 메뉴에서 파일 → 다른 이름으로 저장을 통해 확인할 장 있다. 또한 입력 파일을 새로 만들어야 하는 경우에는 메뉴의 파일 → 새로 만들기 → 파일 → 일반 → 텍스트 파일 → 열기를 이용하여 편집창이 열리면 해당

파일을 작성한 뒤 파일 → 다른 이름으로 ... 저장을 이용하여 `student_in.txt` 라는 이름으로 저장하면 된다.

이제 단축키 `F7`을 이용하여 빌드하면 실행 파일이 만들어지고, 단축키 `ctrl+F5`를 이용하면 실행시킬 수 있다. 실행이 끝나면 아래와 같은 내용의 출력 파일 `student_out.txt`를 얻는다. (이미 언급한대로 솔루션 빌드의 경우 기본 단축키로 `Ctrl+Shift+B`가 설정되어 있지만 이 부록에서는 해당 단축키를 `F7`로 변경하여 사용하는 것을 가정하기로 한다. 단축키의 변경에 대하여는 부록 A의 기본 단축키의 변경부분을 참고하기 바란다.)

```
 이름        성적
------------------
우람이       100
똘똘이        95
하늘이        93
차돌이        90
구름이        84
꽃님이        82
갑돌이        80
별님이        78
강철이        78
가람이        75
상큼이        66
사랑이        56
------------------
평균 :      81.4
```

참고로 이 파일은 윈도탐색기를 이용하여 현재 작업 폴더에서 열어볼 수도 있고, 메뉴의 파일 → 열기 → 파일을 이용하여 열어 볼 수도 있다.

부록 L

보안성이 강화된 함수

Microsoft Visual C의 경우 scanf, gets, fscanf, fgets, strcpy, strcat, fopen 등을 사용하여 컴파일하게 되면 다음과 같은 경고 메시지가 나온다.

warning C4996: 'scanf': This function or variable may be unsafe. Consider using scanf_s instead. To disable deprecation, use _CRT_SECURE_NO_WARNINGS. See online help for details.

이 경우 scanf_s, gets_s, fscanf_s, fgets_s, strcpy_s, strcat_s, fopen_s 등을 대신 사용하면 이와 같은 경고는 사라지게 된다. 이 함수들은 보안성이 강화된 함수들이며 Microsoft Visual C에서 사용 가능하다. 다음은 그 예이다.

예제 L.1 (scanf_s 함수의 사용)

```
#include<stdio.h>
main()
{
  int a;
  scanf_s("%d",&a);
  printf("%d\n",a);
}
```

위의 예에서와 같이 정수나 실수 등의 숫자나 문자를 입력 받는 경우 scanf_s의 문법은 scanf의 문법과 유사하다.

그렇지만 다음 예에서와 같이 문자열을 입력 받는 경우에는 마지막 인자로 문자열의 최대 길이를 명시해 주어야 하므로 문법에 차이가 있다.

예제 L.2 (보안성이 강화된 함수의 사용 – 문자열의 입력)

```
#include<stdio.h>
main()
{
  char name[20], id[10];
  puts("이름을 입력하십시오.");
  gets_s(name,20);
  fflush(stdin);
  puts("학번을 입력하십시오.");
  scanf_s("%s",id,10);
  printf("\n이름: %s \n학번: %s\n",name,id);
}
```

위의 예에서 알 수 있듯이 get_s 및 scanf_s 함수를 사용하여 문자열을 입력할 때는 NULL 문자를 포함한 문자열의 최대 길이(바이트 수)를 명시해주어야 한다.

다음은 scanf_s, fscanf_s, strcpy_s, strcat_s, fopen_s 등을 사용하는 예이다.

예제 L.3 (보안성이 강화된 함수의 여러 가지 예)

```
#include<stdio.h>
#include<string.h>
main()
{
  int a[10],i;
  char var,b[10],c[20];
  FILE *in;
  fopen_s(&in,"input.txt","r");
  for(i=0;i<10;i++)
    fscanf_s(in,"%d",&a[i]);
  fscanf_s(in,"%s",b,10);//입력 문자열의 최대 길이 명시
  scanf_s("%c",&var); //문자나 숫자의 입력인 경우 scanf의 문법과 유사
  scanf_s("%s",c,20); //입력 문자열의 최대 길이 명시
  strcpy_s(b,6,"Hello");//복사 문자열의 최대 길이 명시
  strcat_s(b,10,"abcd"); //전체 문자열의 최대 길이 명시
  fclose(in);
}
```

위의 예에서 fopen_s의 경우 fopen의 문법과 차이가 있으므로 주의해야 한다. 또한 strcpy_s의 경우 복사하는 문자열의 최대 길이(NULL 문자 포함)를 두 번째 인자로 명시해야 하며, strcat_s 함수의 경우에는 문자열이 합쳐진 뒤 전체 문자열의 최대 길이(NULL 문자 포함)를 두 번째 인자로 명시해야 한다.

참고로 보안성이 강화된 함수를 사용하지 않고 컴파일 단계에서 단순히 경고 메시지만 나오지 않게 하려면

```
#define _CRT_SECURE_NO_WARNINGS
```

를 C코드 첫 머리에 적어주면 된다. 다음은 그 예이다.

예제 L.4 (경고 메시지 C4996의 제거)

```
#define _CRT_SECURE_NO_WARNINGS
#include<stdio.h>
main()
{
  char name[20], id[10];
  puts("이름을 입력하십시오.");
  gets(name);
  fflush(stdin);
  puts("학번을 입력하십시오.");
  scanf("%s",id);
  printf("\n이름: %s \n학번: %s\n",name,id);
}
```

부록 M

연습문제 풀이

제 1 장 연습문제 풀이

1.1
```
#include<stdio.h>
main()
{
  printf("Hello, world!\n");
}
```

1.2
```
#include<stdio.h>
main()
{
  printf("%d+%d=%d\n",12,34,12+34);
}
```

1.3 문자열 나의 첫 C프로그램이 출력된다. 단, 개행문자가 생략되어 문자열 출력이 끝나고 나서 커서가 다음 줄로 내려가지 않는다.

1.4 $10 + 20 + 30 + 40$을 계산하는 것이며 100을 출력으로 얻는다.

1.5
```
안녕하세요?
반갑습니다.
C언어는 정말 재미있습니다.
```

1.6 안녕하세요?반갑습니다.C언어는 정말 재미있습니다.

1.7 5번째 줄의 실행문이 6번째 줄의 선언문보다 앞에 위치하므로 오류가 된다. 이 오류를 수정하려면 5번째 줄과 6번째 줄을 맞교환해도 되고 다음과 같이 해도 된다.

```
#include<stdio.h>
main()
{
  int a, b;
  a=10;
  b=20;
  printf("%d+%d=%d\n",a,b,a+b);
}
```

1.8 다음과 같은 결과가 나온다.

```
몇 줄을 뛰어 쓰게 되는지 살펴보자.

특수문자를 출력해 보자.
 ! @ # $ ^ & * ( ) - + _ =
```

즉, 출력의 마지막 줄에서 %는 출력되지 않는다. 참고로 %를 포함하여 마지막 줄만 다시 출력하려면 다음과 같이 하면 된다.

```
#include<stdio.h>
main()
{
  printf(" ! @ # $ %% ^ & * ( ) - + _ = \n");
}
```

1.9 다음과 같은 결과가 나온다.

```
/* a=10, b=20 */
// a+b=30
```

(즉, printf 안에서 주석문은 사용할 수 없으며 있는 그대로 출력된다.)

제 2 장 연습문제 풀이

2.1 10, 2002, -016, 0x1a

2.2 1.1, -0.01, -.35, 4e5, 3.14E-3, 7.e-4, 2.1f

2.3 Hi, world, mp3, Korea, HOT

2.4 'A', 'a', '3', '(', ':', '%'

2.5
```
#include<stdio.h>
main()
{
  int a, b;
  printf("두 정수 입력: ");
  scanf("%d%d",&a,&b);
  printf("%dx%d=%d\n",a,b,a*b);
}
```

입출력 예:

```
두 정수 입력: 12 27
12x27=324
```

2.6
```
#include<stdio.h>
main()
{
  double a, b;
  printf("두 실수 입력: ");
  scanf("%lf%lf",&a,&b);
  printf("%gx%g=%g\n",a,b,a*b);
}
```

입출력 예:

```
두 실수 입력: 1.2 3.5
1.2x3.5=4.2
```

2.7 -1

2.8 음수로 나오는 이유는 계산 결과가 int형에서 사용할 수 있는 값의 범위를 벗어났기 때문이다. 다음과 같이 unsigned형을 사용하면 해결된다.

```
#include<stdio.h>
main()
{
 unsigned a=2000000000;
 unsigned b=2;
 printf("%u\n",a*b);
}
```

2.9
```
#include<stdio.h>
main()
{
 printf("@ # $ %% ^ & ; \" // /* */\n");
}
```

2.10
```
#include<stdio.h>
main()
{
  int a;
  printf("양의 정수 입력: ");
  scanf("%d",&a);
  printf("10으로 나눈 몫: %d\n",a/10);
}
```

입출력 예:

```
양의 정수 입력: 127
10으로 나눈 몫: 12
```

2.11
```
#include<stdio.h>
main()
{
  int a;
  printf("양의 정수 입력: ");
  scanf("%d",&a);
  printf(" 8진수: %o\n",a);
  printf("16진수: %x\n",a);
}
```

입출력 예:

```
양의 정수 입력: 1234
 8진수: 2322
16진수: 4d2
```

2.12 출력은 다음과 같다.

```
  A
  3
 65
 51
```

2.13
```
#include<stdio.h>
main()
{
  short a=123;
  printf("%3d\n%4d\n%5d\n%6d\n",a,a,a,a);
}
```

2.14
```
#include<stdio.h>
main()
{
  int a=4567;
  printf("%05d\n%06d\n",a,a);
  printf("%6.5d\n%7.6d\n",a,a);
}
```

2.15 출력은 다음과 같다.

```
3.14159
 3.14159
 3.1416
      3
```

2.16
```
#include<stdio.h>
main()
{
  double a;
  printf("실수를 입력하십시오.\n");
  scanf("%lf",&a);
  printf("입력된 값은 %g입니다.\n",a);
}
```

2.17
```
#include<stdio.h>
main()
{
  int a,b;
  printf("정수 a의 값 입력: ");
  scanf("%d",&a);
  b=a+a;
  printf("a+a=%d\n",b);
}
```

2.18 출력은 다음과 같다.

```
a=0.25000000000
b=0.10000000149
```

변수 a의 경우 상수 $\frac{1}{4}$이 저장되어 있는데 이는 2진수로 유한소수이다. 따라서 정확한 값이 변수 a에 저장된다. 반면 변수 b의 경우 상수 $\frac{1}{10}$이 저장되어 있는데 이는 2진수로 무한소수이다. 따라서 근삿값이 변수 b에 저장된다. 그러므로 변수 a의 경우에는 정확한 값이 출력되지만 변수 b의 경우에는 원래의 값과 다른 값이 출력된다.

2.19 출력은 다음과 같다.

```
4294967295
```

정수형의 오버플로의 경우 숫자가 순환적으로 사용되게 된다. **unsigned**형 변수의 경우 가장 작은 값이 0이므로 이보다 하나 작은 수는 가장 큰 수가 된다. 즉, **unsigned**형에서 가장 큰 수인 4294967295가 출력된다.

제 3 장 연습문제 풀이

3.1 (a) 0 (b) 0 (c) 0. (d) 0.75

3.2 (a) 3, 11, 2 (b) 5, 8, 8
(c) 3, 5, 4 (d) 3, 5, 2

3.3 `2>1, 4!=5, 6<=6, 7==7 && 8>6, 2>0 || 3<2`

3.4
```
#include<stdio.h>
main()
{
  int a;
  printf("양의 정수 입력: ");
  scanf("%d",&a);
  printf("10으로 나눈 몫 = %d\n",a/10);
  printf("10으로 나눈 나머지 = %d\n",a%10);
}
```

입출력 예:

```
양의 정수 입력: 1235
10으로 나눈 몫 = 123
10으로 나눈 나머지 = 5
```

3.5
```
#include<stdio.h>
#include<math.h>
main()
{
  double x, y;
  printf("실수 입력: ");
  scanf("%lf",&x);
  y=sqrt(fabs(sin(x)));
  printf("계산 결과 = %f\n",y);
}
```

입출력 예:

```
실수 입력: 5.78
계산 결과 = 0.694420
```

3.6
```
#include<stdio.h>
#include<math.h>
main()
{
  double x, y,z;
  const double pi=acos(-1.);
  printf("실수 x, y 입력: ");
  scanf("%lf %lf",&x,&y);
  z=pow(2.,x)+log10(y*y)+cos(pi/5.);
  printf("계산 결과 = %g\n",z);
}
```

입출력 예:

```
실수 x, y 입력: 1.3 -2.2
계산 결과 = 3.95615
```

3.7
```
#include<stdio.h>
main()
{
  double C, F;
  printf("섭씨온도: ");
  scanf("%lf",&C);
  F=9./5.*C+32.;
  printf("화씨온도: %.2f\n",F);
}
```

입출력 예:

```
섭씨온도: 15
화씨온도: 59.00
```

3.8
```
#include<stdio.h>
#include<math.h>
main()
{
  double a;
  printf("실수를 입력하십시오.\n");
  scanf("%lf",&a);
  printf("|%g|=%g\n",a,fabs(a));
}
```

입출력 예:

```
실수를 입력하십시오.
-2.34
|-2.34|=2.34
```

3.9
```
12 11
13
```

3.10 출력은 다음과 같다.

```
a = 4294967295
b = -2147483648
```

변수 a의 경우 sunsigned형임에도 불구하고 음수인 −1을 저장하는 치환문 a=-1을 사용하였다. 따라서 sunsigned형에서 가장 큰 수인 4294967295가 저장되어 출력된다.

변수 b의 경우 int형에서 사용할 수 있는 최대 정수보다 1만큼 큰 수를 저장하는 치환문 a=b=2147483648;을 사용하였다. 따라서 int형에서 가장 작은 수인 −2147483648가 저장되어 출력된다.

제 4 장 연습문제 풀이

4.1 14 21

4.2 0 1

4.3
```
#include<stdio.h>
main()
{
  int a;
  printf("정수 입력: ");
  scanf("%d",&a);
  if(a%2==0)
    printf("짝수입니다.\n");
  else
    printf("홀수입니다.\n");
}
```

입출력 예:

```
정수 입력: 13
홀수입니다.
```

주의: 음의 정수가 입력되는 경우 2로 나눈 나머지가 0 또는 −1이 됨에 주의하여야 한다.

4.4
```
#include<stdio.h>
main()
{
  int a;
  printf("정수 입력: ");
  scanf("%d",&a);
  if(a%3==0)
    printf("3의 배수입니다.\n");
  else
    printf("3의 배수가 아닙니다.\n");
}
```

입출력 예:

```
정수 입력: 357
3의 배수입니다.
```

4.5
```
#include<stdio.h>
main()
{
  int score;
  printf("시험 점수를 입력하십시오: ");
  scanf("%d",&score);
  if(score>=80)
    printf("수\n");
  else if(score>=60)
    printf("우\n");
  else if(score>=40)
    printf("미\n");
  else if(score>=20)
    printf("양\n");
  else
    printf("가\n");
}
```

입출력 예:

```
시험 점수를 입력하십시오: 95
수
```

4.6
```
#include<stdio.h>
main()
{
  int h, m, s, t, fee;
  printf("주차 시간을 입력하십시오.");
  printf("(예: 0시간 24분)\n");
  scanf("%d시간 %d분",&h,&m);
  s=60*h+m;
  t=s/10;
  if(s%10>0)
    t++;
  if(t<=6)
    fee=0;
  else if(t<=9)
    fee=1000;
  else
    fee=1000+(t-9)*500;
  printf("\n주차 시간: %d시간 %d분\n",h,m);
  printf("주차 요금: %d원\n",fee);
}
```

입출력 예:

```
주차 시간을 입력하십시오.(예: 0시간 24분)
2시간 37분

주차 시간: 2시간 37분
주차 요금: 4500원
```

4.7
```
#include<stdio.h>
main()
{
  int a;
  printf("학년을 입력하십시오: ");
  scanf("%d",&a);
  printf("%d학년까지 배운 내용은\
 다음과 같습니다.\n",a);
  switch(a){
    case 6:
      printf("경우의 수, 확률\n");
    case 5:
      printf("도형의 합동, 그래프\n");
    case 4:
      printf("분수 계산\n");
```

```
      case 3:
        printf("나눗셈\n");
      case 2:
        printf("곱셈\n");
      default:
        printf("덧셈, 뺄셈\n");
    }
}
```

입출력 예:

```
학년을 입력하십시오: 3
3학년까지 배운 내용은 다음과 같습니다.
나눗셈
곱셈
덧셈, 뺄셈
```

4.8 두 정수를 변수 a, b에 각각 입력받아 a와 b에 저장된 값을 서로 맞바꾸어 저장하고 출력하는 프로그램이다.

4.9
```
#include<stdio.h>
main()
{
  int a,b;
  printf("두 정수를 입력하십시오: ");
  scanf("%d %d",&a,&b);
  if(a<=b)
    printf("작거나 같은 값: %d\n",a);
  else
    printf("작거나 같은 값: %d\n",b);
}
```

입출력 예:

```
두 정수를 입력하십시오: 92 917
작거나 같은 값: 92
```

4.10
```
#include<stdio.h>
main()
{
  int a,b,min;
  printf("두 정수를 입력하십시오: ");
  scanf("%d %d",&a,&b);
  min=(a<=b)?a:b;
  printf("작거나 같은 값: %d\n",min);
}
```

입출력 예:

```
두 정수를 입력하십시오: 35 28
작거나 같은 값: 28
```

4.11
```
#include<stdio.h>
#include<math.h>
main()
{
  double x;
  int y;
  printf("x값 입력: ");
  scanf("%lf",&x);
  if(x>0.)
    y=(int)x;
  else if(x<0.){
    if(fmod(x,1.0)==0.)
      y=(int)x;
    else
      y=(int)x-1;
  }
  else
    y=0;
  printf("[x]=%d\n",y);
}
```

입출력 예:

```
x값 입력: -3.7
[x]=-4
```

4.12
```
#include<stdio.h>
main()
{
  int a,b,r,s;
  printf("0이 아닌 정수 a와 b 입력: ");
  scanf("%d %d",&a,&b);
  s=a%10;
  if(s==0||s==1||s==3||s==6||s==7||s==8)
    printf("%d은 ",a);
  else
    printf("%d는 ",a);
  r=a%b;
  if(r==0)
    printf("%d의 배수입니다.\n",b);
  else
    printf("%d의 배수가 아닙니다.\n",b);
}
```

입출력 예:

```
0이 아닌 정수 a와 b 입력: 28 7
28은 7의 배수입니다.
```

제 5 장 연습문제 풀이

5.1
```
#include<stdio.h>
main()
{
  int i,s;
  for(i=1,s=0;i<=1000;i++)
    s+=i;
  printf("%d\n",s);
}
```

출력:

```
500500
```

5.2
```
#include<stdio.h>
main()
{
  int i=0,s=0;
  while(i<=1000){
    s=s+i;
    i+=2;
  }
  printf("%d\n",s);
}
```

출력:

```
250500
```

5.3
```
#include<stdio.h>
main()
{
  int i=1,s=0;
  do{
    s+=i;
    i+=2;
  } while(i<=1001);
  printf("%d\n",s);
}
```

출력:

251001

5.4
```
#include<stdio.h>
main()
{
  int i;
  double s=0.;
  for(i=1;i<=20;i++)
    s+=1./(double)(i*i*i);
  printf("%f\n",s);
}
```

출력:

1.200868

5.5
```
#include<stdio.h>
main()
{
  int i,sign=1,n=21;
  double frac=1.,sum=1.;
  for(i=3;i<=n;i+=2){
    frac*=(1./(i-1))*(1./i);
    sign=sign*(-1);
    sum+=sign*frac;
  }
  printf("%f\n",sum);
}
```

출력:

0.841471

5.6
```
#include<stdio.h>
main()
{
  int i,j;
  for(i=2;i<=9;i++){
    for(j=2;j<=9;j++)
      printf("%dx%d=%2d  ",j,i,i*j);
    printf("\n");
  }
}
```

5.7
```
#include<stdio.h>
main()
{
  int i,j;
  for(i=1;i<=7;i++){
    for(j=1;j<i;j++)
      printf(" ");
    for(j=i;j<=i+1;j++)
      printf("*");
    printf("\n");
  }
}
```

5.8
```
#include<stdio.h>
main()
{
  int i,j;
  for(i=1;i<=7;i++){
    for(j=1;j<=7-i;j++)
      printf(" ");
    for(j=1;j<=i;j++)
      printf("*");
    printf("\n");
  }
}
```

5.9
```
#include<stdio.h>
main()
{
  int i,j,n=8;
  for(i=1;i<=n;i++){
    for(j=1;j<=n-i;j++)
      printf(" ");
    for(j=1;j<=2*i-1;j++)
      printf("*");
    printf("\n");
  }
}
```

5.10
```
#include<stdio.h>
main()
{
  int i,j,k=0;
  for(i=1;i<=20;i++){
    for(j=1;j<=20-i;j++)
      printf(" ");
    for(j=1;j<=i;j++){
      k++;
      if(k==10)
        k=0;
      printf("%d",k);
    }
    printf("\n");
  }
}
```

5.11
```
#include<stdio.h>
main()
{
  int n,i,j,m=1,count=1;
  printf("n값 입력: ");
  scanf("%d",&n);
  for(i=1;i<=n;i++){
    for(j=1;j<=n-i+1;j++){
      printf("%d",m);
      if(count%3==0)
        m++;
      if(m==10)
        m=1;
      count++;
    }
    printf("\n");
  }
}
```

5.12
```
#include<stdio.h>
#include<math.h>
main()
{
  int i;
  double pi=acos(-1.),x,d=pi/20.;
  for(i=0;i<=10;i++){
    x=(double)i*d;
    printf("sin(%f)=%f\n",x,sin(x));
  }
}
```

출력:

```
sin(0.000000)=0.000000
sin(0.157080)=0.156434
sin(0.314159)=0.309017
sin(0.471239)=0.453990
sin(0.628319)=0.587785
sin(0.785398)=0.707107
sin(0.942478)=0.809017
sin(1.099557)=0.891007
sin(1.256637)=0.951057
sin(1.413717)=0.987688
sin(1.570796)=1.000000
```

5.13
```
#include<stdio.h>
main()
{
  int i;
  for(i=2;i<=30;i+=2){
    if(i%7==0||i%8==0)
      continue;
    printf("%d ",i);
  }
  printf("\n");
}
```

출력:

```
2 4 6 10 12 18 20 22 26 30
```

5.14 1 14

5.15 10 55

5.16 1 0

5.17 *****

5.18 출력은 다음과 같다.

```
*
*
*
*
*
```

5.19
```
#include<stdio.h>
main()
{
  int i;
  double x,d=0.1,f,b=2./3.,c=-1./3.;
  for(i=0;i<=10;i++){
    x=(double)i*d;
    f=x*x+b*x+c;
    printf("x=%f  f(x)=%9.6f\n",x,f);
  }
}
```

출력:

```
x=0.000000  f(x)=-0.333333
x=0.100000  f(x)=-0.256667
x=0.200000  f(x)=-0.160000
x=0.300000  f(x)=-0.043333
x=0.400000  f(x)= 0.093333
x=0.500000  f(x)= 0.250000
x=0.600000  f(x)= 0.426667
x=0.700000  f(x)= 0.623333
x=0.800000  f(x)= 0.840000
x=0.900000  f(x)= 1.076667
x=1.000000  f(x)= 1.333333
```

5.20
```
#include<stdio.h>
main()
{
  int i;
  int a=0;
  for(i=1; i<=10; i++){
    printf("a(%d)=%d\n", i, a);
    a=-2*a+3;
  }
}
```

출력:

```
a(1)=0
a(2)=3
a(3)=-3
a(4)=9
a(5)=-15
a(6)=33
a(7)=-63
a(8)=129
a(9)=-255
a(10)=513
```

5.21
```
#include<stdio.h>
main()
{
  int i;
  int a=1,b=1,c;
  printf("a(%d)=%d\n",1,a);
  printf("a(%d)=%d\n",2,b);
  for(i=3; i<=20; i++){
    c=a+b;
    printf("a(%d)=%d\n",i,c);
    a=b;
    b=c;
  }
}
```

출력:

```
a(1)=1
a(2)=1
a(3)=2
a(4)=3
a(5)=5
a(6)=8
a(7)=13
a(8)=21
a(9)=34
a(10)=55
a(11)=89
```

```
a(12)=144
a(13)=233
a(14)=377
a(15)=610
a(16)=987
a(17)=1597
a(18)=2584
a(19)=4181
a(20)=6765
```

5.22

```
#include<stdio.h>
main()
{
  int i;
  int a=1,b=1,c;
  double r;
  r=(double)b/(double)a;
  printf("r(%2d)=%.12f\n",1,r);
  for(i=2; i<=20; i++){
    c=a+b;
    r=(double)c/(double)b;
    printf("r(%2d)=%.12f\n",i,r);
    a=b;
    b=c;
  }
}
```

출력:

```
r( 1)=1.000000000000
r( 2)=2.000000000000
r( 3)=1.500000000000
r( 4)=1.666666666667
r( 5)=1.600000000000
r( 6)=1.625000000000
r( 7)=1.615384615385
r( 8)=1.619047619048
r( 9)=1.617647058824
r(10)=1.618181818182
r(11)=1.617977528090
r(12)=1.618055555556
r(13)=1.618025751073
r(14)=1.618037135279
r(15)=1.618032786885
r(16)=1.618034447822
r(17)=1.618033813400
r(18)=1.618034055728
r(19)=1.618033963167
r(20)=1.618033998522
```

5.23

```
#include<stdio.h>
#include<math.h>
main()
{
  double a_old=1.,a_new,c=1./3.,diff;
  double eps=1.e-8;
  int i=1;
  printf("a(%d)=%.8f\n",i,a_old);
  do{
    i++;
    a_new=c*a_old+1.;
    printf("a(%d)=%.8f\n",i,a_new);
    diff=fabs(a_new-a_old);
    a_old=a_new;
  } while(diff>=eps);
}
```

출력:

```
a(1)=1.00000000
a(2)=1.33333333
a(3)=1.44444444
a(4)=1.48148148
a(5)=1.49382716
a(6)=1.49794239
a(7)=1.49931413
a(8)=1.49977138
a(9)=1.49992379
a(10)=1.49997460
a(11)=1.49999153
a(12)=1.49999718
a(13)=1.49999906
a(14)=1.49999969
a(15)=1.49999990
a(16)=1.49999997
a(17)=1.49999999
a(18)=1.50000000
```

5.24

```
#include<stdio.h>
main()
{
 unsigned int num,k,mid;
 unsigned max=-1;
 int dcount;
 short column=10;
 printf("양의 정수를 입력하십시오: ",max);
 scanf("%u",&num);
 dcount=0;
 printf("\n%u의 약수:\n",num);
 for(k=1;k<=num;k++){
  if(num/k<k)
   break;
  if(num%k==0){
   mid=k;
   printf("%u  ",k);
   dcount++;
   if(dcount%column==0)
    printf("\n");
  }
 }
 for(k=mid;k>=1;k--){
 if(num%k==0){
  if(num/k!=k){
    printf("%u  ",num/k);
    dcount++;
    if(dcount%column==0||k==1)
      printf("\n");
   }
  }
 }
 printf("==> 약수의 개수: %d개\n\n",dcount);
}
```

입출력 예:

```
양의 정수를 입력하십시오: 240

240의 약수:
1  2  3  4  5  6  8  10  12  15
16  20  24  30  40  48  60  80  120  240
==> 약수의 개수: 20개
```

5.25

```
#include<stdio.h>
main()
{
```

```
  int a,sum=0,i;
  double average;
  printf("자연수 10개를 입력하십시오\n");
  for(i=1;i<=10;i++){
    scanf("%d",&a);
    sum+=a;
  }
  average=(double)sum/10.;
  printf("합: %d\n평균: %g\n",sum,average);
}
```

입출력 예:

```
자연수 10개를 입력하십시오
1 2 31 9 7 62 3 7 77 5
합: 204
평균: 20.4
```

5.26
```
#include<stdio.h>
main()
{
  int a,count=0;
  do{
    printf("정수 입력: ");
    scanf("%d",&a);
    if(a>=0)
      count++;
  } while(a>=0);
  printf("0이상의 정수: %d개\n",count);
}
```

입출력 예:

```
정수 입력: 12
정수 입력: 83
정수 입력: 73
정수 입력: 55
정수 입력: -23
0이상의 정수: 4개
```

5.27
```
#include<stdio.h>
#include<stdlib.h>
#include<time.h>
main()
{
  int a,n=20,i=1;
  srand(time(NULL));
  while(i<=n){
    a=rand();
    a=a%6+1;
    printf("%d ",a);
    if(i%10==0 || i==n)
      printf("\n");
    i++;
  }
}
```

입출력 예:

```
2 6 5 2 4 1 4 4 3 1
6 3 4 4 4 2 1 2 3 6
```

5.28
```
#include<stdio.h>
#include<stdlib.h>
#include<time.h>
main()
{
 int  ans,in,end=0;
 srand(time(NULL));
 ans=rand()%20+1;
 do{
  printf("숫자를 입력하십시오(1-20): ");
  scanf("%d",&in);
  if(in>ans)
   printf("너무 큽니다.\n");
  else if(in<ans)
   printf("너무 작습니다.\n");
  else{
   printf("정답입니다.\n");
   end=1;
  }
 } while(end!=1);
}
```

입출력 예:

```
숫자를 입력하십시오(1-20): 12
너무 큽니다.
숫자를 입력하십시오(1-20): 7
너무 큽니다.
숫자를 입력하십시오(1-20): 3
너무 작습니다.
숫자를 입력하십시오(1-20): 5
너무 작습니다.
숫자를 입력하십시오(1-20): 6
정답입니다.
```

5.29
```
#include<stdio.h>
main()
{
  int a,r,d;
  printf("자연수 입력: ");
  scanf("%d",&a);
  d=1;
  do{
    r=a%10;
    a/=10;
    printf("%d <-%d의 자리 수\n",r,d);
    d*=10;
  } while(a!=0);
}
```

입출력 예:

```
자연수 입력: 1579
9 <-1의 자리 수
7 <-10의 자리 수
5 <-100의 자리 수
1 <-1000의 자리 수
```

5.30
```
#include<stdio.h>
#define N 1000
main()
{
  int i,j,a,k,r;
  int num[10]={0};
  for(i=1;i<=N;i++){
    k=0;
    a=i;
    do{
      r=a%10;
      for(j=0;j<=9;j++)
        if(r==j)
          num[j]++;
```

```
      a/=10;
      k++;
    } while(a!=0);
  }
  printf("1부터 %d까지 ",N);
  printf("사용된 숫자의 개수:\n");
  for(i=0;i<=9;i++)
    printf("%d의 개수: %d\n",i,num[i]);
}
```

출력:

```
1부터 1000까지 사용된 숫자의 개수:
0의 개수: 192
1의 개수: 301
2의 개수: 300
3의 개수: 300
4의 개수: 300
5의 개수: 300
6의 개수: 300
7의 개수: 300
8의 개수: 300
9의 개수: 300
```

5.31 아래 프로그램은 N을 조절하면 임의의 진수로의 변환이 가능하다. (단, N은 10이하이다. 10보다 큰 N의 경우에는 필요한 추가 숫자를 알파벳 등을 이용하여 설정해 주어야 한다.) 우선 입력된 양의 정수 a가 N진수로 몇 자리 수인지 알아낸 뒤 각 자리의 수를 구한다.

```
#include<stdio.h>
#define N 7
main()
{
  unsigned a,p,q,c;
  int i,k;
  printf("양의 정수 입력: ");
  scanf("%u",&a);
  i=1;
  p=1;
  q=a;
  while(1){
    q=q/N;
    if(q==0)
      break;
    else{
      i++;
      p*=N;
    }
  }
  printf("==> %d진수로 변환한 결과=",N);
  for(k=1;k<=i;k++){
    c=a/p;
    printf("%u",c);
    a=a-c*p;
    p/=N;
  }
  printf("\n");
}
```

5.32

```
#include<stdio.h>
main()
{
  unsigned int n,i,q,r,sum=0;
  scanf("%u",&n);
  for(i=1;i<=n;i++){
    q=n/i;
    r=n%i;
    if(i>q)
      break;
    if(r==0){
      if(i==1)
        sum+=1;
      else if(q==i)
        sum+=i;
      else
        sum+=(i+q);
    }
  }
  if(n==1)
    printf("%u(은)는\
완전수가 아닙니다.\n",n);
  else if(sum==n)
    printf("%u(은)는 완전수 입니나.\n",n);
  else
    printf("%u(은)는\
완전수가 아닙니다.\n",n);
}
```

제6장 연습문제 풀이

6.1 a: 3개, b: 5개, c: 5개, d: 20개, e: 200개, f: 60개, g: 32개,

6.2 a[1]: 0, b[2]: 6.f, c[0]: 11., d[5]: 'F', e[1]: 0

6.3 a[0][0]: 1, b[1][1]: 7.f, c[2][2]: 9, d[1][1]: 0

6.4

```
#include<stdio.h>
#include<math.h>
#define N 5
main()
{
  int a[N]={10,20,30,40,50};
  int i,sum=0,ssum=0;
  double ave,s_ave,sd;
  for(i=0;i<N;i++){
    sum+=a[i];
    ssum+=a[i]*a[i];
  }
  ave=(double)sum/(double)N;
  s_ave=(double)ssum/(double)N;
  sd=sqrt(s_ave-ave*ave);
  printf("평균=%g\n",ave);
  printf("표준편차=%g\n",sd);
}
```

출력:

```
평균=30
표준편차=14.1421
```

6.5
```
#include<stdio.h>
#define N 4
main()
{
  int a[N][N]={{0,1,2,3},
               {1,-2,1,2},
               {2,5,-3,2},
               {0,-3,1,4}};
  int b[N][N]={{1,-1,2,0},
               {1,-1,1,2},
               {-1,0,3,1},
               {2,-1,2,8}};
  int i,j;
  for(i=0;i<N;i++){
    for(j=0;j<N;j++)
      printf("%4d ",a[i][j]+b[i][j]);
    printf("\n");
  }
}
```

출력:

```
   1   0   4   3
   2  -3   2   4
   1   5   0   3
   2  -4   3  12
```

6.6
```
#include<stdio.h>
#define N 4
main()
{
  int a[N][N]={{0,1,2,3},
               {1,-2,1,2},
               {2,5,-3,2},
               {0,-3,1,4}};
  int b[N][N]={{1,-1,2,0},
               {1,-1,1,2},
               {-1,0,3,1},
               {2,-1,2,8}};
  int i,j,k,sum;
  for(i=0;i<N;i++){
    for(j=0;j<N;j++){
      sum=0;
      for(k=0;k<N;k++)
        sum+=a[i][k]*b[k][j];
      printf("%4d ",sum);
    }
    printf("\n");
  }
}
```

출력:

```
   5  -4  13  28
   2  -1   7  13
  14  -9   4  23
   4  -1   8  27
```

6.7
```
#include<stdio.h>
#define N 3
main()
{
  int a[N][N];
  int i,j;
  printf("3x3 행렬 A의 원소 입력:\n");
  for(i=0;i<N;i++)
    for(j=0;j<N;j++)
      scanf("%d",&a[i][j]);
  printf("\n2A:\n");
  for(i=0;i<N;i++){
    for(j=0;j<N;j++)
      printf("%4d ",2*a[i][j]);
    printf("\n");
  }
}
```

입출력 예:

```
3x3 행렬 A의 원소 입력:
  1   2   3
  4   5   6
  7   8   9

2A:
   2    4    6
   8   10   12
  14   16   18
```

6.8
```
#include<stdio.h>
main()
{
  int i,again;
  int x,ch,c[6],v[6]={500,100,50,10,5,1};
  printf("물건 값을 입력하십시오.(1-1000): ");
  do{
    scanf("%d",&x);
    if(again=(x<1 || x>1000)){
      printf("입력 오류입니다. ");
      printf("다시 입력하십시오.\n");
    }
  } while(again);
  ch=1000-x;
  if(ch>=v[0])
    c[0]=1;
  else
    c[0]=0;
  for(i=1;i<=5;i++){
    ch=ch-v[i-1]*c[i-1];
    c[i]=ch/v[i];
  }
  if(x==1000)
    printf("거스름돈은 없습니다.\n");
  else
  {
    printf("거스름돈:\n");
    for(i=0;i<=5;i++)
      if(c[i]!=0)
        printf(" %d원 짜리 %d개\n",\
         v[i],c[i]);
  }
}
```

6.9
```
#include<stdio.h>
#define N 3
main()
{
  int i;
  double a[N],b[N],sum=0.;
  printf("벡터 a의 성분 입력: ");
  for(i=0;i<N;i++)
    scanf("%lf",&a[i]);
  printf("벡터 b의 성분 입력: ");
  for(i=0;i<N;i++)
```

```
    scanf("%lf",&b[i]);
  for(i=0;i<N;i++)
    sum+=a[i]*b[i];
  printf("==> a와 b의 내적 = %g\n",sum);
}
```

입출력 예:

```
벡터 a의 성분 입력: 1.2 -2.3 3.7
벡터 b의 성분 입력: 0.8 1.4 -4.9
==> a와 b의 내적 = -20.39
```

6.10

```
#include<stdio.h>
#define N 10
main()
{
  int a[N], i, min;
  printf("%d개의 정수 입력:\n",N);
  for(i=0;i<N;i++)
    scanf("%d",&a[i]);
  min=a[0];
  for(i=1;i<N;i++)
    if(a[i]<min)
      min=a[i];
  printf("==> 최솟값 = %d\n",min);
}
```

입출력 예:

```
10개의 정수 입력:
1 31 7 -3 50 -2 9 0 14 8
==> 최솟값 = -3
```

6.11

```
#include<stdio.h>
#define N 100
main()
{
  int a[N],i,j,prime;
  int p_ind;
  a[0]=2;
  p_ind=0;
  printf("%d ",a[p_ind]);
  while(p_ind<N-1){
    prime=1;
    i=a[p_ind];
    do{
      i++;
      prime=1;
      for(j=0;j<p_ind;j++)
       if(i/a[j]>=a[j] && i%a[j]==0){
         prime=0;
         break;
       }
    } while(prime==0);
    p_ind++;
    a[p_ind]=i;
    printf("%d ",a[p_ind]);
    if(p_ind%10==9)
      printf("\n");
  }
}
```

출력:

```
2 3 5 7 11 13 17 19 23 29
31 37 41 43 47 53 59 61 67 71
73 79 83 89 97 101 103 107 109 113
127 131 137 139 149 151 157 163 167 173
179 181 191 193 197 199 211 223 227 229
233 239 241 251 257 263 269 271 277 281
283 293 307 311 313 317 331 337 347 349
353 359 367 373 379 383 389 397 401 409
419 421 431 433 439 443 449 457 461 463
467 479 487 491 499 503 509 521 523 541
```

6.12 십진수를 이진수로 변환할 경우 최대 32자리가 필요하므로 아래와 같이 원소 32개를 갖는 일차원 배열을 이용하여 프로그램을 완성할 수 있다.

```
#include<stdio.h>
main()
{
  unsigned a;
  int i,k,c[32],n;
  printf("양의 정수 입력: ");
  scanf("%u",&a);
  printf("변환할 진법 입력: ");
  scanf("%d",&n);
  for(i=0;i<32;i++){
    c[i]=a%n;
    a=a-c[i];
    a/=n;
    if(a==0)
      break;
  }
  printf("==> %d진수로 변환한 결과=",n);
  for(k=i;k>=0;k--)
    printf("%d",c[k]);
  printf("\n");
}
```

6.13

```
#include<stdio.h>
#define N 48
main()
{
  int a[N]={0},n,k,j,b,digit=0;
  int base=3,power=100;
  a[0]=1;
  for(n=1;n<=power;n++){
    b=0;
    for(k=0;k<=digit;k++){
      a[k]=base*a[k]+b;
      if(a[k]>=10){
        b=a[k]/10;
        a[k]%=10;
        if(k==digit)
  digit++;
      }
      else
        b=0;
    }
  }
  for(k=0;k<=digit;k++){
    j=digit-k;
    printf("%d",a[j]);
    if(j%3==0&&j!=0)
      printf(",");
  }
  printf("\n");
}
```

제 7 장 연습문제 풀이

7.1
```
#include <stdio.h>
main()
{
  double a,b;
  void product(double,double);
  printf("두 실수를 입력하십시오: ");
  scanf("%lf %lf",&a,&b);
  product(a,b);
}

void product(double a,double b)
{
  printf("==> 곱 = %g\n",a*b);
}
```

입출력 예:

```
두 실수를 입력하십시오:  1.7  -2.95
==> 곱 = -5.015
```

7.2
```
#include <stdio.h>
#include<math.h>
main()
{
  double f(double,double);
  printf("%g\n",f(0.1,0.2));
  printf("%g\n",f(0.2,0.5));
  printf("%g\n",f(1.3,0.7));
}

double f(double x,double y)
{
  return sin(x*y)-exp(-x)+3*y+1./3.;
}
```

출력:

```
0.0484946
1.11444
2.95031
```

7.3
```
#include <stdio.h>
#include<math.h>
main()
{
  void f(double,double);
  double x, y;
  printf("두 실수 x, y를 입력하십시오: ");
  scanf("%lf %lf",&x,&y);
  f(x,y);
}

void f(double x,double y)
{
  if(x>=0.&&y>=0.)
    printf("sqrt(%g)+sqrt(%g)=%g\n",\
       x,y,sqrt(x)+sqrt(y));
  else
    printf("|%g|+|%g|=%g\n",\
       x,y,fabs(x)+fabs(y));
}
```

입출력 예:

```
두 실수 x, y를 입력하십시오:  -1.85  2.79
|-1.85|+|2.79|=4.64
```

7.4
```
#include<stdio.h>
main()
{
  int x=2, y=3, z=5;
  void sum(int,int,int);
  sum(x,y,z);
}

void sum(int x, int y, int z)
{
  printf("%d\n",x+y+z);
}
```

7.5
```
#include<stdio.h>
#include<math.h>
#define N 5
main()
{
  int a[N]={1,2,5,7,9};
  void sub(int[],int);
  sub(a,N);
}

void sub(int a[],int n)
{
  int i,sum=0,ssum=0;
  double ave,s_ave,sd;
  for(i=0;i<N;i++){
    sum+=a[i];
    ssum+=a[i]*a[i];
  }
  ave=(double)sum/(double)N;
  s_ave=(double)ssum/(double)N;
  sd=sqrt(s_ave-ave*ave);
  printf("평균=%g\n",ave);
  printf("표준편차=%g\n",sd);
}
```

출력:

```
평균=4.8
표준편차=2.99333
```

7.6
```
#include<stdio.h>
#define N 4
main()
{
  void pdt(int[][4],int[][4],int);
  int a[N][N]={{0,1,2,3},
               {1,-2,1,2},
               {2,5,-3,2},
               {0,-3,1,4}};
  int b[N][N]={{1,-1,2,0},
               {1,-1,1,2},
               {-1,0,3,1},
               {2,-1,2,8}};
  pdt(a,b,N);
}

void pdt(int a[][4],int b[][4],int n)
{
  int i,j,k,sum;
  for(i=0;i<N;i++){
```

```
    for(j=0;j<N;j++){
      sum=0;
      for(k=0;k<N;k++)
        sum+=a[i][k]*b[k][j];
      printf("%4d ",sum);
    }
    printf("\n");
  }
}
```

출력:

```
   5   -4   13   28
   2   -1    7   13
  14   -9    4   23
   4   -1    8   27
```

7.7
```
#include<stdio.h>
#define N 10
main()
{
  int a[N],i,
  void sub(int[],int);
  printf("%d개의 정수 입력:\n",N);
  for(i=0;i<N;i++)
    scanf("%d",&a[i]);
  sub(a,N);
}

void sub(int a[],int n)
{
  int max,i;
  max=a[0];
  for(i=1;i<N;i++)
    if(a[i]>max)
      max=a[i];
  printf("==> 최댓값 = %d\n",max);
}
```

입출력 예:

```
10개의 정수 입력:
1 3 5 7 4 2 3 0 2 6
==> 최댓값 = 7
```

7.8
```
#include<stdio.h>
#include<math.h>
main()
{
  double x;
  int sub(double);
  printf("x값 입력: ");
  scanf("%lf",&x);
  printf("[%g]=%d\n",x,sub(x));
}

int sub(double x)
{
  double y;
  if(x>0.)
    y=(int)x;
  else if(x<0.){
    if(fmod(x,1.0)==0.)
      y=(int)x;
    else
      y=(int)x-1;
  }
  else
    y=0;
  return y;
}
```

입출력 예:

```
x값 입력: -3.7
[x]=-4
```

7.9
```
1 2 3
2 4 6
```

7.10
```
1 5
2 4
```

7.11
```
#include<stdio.h>
#include<stdlib.h>
#include<math.h>
int leap_year(int,int*);
int days(int);
main()
{
  int by,bm,bd;//생년월일
  int cy,cm,cd;//현재 연월일
  int dpm[13];// 각 달별 일 수
  //0년부터 생일 및 현재까지의 날수 및 그 차이
  int bdays,cdays,edays;
  int i;
  int pr,er,ir; // 신체, 감성, 지성 리듬
  const double pi=acos(-1.);
  double temp;

  printf("생년월일을 입력하십시오");
  printf("(예: xxxx년 x월 xx일)\n");
  scanf("%d년 %d월 %d일",&by,&bm,&bd);
  if(by<=0||bm<0||bm>12){
    printf("입력 오류입니다.\n");
    return;
  }
  leap_year(by,dpm);
  if(bd>dpm[bm]){
    printf("입력 오류입니다.\n");
    return;
  }
  // 0년부터 생일 전 년까지의 날짜
  bdays=days(by-1);
  // 태어난 해의 생월 전까지의 날짜
  for(i=1;i<bm;i++){
    bdays+=dpm[i];
  }
  bdays+=bd; // 태어난 해의 생월의 날짜

  printf("오늘 날짜를 입력하십시오");
  printf("(예: xxxx년 x월 xx일)\n");
  scanf("%d년 %d월 %d일",&cy,&cm,&cd);

  if(cy<=0||cm<0||cm>12){
    printf("입력 오류입니다.\n");
    return;
  }
  leap_year(cy,dpm);
  if(cd>dpm[cm]){
    printf("입력 오류입니다.\n");
    return;
  }
```

```
  // 0년부터 올해 전 년까지의 날짜
  cdays=days(cy-1);
  // 올해의 현재 월 전까지의 날짜
  for(i=1;i<cm;i++){
    cdays+=dpm[i];
  }
  cdays+=cd; // 이번 달의 날짜

  edays=cdays-bdays; // 살아온 날 수
  if(edays<0){
    printf("입력 오류: ");
    printf("생일이 현재 날짜보다\
    뒤입니다.\n");
    return;
  }

  temp=sin(2.*pi/23.*(double)edays)*100.;
  if(temp>0.) temp+=0.5;
  if(temp<0.) temp-=0.5;
  pr=(int)temp;

  temp=sin(2.*pi/28.*(double)edays)*100.;
  if(temp>0.) temp+=0.5;
  if(temp<0.) temp-=0.5;
  er=(int)temp;

  temp=sin(2.*pi/33.*(double)edays)*100.;
  if(temp>0.) temp+=0.5;
  if(temp<0.) temp-=0.5;
  ir=(int)temp;

  printf("\n현재까지 살아온 날 수 = ");
  printf("%d일\n",edays);
  printf("신체리듬=%d 감성리듬=%d\
 지성리듬=%d\n",pr,er,ir);
}

//윤년 판정 및 각 달별 날 수
int leap_year(int y, int *dpm)
{
  int leap,m;
  if(y%400==0)
    leap=1; //윤년
  else if(y%100==0)
    leap=0; //평년
  else if(y%4==0)
    leap=1; //윤년
  else
    leap=0; //평년

  for(m=1;m<=12;m++){
    if(m==2){
      if(leap==0)
        dpm[m]=28;
      else
        dpm[m]=29;
    }
    else if(m==1||m==3||m==5||m==7\
      ||m==8||m==10||m==12)
      dpm[m]=31;
    else
      dpm[m]=30;
  }
  return leap;
}
```

```
 // 0년부터 year년 12월 31일까지 날 수 계산
int days(int year)
{
  int leap,y,nd;
  if(year<0){
    printf("부함수 days 계산 오류: ");
printf("입력에 문제가 있습니다.\n");
    exit(1);
  }
  nd=(year+1)*365;
  for(y=0;y<=year;y++){
    if(y%400==0)
      leap=1; //윤년
    else if(y%100==0)
      leap=0; //평년
    else if(y%4==0)
      leap=1; //윤년
    else
      leap=0; //평년
    if(leap==1)
      nd++;
  }
  return nd; // 날 수
}
```

입출력 예:

```
생년월일을 입력하십시오(예: xxxx년 x월 xx일)
2001년 2월 19일
오늘 날짜를 입력하십시오(예: xxxx년 x월 xx일)
2017년 4월 14일

현재까지 살아온 날 수 = 5898일
신체리듬=40  감성리듬=-78  지성리듬=-99
```

7.12

```
#include<stdio.h>
#include<stdlib.h>
#include<math.h>
#include <time.h>
int leap_year(int,int*);
int days(int);
main()
{
  int by,bm,bd;//생년월일
  int cy,cm,cd;//현재 연월일
  int dpm[13];// 각 달별 일 수

  //0년부터 생일 및 현재까지의 날수 및 그 차이
  int bdays,cdays,edays;
  int i;
  int pr,er,ir; // 신체, 감성, 지성 리듬
  const double pi=acos(-1.);
  double temp;
  time_t ltime;
  struct tm *today;

  printf("생년월일을 입력하십시오");
  printf("(예: xxxx년 x월 xx일)\n");
  scanf("%d년 %d월 %d일",&by,&bm,&bd);
  if(by<=0||bm<0||bm>12){
    printf("입력 오류입니다.\n");
    return;
  }
  leap_year(by,dpm);
  if(bd>dpm[bm]){
    printf("입력 오류입니다.\n");
```

```
    return;
  }
  //0년부터 생일 전 년까지의 날짜
  bdays=days(by-1);
  //태어난 해의 생월 전까지의 날짜
  for(i=1;i<bm;i++){
    bdays+=dpm[i];
  }
  //태어난 해의 생월의 날짜
  bdays+=bd;

  time(&ltime);
  today = localtime(&ltime);
  cy=today->tm_year+1900; //올해
  cm=today->tm_mon+1; //이번 달
  cd=today->tm_mday; //오늘 날짜

  // 0년부터 올해 전 년까지의 날짜
  cdays=days(cy-1);
  // 올해의 현재 월 전까지의 날짜
  for(i=1;i<cm;i++){
    cdays+=dpm[i];
  }
  cdays+=cd; //이번 달의 날짜

  edays=cdays-bdays; //살아온 날 수
  if(edays<0){
    printf("입력 오류: ");
    printf("생일이 ");
    printf("현재 날짜보다 뒤입니다.\n");
    return;
  }

  edays=cdays-bdays; // 살아온 날 수
  if(edays<0){
    printf("입력 오류: 생일이 ");
    printf("현재 날짜보다 뒤입니다.\n");
    return;
  }

  temp=sin(2.*pi/23.*(double)edays)*100.;
  if(temp>0.) temp+=0.5;
  if(temp<0.) temp-=0.5;
  pr=(int)temp;

  temp=sin(2.*pi/28.*(double)edays)*100.;
  if(temp>0.) temp+=0.5;
  if(temp<0.) temp-=0.5;
  er=(int)temp;

  temp=sin(2.*pi/33.*(double)edays)*100.;
  if(temp>0.) temp+=0.5;
  if(temp<0.) temp-=0.5;
  ir=(int)temp;

  printf("\n생일: %d년 %d월 %d일\n",\
          by,bm,bd);
  printf("오늘: %d년 %d월 %d일\n",cy,cm,cd);
  printf("현재까지 살아온 날 수 = %d일\n"\
          ,edays);
  printf("\n신체리듬=%d  감성리듬=%d\
 지성리듬=%d\n\n",pr,er,ir);
}

// 윤년 판정 및 각 달별 날 수 계산
int leap_year(int y, int *dpm)
{
  int leap,m;
  if(y%400==0)
    leap=1; //윤년
  else if(y%100==0)
    leap=0; //평년
  else if(y%4==0)
    leap=1; //윤년
  else
    leap=0; //평년

  for(m=1;m<=12;m++){
    if(m==2){
      if(leap==0)
        dpm[m]=28;
      else
        dpm[m]=29;
      }
    else if(m==1||m==3||m==5||m==7\
          ||m==8||m==10||m==12)
      dpm[m]=31,
    else
      dpm[m]=30;
  }
  return leap;
}

// 0년부터 year년 12월 31일까지 날 수 계산
int days(int year)
{
  int leap,y,nd;
  if(year<0){
    printf("부함수 days 계산 오류:");
    printf("입력에 문제가 있습니다.\n");
    exit(1);
  }
  nd=(year+1)*365;
  for(y=0;y<=year;y++){
    if(y%400==0)
      leap=1; //윤년
    else if(y%100==0)
      leap=0; //평년
    else if(y%4==0)
      leap=1; //윤년
    else
      leap=0; //평년
    if(leap==1)
      nd++;
  }
  return nd; // 날 수
}
```

입출력 예:

```
생년월일을 입력하십시오(예: xxxx년 x월 xx일)
2001년 4월 27일

생일: 2001년 4월 27일
오늘: 2017년 4월 14일
현재까지 살아온 날 수 = 5831일

신체리듬=-14  감성리듬=100  지성리듬=-95
```

7.13
```
#include<stdio.h>
main()
{
```

```
  unsigned n;
  char IsItPrime(unsigned),c;
  printf("자연수 하나를 입력하십시오: ");
  scanf("%u",&n);
  c=IsItPrime(n);
  if(c=='Y')
    printf("==> 소수입니다.\n");
  else
    printf("==> 소수가 아닙니다.\n");
}

char IsItPrime(unsigned n)
{
  char prime='Y';
  unsigned k;
  if(n==1)
    prime='N';
  else{
    for(k=2;k<n;k++){
      if(n%k==0){
        prime='N';
        break;
      }
      if(n/k<k)
        break;
    }
  }
  return prime;
}
```

입출력 예:

```
자연수 하나를 입력하십시오: 9797
==> 소수가 아닙니다.
```

7.14

```
#include<stdio.h>
main()
{
  unsigned n,k;
  int count=0;
  char IsItPrime(unsigned),c;
  printf("자연수 하나를 입력하십시오: ");
  scanf("%u",&n);
  printf("%u이하의 모든 소수:\n",n);
  for(k=2;k<=n;k++){
    if(IsItPrime(k)=='Y'){
      count++;
      printf("%d ",k);
      if(count%8==0)
        printf("\n");
    }
  }
  printf("\n==> 모두 %d개\n",count);
}

char IsItPrime(unsigned n)
{
  char prime='Y';
  unsigned k;
  if(n==1)
    prime='N';
  else{
    for(k=2;k<n;k++){
      if(n%k==0){
        prime='N';
        break;
      }
      if(n/k<k)
        break;
    }
  }
  return prime;
}
```

입출력 예:

```
자연수 하나를 입력하십시오: 300
300이하의 모든 소수:
2 3 5 7 11 13 17 19
23 29 31 37 41 43 47 53
59 61 67 71 73 79 83 89
97 101 103 107 109 113 127 131
137 139 149 151 157 163 167 173
179 181 191 193 197 199 211 223
227 229 233 239 241 251 257 263
269 271 277 281 283 293
==> 모두 62개
```

7.15

```
#include<stdio.h>
#define N 20
main()
{
  int sub(int);
  printf("a_%d = %d\n",N,sub(N));
}

int sub(int n)
{
  if(n==1||n==2)
    return 1;
  else
    return sub(n-1)+sub(n-2);
}
```

입출력 예:

```
a_20 = 6765
```

7.16

```
#include<stdio.h>
main()
{
  int path(int,int);
  printf("찾은 경로의 수: %d\n",path(8,6));
}

int path(int m, int n)
{
  if(m==0 || n==0)
    return 1;
  else
    return path(m-1,n)+path(m,n-1);
}
```

출력:

```
찾은 경로의 수: 3003
```

7.17 다음 프로그램에서 부함수 sub는 각 자리에 해당하는 수를 배열에 저장하고 몇 자리 수인지 반환하는 함수이다. 또한 변수 pal이 1이면 대칭수, 0이면 대칭수가 아닌 것을 의미한다.

```
#include<stdio.h>
main()
{
  int sub(int[],int);
  int i,j,k,m,digit[10],nd,nd2,pal,count=0;
  for(j=100;j<=999;j++){
    for(k=j;k<=999;k++){
      m=j*k;
      pal=1;
      //m은 nd자리 수이고, m의 각 자리
      //숫자가 배열 digit에 저장됨.
      nd=sub(digit,m);
      nd2=nd/2;
      //대칭수인지 판단하는 것은
      //nd/2번만 비교
      for(i=0;i<nd2;i++)
        //대칭 위치의 수가 하나라도
//같지 않으면
        if(digit[i]!=digit[nd-i-1]){
          pal=0; //대칭수 아님
          break;
        }
      if(pal==1) //대칭수일 때
        //대칭수의 개수를 1만큼 증가시킴
        count++;
    }
  }
  printf("대칭수는 모두 %d개\n",count);
}

int sub(int digit[], int n)
{
  int d,nd;
  nd=0;
  d=n;
  do{//각 자릿수 및 전체 몇 자리 수인지 결정
    //예를 들어 n=582이면
    //digit[0]=2, digit[1]=8, digit[2]=5
    digit[nd]=d%10;
    d/=10;
    nd++;
  } while(d!=0);
  //nd자리의 수
  //예를 들어 n=582이면 nd=3
  return nd;
}
```

출력:

대칭수는 모두 1239개

7.18
```
#include<stdio.h>
#include<math.h>
main()
{
  //친화수인지 판정하는 부함수 선언
  char sub(int,int);
  int i,j;
  for(i=2;i<=10000;i++){
    for(j=i+1;j<=10000;j++){
      //친화수일 때만 출력
      if(sub(i,j)=='Y')
        printf("(%d,%d) ",i,j);
    }
  }
  printf("\n");
}

//친화수인지 판정하는 부함수의 정의
char sub(int m,int n)
{
  int k,sum,q; //sum에 진약수의 합을 저장
  k=2;//1은 진약수이므로 2부터 따져봄
  //1은 진약수이므로 진약수의 합에 포함시킴
  sum=1;
  //효율적인 계산을 위한 장치
  while((q=m/k)>=k && sum<=n){
    if(m%k==0){
      if(k==q)//k의 제곱이 m인 경우
        sum+=k;
      else//k의 제곱이 m이 아닌 경우
        //두 개의 약수를 한꺼번에 더함
        sum+=k+q;
    }
    k++;
  }
  //m의 진약수의 합이 n과 다르면
  if(sum!=n)
    //'N'을 반환하고 부함수 수행을 끝냄
    return 'N';
  //여기서부터는 n의 진약수의 합이
  //m인지 판정함
  k=2;
  sum=1;
  while((q=n/k)>=k && sum<=m){
    if(n%k==0){
      if(k==q)
        sum+=k;
      else
        sum+=k+q;
    }
    k++;
  }
  if(sum!=m)
    return 'N'; //친화수 아님
  else
    return 'Y'; //친화수임
}
```

제 8 장 연습문제 풀이

8.1 5 2.0

8.2
```
#include<stdio.h>
main()
{
  double x,y;
  void sub(double,double*);
  printf("실수 x의 값을 입력하십시오: ");
  scanf("%lf",&x);
  sub(x,&y);
  printf("답: %g\n",y);
}
```

```
void sub(double x, double *y)
{
  *y=x*x+3*x+5;
}
```

8.3

```
#include<stdio.h>
main()
{
  double a,b,c,d,e;
  void sub(double,double,double*,\
          double*,double*);
  printf("두 실수 입력: ");
  scanf("%lf %lf",&a,&b);
  sub(a,b,&c,&d,&e);
  printf("계산 결과: %g %g %g\n",c,d,e);
}

void sub(a,b,c,d,e)
double a,b,*c,*d,*e;
{
  *c=a-b;
  *d=a*a-b*b;
  *e=a*a*a-b*b*b;
}
```

입출력 예:

```
두 실수 입력:  2.75  1.42
계산 결과: 1.33 5.5461 17.9336
```

8.4

```
0 5
0 4
```

8.5

```
99 99
98 99
97 99
9 -1
8 -1
```

8.6

```
#include<stdio.h>
main()
{
 void primeQ(unsigned,char*);
 char ans;
 int flag;
 unsigned n=100,i,j,m,d;
 for(i=4;i<=n;i+=2){
  m=i/2;
  flag=0;
  for(j=2;j<=m;j++){
   primeQ(j,&ans);
   if(ans=='Y'){
    d=i-j;
    primeQ(d,&ans);
    if(ans=='Y'){
     if(flag==0)
      printf("%d=%d+%d",i,j,d);
     else
      printf("=%d+%d",j,d);
     flag=1;
    }
   }
  }
  printf("\n");
 }
}

void primeQ(unsigned n,char *ans)
{
 unsigned k;
 *ans='Y';
 if(n==1 || n==0)
  *ans='N';
 else{
  for(k=2;k<n;k++){
   if(n%k==0){
    *ans='N';
    break;
   }
   if(n/k<k)
    break;
  }
 }
}
```

출력:

```
4=2+2
6=3+3
8=3+5
10=3+7=5+5
12=5+7
14=3+11=7+7
16=3+13=5+11
18=5+13=7+11
20=3+17=7+13
22=3+19=5+17=11+11
24=5+19=7+17=11+13
26=3+23=7+19=13+13
28=5+23=11+17
30=7+23=11+19=13+17
32=3+29=13+19
34=3+31=5+29=11+23=17+17
36=5+31=7+29=13+23=17+19
38=7+31=19+19
40=3+37=11+29=17+23
42=5+37=11+31=13+29=19+23
44=3+41=7+37=13+31
46=3+43=5+41=17+29=23+23
48=5+43=7+41=11+37=17+31=19+29
50=3+47=7+43=13+37=19+31
52=5+47=11+41=23+29
54=7+47=11+43=13+41=17+37=23+31
56=3+53=13+43=19+37
58=5+53=11+47=17+41=29+29
60=7+53=13+47=17+43=19+41=23+37=29+31
62=3+59=19+43=31+31
64=3+61=5+59=11+53=17+47=23+41
66=5+61=7+59=13+53=19+47=23+43=29+37
68=7+61=31+37
70=3+67=11+59=17+53=23+47=29+41
72=5+67=11+61=13+59=19+53=29+43=31+41
74=3+71=7+67=13+61=31+43=37+37
76=3+73=5+71=17+59=23+53=29+47
78=5+73=7+71=11+67=17+61=19+59=31+47=37+41
80=7+73=13+67=19+61=37+43
82=3+79=11+71=23+59=29+53=41+41
84=5+79=11+73=13+71=17+67=23+61=31+53=37+47
=41+43
86=3+83=7+79=13+73=19+67=43+43
88=5+83=17+71=29+59=41+47
90=7+83=11+79=17+73=19+71=23+67=29+61=31+59
=37+53=43+47
92=3+89=13+79=19+73=31+61
```

```
94=5+89=11+83=23+71=41+53=47+47
96=7+89=13+83=17+79=23+73=29+67=37+59=43+53
98=19+79=31+67=37+61
100=3+97=11+89=17+83=29+71=41+59=47+53
```

제 9 장 연습문제 풀이

9.1 (a) 2 3 (b) 2 4 (c) 2 4

9.2 26

9.3

```
#include<stdio.h>
#include<stdlib.h>
main()
{
  void prod(int**,int**,int**,int);
  int **a,**b,**c;
  int i,j,n;
  printf("nxn 행렬의 n값 입력: \n");
  scanf("%d",&n);
  a=(int**)malloc(n*sizeof(int*));
  a--;
  for(i=1;i<=n;i++){
    a[i]=(int*)malloc(n*sizeof(int));
    a[i]--;
  }
  b=(int**)malloc(n*sizeof(int*));
  b--;
  for(i=1;i<=n;i++){
    b[i]=(int*)malloc(n*sizeof(int));
    b[i]--;
  }
  c=(int**)malloc(n*sizeof(int*));
  c--;
  for(i=1;i<=n;i++){
    c[i]=(int*)malloc(n*sizeof(int));
    c[i]--;
  }
  printf("행렬의 A의 원소 입력:\n");
  for(i=1;i<=n;i++)
  for(j=1;j<=n;j++)
    scanf("%d",&a[i][j]);
  printf("행렬의 B의 원소 입력:\n");
  for(i=1;i<=n;i++)
  for(j=1;j<=n;j++)
    scanf("%d",&b[i][j]);
  prod(a,b,c,n);
  printf("AB:\n");
  for(i=1;i<=n;i++){
    for(j=1;j<=n;j++)
      printf("%4d ",c[i][j]);
    printf("\n");
  }
  for(i=1;i<=n;i++){
    free(a[i]+1);
    free(b[i]+1);
    free(c[i]+1);
  }
    free(a+1);
    free(b+1);
    free(c+1);
}

void prod(int **a,int **b,int **c,int n)
{
  int i,j,k;
  for(i=1;i<=n;i++){
    for(j=1;j<=n;j++){
      c[i][j]=0;
      for(k=1;k<=n;k++)
        c[i][j]+=a[i][k]*b[k][j];
    }
  }
}
```

입출력 예:

```
nxn 행렬의 n값 입력:
3
헹렬의 A의 원소 입력:
1 2 3
4 5 6
7 8 9
행렬의 B의 원소 입력:
0 1 2
5 4 3
2 1 0
AB:
  16   12    8
  37   30   23
  58   48   38
```

9.4 출력은 2.000000으로 같다. (a)는 포인터를 이용하여 계산 결과를 받고 있고, (b)의 경우는 return문을 이용하여 받고 있지만 (a), (b) 모두 세 수의 평균을 구하는 계산을 하는 프로그램이다.

9.5

```
void sd(int *a,int n, double *s)
{
  int sum=0,s_sum=0,k;
  double ave,s_ave;
  for(k=0;k<n;k++){
    sum+=a[k];
    s_sum+=a[k]*a[k];
  }
  ave=(double)sum/(double)n;
  s_ave=(double)s_sum/(double)n;
  *s=sqrt(s_ave-ave*ave);
}
```

입출력 예:

```
n값 입력: 5
n명의 성적 입력: 95 87 78 100 86
표준편차: 7.626270
```

9.6

```
#include<stdio.h>
#include<stdlib.h>
#include<time.h>
#define N 10
void selection_sort(int*,int);

main()
{
```

```
  int i,a[N];
  srand(time(NULL));
  printf("정렬 전: ");
  for(i=0;i<N;i++){
    a[i]=rand()%100+1;
    printf("%d ",a[i]);
  }
  printf("\n");
  selection_sort(a,N);
  printf("정렬 후: ");
  for(i=0;i<N;i++)
    printf("%d ",a[i]);
  printf("\n");
}

void selection_sort(int *a,int n)
{
  int min,ind,i,j,temp;
  for(i=0;i<n-1;i++){
    min=a[i];
    ind=i;
    for(j=i+1;j<n;j++)
      if(a[j]<min){
        min=a[j];
        ind=j;
      }
    temp=a[i];
    a[i]=a[ind];
    a[ind]=temp;
  }
}
```

출력 예:

정렬 전: 90 53 80 83 49 24 18 55 99 23
정렬 후: 18 23 24 49 53 55 80 83 90 99

9.7
```
#include<stdio.h>
#include<stdlib.h>
#include<time.h>
#define N 30
main()
{
  int *a,i,k,temp;
  void selection_sort(int*,int);
  srand(time(NULL));
  a=(int*)malloc(99*sizeof(int));
  a--;
  for(i=1;i<=99;i++)
    a[i]=i;
  for(i=1;i<=N;i++){
    k=rand()%(100-i)+i;
    temp=a[i];
    a[i]=a[k];
    a[k]=temp;
  }
  selection_sort(a,N);
  for(i=1;i<=N;i++){
    printf("%2d ",a[i]);
    if(i%10==0)
      printf("\n");
  }
  free(a+1);
}

void selection_sort(int *a, int n)
{
  int min,min_index,temp,i,j;
  for(i=1;i<=n;i++){
    min=a[i];
    min_index=i;
    for(j=i+1;j<=n;j++){
      if(a[j]<min){
        min=a[j];
        min_index=j;
      }
    }
    temp=a[i];
    a[i]=a[min_index];
    a[min_index]=temp;
  }
}
```

9.8
```
#include<stdio.h>
#include<stdlib.h>
main()
{
  int **a;
  int i,j,n;
  printf("n값을 입력하십시오.\n");
  scanf("%d",&n);
  a=malloc(n*sizeof(int*));
  a--;
  for(i=1;i<=n;i++){
    a[i]=malloc(n*sizeof(int));
    a[i]--;
  }
  printf("행렬의 A의 원소를\
 입력하십시오.\n");
  for(i=1;i<=n;i++)
  for(j=1;j<=n;j++)
    scanf("%d",&a[i][j]);
  printf("A의 전치행렬:\n");
  for(i=1;i<=n;i++){
    for(j=1;j<=n;j++)
      printf("%d ",a[j][i]);
    printf("\n");
  }
  for(i=1;i<=n;i++)
    free(&a[i][1]);
  free(&a[1]);
}
```

9.9
```
#include<stdio.h>
#include<stdlib.h>
#define N 9
int count=0;
void permutation(int*,int,int);
void reverse(int*,int,int);
void swap(int*,int,int);

main()
{
  int *a, i;
  a=(int*)malloc(N*sizeof(int));
  a--;
  for(i=1;i<=N;i++)
    a[i]=i;
  permutation(a,1,N);
  printf("\n==> 해의 개수: %d\n",count);
  free(a+1);
}
```

```
void swap(int *a, int i, int j)
{
  int temp;
  temp=a[i];
  a[i]=a[j];
  a[j]=temp;
}

void reverse(int *a, int i, int n)
{
  int k,m,s;
  int temp;
  s=i+n;
  m=s/2;
  for(k=i;k<=m;k++){
    temp=a[k];
    a[k]=a[s-k];
    a[s-k]=temp;
  }
}

void permutation(int *a, int i, int n)
{
  int k;
  int s1,s2,s3,s4;
  if(i<n) {
    for(k=i;k<=n;k++){
      permutation(a,i+1,n);
      if(k!=n){
        swap(a,i,n-k+i);
        reverse(a,i+1,n);
      }
    }
  }
  else{ // i와 n이 같으면 해인지 판정
    s1=(a[1]*10+a[2])*a[3];
    s2=a[4]*10+a[5];
    s3=a[6]*10+a[7];
    s4=a[8]*10+a[9];
    if(s1==s2 && s2+s3==s4){ // 해인 경우
      count++;
      printf(" %d%d\n",a[1],a[2]);
      printf("x %d\n",a[3]);
      printf("---\n");
      printf(" %d%d\n",a[4],a[5]);
      printf("+%d%d\n",a[6],a[7]);
      printf("---\n");
      printf(" %d%d\n",a[8],a[9]);
    }
  }
}
```

출력:

```
 17
x 4
---
 68
+25
---
 93

==> 해의 개수: 1
```

9.10

```
#include<stdio.h>
#include<stdlib.h>
#define N 9
int count=0;
void permutation(int*,int,int);
void reverse(int*,int,int);
void swap(int*,int,int);

main()
{
  int *a, i;
  a=(int*)malloc(N*sizeof(int));
  a--;
  for(i=1;i<=N;i++)
    a[i]=i;
  permutation(a,1,N);
  printf("==> 해의 개수: %d\n",count);
  free(a+1);
}

void swap(int *a, int i, int j)
{
  int temp;
  temp=a[i];
  a[i]=a[j];
  a[j]=temp;
}

void reverse(int *a, int i, int n)
{
  int k,m,s;
  int temp;
  s=i+n;
  m=s/2;
  for(k=i;k<=m;k++){
    temp=a[k];
    a[k]=a[s-k];
    a[s-k]=temp;
  }
}

void permutation(int *a, int i, int n)
{
  int k;
  int s1,s2,s3,s4,s5;
  if(i<n) {
    for(k=i;k<=n;k++){
      permutation(a,i+1,n);
      if(k!=n){
        swap(a,i,n-k+i);
        reverse(a,i+1,n);
      }
    }
  }
  else{ // i와 n이 같으면 해인지 판정
    s1=a[1]+a[2];
    s2=a[2]+a[3]+a[4];
    s3=a[4]+a[5]+a[6];
    s4=a[6]+a[7]+a[8];
    s5=a[8]+a[9];
    if(s1==s2&&s2==s3&&s3==s4&&s4==s5){
      for(k=1;k<=n;k++)
        printf("%d ",a[k]);
      printf("(원 안의 숫자 합: %d)\n",s1);
      count++;
    }
  }
```

```
}
```

출력:

```
4 9 1 3 8 2 5 6 7 (원 안의 숫자 합: 13)
5 9 2 3 4 7 1 6 8 (원 안의 숫자 합: 14)
7 6 5 2 3 8 1 4 9 (원 안의 숫자 합: 13)
7 6 5 2 8 3 1 9 4 (원 안의 숫자 합: 13)
8 3 7 1 6 4 5 2 9 (원 안의 숫자 합: 11)
8 6 1 7 4 3 2 9 5 (원 안의 숫자 합: 14)
9 2 5 4 6 1 7 3 8 (원 안의 숫자 합: 11)
9 4 1 8 3 2 5 6 7 (원 안의 숫자 합: 13)
==> 해의 개수: 8
```

9.11

```
#include<stdio.h>
#include<stdlib.h>
#define N 9
int count=0;
void permutation(int*,int,int);
void reverse(int*,int,int);
void swap(int*,int,int);

main()
{
  int *a, i;
  a=(int*)malloc(N*sizeof(int));
  a--;
  for(i=1;i<=N;i++)
    a[i]=i;
  permutation(a,1,N);
  printf("==> 마방진 개수: %d\n",count);
  free(a+1);
}

void swap(int *a, int i, int j)
{
  int temp;
  temp=a[i];
  a[i]=a[j];
  a[j]=temp;
}

void reverse(int *a, int i, int n)
{
  int k,m,s;
  int temp;
  s=i+n;
  m=s/2;
  for(k=i;k<=m;k++){
    temp=a[k];
    a[k]=a[s-k];
    a[s-k]=temp;
  }
}

void permutation(int *a, int i, int n)
{
  int k;
  int h1,h2,h3,v1,v2,v3,d1,d2;
  if(i<n) {
    for(k=i;k<=n;k++){
      permutation(a,i+1,n);
      if(k!=n){
        swap(a,i,n-k+i);
        reverse(a,i+1,n);
      }
    }
  }
  else{ //마방진 여부 판정
    h1=a[1]+a[2]+a[3];
    h2=a[4]+a[5]+a[6];
    h3=a[7]+a[8]+a[9];
    v1=a[1]+a[4]+a[7];
    v2=a[2]+a[5]+a[8];
    v3=a[3]+a[6]+a[9];
    d1=a[1]+a[5]+a[9];
    d2=a[3]+a[5]+a[7];
    if(h1==h2 && h1==h3 && h1==v1
      && h1==v2 && h1==v3 && h1==d1
      && h1==d2)
    {
      printf("%d %d %d\n",a[1],a[2],a[3]);
      printf("%d %d %d\n",a[4],a[5],a[6]);
      printf("%d %d %d\n",a[7],a[8],a[9]);
      printf("\n");
      count++;
    }
  }
}
```

출력:

```
2 7 6
9 5 1
4 3 8

2 9 4
7 5 3
6 1 8

4 3 8
9 5 1
2 7 6

4 9 2
3 5 7
8 1 6

6 1 8
7 5 3
2 9 4

6 7 2
1 5 9
8 3 4

8 1 6
3 5 7
4 9 2

8 3 4
1 5 9
6 7 2

==> 마방진 개수: 8
```

9.12 주어진 프로그램을 그대로 실행하면 출력이 나온다. (지면 절약을 위해 중간 부분의 출력은 생략한다.)

```
i=1
i=2
i=3
```

```
. . .
i=999
i=1000
```

이번에는 free(a); 부분을 없애고 실행하면 컴퓨터의 기억 용량에 따라 출력이 달라질 수 있는데, 예를 들면 다음과 같은 출력이 나온다. (지면 절약을 위해 중간 부분의 출력은 생략한다.)

```
i=1
i=2
i=3
. . .
i=20
i=21
out of memory
```

이러한 결과가 나오는 이유는 부함수를 호출할 때마다 기억 장소가 새롭게 동적 할당되고, 함수의 호출이 끝나도 할당된 기억 장소가 해제되지 않고 계속 남아 있게 되어 메모리 누출이 발생하기 때문이다.

제 10 장 연습문제 풀이

10.1 (a)
```
Hello?
Good bye!
```

(b)
```
Hello?
Good
```

입력문 scanf를 이용하여 입력하는 두 번째 문자열의 경우 Good과 bye! 사이에 공백문자가 있기 때문에 Good까지만을 두 번째 입력으로 받아들이게 된다. 따라서 위와 같은 출력이 나온다.

10.2 (a) A B

(b)
```
#include<stdio.h>
main()
{
  char a,b;
  a=getchar();
  b=getchar();
  putchar(a);
  putchar(' ');
  putchar(b);
  putchar('\n');
}
```

10.3 (a) 안녕하세요?
반갑습니다!

(b) 안녕하세요?
반갑습니다!

(c)
```
#include<stdio.h>
main()
{
  char a[20],b[20];
  gets(a);
  gets(b);
  puts(a);
  puts(b);
}
```

10.4
```
#include<stdio.h>
#include<time.h>
#include<stdlib.h>
#include<string.h>
main()
{
  char a;
  int icom,winner;
  char d[3][5]={"가위","바위","보"};
  char show[3][25]={"비겼습니다.",\
"컴퓨터가 이겼습니다.","사람이 이겼습니다."};
  char *player,*com;
  void find_winer(char*,char*,int*);
  srand(time(NULL));
  player=malloc(5*sizeof(char));
  printf("[ 가위, 바위, 보  게임 ]\n");
  while(1){
    icom=rand()%3;
    com=d[icom];
    fflush(stdin);
    printf("\n무엇을 내겠습니까? ");
    do{
      scanf("%s",player);
      find_winer(com,player,&winner);
      if(winner==3)
        printf("입력에 오류가 있습니다.\
  다시 입력하십시오.\n");
} while(winner==3);
    printf("컴퓨터: %s (%s)\n",\
    com,show[winner]);
    printf("Play again?(Y/n) ");
    fflush(stdin);
    a=getchar();
    if(a=='n' || a=='N')
      break;
  }
  free(player);
}

void find_winer(char *com,\
     char *player,int *winner)
{
  if(strcmp(player,"가위")==0){
    if(strcmp(com,"가위")==0)
      *winner=0;
    else if(strcmp(com,"바위")==0)
      *winner=1;
    else
      *winner=2;
  }
  else if(strcmp(player,"바위")==0){
    if(strcmp(com,"가위")==0)
      *winner=2;
    else if(strcmp(com,"바위")==0)
      *winner=0;
    else
```

```
        *winner=1;
    }
    else if(strcmp(player,"보")==0){
      if(strcmp(com,"가위")==0)
        *winner=1;
      else if(strcmp(com,"바위")==0)
        *winner=2;
      else
        *winner=0;
    }
    else
      *winner=3;
}
```

입출력 예:

```
[ 가위, 바위, 보  게임 ]

무엇을 내겠습니까? 가위
컴퓨터: 보 (사람이 이겼습니다.)
Play again?(Y/n) y

무엇을 내겠습니까? 바위
컴퓨터: 가위 (사람이 이겼습니다.)
Play again?(Y/n) y

무엇을 내겠습니까? 보
컴퓨터: 보 (비겼습니다.)
Play again?(Y/n) y

무엇을 내겠습니까? 가위
컴퓨터: 바위 (컴퓨터가 이겼습니다.)
Play again?(Y/n) n
```

10.5 문자열을 한 줄 입력하면 그 줄의 내용을 그대로 복사하여 출력하는 프로그램이다.

10.6
```
#include<stdio.h>
#include<stdlib.h>
main()
{
  char a[5]="ABCD",b[5]="ABCD",*c;
  char *d="안녕",*e;
  c=malloc(5*sizeof(char));
  scanf("%s",c);
  e=malloc(5*sizeof(char));
  scanf("%s",e);
  printf("%s %s %s %s %s\n",a,b,c,d,e);
  free(c);
  free(e);
}
```

입출력 예:

```
IJKL
1234
ABCD ABCD IJKL 안녕 1234
```

10.7 (a)
```
#include<stdio.h>
#include<stdlib.h>
#include<string.h>
#define N 6
void sort(int*,char**,int*,int);
main()
{
 int i,*id,*gr;
 char **name;
 printf("자료 입력:\n");
 id=malloc(N*sizeof(int));
 name=malloc(N*sizeof(char*));
 for(i=0;i<N;i++)
  name[i]=malloc(7*sizeof(char));
 gr=malloc(N*sizeof(int));
 for(i=0;i<N;i++)
  scanf("%d %s %d",&id[i],\
  name[i],&gr[i]);
 sort(id,name,gr,N);
  printf("이름순으로 정렬된\
결과:\n");
 for(i=0;i<N;i++)
  printf("%d %s %d\n",id[i],\
  name[i],gr[i]);
 free(id);
 for(i=0;i<N;i++)
  free(name[i]);
 free(name);
 free(gr);
}

void sort(id,a,gr,n)
int *id;
char **a;
int *gr,n;
{
 int i,j,min_index,t;
 char *min,*temp;
 for(i=0;i<n;i++){
  min=a[i];
  min_index=i;
  for(j=i+1;j<n;j++)
   if(strcmp(a[j],min)<0){
    min=a[j];
    min_index=j;
   }
  temp=a[i];
  a[i]=a[min_index];
  a[min_index]=temp;
  t=id[i];
  id[i]=id[min_index];
  id[min_index]=t;
  t=gr[i];
  gr[i]=gr[min_index];
  gr[min_index]=t;
 }
}
```

(b)
```
#include<stdio.h>
#include<stdlib.h>
#include<string.h>
#define N 6
void sort(int*,char**,int*,int);
main()
{
 int i,*id,*gr;
 char **name;
 printf("자료 입력:\n");
 id=malloc(N*sizeof(int));
 name=malloc(N*sizeof(char*));
 for(i=0;i<N;i++)
  name[i]=malloc(7*sizeof(char));
 gr=malloc(N*sizeof(int));
 for(i=0;i<N;i++)
```

```
    scanf("%d %s %d",&id[i],\
    name[i],&gr[i]);
   sort(id,name,gr,N);
    printf("성적순으로 정렬된\
  결과:\n");
   for(i=0;i<N;i++)
    printf("%d %s %d\n",id[i],\
    name[i],gr[i]);
   free(id);
   for(i=0;i<N;i++)
    free(name[i]);
   free(name);
   free(gr);
  }

  void sort(id,a,gr,n)
  int *id;
  char **a;
  int *gr,n;
  {
   int i,j,max_index,t,max;
   char *temp;
   for(i=0;i<n;i++){
    max=gr[i];
    max_index=i;
    for(j=i+1;j<n;j++)
     if(gr[j]>max){
      max=gr[j];
      max_index=j;
     }
    t=id[i];
    id[i]=id[max_index];
    id[max_index]=t;
    t=gr[i];
    gr[i]=gr[max_index];
    gr[max_index]=t;
    temp=a[i];
    a[i]=a[max_index];
    a[max_index]=temp;
   }
  }
```

10.8

```
#include<stdio.h>
#include<string.h>
main()
{
  char a[100],b[4];
  int i,n,count=0;
  printf("문자열 입력: ");
  gets(a);
  n=strlen(a);
  for(i=0;i<n-2;i++){
    b[0]=a[i];
    b[1]=a[i+1];
    b[2]=a[i+2];
    b[3]=NULL;
    if(strcmp(b,"aba")==0)
      count++;
  }
  printf("문자열 \"aba\"의 개수: %d\n",\
  count);
}
```

참고: 위 프로그램의 경우 다음과 같이 strncpy 함수를 사용하여 작성하는 것도 가능하다.

```
#include<stdio.h>
#include<string.h>
main()
{
  char a[100],b[4];
  int i,n,count=0;
  printf("문자열 입력: ");
  gets(a);
  n=strlen(a);
  for(i=0;i<n-2;i++){
    strncpy(b,a+i,3);
    b[3]='\0';
    if(strcmp(b,"aba")==0)
      count++;
  }
  printf("문자열 \"aba\"의 개수: %d\n",\
  count);
}
```

10.9

```
#include<stdio.h>
#include<stdlib.h>
#include<time.h>
main()
{
  int a,b,ans,in;
  char again;
  srand(time(NULL));
  do{
    a=rand()%90+10;
    b=rand()%90+10;
    ans=a+b;
    printf("%d+%d의 값은? ",a,b);
    scanf("%d",&in);
    while(getchar()!='\n');
    if(in==ans)
      printf("정답입니다.\n");
    else
      printf("틀렸습니다. 정답은\
 %d입니다.\n",ans);
    printf("계속하겠습니까(y/n)? ");
    again=getchar();
  } while(again=='y');
}
```

10.10 이 문제의 경우 한글 처리에 주의해야 한다. 한글 1글자는 2바이트를 차지하고 각 바이트의 ASCII값이 음수임을 이용한다. 즉 문자형 상수 2개가 결합하여 하나의 한글이 완성된다. 문자열이 a[]에 저장되어 있는 경우 순서를 거꾸로 하여 새로운 문자열 b[]에 저장하면 된다. 영문자, 알파벳, 문장부호 등의 글자(즉, ASCII값이 양수인 글자)의 경우는 a[i]를 b[n-1-i]에 저장하면 된다.(i=0,1,2,...,n-1) 그렇지만 한글인 경우(즉, ASCII값이 음수인 글자)의 경우는 두 바이트 씩 묶어서 처음 a[i]는 b[n-1-i-1]에, 그 다음 a[i]는 b[n-1-i+1]에 각각 저장 해야 함을 알 수 있다. 그러므로 다음과 같이 C코드를 만들면 된다.

```
#include<stdio.h>
#include<string.h>
main(){
  char a[100],b[100];
  int i,h,n,m;
```

```
    while(1){
      printf("입력: ");
      gets(a);
      if(strcmp(a,"stop")==0)
        break;
      n=strlen(a);
      m=n-1;
      h=-1;
      for(i=0;i<n;i++){
        if(a[i]>0)
          b[m-i]=a[i];
        else{
          b[m-i+h]=a[i];
          h*=-1;
        }
      }
      b[n]='\0';
      printf(" ===> %s\n",b);
    }
  }
```

10.11 $i-1$번째와 i번째 문자의 상태를 나타내는 변수를 각각 w1, w2라 하자. 즉 입력된 문자열의 i번째 문자에 대하여 공백문자 또는 NULL문자에는 w2값으로 0을 부여하고, 나머지 문자에 대하여는 w2값으로 1을 부여하여 구별한다. i번째 문자 바로 앞의 문자, 즉 $i-1$번째의 문자에 대하여도 같은 방법으로 0 또는 1이 이미 변수 w1에 저장되어 있다. 이 때 w1은 1이고 w2는 0인 경우 낱말의 수 wc를 하나 씩 늘려준다. (문자열의 마지막에는 널문자 \0이 위치하므로 이 경우도 공백문자와 마찬가지로 w2값에 0을 저장하게 된다.) C코드는 아래와 같다.

```
#include<stdio.h>
#include<string.h>
main(){
  char a[100];
  // wc:낱말의 수
  // w1:이전 문자의 상태
  // w2:현재 문자의 상태
  int i,n,wc,w1,w2;
  while(1){
    wc=0; //낱말의 수를 0으로 초기화
    printf("문자열 입력: ");
    gets(a);
    //NULL문자를 제외한 문자열의 길이
    n=strlen(a);
    //문자열의 길이가 0이면 while문을 벗어남
    if(n==0)
      break;
    if(a[0]==' ')//첨자 0의 문자(첫 문자)
      w1=0; //공백문자이면 0
    else
      w1=1; //공백문자가 아니면 1
    //첨자가 1부터 시작하여 n까지
    //움직임에 주의
    for(i=1;i<=n;i++){
      //공백문자 또는 NULL문자이면 0
      if(a[i]==' '||a[i]=='\0')
        w2=0;
      //공백문자나 NULL문자가 모두 아니면 1
      else
        w2=1;
      //w1은 1이고 w2는 0인 경우
      //낱말의 수를 하나 씩 늘려줌
      if(w1==1 && w2==0)
        wc++;
      w1=w2; //w2값을 이용하여 w1값을 갱신
    }
    printf(" ==> 낱말의 개수: %d\n",wc);
  }
}
```

제 11 장 연습문제 풀이

11.1

```
#include<stdio.h>
#include<math.h>
main()
{
  int n=0;
  double a,ave,sd,sum=0,s_sum=0;
  double s_ave;
  printf("자료 입력:\n");
  while(scanf("%lf",&a)==1){
    n++;
    sum+=a;
    s_sum+=a*a;
  }
  ave=(double)sum/(double)n;
  s_ave=(double)s_sum/(double)n;
  sd=sqrt(s_ave-ave*ave);
  printf("자료의 수: %d\n",n);
  printf("평균      : %f\n",ave);
  printf("표준편차 : %f\n",sd);
}
```

이 프로그램의 입출력은 다음과 같다.
(^Z는 ctrl-z를 나타낸다.)

```
자료 입력:
12.1  32.34  432.1  342.1  125.3  763.1
48.2 383.1 63.1  38.7  32.2  48.98 32.12
0.917  93.5  32.56
^Z
자료의 수: 16
평균      : 155.026062
표준편차 : 207.253844
```

11.2 (a)

```
#include<stdio.h>
#include<stdlib.h>
#include<string.h>
#define N 9
void sub(char**,char**,int);
main()
{
 char **name,**ph;
 int i;
 name=malloc(N*sizeof(char*));
 for(i=0;i<N;i++)
  name[i]=malloc(7*sizeof(char));
 ph=malloc(N*sizeof(char*));
```

```
 for(i=0;i<N;i++)
  ph[i]=malloc(9*sizeof(char));
 scanf("%*s %*s");
 for(i=0;i<N;i++)
  scanf("%s %s",name[i],ph[i]);
 sub(name,ph,N);
 printf(" 이름   전화번호\n");
 for(i=0;i<N;i++)
  printf("%s  %s\n",name[i],\
  ph[i]);
 for(i=0;i<N;i++){
  free(name[i]);
  free(ph[i]);
 }
 free(name);
 free(ph);
}

void sub(name,ph,n)
char **name,**ph;
int n;
{
 int i,j,min_index;
 char *temp,*min;
 for(i=0;i<n;i++){
  min=ph[i];
  min_index=i;
  for(j=i+1;j<n;j++)
   if(strcmp(ph[j],min)==-1){
    min=ph[j];
    min_index=j;
   }
  temp=name[i];
  name[i]=name[min_index];
  name[min_index]=temp;
  temp=ph[i];
  ph[i]=ph[min_index];
  ph[min_index]=temp;
 }
}
```

출력 파일 phone2.txt의 내용:

```
 이름   전화번호
해님이  112-4989
구름이  112-8924
별님이  123-1111
아름이  234-2222
꽃님이  234-4321
초록이  357-5555
밝음이  357-8901
하늘이  454-4545
가람이  543-4567
```

(b)
```
#include<stdio.h>
#include<stdlib.h>
#include<string.h>
void sub(char**,char**,int);
main()
{
 char **name,**ph;
 char t[9];
 int i,n=0;
 FILE *in,*out;
 in=fopen("phone.txt","r");
 fscanf(in,"%*s %*s");
 while(fscanf(in,"%s %s",t,t)==2)
  n++;
 fclose(in);
 name=malloc(n*sizeof(char*));
 for(i=0;i<n;i++)
  name[i]=malloc(7*sizeof(char));
 ph=malloc(n*sizeof(char*));
 for(i=0;i<n;i++)
  ph[i]=malloc(9*sizeof(char));
 in=fopen("phone.txt","r");
 fscanf(in,"%*s %*s");
 for(i=0;i<n;i++)
  fscanf(in,"%s %s",name[i],ph[i]);
 sub(name,ph,n);
 out=fopen("phone2.txt","w");
 fprintf(out," 이름   전화번호\n");
 for(i=0;i<n;i++)
  fprintf(out,"%s  %s\n",name[i],\
  ph[i]);
 fclose(out);
 for(i=0;i<n;i++){
  free(name[i]);
  free(ph[i]);
 }
 free(name);
 free(ph);
}

void sub(name,ph,n)
char **name,**ph;
int n;
{
 int i,j,min_index;
 char *temp,*min;
 for(i=0;i<n;i++){
  min=ph[i];
  min_index=i;
  for(j=i+1;j<n;j++)
   if(strcmp(ph[j],min)==-1){
    min=ph[j];
    min_index=j;
   }
  temp=name[i];
  name[i]=name[min_index];
  name[min_index]=temp;
  temp=ph[i];
  ph[i]=ph[min_index];
  ph[min_index]=temp;
 }
```

출력 파일 phone2.txt의 내용은 (a)와 같다.

11.3
```
#include<stdio.h>
main()
{
  char a;
  int n=0;
  while((a=getchar())!=EOF)
    if(a>='a' && a<='z')
      n++;
  printf("소문자의 개수: %d\n",n);
}
```

11.4
```
#include<stdio.h>
main()
{
  char a;
```

```
    int n=0;
    while((a=getchar())!=EOF)
      if(a=='\n')
        n++;
    printf("줄의 수: %d\n",n);
  }
```

11.5
```
#include<stdio.h>
main()
{
  int i,no=0,ne=0;
  FILE *out1, *out2;
  out1=fopen("odd.txt","w");
  out2=fopen("even.txt","w");
  while(scanf("%d",&i)==1){
    if(i%2==0){
      fprintf(out2,"%d ",i);
      ne++;
      if(ne%8==0)
        fprintf(out2,"\n");
    }
    else{
      fprintf(out1,"%d ",i);
      no++;
      if(no%8==0)
        fprintf(out1,"\n");
    }
  }
  fclose(out1);
  fclose(out2);
}
```

11.6
```
#include<stdio.h>
main()
{
  int i,nn=0,np=0;
  FILE *out;
  out=fopen("negative.txt","w");
  while(scanf("%d",&i)==1){
    if(i<0){
      fprintf(out,"%d ",i);
      nn++;
      if(nn%10==0)
        fprintf(out,"\n");
    }
    else{
      printf("%d ",i);
      np++;
      if(np%10==0)
        printf("\n");
    }
  }
  fclose(out);
}
```

11.7
```
#include<stdio.h>
#include<stdlib.h>
void sub(char**,int*,int*,int*,int);
main()
{
  int i,n=0,t,*y,*m,*d;
  char tname[100],**name;
  char h1[100],h2[100],h3[100],h4[100];
  FILE *in,*out;
  in=fopen("birth.txt","r");
  fscanf(in,"%*s %*s %*s %*s");
  while(fscanf(in,"%s %d년 %d월 %d일",\
  tname,&t,&t,&t)==4)
    n++;
  fclose(in);
  name=malloc(n*sizeof(char*));
  for(i=0;i<n;i++)
    name[i]=malloc(7*sizeof(char));
  y=malloc(n*sizeof(int));
  m=malloc(n*sizeof(int));
  d=malloc(n*sizeof(int));
  in=fopen("birth.txt","r");
  fgets(h1,100,in);
  fgets(h2,100,in);
  fgets(h3,100,in);
  for(i=0;i<n;i++)
    fscanf(in,"%s %d년 %d월 %d일",\
    name[i],&y[i],&m[i],&d[i]);
  while(fgetc(in)!='\n');
  fgets(h4,100,in);
  fclose(in);
  sub(name,y,m,d,n);
  out=fopen("birth2.txt","w");
  fputs(h1,out);
  fputs(h2,out);
  fputs(h3,out);
  for(i=0;i<n;i++)
    fprintf(out,\
    "%s    %d년 %2d월 %2d일\n",\
    name[i],y[i],m[i],d[i]);
  fputs(h4,out);
  fclose(out);
  for(i=0;i<n;i++)
    free(name[i]);
  free(name);
  free(y);
  free(m);
  free(d);
}

void sub(name,y,m,d,n)
char **name;
int *y,*m,*d,n;
{
 int i,j,min_ind,t,my,mm,md;
 char *temp;
 for(i=0;i<n;i++){
  my=y[i];
  mm=m[i];
  md=d[i];
  min_ind=i;
  for(j=i+1;j<n;j++)
   if(y[j]<my||(y[j]==my&&m[j]<mm)||\
   (y[j]==my&&m[j]==mm&&d[j]<md)){
    my=y[j];
    mm=m[j];
    md=d[j];
    min_ind=j;
   }
  temp=name[i];
  name[i]=name[min_ind];
  name[min_ind]=temp;
  t=y[i];
  y[i]=y[min_ind];
  y[min_ind]=t;
  t=m[i];
  m[i]=m[min_ind];
```

```
  m[min_ind]=t;
  t=d[i];
  d[i]=d[min_ind];
  d[min_ind]=t;
 }
}
```

출력 파일 birth2.txt의 내용:

```
-------------------------
 이름          생년월일
-------------------------
초롱이    1994년  4월 11일
꽃님이    1994년  8월 22일
해님이    1994년 12월 19일
구름이    1995년  2월 15일
아름이    1995년  3월  2일
맑음이    1995년  4월 22일
별님이    1995년  5월 30일
밝음이    1996년  6월  7일
가람이    1996년  6월 10일
초록이    1996년 11월 28일
달님이    1997년  7월 28일
하늘이    1998년  4월  4일
-------------------------
```

11.8

```
#include<stdio.h>
#include<stdlib.h>
void sort(char**,int*,int);
void get_rank(int*,int*,int);
void get_ave(int*,int,double*);
main()
{
  int i,n=0,t,*score,*rank;
  char tname[100],**name;
  double ave;
  FILE *in,*out;
  in=fopen("student.txt","r");
  fscanf(in,"%*s %*s %*s %*s");
  while(fscanf(in,"%s %d",tname,&t)==2)
    n++;
  fclose(in);
  name=malloc(n*sizeof(char*));
  for(i=0;i<n;i++)
    name[i]=malloc(7*sizeof(char));
  score=malloc(n*sizeof(int));
  rank=malloc(n*sizeof(int));
  in=fopen("student.txt","r");
  fscanf(in,"%*s %*s %*s %*s");
  for(i=0;i<n;i++)
    fscanf(in,"%s %d",name[i],&score[i]);
  fclose(in);
  sort(name,score,n);
  get_rank(score,rank,n);
  get_ave(score,n,&ave);
  out=fopen("student2.txt","w");
  fprintf(out,"-------------------\n");
  fprintf(out," 이름     성적    순위 \n");
  fprintf(out,"-------------------\n");
  for(i=0;i<n;i++)
    fprintf(out,"%s     %d     %2d\n",\
    name[i],score[i],rank[i]);
  fprintf(out,"-------------------\n");
  fprintf(out," 전체 인원:  %d명\n",n);
  fprintf(out,"      평균: %.2f\n",ave);
  fclose(out);
  for(i=0;i<n;i++)
    free(name[i]);
  free(name);
  free(score);
  free(rank);
}

void sort(name,score,n)
char **name;
int *score, n;
{
 int i,j,max_ind,t,max_sc;
 char *temp;
 for(i=0;i<n;i++){
  max_sc=score[i];
  max_ind=i;
  for(j=i+1;j<n;j++)
   if(score[j]>score[max_ind]){
    max_sc=score[j];
    max_ind=j;
   }
  temp=name[i];
  name[i]=name[max_ind];
  name[max_ind]=temp;
  t=score[i];
  score[i]=score[max_ind];
  score[max_ind]=t;
 }
}

void get_rank(score,rank,n)
int *score, *rank, n;
{
 int i,im1;
 rank[0]=1;
 for(i=1;i<n;i++){
  im1=i-1;
  if(score[i]==score[im1])
   rank[i]=rank[im1];
  else
   rank[i]=i+1;
 }
}

void get_ave(score,n,ave)
int *score, n;
double *ave;
{
 int s=0,i;
 for(i=0;i<n;i++)
  s+=score[i];
 *ave=(double)s/(double)n;
}
```

11.9

```
CHARACTER CANNOT BE DEVELOPED IN EASE
AND QUIET. ONLY THROUGH EXPERIENCE OF
TRIAL AND SUFFERING CAN THE SOUL BE
STRENGTHENED, AMBITION INSPIRED, AND
SUCCESS ACHIEVED. - HELEN KELLER
```

제 12 장 연습문제 풀이

12.1 7 -5 0

12.2
```
#include<stdio.h>
typedef struct{
  double re;
  double im;
} complex;
void complex_div(complex,complex,complex*);

main()
{
  complex x,y,z;
  x.re=3.;
  x.im=4.;
  y.re=4.;
  y.im=-5.;
  complex_div(x,y,&z);
  printf("%g%+gi\n",z.re,z.im);
}

void complex_div(x,y,z)
complex x,y,*z;
{
  double a,b,c,d,s;
  a=x.re;b=x.im;
  c=y.re;d=y.im;
  s=c*c+d*d;
  z->re=(a*c+b*d)/s;
  z->im=(b*c-a*d)/s;
}
```
출력:

```
-0.195122+0.756098i
```

12.3
```
0
2
1
```

12.4
```
#include <stdio.h>
#include <stdlib.h>
#define NMAX 12

typedef struct{
 char name[NMAX];//이름
 int y;//태어난 해(year)
 int m;//태어난 달(month)
 int d;//태어난 날(day)
} birth;

void find_n(int*);
void scan_data(birth*,char*,char*,int);
void sort_data(birth*,int);
void print_data(birth*,char*,char*,int);

main()
{
 birth *a;
 int n;
 char h1[50],h2[50];
 find_n(&n);//자료를 읽어 자료의 수 n 결정
 a=malloc(n*sizeof(birth));//동적 할당
 scan_data(a,h1,h2,n);
    //자료를 읽어 배열에 저장
 sort_data(a,n);//성적순으로 정렬
 print_data(a,h1,h2,n);//출력 저장
 free(a); //동적 할당된 메모리 제거
}

void find_n(int *n) //자료의 수 n을 찾아냄
{
 FILE *in;
 int i=0,temp;
 char name[NMAX];
 in=fopen("birthdata.txt","r");
 fscanf(in,"%*s %*s %*s");
  //처음 문자열 3개 무시
 while(fscanf(in,"%s %d년 %d월 %d일",\
   name,&temp,&temp,&temp)==4)
   i++;
 *n=i;
 fclose(in);
}

//자료를 읽어 배열에 저장하는 부함수
void scan_data(a,h1,h2,n)
birth *a;
char *h1,*h2;
int n;
{
 int i;
 FILE *in;
 in=fopen("birthdata.txt","r");
 fgets(h1,50,in);
 fgets(h2,50,in);
 for(i=0;i<n;i++)
  fscanf(in,"%s %d년 %d월 %d일",\
  a[i].name,&a[i].y,&a[i].m,&a[i].d);
 fclose(in);
}

//선택 정렬을 이용하여 생년월일 순으로 정렬
void sort_data(birth *a, int n)
{
 int min_idx,i,j,m;
 birth min,temp;
 m=n-1;
 for(i=0;i<m;i++){
  min=a[i];
  min_idx=i;
  for(j=i+1;j<n;j++){
   if(a[j].y<min.y||
    a[j].y==min.y&&a[j].m<min.m||
    a[j].y==min.y&&a[j].m==min.m
    &&a[j].d<min.d)
   {
     min=a[j];
     min_idx=j;
   }
  }
  temp=a[i];
  a[i]=a[min_idx];
  a[min_idx]=temp;
 }
}

// 결과 저장
```

```
void print_data(a,h1,h2,n)
birth *a;
char *h1,*h2;
int n;
{
 int i;
 FILE *out;
 out=fopen("birthout.txt","w");
 fputs(h1,out);
 fputs(h2,out);
 for(i=0;i<n;i++)
   fprintf(out,\
   "%-12s %4d년 %2d월 %2d일\n",\
   a[i].name,a[i].y,a[i].m,a[i].d);
 fclose(out);
}
```

12.5 헤더 파일 myheader.h:

```
#include <stdio.h>
#include <stdlib.h>
#define NUM 6
#define NMAX 7

typedef struct{
 char id[NUM];
 char name[NMAX];
 int mid;
 int final;
 int sum;
 int rank;
 char grade;
} student;

void find_n(int*);
void scan_data(student*,int);
void find_sum(student*,int);
void sort_data(student*,int);
void rank(student*,int);
void grade(student*,int);
void average(student*,double*,double*,\
 double*,int);
void print_data(student*,double,double,\
 double,int);
```

주함수 main.c:

```
#include"myheader.h"
main()
{
 student *a;
 double ave1,ave2,ave3;
 int n;
 find_n(&n);//자료를 읽어 자료의 수 n 결정
 a=malloc(n*sizeof(student));//동적 할당
 scan_data(a,n);//자료를 읽어 배열에 저장
 find_sum(a,n);//중간고사와 기말고사의 합
 sort_data(a,n);//성적순으로 정렬
 rank(a,n); //순위 결정
 grade(a,n);//학점 산출
 average(a,&ave1,&ave2,&ave3,n);
  //평균 계산
 print_data(a,ave1,ave2,ave3,n);
  //출력 저장
 free(a); //동적 할당된 메모리 제거
}
```

자료의 수 n을 구하는 부함수 find_n.c:

```
#include"myheader.h"
void find_n(int *n)
{
 FILE *in;
 int i=0,score1,score2;
 char id[NUM],name[NMAX];
 in=fopen("gradedata.txt","r");
 fscanf(in,"%*s %*s %*s %*s %*s");
  //처음 문자열 5개 무시
 while(fscanf(in,"%s %s %d %d",\
 id,name,&score1,&score2)==4)
   i++;
 *n=i;
 fclose(in);
}
```

자료를 읽어 배열에 저장하는 부함수 scan_data.c:

```
#include"myheader.h"
void scan_data(student *a, int n)
{
 int i;
 FILE *in;
 in=fopen("gradedata.txt","r");
 fscanf(in,"%*s %*s %*s %*s %*s");
   //처음 문자열 5개 무시
 for(i=0;i<n;i++)
   fscanf(in,"%s %s %d %d",a[i].id,\
   a[i].name,&a[i].mid,&a[i].final);
 fclose(in);
}
```

중간고사 성적과 기말고사 성적의 합을 계산하는 부함수 find_sum.c:

```
#include"myheader.h"
void find_sum(student *a, int n)
{
 int i;
 for(i=0;i<n;i++)
  a[i].sum=a[i].mid+a[i].final;
}
```

선택 정렬을 위한 부함수 sort_data.c:

```
#include"myheader.h"
void sort_data(student *a, int n)
{
 int max,max_idx,i,j,m;
 student temp;
 m=n-1;
 for(i=0;i<m;i++){
  max=a[i].sum;
  max_idx=i;
  for(j=i+1;j<n;j++){
   if(a[j].sum>max){
    max=a[j].sum;
     max_idx=j;
   }
  }
```

```
   temp=a[i];
   a[i]=a[max_idx];
   a[max_idx]=temp;
  }
 }
```

성적을 이용하여 순위를 계산하는 부함수 rank.c:

```
#include"myheader.h"
void rank(student *a, int n)
{
 int i;
 a[0].rank=1;
 for(i=1;i<n;i++){
  a[i].rank=i+1;
  if(a[i].sum==a[i-1].sum)
   a[i].rank=a[i-1].rank;
 }
}
```

학점을 산출하는 부함수 grade.c:

```
#include"myheader.h"
void grade(student *a, int n)
{
 int i;
 double r, eps=1.0E-10;
 double ra=0.2+eps,rb=0.5+eps,\
        rc=0.8+eps,rd=0.9+eps;
 for(i=0;i<n;i++){
  r=(double)a[i].rank/(double)(n);
  if(r<=ra)
    a[i].grade='A';
  else if(r<=rb)
    a[i].grade='B';
  else if(r<=rc)
    a[i].grade='C';
  else if(r<=rd)
    a[i].grade='D';
  else
    a[i].grade='F';
 }
}
```

평균을 계산하는 부함수 average.c:

```
#include"myheader.h"
void average(a,ave1,ave2,ave3,n)
student *a;
double *ave1,*ave2,*ave3;
int n;
{
 int i;
 double s1=0,s2=0,s3=0;
 for(i=0;i<n;i++){
  s1+=a[i].mid;
  s2+=a[i].final;
  s3+=a[i].sum;
 }
 *ave1=(double)s1/(double)n;
 *ave2=(double)s2/(double)n;
 *ave3=(double)s3/(double)n;
}
```

결과를 파일에 저장하는 부함수 print_data.c:

```
#include"myheader.h"
void print_data(a,ave1,ave2,ave3,n)
student *a;
double ave1,ave2,ave3;
int n;
{
 int i;
 FILE *out;
 out=fopen("gradeout.txt","w");
 fprintf(out,"학번   이름   중간  기말\
 합계 순위 학점\n");
 fprintf(out,"---------------------\
---------------------\n");
 for(i=0;i<n;i++)
   fprintf(out,"%4s   %-6s  %3d\
   %3d    %3d  %3d    %c\n",
   a[i].id,a[i].name,a[i].mid,a[i].final,\
   a[i].sum,a[i].rank,a[i].grade);
 fprintf(out,"----------------------\
---------------------\n");
 fprintf(out,"        평균:  %4.1f   %4.1f\
 %5.1f\n",ave1,ave2,ave3);
 fclose(out);
}
```

12.6

```
#include<stdio.h>
#include<stdlib.h>
#include<string.h>
#define N 50
typedef struct{
  char eng[N], kor[N];
} WORD;
main()
{
  FILE *in;
  WORD *a,temp;
  int search=0,n=0,i;
  char word_in[N];
  in=fopen("words.txt","r");
  while(fscanf(in,"%s %s",\
  temp.eng,temp.kor)==2)
     n++;
  a=malloc(n*sizeof(WORD));
  fclose(in);
  in=fopen("words.txt","r");
  for(i=0;i<n;i++)
    fscanf(in,"%s %s",a[i].eng,a[i].kor);
  fclose(in);
  printf("단어: ");
  scanf("%s",word_in);
  for(i=0;i<n;i++){
    if(strcmp(word_in,a[i].eng)==0){
      printf("뜻: %s\n",a[i].kor);
      search=1;
      break;
    }
  }
  if(search==0)
    printf("단어 없음\n");
  free(a);
}
```

제 13 장 연습문제 풀이

13.1 -1
8
11
3

13.2 20
40
80
160
2
3

13.3 9

13.4 11 3 121

13.5
```
#include<stdio.h>
#define M 8
#define N 6
main()
{
  int k=M+N,p;
  int i,j,x,y,a,r;
  int count=0;
  p=1<<k; // n=2^(M+N) 계산
  for(i=0;i<p;i++){
    x=0; y=0; // 출발점의 좌표
    a=i;
    for(j=1;j<=k;j++){
      //a의 이진수 표현의 마지막 자리 숫자가
      //r에 저장됨
      r=a&1;
      if(r==0) //오른쪽으로 한 칸 이동
      x++;
      else     //위로 한 칸 이동
        y++;
      a=a>>1;
      if(x>M||y>N)
        break;
    }
    if(x==M&&y==N)//원하는 점에 도달
      count++;
  }
  printf("찾은 길의 수: %d\n",count);
}
```

출력:
찾은 길의 수: 3003

13.6
```
#include<stdio.h>
main()
{
  unsigned n,a;
  int i,pr=0;
  printf("0상의 정수 입력: " );
  scanf("%u",&n);
  printf("==> 십진수 %u는(은) 4진수로 ",n);
  //입력이 0이면 출력도 0
  if(n==0)
    printf("%u",0);
  //입력이 0이 아닌 경우
  //32비트를 2비트 씩 끊어서 살펴본다.
  else{
    //30비트부터 2비트씩 줄여가면서 이동
    for(i=30;i>=0;i-=2){
      a=n>>i;
      a=a&3; //a값은 0, 1, 2, 3중 하나
      //a가 0이 아니거나 pr이 1이면 출력
      if(a!=0||pr==1){
        printf("%u",a);
        pr=1;
      }
    }
  }
  printf("입니다.\n");
}
```

13.7
```
#include<stdio.h>
#define N 9
#define R 4
main()
{
  int a[N]={1,2,3,4,5,6,7,8,9};
  int b[R];
  int p,i,j,k,t,x,r;
  int count=0;
  p=1<<N; //n=2의 N제곱 계산
  for(i=0;i<p;i++){
    x=0;//이진수 표현에서의 1의 개수
    t=i;
    for(j=0;j<N;j++){
      if(x>R)
        break;
      //이진수의 마지막 숫자가 r에 저장됨
      r=t&1;
      if(r==1){
        if(x<R)
          b[x]=j; //1의 위치를 기억
        x++;//r값이 1이면 x를 1만큼 증가시킴
      }
      //각 비트의 값을 오른쪽으로 1만큼 이동
      t=t>>1;
    }
    if(x==R){
      count++;
      for(k=0;k<R;k++)
        printf("%d",a[b[k]]);
      printf("\n");
    }
  }
  printf("==> 찾은 조합의 수: %d\n",count);
}
```

참고 문헌

[1] Kelly & Pohl(김명호·윤인모·김찬수 옮김), *A Book on C*, 홍릉과학출판사, 2000.

[2] 윤성우, 열혈강의 *C++* 프로그래밍, 프리렉, 2004.

[3] 왕창종·조근식·한창호, *C* 프로그래밍 이론과 실제, 홍릉과학출판사, 1998.

[4] 이건상·권영헌·백인찬, 자연과학도를 위한 알기 쉬운 *C*–언어, 경문사, 1998.

[5] 이광형, 알기쉬운 *C*언어 *(*입문편*)*, 홍릉과학출판사, 2000.

[6] 임영택, 비주얼 *C++ 6* 무작정 따라하기, 길벗, 2007.

[7] 위키백과, 우리모두의 백과사전, https://ko.wikipedia.org, 2017.

[8] 차영준, *C*언어 입문, 경문사, 2009.

[9] Haruhiko Hayashi, *NEW C*언어 입문 : 초급자편, 프로그래밍 마스터 시리즈, 영진닷컴, 2008.

[10] ISO/IEC 9899:2011 - Information technology - Programming languages - C

[11] Herb Schildt, *C++ Beginner's Guide*, http://go.microsoft.com/fwlink/ ?LinkId=115303.

[12] Kernighan & Ritchie, *The C Programming Language 2/E*, Prentice Hall, Inc., 1989.

[13] Nyhoff & Leestma, *FORTRAN 90*, Prentice Hall, Inc., 1997.

[14] Ritchie, *The Development of the C Language*, ACM SIGPLAN Notices. 28 (3): 201–208, 1993.

[15] Savitch, *Absolute C++*, Addison-Wesley, 2008.

[16] Winston, *On To C++*, Addison–Wesley Publishing Company, 1995.

[17] *Wikipedia, the free encyclopedia*, https://www.wikipedia.org, 2017.

찾아보기

차 영 준 (車榮浚)

서울대학교 수학과 이학사
서울대학교 수학과 이학석사
Purdue University 수학과 이학박사
Purdue University 수학과 박사 후 연구원
서울대학교 전기공학부 Graphics & VR Lab 박사 후 연구원
현재 : 세종대학교 수학통계학부 교수

C언어 프로그래밍

초판발행 2017년 12월 15일

지은이 차영준 **펴낸이** 오판근
펴낸곳 (주) 교우
주 소 서울시 동대문구 약령시로 8 교우빌딩 2층 (주)교우
전 화 02-925-2861 / **팩 스** 02-925-2860. **편집부** 02-925-2825
홈페이지&북스토어 www.kyowoo.co.kr / **이메일** kyowoo@kyowoo.co.kr

등 록 1994년 3월 24일 제1994-000013호
ISBN 979-11-251-0225-0 (93560)

값 28,000원

교우미디어는 (주) 교우의 Imprint 사입니다.
수학정원·과학정원은 (주) 교우의 새로운 브랜드명입니다.

잘못된 책은 구입하신 서점에서 교환해 드립니다.